U0918205

经济与工商管理专业基础课系列教材

货币金融学

HUOBI JINRONGXUE

主　编◎王玉琴

副主编◎祝红章

编　者◎李学彦　王心如

张德春　杨其滨

主　审◎焦方义

黑龙江大学出版社

HEILONGJIANG UNIVERSITY PRESS

图书在版编目（CIP）数据

货币金融学 / 王玉琴主编. -- 哈尔滨 : 黑龙江大学出版社，2009.8（2021.9 重印）
（经济与工商管理专业基础课系列教材）
ISBN 978-7-81129-190-2

Ⅰ. 货… Ⅱ. 王… Ⅲ. 货币和银行经济学 Ⅳ. F820

中国版本图书馆 CIP 数据核字（2009）第 146013 号

货币金融学
HUOBI JINRONGXUE
王玉琴　主编

责任编辑　陈淑华　国胜铁
出版发行　黑龙江大学出版社
地　　址　哈尔滨市南岗区学府三道街 36 号
印　　刷　三河市春园印刷有限公司
开　　本　787 毫米 ×1092 毫米　1/16
印　　张　22.75
字　　数　471 千
版　　次　2009 年 8 月第 1 版
印　　次　2022 年 1 月第 2 次印刷
书　　号　ISBN 978-7-81129-190-2
定　　价　58.60 元

总　序

教材建设是提高教学质量的主要内容之一，关系到人才培养规格和培养水平，也关系到培养什么样的人才、为谁培养人才，是办学思路和办学目的的具体体现。因此，大学本科生所用教材既要体现知识的先进性、与本科教育发展水平的适应性，又要体现中国特色社会主义阶段高等教育的特殊性。因此，本科教材应当确立相应的教材准入基本条件。

高等教育的人才培养目标不同于初级教育，它要求既要有明确的学校办学特色，又要建立科学的人才培养模式。学校办学定位的差异决定要相应确定学校办学特色和人才培养模式，研究型大学、教学型大学、教学研究型大学和研究教学型大学在教材选取、教学方法、教学手段等方面存在较大差异。为了更好地体现黑龙江大学及经济与工商管理学院独特的人才培养目标，凸显出学院近年来在教学改革和科学研究等方面的成果，学院在学校领导和相关职能部门的大力支持下规划出版"经济与工商管理类"系列教材。这是一套高水准、高质量，具有黑龙江大学经济与工商管理学院特色的本科教材，是学院教师多年努力的研究成果。

黑龙江大学经济与工商管理学院的前身可以追溯到1958年创办的黑龙江大学经济系，于1991年成立经济与工商管理学院，由著名经济学家熊映梧教授任首任院长，跨经济学和管理学两大门类，涵盖理论经济学、应用经济学和工商管理三个一级学科。学院一直非常重视教材的编写，近年来学院教师在一些国家级的出版社出版了一些教材，教材的质量也具有较高水平，在本科和其他层次的教学过程中被采用，但是有组织、有计划、系列化出版本科生教材在学院近10年来的发展过程中还是第一次。第一批出版的六本教材主要集中在经济与工商管理类的专业基础课上，我们邀请黑龙江大学及兄弟院校的"宏观经济学"、"微观经济学"、"货币金融学"、"国际贸易"、"会计学"、"管理学概论"等课程的主讲教师组成编写组，编写委员会对教材编写的提纲和初稿进行反复讨论、几经修改，最后由主审专家审查定稿。

本系列教材在学习和参考同类优秀教材的基础上，按照黑龙江大学本科培养方案"厚基础、宽领域"的指导方针，结合学院教师多年教学过程中积累的经验，考虑到经济社会发展的实际需要，力争按照"好用、管用、够用"的原则进行编写，符合研究型教学、探究式学习模式的要求，具有较高的使用价值。这批教材是黑龙江大学经济与工商管理学院近年来教材建设和课程建设方面取得的重要成果。

在我国，综合大学经济管理学院的专业设置不同于财经类、师范类等单科类大学。单科类大学由于涵盖的学科范围小，学院划分较细，一个二级学科就是一个学院，学院的专业性较强，涵盖的本科专业也较少，而我们综合大学经济管理学院的专业设置涵盖理论经济学、应用经济学、管理科学与工程、工商管理、公共管理等多个一级学科及其所对应的本科专业，综合性较强。所以，集中多学科的优势从本院的实际情况出发，分层次进行编写和指导，能够使这套系列教材成为经济管理类教材中的精品。第一批推出的六本教材作为尝试主要在我校使用，在教学中发现的问题，并及时汇聚起来进行妥善处理，根据实际效果决定自编教材的使用范围、使用比例以及下一步教材的建设目标。

今年是我国建国 60 周年，改革开放也刚刚走过了 30 年的道路，但是我国社会主义市场经济体制仍然处于完善之中。理论源于实践，变革的时代决定经济管理理论要根据实践的变化不断进行更新完善，并借鉴国外成熟市场经济的理论，结合我国国情指导经济建设和改革开放实践。例如，当前发生的百年一遇的国际金融危机使新自由主义的神话不攻自破，从另一个方面证明了马克思主义基本理论的正确性。资本主义的市场经济实践尽管创造出丰富的物质财富，极大地解放和发展了生产力，但是资本主义制度的基本矛盾没有变，金融危机、经济危机仍然是其在劫难逃的命运，马克思的资本论再次经受住了时间和历史的检验，其真理性毋庸置疑。同时，中国发展模式也在这次国际金融危机中引起了全世界的兴趣和关注。在西方国家极力推行所谓具有“普世价值”的自由、民主、人权社会制度，促使东欧和一些独联体国家发生“颜色”革命，纷纷加入“北约”的情况下，在来自西方主要国家的巨大压力下，我国仍然坚持走独立自主的中国特色社会主义道路。实践证明了中国模式在抵御金融海啸的冲击时具有独到功能，能够降低损失，缓和冲击。事情本身也提示我们，要进一步认识马克思主义经济学和西方经济学的关系，在人才培养方案和教学计划中如何正确处理马克思主义经济学和西方经济学的关系。在我们的教材中，对这些丰富的实践经验进行了理论总结和升华，依据马克思的虚拟资本和真实资本理论，阐释由金融衍生产品所引发的泡沫经济不断膨胀、最终走向破灭的原因。

由于我们的理论水平有限，加之我国正处于体制转轨过程中，经济全球化不断加深，影响经济社会发展的因素纷纭复杂，所以这套教材还存在着许多不足之处，希望得到同行专家的批评指正。

焦方义

2009 年 7 月于哈尔滨

前　言

在金融学课程体系中，货币金融学是一门最基本的专业理论课程，它是研究货币与金融体系的运行机制以及货币运行与经济运行之间关系的一门学科。它概括反映金融学科的基本理论和知识体系，反映现代金融在宏观运行和微观操作中所表现出的状态、特征和一般规律，反映人们在金融理论研究、政策和业务实践等各主要方面的成果。

金融作为现代经济的核心，正广泛而深刻地渗透到经济和社会的方方面面，并推动其向前发展。在新形势下，货币金融问题已成为影响各国经济发展和国家安全与稳定的重大问题。中国如此，世界各国亦如此。我国金融事业的发展需要一大批具有扎实的理论基础和勇于探索、敢于实践、开拓创新的专业人才和高素质的管理人才。

作为金融学专业的专业基础课程以及经济学、管理学类专业的核心课程，货币金融学教材的编写必须反映金融理论和实践的新进展与新情况。我国的改革开放引发经济体制的巨大变化，不断产生的新问题，一方面为货币金融学理论的应用提供了广阔的舞台；另一方面，也是更重要的，则是对原有货币金融学的理论体系和内容提出了新的挑战。货币金融理论在得到迅速发展的同时，货币和银行制度、业务操作和运行机制、金融市场和金融机构也日新月异地发生着变化。这些变化为货币金融学理论体系的完善和发展提供了良好的实践基础。同时，也要求我们不断地去研究、补充和完善，抑或修改传统的货币金融学知识体系。金融学科的建设必须跨上一个新的台阶，金融学科的教材建设必须与时俱进。

2008 年以来，为了适应金融业国际化和我国加入 WTO 的需要，黑龙江大学经济与工商管理学院“货币银行学”课程组对货币银行学课程进行了改革和调整，强化了货币银行学作为专业基础课的地位，讲授内容添加了许多现代金融前沿理论与热点问题。为了适应形势的发展和金融学教学的需要，我们在多年教学的基础上，借鉴前人的研究成果，组织黑龙江大学经济与工商管理学院金融系多位教师，多次讨论切磋，努力探索，大胆尝试，编写了这本《货币金融学》教材，期望有所创新。

为了解决学生的理论知识和实践能力脱节的问题，本教材在力求全面系统并有重点地介绍金融学的基础知识和基本理论外，还注重联系我国改革开放以来的金融业实践，采用课堂学习、阅读资料与案例课堂讨论相结合的方法，实现本课程的教学目的。通过对上述内容的学习，可以使学生对货币金融方面的基本理论有较全面的理解和较深刻的认识，对货币、信用、金融市场、金融机构、货币政策、金融与经济发展等基本范畴有较系统的了解；掌握观察和分析金融问题的正确方法，培养学生分析和解决实际金融问题的能力；提高学生的金融理论素养，为进一步学习其他专业课程和走向工作岗位打下比较坚实的基础。

本教材立足于我国金融业发展历史和现状，系统阐述了货币、信用、金融机构、货币政策、金融发展等基本理论，融西方金融学说与社会主义金融理论和实践为一体，坚持在广泛汲取国内外金融学科的最新研究成果和总结我国经济金融体制改革实践的基础上编写的原则，总结了我们长期从事货币银行学教学和研究工作的体会与总结。全书共分 13 章，主要内容包括货币制度、信用、利息与利率、金融市场、商业银行、其他金融机构、中央银行、货币政策、货币需求、货币供给、货币均衡、通货膨胀与通货紧缩、金融抑制与金融深化等内容。归纳起来，本教材具有以下两个突出特点：

1. 理论性与趣味性相结合

货币金融学课程理论性很强，突出理论性是该课程的核心。货币制度、信用、利息、货币供给、货币需求、货币均衡、金融抑制与深化等章节的内容详细介绍和论述了货币金融理论体系的发展和演变逻辑。通过理论体系的完善，一方面使教学内容更加系统和科学；另一方面使学生对金融学的前沿理论有一个大体了解。但本教材在突出理论性的同时，也借助许多生动的阅读资料来说明货币与金融学相关的理论和观点，增强课程学习的趣味性，提升学生的学习兴趣。在编写中，力求观点明确、内容充实、条理清楚、逻辑性强，以引导和启发学生，培养他们的综合分析能力和开拓创新能力。为了便于自学，每章开篇附有本章学习目的、意义和本章内容简介，每章结束附有复习思考题等，供复习参考用。

2. 突出内容的前瞻性

本教材在编写时，不仅参考了国内外成熟的货币银行学教学研究成果，而且追踪了近年来国内外货币金融学领域的前沿问题和金融改革的最新进展，这样做可以使读者进一步了解货币银行理论的动态和未来中国金融改革的发展趋势，有针对性地讨论中国的金融改革问题。本教材结合我国金融改革的实践，在不同部分分别介绍了国内与国外货币银行学的发展情况，理论联系实际，具有很强的前瞻性。

本书适合作为金融学、财政学、农林经济管理、工商管理、公共管理、会计学等专业本科生货币金融学教材，同时也可供相关专业研究生、金融业从业人员在职培训和有志于金融问题研究的学者和有兴趣者阅读参考。

本书由王玉琴担任主编，负责拟订大纲、组织编写并对全书进行修改和总纂，全书的编写分工如下：第一、三章由王玉琴撰稿；第七、八章由祝红章撰稿；第四、六章由张德春撰稿；第五、十三章由李学彦撰稿；第二、十二章由杨其滨撰稿；第九、十、十一章由王心如撰稿。

在本书的酝酿和编写过程中，得到了黑龙江大学经济与工商管理学院、教务处等部门的大力支持，经济与工商管理学院焦方义教授、杨忠海教授以及金融系全体教师等，对本书的编写大纲和主要内容的组织与写作提出了宝贵的修改意见，在此一并深表感谢！此外，本书的编写过程中，我们还参阅了大量的文献、资料，在此也向引文的诸位作者表示感谢。限于编者的水平，书中不妥之处在所难免，恳请同行专家、学者以及广大读者朋友不吝赐教，批评指正。

王玉琴

2009 年 5 月

目　录

前　言 ………………………………………………………………… 1
第一章　货币与货币制度 ………………………………………… 1
　第一节　货币的起源和货币的本质 ……………………………… 1
　第二节　货币的职能 ……………………………………………… 6
　第三节　货币制度及其演变 ……………………………………… 8
　第四节　货币层次的划分 ……………………………………… 14
第二章　信用与信用工具 ……………………………………… 24
　第一节　信用 …………………………………………………… 24
　第二节　信用的主要形式 ……………………………………… 28
　第三节　信用工具 ……………………………………………… 37
　第四节　直接信用和间接信用 ………………………………… 43
第三章　利息与利息率 ………………………………………… 54
　第一节　利息的本质 …………………………………………… 54
　第二节　利率及其分类 ………………………………………… 56
　第三节　利率的度量 …………………………………………… 61
　第四节　利率决定理论 ………………………………………… 64
第四章　金融市场 ……………………………………………… 75
　第一节　金融市场概述 ………………………………………… 75
　第二节　货币市场 ……………………………………………… 81
　第三节　资本市场 ……………………………………………… 91
　第四节　金融衍生市场 ……………………………………… 100
　第五节　外汇市场 …………………………………………… 105
第五章　商业银行 …………………………………………… 112
　第一节　商业银行概述 ……………………………………… 112
　第二节　商业银行的经营原则 ……………………………… 117
　第三节　商业银行的资本管理 ……………………………… 119
　第四节　商业银行的负债业务 ……………………………… 121

第五节　商业银行的资产业务 …… 124

第六节　商业银行的中间业务 …… 129

第七节　商业银行的管理理论 …… 130

第六章　其他金融机构 …… 139

第一节　专业银行 …… 139

第二节　政策性银行 …… 149

第三节　非银行金融机构 …… 152

第四节　金融监管机构 …… 164

第七章　中央银行 …… 170

第一节　中央银行的产生与发展 …… 170

第二节　中央银行的性质与职能 …… 176

第三节　中央银行的类型与结构 …… 180

第四节　中央银行的独立性问题 …… 185

第五节　中央银行的主要业务与资产负债表 …… 189

第八章　货币政策 …… 199

第一节　中央银行货币政策目标体系 …… 199

第二节　中央银行货币政策工具 …… 207

第三节　中央银行货币政策传导机制 …… 215

第四节　货币政策效应 …… 220

第九章　货币需求 …… 229

第一节　货币需求的含义 …… 229

第二节　决定货币需求的主要因素 …… 230

第三节　西方货币需求理论 …… 233

第十章　货币供给 …… 251

第一节　货币供给的基本含义 …… 251

第二节　货币供给机制 …… 252

第三节　西方货币供给理论 …… 261

第四节　货币供给的内生性与外生性 …… 267

第十一章　货币均衡 …… 276

第一节　货币的均衡与非均衡 …… 276

第二节　货币均衡与社会总供求均衡 …… 279

第三节　货币非均衡的调整机制 …… 282

第十二章　通货膨胀与通货紧缩 …… 286

第一节　通货膨胀的定义及类型 …… 286

第二节 通货膨胀的成因 …… 290
第三节 通货膨胀的后果及治理对策 …… 296
第四节 通货紧缩的定义及类型 …… 304
第五节 通货紧缩的成因 …… 305
第六节 通货紧缩的效应及治理对策 …… 307
第十三章 金融发展、创新和监管 …… 318
第一节 金融与经济发展的一般关系 …… 318
第二节 发展中国家的金融抑制 …… 321
第三节 金融深化理论与发展中国家的金融改革 …… 324
第四节 金融创新与金融风险 …… 332
第五节 金融监管 …… 341
参考文献 …… 350

第一章　货币与货币制度

学习目标

本章对货币的定义、起源、职能、形式的发展及货币本位制度的演变作了系统的介绍。同时,对货币与经济运行之间的关系进行了讨论。通过本章的学习,要求学生掌握有关货币的定义和职能;掌握货币层次划分的依据、标准和划分意义;理解实物货币、代用货币和信用货币的价值基础;了解货币本位制度的发展和演变,以及当今世界存在的区域性和世界性的本位货币。同时还应对货币在社会生产消费过程中的作用及有关国民经济运行的主要货币指标有一个初步的认识。

第一节　货币的起源和货币的本质

一、货币的起源

货币是商品生产和商品交换长期发展的产物,商品经济的内在矛盾,即使用价值与价值、具体劳动与抽象劳动、私人劳动与社会劳动的矛盾是货币产生的根源,物物交换的困难是商品经济内在矛盾的表现形式。

物物交换的困难制约了商品交换的发展;商品交换的普遍性必然打破物物交换在时间、空间上的制约;一般等价物的出现解决了物物交换矛盾,实现了以一般等价物为媒介的物物交换,最初一般等价物还不是完全意义的货币,不同的地区和时期都有自己的一般等价物;当一般等价物固定地由黄金来充当时,货币才真正产生。按照马克思的观点,货币的产生经历了简单的、偶然的价值形式,扩大的价值形式,一般价值形式和货币形式的四个发展阶段。

1. 简单的、偶然的价值形式

在原始社会后期,随着社会生产力的发展,出现了部分剩余产品。各部落生产的产品除了满足自身需要外,可以将部分剩余产品用于交换。在交换过程中,一种商品的价值,偶然地表现在另一种商品上,如:

1 只羊 =2 把石斧

这个等式反映了:第一,羊和石斧处于不同的地位,起着不同的作用。等式左边的羊的所有者通过与石斧的交换，把羊的价值表现出来，起着主动作用，处于相对价值形式的作用；而等式右边的石斧在交换中用其本身的使用价值来充当羊的价值的表现材料，用来衡量、表现羊的价值，在价值表现中处于被动地位，是羊价值的等价物。第二，这一等式还反映了这两种商品价值量的对比关系。

这时，作为等价物的石斧具有同处于相对价值形态的羊直接交换的能力，从而使等价物具有三个特征：使用价值成为价值的表现形式、具体劳动成为抽象劳动的表现形式、私人劳动成为社会劳动的表现形式。

2. 扩大的价值形式

在扩大的价值形式中，一种商品价值已经不是偶然地表现在某一商品上，而是经常地表现在一系列商品上，如：

$$1\text{ 只羊}=\begin{cases}3\text{ 袋玉米}\\2\text{ 把石斧}\\4\text{ 把锄头}\\5\text{ 担棉花}\\15\text{ 斤茶叶等}\end{cases}$$

在扩大的价值形式中，各种商品交换的比例关系和他们所包含的社会必要劳动时间的比例关系更加接近，商品价值的表现也比简单的价值形式中的价值表现更完整、更充分。

在简单的价值形式和扩大的价值形式阶段，都是物物交换，但交换能否成功对交换者来说具有不同的意义。对于前者，物物交换是否成功对他的所有者来说无关紧要；但对后者来说则非常重要，因为经常地交换已成为他们生活的必要环节，一旦交易不成功，其生活就会遇到困难。而随着交换的发展，物物直接交换的局限性越来越明显，交易的真正达成需要多重巧合：时空的双重巧合、交换比率达成一致等条件。这样的交易成本高，交易效率低下。

3. 一般价值形式

马克思指出："问题和解决问题的手段同时产生"。在商品交换的发展过程中，人们为了克服物物直接交换的局限性，逐渐自发地出现了这样一种倾向：大家先将自己的商品与某种大家普遍接受的商品相交换，再以这种商品去交换自己真正需要的商品。如果一段时间大家普遍接受的商品是羊，羊成为一般等价物，则可能出现下列交换关系：

$$\left.\begin{array}{l}3\text{ 袋玉米}\\2\text{ 把石斧}\\4\text{ 把锄头}\\5\text{ 担棉花}\\15\text{ 斤茶叶等}\end{array}\right\}=1\text{ 只羊}$$

这种交换已经不是物物直接交换，而是通过一般等价物的间接交换。作为一般等价物的商品，已经不是普通商品，而是起着货币作用的商品，是货币的原始形态。

4. 货币形式

一般价值形式大大促进了商品交换的发展，但一般等价物还没有固定到某一种商品上，客观地要求从充当等价物的商品中分离出一种商品，固定地、经常地起着一般等价物的作用，这种商品最初就是成为货币的黄金。黄金能够从众多商品中脱颖而出，除了它是社会劳动产品的商品这一基本条件外，还因为黄金是作为货币的天然材料："货币并非天然是金银，但金银天然是货币"。黄金具有质地均匀、体积小、价值大、易于存储、分割、鉴别和携带的自然属性。黄金作为货币的交换形式是：

$$\left.\begin{array}{l}3\text{ 袋玉米}\\2\text{ 把石斧}\\4\text{ 把锄头}\\5\text{ 担棉花}\\15\text{ 斤茶叶等}\end{array}\right\}=1\text{ 克黄金}$$

从货币产生的过程看，货币不是某个聪明人设计创造出来的工具，而是广大商品生产者自发的共同交往的结果，同时也是商品经济的内在矛盾进一步发展的结果。它解决了物物交换的困难，但又使商品经济的内在矛盾进一步发展，使得商品的价值和使用价值的对立表现为商品和货币的对立。

二、货币的本质

货币是商品，货币的根源在于商品本身，这是被价值形式发展的历史所证实了的结论。马克思是从货币起源出发揭示货币本质的，把货币定义为：货币是从商品世界分离出来的，固定地充当一般等价物的特殊商品，并体现一定的生产关系。

首先，货币是一般等价物。作为一般等价物的货币，具有两个基本特征：第一，它是表现一切商品价值的材料。普通商品直接表现其使用价值，其价值必须在交换中由另一商品来体现。货币则是以价值的体现物出现的，在商品交换中直接体现商品的价值。商品生产者只要把自己生产的商品交换成货币，他生产商品的个别和私人劳动才能得到社会的承认，耗费的劳动才能够得到补偿。因而货币成为商品世界唯一的核算社会劳动的工具。第二，货币作为一般等价物，它具有和一切商品直接相交换的能力。普通商品只能以其特定的使用价值满足人们某种需要，因而不能同其他一切商品相交换。货币作为一般等价物，是一般财富的象征，它可以换取各种使用价值，成为每一个生产者所追求的对象。

其次，货币体现一定的生产关系。社会分工要求生产者在社会生产过程中建立必要的联系，这种联系在私有制社会中需要通过货币为媒介的交换来实现，因而，货币作为一般等价物反映了商品生产者之间的交换关系，体现着商品归不同所有者占有，并通过等价交换来实现他们之间的联系及社会生产关系。

在不同社会里,货币反映了不同的生产关系。在奴隶社会,奴隶主掌握大量货币,用来购买奴隶,反映了奴隶主对奴隶的剥削关系;在封建社会,地主以货币地租的形式剥削农民,货币反映了地主对农民的剥削关系;在资本主义社会,劳动力成为特殊商品,货币转化为资本。资本家掌握大量货币,凭借对生产资料和产品的占有,购买工人的劳动力,无偿占有工人阶级创造的剩余价值。在这里,货币在不同的社会制度中作为统治阶级的工具,这是由社会制度决定的,而不是货币本身的属性。从货币的社会属性来看,货币反映了商品生产者之间的关系,货币是没有阶级的,也不是阶级和剥削产生的根源。

三、货币形式的演变

货币的本质不会改变,但货币的形式却是在不断变化的。如果说货币的本质是其内涵,则货币的形式就是它的外延,它随着社会生产力的发展和社会的演化而变化。下面从货币形态的历史变迁的角度来分析货币形式的演变,货币形式演变的简要图示如下:

- 货币形式
  - 商品货币
    - 实物货币
    - 金属货币
  - 信用货币
    - 纸币、银行券
    - 存款货币
    - 电子货币

1. 商品货币形态

商品货币是直接从普通商品中分离出来的,本身具有相应的价值和使用价值,即具有特定使用价值的商品,又作为一般等价物充当货币的表现形式。商品货币流通分为两个阶段:

一是初级阶段:朴素的商品货币,以其自然物理形态作为货币。曾有牲畜、皮毛、贝壳、粮食和烟叶等充当货币角色。实物充当货币具有价值不稳定性、不易分割与保存、不易携带、接受范围有限、缺乏统一的价值衡量标准等劣势,因此不是理想的货币形式。

二是高级阶段:金属货币形态。金属货币形态,是使用金属商品作为一般等价物充当货币的表现形式。金属货币一般经历了从贱金属向贵金属的过渡,在不同国家和地区金属货币的稳定形态存在差异。无论何种金属作为货币,都先后经历了称量货币和铸造货币两个阶段。称量货币阶段以货币的重量为单位表现商品价值,其信誉基于商业信誉,金属条块上铸有商户的名称;铸造货币阶段以金属货币数量为单位,作为商品价值的体现,是国家产生后国家权力介入的产物,其信誉基于国家权力和流通的强制力。世界最早的金属铸币是中国春秋初期约公元前800年的布币、刀币和铜贝币。铸币的产生不仅显著地扩大了金属作为货币的用途,而且朝着把货币和它的构成材料区分开的方向迈出了一大步。

贵金属货币的优点有体积小价值大、易于保存与分割、质地均匀、便于携带、计价准确等优点。马克思曾指出:“货币并非天然是金银,但金银天然是货币”。金属货币的局限在于流通成本比较高，产量有限，难以满足不断增加的商品流通对货币的需求。当前，黄金白银不再是货币商品，但仍是重要的金融商品，发挥着货币的某些功能，主要表现在价值储藏方面。铸币的磨损和不足值货币的流通，为信用货币的产生奠定了基础。

2. 代用货币形态

代用货币是指代替金属实物货币流通并可随时兑换成金属实物货币的货币形态，包括银行券和辅币。代用货币是金属实物货币的价值符号，其本身的内在价值低于额定价值，但由于它可以与实物货币等价交换，并以此维持其代表地位，故仍可按实物货币的额定价值流通。代用货币是完全建立在实物货币的基础上，但它又是不具有十足价值的货币符号，从而体现了一定的信用关系。因此，代用货币是实物货币向现代信用货币发展的一种过渡性的货币形态。

典型的代用货币是银行券。银行券是随着资本主义银行的发展而首先在欧洲出现的代用货币，其主要特征有：(1)银行券是银行发行的可以随时兑现的代用货币。(2)银行券的发行必须具有发行保证，一般分为黄金保证和信用保证，黄金保证体现为银行的金准备，信用保证体现为发行银行保证兑现的信用度。(3)早期银行券的发行是分散的，各家商业银行凭自己的信誉和能力发行，后来中央银行逐渐垄断了银行券发行。

3. 信用货币形态

信用货币即纸币，是以信用为保证，通过一定的信用程序发行，充当流通手段和支付手段的货币形态。信用货币是由国家法律规定强制流通的，不以任何贵金属为基础的独立发挥货币职能的货币。目前世界各国发行的货币，基本都属于信用货币。

信用货币实际上是一种信用工具或债权债务凭证，除纸张和印刷费用外，它本身没有内在价值，也不能与实物货币按某种平价相兑换。在现代经济中，信用货币的发行主体是银行，其发行程序是银行信贷程序，由国家赋予无限法偿能力，并强制流通。现代信用货币包括现金和银行存款两种主要形式(见第四节相关内容)，其基本特征有：

(1)信用货币是中央银行代表国家发行的纸币本位货币，本身不具有十足的内在价值。

(2)信用货币是债务货币。现金亦称通货、现钞，是国家授权中央银行发行的不兑现银行券，是中央银行的负债；存款货币是指能够发挥货币作用的银行存款，主要是指能够通过签发支票办理转账结算的活期存款，与现钞相比，存款货币具有快速、安全、方便等优点。存款是商业银行的负债。

(3)中央银行发行的现钞具有强制性，通过法律手段确定其为法定货币。

(4)国家可以通过银行来控制和管理信用货币流通。

信用货币的发行量直接与中央银行的信用规模相关。信用货币具有较强的弹性，通过信用规模的调整，可以影响经济的规模。所以调节中央银行信用规模，维持适度的信用货币数量，保证信用货币购买力稳定，是任何国家货币政策的核心内容。

两宋时期产生的纸币是世界上最早出现的纸币。纸币是一种象征性货币，它是社会商品经济发展到一定阶段的产物,同时与造纸技术和印刷技术的进步也有关。北宋的纸币主要有交子,南宋有会子、关子。交子、会子都是当时对票据、证券的俗称。

4. 电子货币

在经济迅速发展的情况下,各经济主体之间的资金往来更加频繁,人们对更加便捷支付方式的需求也与日俱增,而科学技术的发展也为货币形式的创新创造了契机。电子货币就是信用货币与现代计算机技术、通讯技术相结合的产物,是新型的信用货币形式。巴塞尔委员会认为,电子货币是指在零售支付机制中,通过销售终端、不同的电子设备之间以及在因特网上执行储值和预付支出机制的货币。电子货币的主要形态有:信用卡、电子支票和电子钱包等形式。

电子货币是一种新型的货币,它除了具备货币的一般属性外,还有其特殊属性:

(1)发行主体多元化。传统货币由中央银行或特定机构垄断发行,而电子货币则可由中央银行、一般金融机构或非金融机构来发行,而且通常是后者占据主导地位。

(2)传统货币是以中央银行和国家信誉为担保的法定货币,是标准化货币,有统一的外观设计和管理政策,被强制接受和使用,而大部分电子货币由不同机构自行设计,往往具有个性化特征,其发行也主要依赖于各个发行者自身的信誉和资产,面临的风险并不一致,其使用要求有一定的硬件设施作支持,因此在现阶段还不能强制其流通。

(3)形态上的非物化。这是电子货币与以往任何一种货币都不同的地方。它不需要借助任何实体,而只需要一股承载着信息码的电子脉冲就可以完成支付。利用电子货币进行网上交易有着传统货币不可替代的作用——快捷方便:大大节约流通成本,无论买卖双方的地理位置相隔多么遥远,交易双方都可以迅速完成支付;处理简单:相对于纸币,电子货币一旦确认,便完成其交换过程;简化国际汇兑程序:由于互联网是一个大同世界,电子货币理论上是符合互联网标准的单一货币,发展电子货币,可以简化传统货币在国际汇兑时的复杂手续;安全性强:相比较现实世界的犯罪行为,虽然网络黑客的计算机犯罪并不少,但信息化的电子货币的存放和使用比实物货币还是要安全得多。正是因为以上诸多优点,可以预见,伴随相关设施的完备,电子货币必将越来越多地取代传统纸制货币。这只是货币形态或者载体的变革,货币依然存在,仍然执行着货币的各项职能。

电子货币并没有改变货币的本质,仍然具有不可兑现纸币流通的特点,但为货币流通带来了新的挑战。仅从技术上讲,各个商家都可以发行电子现金,如果不加以控制将带来相当严重的经济金融问题。电子现金的安全使用也是一个重要的问题,包括限于合法人使用、避免重复使用等。对于无国界的电子商务应用来说,电子现金还在税收、法律、外汇汇率、货币供应和金融危机等方面存在大量的潜在问题,有必要制定严格的金融管理制度,保证数字货币的正常运作。

第二节 货币的职能

货币的职能通常概括为:价值尺度、流通手段、支付手段、贮藏手段和世界货币。其中,价值尺度和流通手段是货币最基本的两个职能。

一、价值尺度

货币在表现和衡量商品和劳务价值时发挥价值尺度功能。作为价值尺度的货币只是观念上的货币,因此不涉及流通量的问题。

货币发挥价值尺度职能将商品的价值大小表现为一定的价格,从而使商品和劳务的价值可以相互比较,便于商品的流通和交换。由于各种商品价值大小不同,用货币表现的价格也不同。为了便于比较,就需要规定一个货币计量单位,称为价格标准。人们大致按两种方法确定价格标准:一是自然方法,如以贵金属的重量单位磅、两、盎司等来计量货币;二是社会方法,以某种单位如美元、欧元、日元、英镑、人民币等为计量单位。

二、流通手段

货币充当商品和劳务交换的媒介,发挥流通手段职能。流通手段职能需要现实的货币。在信用货币流通的条件下货币量的多少与商品的价格关系密切。同时货币作为流通手段是商品交易变为买和卖两个独立的过程,从而存在使买卖脱节的可能性。要保持物价稳定,适度的货币量是关键。

马克思认为,一定时期内流通中所需要的货币数量,与商品价格总额成正比,与货币流通速度成反比,这就是货币流通规律。

在货币供求理论中,我们会详细介绍相关内容。

三、支付手段

在商品交易的信用形式中,货币充当延期支付的标准,发挥支付手段职能。货币作为支付手段最初是因为赊销和预付货款引起的。

随着商品交换的发展,信用关系也相应发展起来,货币作为支付手段的职能也扩展到货币借贷和商品流通领域以外,如资金所有者把货币当作商品贷给借款人、企业支付工资等。由于货币发挥支付手段职能,会形成债权债务关系,一方面对现实经济有促进作用,可以克服现金交易对商品生产和流通的限制;另一方面又可能导致债务到期不能清偿而形成的债务链断裂的问题。

四、贮藏手段

货币作为一般财富的代表,暂时退出流通,发挥价值储藏职能。实物货币和信用货币发挥价值储藏职能有不同的特点。

在金属货币流通条件下,货币发挥贮藏手段职能的重要意义在于它具有"蓄水池"和"排水沟"的功能。其机制是:当流通中需要的货币量减少时,多余的金属货币会退出流通界被贮藏起来;反之,贮藏的货币又会重新进入流通领域。但这种机制发挥作用的前提条件是要足够大的金属贮藏量,而这样的条件未必存在,如我国历史上的钱荒就是货币金属不足的典型例子。

在不兑现的信用货币制度下,人们贮藏价值除持有少量金银外,更多的是以银行存款和手持现金的方式。信用货币可以提高储蓄的效率,相对于其他财富贮藏手段具有流动性高,成本低等无法比拟的优点。在信用货币条件下,储藏手段要正常发挥,购买力的稳定是前提。

五、世界货币

随着国际贸易和经济一体化进程,货币超越国界,在世界市场发挥一般等价物作用时,就执行了世界货币的职能。货币发挥世界货币职能是货币的前四大职能在国际领域的延伸。最初金银执行世界货币的职能,但随着不兑现信用货币的普遍推行,一国货币能否成为世界货币,与国家的经济实力、国际贸易水平等因素有关。一些主要国家的货币如美元、英镑、欧元、日元等货币,成为各国普遍接受的硬通货,在国际间充当看世界货币的角色。

第三节 货币制度及其演变

一、货币制度

货币制度是指一国政府以法令形式对本国货币有关要素及货币流通的组织与调节等加以规定所形成的体系。从货币发展的历史阶段看,金属货币的出现是货币制度形成的基础,国家的建立使货币制度成为现实。

金属材料充当货币以后,条块形态的货币在每次交易时均需称量和检验成色等,十分不便,基于交易方便的考虑,一些富商巨贾对自己制造的金属条块上镌铸印戳,表明重量与成色,成为铸币的雏形。国家建立以后,为了规范管理和促进经济的发展,对流通中的货币作出强行规定,形成了各国的货币制度。以我国为例,我国早在战国时期,秦、楚、齐、燕、魏、赵、韩七国都有自己的货币制度。秦朝统一中国后的一项重要措施是统一了货币制度,包括货币材料(黄铜)、铸币形状(天圆地方)、铸币重量(半两)等。

二、货币制度的构成要素

货币制度的主要内容有:规定货币和辅币的材料、确定货币的单位、规定货币的流通程序和流通办法、确定发行准备和货币的对外关系。

1. 规定货币材料

规定货币材料是货币制度最基本的内容。在金属货币流通的条件下,货币金属是整个货币制度的基础。货币制度规定以何种金属铸造本位货币,就称之为什么本位币制度，如银本位制、金银复本位制、金本位制。

2. 规定货币名称、货币单位和价格标准

货币名称、货币单位通常是习惯形成的。货币单位是指货币制度中规定的货币的计量单位。按照国际惯例，一国货币单位的名称往往就是该国货币的名称，如瑞士法郎、墨西哥比索、古巴比索、阿根廷比索、突尼斯第纳尔、泰国泰铢、俄罗斯卢布等；如果几个国家用同一个货币单位名称，则在前面加上国家名，如美国的货币就是美元、加拿大的货币就是加元、日本的货币就是日元、中国的货币称为"人民币"，也被称为中国元等。

在金属货币流通的条件下，价格标准就是铸造单位货币的法定含金量。例如，美国1934年1月的法令，1美元的纯金含量是13.714格令（合0.888671克）；中国北洋政府在1914年《国货条例》中规定，货币单位定为"圆"，含纯银6钱4分8厘（合23.977克）等。当黄金非货币化后，确定单位货币的值则表现为维持本国货币与他国货币或世界主要货币的比率，即汇率。

3. 规定本位币、辅币及其法定偿付能力

本位货币又称主币，是一个国家的基本通货和法定的计价结算货币。主币的最小规格通常是一个货币单位，如1美元、1英镑等。辅币是本位币以下的小额货币，主要供小额零星交易和找零之用，是本位货币的等分。例如美元的本位币单位是"美元"，元以下是"美分"，其中1美元=100美分；英国货币名称为"英镑"，本位币单位是"镑"，镑以下是"先令"、"便士"，其中：1英镑=20先令，1英镑=100便士。

在国家干预货币发行和流通的情况下，还要通过法律对货币支付偿还能力做出规定，即规定货币是有限法偿货币还是无限法偿货币。无限法偿是指法律规定本位币在商品劳务的交易支付中和在债务的清偿上每次支付数量不受限制，债权人不得拒绝接受的无限法定支付能力。辅币一般用贱金属铸造，为不足值货币，只能由国家铸造，在使用上一般是有限法偿，即超过规定数量，收款人可以拒绝接受。

在金属货币制度下，本位币是足值货币，可以自由铸造与毁融、自由输入输出、自由流通、自由兑换；在纸币流通条件下，纸币是国家垄断发行、强制流通的价值符号。

4. 发行保证制度

发行保证制度又称发行准备制度，是指银行发行的纸质货币作为价值符号依靠什么来保证其币值稳定的制度。在代用货币时期，发行银行券和辅币的银行必须建立金属准备制度，以保证其随时兑现；信用货币制度下大多数国家不再规定货币发行准备金，少数国家的货币发行以证券、外汇等作为准备金。

三、货币制度的类型

由于货币材料的确定在货币制度中居于核心地位，所以货币制度的类型一般根据货币材料来划分。从历史发展看，世界各国货币制度先后采取过以下几种货币制度：银本位制、金银复本位制、金本位制、不兑现的纸币本位制。货币制度类型的演变的简要图示如下：

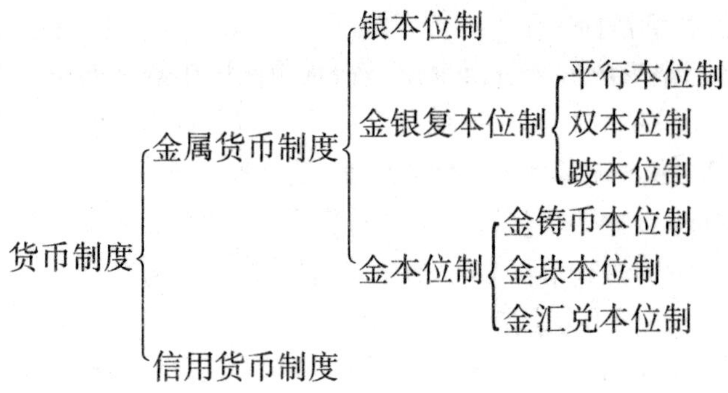

1. 银本位制

银本位制的主要内容是白银作为货币材料，有银两本位和银币本位之分。银两本位是不铸造银币，以银两为单位，以银块形式流通的制度；银币本位是以白银为币材，铸造银圆流通的制度。银铸币为本位货币，具有无限法偿能力。银币可以自由铸造自由熔化。国际间白银和银币可以自由输出入。

2. 金银复本位制

银本位制产生于封建社会末期，后来由于世界白银产量的增加，使白银价格不断下跌。由于白银价格不稳定，白银作为货币不利于货币流通的稳定和国际收付，削弱了白银作为货币的能力，因此许多国家逐步过渡到了金银复本位制。金银复本位是16—18世纪资本主义发展初期典型的货币制度。

金银复本位制的内容是：金银两种金属均为币材，以金银铸币为本位货币。金银货币具无限法偿能力。金银币可以自由铸造和熔化，金银和金银铸币在国际间能自由输出入。纸币和其他流通中的货币可以自由兑换金银币。金银复本位又可以分为平行本位制和双本位制。

(1)平行本位制。金银币之间的比价完全由金银的市场价格来决定。但这种本位制度是不稳定的，要求的条件很严格，即金银的市场比价必须保持稳定，这几乎是很难满足的条件。由于金银供给和需求不可能稳定，市场比价也不可能保持稳定。平行本位制的不稳定性还体现在商品双重标价的问题，这不利于促进商品流通的发展。

(2)双本位制。就是由政府规定金币和银币的比价，金银币按法定比价流通。双本位制是典型的金银复本位制。这种金银复本位制实行的时间较长，在18世纪末到19世纪中叶十分盛行，如美国1792年规定金银法定比价为1:15。由于政府的介入，金银比价具有较强的稳定性，克服了平行本位制的金币与银币比值频繁波动的弊端；但事与愿违，这样反倒形成了国家官方金银比价与市场自发金银比价平行存在的局面，而国家官方金银比价较市场自发金银比价显然缺乏弹性，不能按金银实际价值进行调整，从而导致了金币与银币名义价值的背离，进而形成了新的问题——“劣币驱逐良币”现象。这一现象是指在两种面值相同而实际价值不同的货币同时流通时，实际价值较高的“良币”必然被收藏、熔化或输出，而退出流通，实际价值较低的“劣币”则会充斥市场。劣币驱逐良币这一术语最早见之于16世纪英国著名金融家格雷欣的币制改革建议中，故称其为“格雷欣法则”。因此，在某一时期的同一市场上，很难有两种货币同时流通，这也是许多国家由金银复本位制向金本位制转变的动因。

进一步削弱的金银双本位制称为“跛行本位制”，即金铸币和银铸币都是本位币，并有固定兑换比率，但国家规定金币可以自由铸造而银币不允许自由铸造的货币制度。在这种制度下，银币不能自由铸造，起辅币的作用，已经不具备复本位制的基本特点，是复本位制向金本位制过渡的形式。

金银复本位制是一种不稳定的货币制度，因为它与货币作为一般等价物而具有的排他性、独占性的本质特征相冲突。因而，随着资本主义经济的进一步发展，金银复本位逐渐让位于金本位制是历史的必然。

3. 金本位制

金本位制是以黄金为本位币的货币材料，分为三种类型：

(1)金币本位制。这是典型的金本位制，黄金为法定的本位币金属，铸造并流通金币的货币制度。金本位制的产生从货币制度演变的角度而言，是由于劣币驱逐良币的规律发生作用，同时与19世纪以后黄金产量的增加使币材增加有关。金本位制的最典型的特点是：规定金铸币为本位货币，黄金可以自由铸造和自由熔化，流通中的其他货币可以自由兑换为金币，黄金在国际间可以自由输出输入，它有效地解决了双重价格和劣币驱逐良币现象。由于黄金的价值相对比较稳定，促进了各国商品经济和国际贸易的发展，但由于黄金产量有限，不能够完全满足不断扩大的商品流通对流通手段的要求，金铸币本位制盛行了一个世纪，到第一次世界大战之后，才逐步开始受到削弱。

在金币本位制下两国货币兑换比率取决于两国货币含金量之比，即汇率决定的基础是铸币平价。实际经济中的汇率则因供求关系而围绕铸币平价上下波动，但其波动范围受制于黄金输入出点。在金币本位制度下，黄金可以自由输入输出。如果汇价涨得太高，人们就都不愿意购买外汇，而要运送黄金进行清算了。但运送黄金需要各种费用，如包装费、运输费、保险费和运送期的利息等费用。铸币平价加上黄金运送费用是汇价上涨的最高点，否则，贸易结算中的债务人会选择黄金输出进行支付货款；同理，铸币平价减去黄金运送费用是汇价上涨的最低点，否则，贸易结算中的债权人会选择黄金输入代替外汇收取货款。由于黄金输入出点限制了汇价的变动，所以汇率的波动幅度比较小，基本是稳定的。

金币本位制的作用表现在货币制度的相对稳定并以此促进资本主义的发展。具体表现是：第一，促进了资本主义商品生产和流通的发展。因为单一的货币材料和单一的价格，便于价格体系的统一和核算；金本位制货币可以自由铸造与流通，货币符号可以无限兑换金币，这样可以自发调节流通中的货币量，保证其货币币值的稳定性，增强了信誉性，促进商品生产与流通。第二，促进了资本主义信用制度的发展。信用实质就是借贷，而借贷有时间差，容易受币值波动的影响，因此，建立信用制度客观需要一个稳定的货币制度，金币本位制为此提供了前提条件。第三，促进了国际贸易和资本输出的发展。国际贸易和资本输出的发展需要一个稳定的汇率作为基础，而金币本位制下汇率的波动幅度比较小，基本是稳定的，为国际结算和国际投资的发展奠定了基础。

英国于1816年制订《金本位制法》，1821年在世界上首次实行金币本位制。以后很多国家相继实行，形成国际金本位制。1914年第一次世界大战爆发后，各国为了筹集庞大的军费，纷纷发行不兑现的纸币，禁止黄金自由输出，金币本位制崩溃，一些国家转而采用金汇兑本位制，英、法、比、荷等国则实行金块本位制。

(2)金块本位制。金块本位制又称生金本位制，其特点是：金币的铸造被停止，金币也不再流通，流通的是由中央银行发行的银行券，银行券规定含金量，货币的价值与黄金保持等值的关系。人们持有的其他货币不能兑换金币，但可以兑换为金块。黄金在国际间可以自由输出输入，纸币可以与金块进行兑换，但不再是自由兑换，规定的兑换起点限额较大，如1925年，英国规定银行券1700英镑(含纯金400盎司)以上才可以兑换黄金；法国1828年规定每次至少兑换215000法郎，由于这是一般老百姓不能达到的兑换起点，因而这种制度也被称为“富人本位制”。

(3)金汇兑本位制。金汇兑本位制的主要特点与金块本位制大体相同。但人们持有的其他货币在国内不能兑换黄金，而只能兑换与黄金有联系的外币。这种制度的实质是把本国的黄金存于国外的银行，换取国外的货币，用国外的货币作为本国的纸币的发行准备金。国内居民可以购买外汇，并在理论上可以把外汇拿到国外去换取黄金。这种制度也被称为“虚金本位制”。实行这种货币制度的国家通常有两种，一是本国经济落后，黄金储备少，无法独立实行金本位制的国家；另一种是战败国，国内产生严重的通货膨胀，货币制度面临崩溃，需挂靠一种强势货币进行整顿。无论哪种情况，一个国家把自己的货币与另一个经济实力雄厚国家的货币挂钩，实际上是成为他的附庸，在货币政策上也会受到控制和利用。

20世纪30年代的经济危机动摇了金本位制的基础，金币的自由铸造、自由熔化、自由输出输入和自由兑换受到了削弱，使这种货币制度难以继续。

金本位制崩溃的原因可以从下面几个方面来理解：

导致金本位制崩溃的直接原因是1929—1933年的世界经济大危机。内在原因则在于黄金既是货币又是商品的内在矛盾：作为货币要求价值稳定，作为商品它的价值要受供求关系的影响，又不可能稳定，因此它不是理想的货币。

具体原因则有：

第一，黄金生产量的增长幅度远远低于商品生产增长的幅度，黄金量无法满足以几何级数扩大的商品流通对支付手段的需要，这就极大地削弱了金铸币流通的基础。

第二，黄金存量在各国的分配不平衡。1913年末，美、英、德、法、俄五国占有世界黄金存量的三分之二。黄金存量大部分为少数强国所掌握，必然导致金币的自由铸造和自由流通受到破坏,削弱其他国家金币流通的基础。

第三,第一次世界大战爆发,黄金被参战国集中用于购买军火,从而停止了黄金的自由输出和银行券兑现,金本位制流通的基础被严重削弱,最终导致金本位制的崩溃。随着1929—1933年的世界性经济危机的爆发,金本位制退出历史舞台,各国纷纷实行了不兑现信用货币制度。

4. 不兑现信用货币制度

不兑现信用货币制度本质是一种纸币本位制,是指一个国家的本位货币使用纸币而不与黄金发生任何联系的一种货币制度。它的主要特点有:

(1)黄金非货币化,政府通过法律手段保证纸币具有一定的强制接受性。纸币的发行不受黄金储备的限制,其发行量完全取决于实现货币政策的需要。

(2)纸币的价值决定于它的购买力,纸币的购买力与发行量成反比,与商品供应量成正比。

(3)流通中的货币都是信用货币,主要由现金和存款构成。现金是中央银行的负债,而存款是商业银行的负债,并且非现金周转广泛发展,货币形式多样化。

(4)中央银行和商业银行的货币都是通过信贷程序投入流通的。无论是现金还是存款货币,都是通过金融机构的存取款业务、黄金和外汇的买卖业务、有价证券的买卖、银行贷款的发放而投入流通的,这与金属货币通过自由铸造进入流通已有本质差别。

(5)国家对信用货币的管理调控成为经济发展的必要条件。不兑现信用币流通条件下,保证币值的稳定是货币制度的核心,必须要以社会公众提供给中央银行分配的资源或资产作为稳定币值的基础。

5. 我国的货币制度

我国现行的人民币制度始建于1948年12月1日。目前是一种"一国四币"的信用货币制下的特殊货币制度,1997年和1999年香港和澳门相继回归,两地继续维持原有的货币金融体系,台湾则使用新台币,即在香港、澳门、台湾、大陆实行不同的货币制度,表现为不同地区有自己的法定货币,各种货币仅限于本地流通,各种货币之间的兑换受到一定限制,人民币与港元、澳元之间按市场供求关系为基础决定的汇价进行兑换。港币与美元实行联系汇率制。大陆地区的法定货币是人民币,由国家授权中国人民银行统一发行与管理。

人民币制度的内容可以概括为四个方面:第一,人民币是我国的合法通货,具有无限法偿能力,它的发行不与任何贵金属挂钩,也不依附于任何一国的货币,是一种独立的货币。人民币采取的是不兑现的纸币制度。人民币从未规定含金量,而且从它诞生第一天起就与金银完全没有关系,也不与任何外币确定正式联系,不依从于任何外国的货币制度,除人民币外,金、银、一切外币均禁止流通。国内一切货币收付、结算、债务清理均以人民币为统一计价单位。第二,人民币本位币基本单位为"元",辅币是"角"、"分",结构是1元=10角,1角=10分。第三,人民币的发行高度集中统一。中国人民银行统一行使人民币的印制权、发行权和流通管理权。第四,人民币的发行准备是国家拥有的商品物资,中国人民银行根据经济发展的实际需要确定和调节货币发行量。

第四节 货币层次的划分

今天黄金已经退出货币行列,各种各样的金融工具发挥着货币的功能,具体形态的货币种类更加繁多,因此,需要从货币外延的角度来进一步阐释货币,对货币进行度量与划分,并定义货币供应量的范围,对经济运行和货币政策操作具有重要意义。

一、信用货币层次划分的必要性

在现代经济生活中,各种金融工具和流动资产纷纷涌现,种类繁多,如通货、活期存款、定期存款、大额可转让存单等,各自都有一定的货币性,有的直接能够发挥货币作用,有的略加转化就可以发挥流通手段和支付手段的职能,究竟哪一类或哪一组合信用工具才能视作货币,以及货币供应量所包括的范围该如何确定,这就涉及货币层次的划分问题。划分货币层次的意义在于:第一,为中央银行或货币当局对宏观经济运行监测和货币政策操作提供一个清晰的货币流通结构图,有利于中央银行根据不同层次的问题,采取不同的政策措施;第二,有助于中央银行或货币当局通过货币层次之间的变化分析市场的动向和经济变化的趋势,正确估价当前货币政策效果,选择今后货币政策。

二、信用货币层次划分的依据

随着货币与经济关系日益密切,客观上要求政府货币当局对货币供应量的扩张和紧缩加以控制。因而,货币供应量的概念(见第十章货币供给)以及对货币供应量层次的划分也就应运而生。货币供应量的构成和层次划分的主要标准是货币资产的不同流动性。

流动性是货币基本特征之一,指货币与商品的转换能力,在单一现金货币形式下,不存在转换能力程度差别问题。当货币形式多样化以后,各种货币形式流动能力出现了程度上的差别,这时流动性不仅指货币转换为商品的能力,还包括货币之间相互转换的能力。一种货币资产的流动性表现为它向现金转换的能力,即能不能自由转换为现金、在转换过程中是否会发生价值损失等。

流动性程度不同的货币在流通中转手的次数不同,形成的购买力不同,从而对商品流通和其他经济活动的影响程度也不同。比如现金和活期存款,直接作为流通手段和支付手段使用,直接引起市场商品供求变化,因而具有完全的流动性,其货币性最强;定期存款和储蓄存款则流动性较低,也会形成一定的购买力,但因为需要转化为现金才能变成现实的购买手段,提前支取要受到一定的损失,所以其流通次数较少,对市场的影响力就不如现金。

根据金融资产的流动性来划分不同层次的货币供应量,理论上很简单,但操作起来,流动性程度的确定有一定争议，经济学界通常有不同观点：

一种主张认为，货币的主要职能是流通手段和支付手段，主张把货币的外延（范围）只限于流通中的现金和商业银行体系的支票存款的总和，这就是狭义货币供应量 M_1。

M_1 = 流通中的现金 + 商业银行体系的支票存款

另一种看法认为货币也具有贮藏手段的职能，是“购买力的临时储存”，很容易变成现金。这样，商业银行体系中的储蓄存款和定期存款，也当然是货币，应计算在货币供应量范围内，从而得到了广义货币 M_2。

M_2 = M_1 + 商业银行定期存款 + 商业银行储蓄存款

第三种观点认为，在现代货币经济社会中，商业银行之外还存在着各种专业银行和其他非银行金融机构，这些金融机构吸收的定期存款和储蓄存款与商业银行的并无本质区别，都具有较高的货币性，从而货币供应量扩大到 M_3。

M_3 = M_2 + 其他金融机构存款

第四种观点认为，在金融市场高度发达的情况下，各种短期的流动资产，如国库券、人寿保险公司保单、承兑票据等，他们在金融市场上贴现和变现的机会很多，都具有一定的流动性，与 M_1 只有程度上的差别，并无本质差别。因此，应把他们也纳入货币供应量中，由此得到 M_4。

M_4 = M_3 + 其他短期流动资产

三、金融创新对货币层次划分的影响

金融创新的发展，具有不同流动性的新兴金融工具不断涌现，突破了传统的货币概念，货币层次的内涵和外延都发生了很大的改变，货币的层次定义越来越复杂。

金融创新导致大量新的金融工具出现，涌现了许多新型账户，这些账户的出现模糊了传统货币层次的划分界限。

主要的创新金融工具有 ATS、NOW、MMDA 等。这类账户可以开出支票或变相的支票，类似于活期（支票）存款，理应划入 M_1，但这些账户余额又大部分放在投资性储蓄账户上，似乎又应属于 M_2 范畴。

自动转账系统（ATS）。这是上世纪 70 年代出现的一种创新业务，在这种业务中，客户在银行开立两个账户：储蓄账户和活期存款账户。当客户开出支票后，银行自动把必要金额从储蓄账户转到活期存款账户上进行支付。这原本是为了规避对活期存款利息管制而进行的创新，却事实上提高了储蓄存款的流动性。

可转让支付命令（NOW）。这种账户是储蓄账户，可以付息，同时也可以开出有支票作用的“可转让支付命令”，实际上也使储蓄账户具有了支票存款账户的性质。

类似的还有大额可转让定期存单（CDs）。为了避免利息损失，定期存款一般都是到期支取，而 CDs 则可在货币市场上出售，在规避利息损失的同时，提高了定期存款的流动性。

由于金融创新，各国对货币层次的划分不断进行修改。英国从1970年到1984年修改货币定义九次之多。美国在1971—1984年间共修改货币定义七次。尽管频繁修改，金融创新带来的难题并未完全解决，尤其是近年来电子货币、多功能信用卡和E－money等对货币层次又带来了新的问题。因此，对货币层次的划分必将继续进行调整。

四、国际货币基金组织和相关国家货币层次划分的方法

各国经济与金融发展状况不一，金融工具种类和创新程度有差异，金融对经济发展的影响不同，中央银行对金融调控的重点和技术要求也有差距，因此，各国对货币层次划分的口径不统一。

1. 国际货币组织对货币层次的划分

M_0＝流通中现金。流通中的现金是指流通于银行体系以外的货币，即居民手中的货币和企业单位的备用金，不包括商业银行的库存现金。由于这部分货币随时可以作为流通手段和支付手段，因而具有最强的购买力。

$M_1=M_0$＋商业银行活期存款。由于活期存款可以签发支票而成为直接的支付手段，所以它是与现金一样最具流动性的货币。各国统计口径中的“货币”，通常是指M_1。由于M_1具有现实的购买力，对社会经济生活有最广泛而直接的影响，因此，许多国家都把控制货币供应量的主要措施放在这一层次，使之成为政策监控的主要对象。

$M_2=M_1$＋准货币。所谓准货币，又称亚货币或近似货币，是一种以货币计值，虽不能直接流通但由于它们在经过一定手续后，可以随时转化成通货的资产。主要包括银行定期存款、储蓄存款以及各种短期信用流通工具。显而易见，广义货币相对狭义货币。

2. 我国货币层次的划分

我国从1994年第三季度起由中国人民银行按季度向社会公布货币供应量统计监测指标。参照国际通用原则，根据我国实际情况，中国人民银行将我国货币供应量指标分为以下四个层次：

M_0＝流通中现金

$M_1=M_0$＋企业活期存款＋机关团体部队存款＋农村存款＋个人信用卡类存款

$M_2=M_1$＋准货币（企事业单位定期存款＋城乡居民储蓄存款＋信托类存款＋证券保证金存款＋外币存款）

$M_3=M_2$＋金融债券＋商业票据＋可转让存单

其中，M_1是通常所说的狭义货币量，流动性较强；M_2是广义货币量，M_2与M_1的差额是准货币，流动性较弱；M_3是考虑到金融创新的现状而设立的，暂未测算。

根据中国人民银行网站历年的《货币政策执行报告》整理，将我国近几年货币供应量余额及增长状况列表如下：

表 1－1　近年来货币供应量变动表

时间	M_2 余额	同比增长	M_1 余额	同比增长	M_0 余额	同比增长
2001.12	15.8 万亿元	14.4%	6 万亿元	12.7%	1.6 万亿元	7.1%
2002.12	18.5 万亿元	16.8%	7.1 万亿元	16.8%	1.7 万亿元	10.1%
2003.12	22.1 万亿元	19.6%	不详	不详	不详	不详
2004.12	25.3 万亿元	14.6%	9.6 万亿元	13.6%	2.1 万亿元	8.7%
2005.12	29.9 万亿元	17.6%	10.7 万亿元	11.8%	2.4 万亿元	11.9%
2006.12	34.6 万亿元	16.9%	12.6 万亿元	17.5%	2.7 万亿元	12.7%
2007.12	40.3 万亿元	16.7%	15.3 万亿元	21%	3 万亿元	12.1%
2008.12	47.5 万亿元	17.8%	16.6 万亿元	9.1%	3.4 万亿元	12.7%

3．美国货币层次的划分

$M_{1A}=M_0$ + 商业银行活期存款

$M_{1B}=M_{1A}$ + 大额可转让存单 + 自动转账的活期存款 + 信贷学会股份存款账户 + 互助储蓄银行活期存款

$M_2=M_{1B}$ + 小面额定期存款 + 储蓄存单和货币市场存款账户 + 公众持有的货币市场互助基金 + 隔夜回购协议 + 隔夜欧洲美元

$M_3=M_2$ + 定期欧洲美元 + 定期回购协议 + 大额可转让存单(10 万美元以上) + 机构持有的货币市场互助基金

$L=M_3$ + 短期财政部证券 + 商业票据 + 储蓄债券 + 银行承兑票据

五、对货币进行度量和层次划分的意义

以流动性为标准划分货币层次对于考察市场均衡、实施宏观调节具有重要意义。因为流动性强，即在流通中周转较便利，形成购买力的能力也较强；流动性弱，则在流通中周转较慢，因而形成购买力的能力也较弱。

对货币进行层次划分后，可以清楚地发现，M_0 是流通中的现金，与消费物价密切相关，是最活跃的货币；M_1 反映居民和企业资金松紧变化，是经济周期波动的先行指标；M_2 流动性较弱，但反映的是社会总需求变化和未来通货膨胀的压力状况。这样就便于中央银行进行宏观经济运行监测和货币政策操作。货币当局在讨论控制货币供应量指标时，就可以明确指出是哪一层次的货币需要控制，以及实际可能控制到何种程度，否则就谈不上货币政策的制定和贯彻执行了。此外，货币供应量是我国货币政策操作中最重要的中间目标，它与价格水平相关联，是实现宏观调控政策目标的重要环节，因此，对货币进行度量和层次划分对保持货币政策时效性和宏观经济的稳定都具有十分重要的意义。

注：本章内容可结合货币供给一章的内容一起学习。

深度链接 1-1:货币的起源

货币是商品交换的产物。在原始社会末期最早出现的货币是实物货币。一般来说,游牧民族以牲畜、兽皮类来实现货币职能,而农业民族以五谷、布帛、农具、陶器、海贝、珠玉等充当实物货币。据考古发掘新石器时代晚期遗址如半坡出土大量陶罐作为殉葬物;大汶口文化殉葬大量猪头和下颚骨,表明猪和陶器在原始社会后期曾起过货币财富的职能。但众所周知,流通较广的古代实物货币为"贝"。因为充当实物货币,牛、羊、猪等牲畜不能分割,五谷会腐烂,珠玉太少,刀铲笨重,故最后集中到海贝这一实物货币。海贝可作颈饰,有使用价值,便于携带与计数,因此在长期商品交换中被选为主要货币。在考古发掘中,夏代、商代遗址出土过大量天然贝,贝作为实物货币一直沿用到春秋时期。因此中国汉字中和财富、价值有关的字大多与"贝"字有关,如:贵、资、贪、贫、财、购等。

资料来源:《中国货币与纸币的发展简史》。

深度链接 1-2:中华人民共和国货币概况

我国货币历史悠久,种类丰富,绚丽多彩。人民币在我国货币文化历史中占有重要地位。中华人民共和国货币自发行以来,已发行五套人民币,形成纸币与金属币、普通纪念币与贵金属纪念币等多品种、多系列的货币体系。

第一套人民币

第一套人民币自 1948 年 12 月 1 日开始发行,共 12 种面额 62 种版别,其中 1 元券 2 种、5 元券 4 种、10 元券 4 种、20 元券 7 种、50 元券 7 种、100 元券 10 种、200 元券 5 种、500 元券 6 种、1000 元券 6 种、5000 元券 5 种、10000 券 4 种、50000 元券 2 种(1949 年发行的正面万寿山图景 100 元券和正面列车图景 50 元券各有两种版别)。

1948 年,随着人民解放战争的顺利进行,分散的各解放区迅速连成一片,为适应形势的发展,急需一种统一的货币替代原来种类庞杂、折算不便的各解放区货币。为此,1948 年 12 月 1 日,在河北省石家庄市成立中国人民银行,同日开始发行统一的人民币。当时任华北人民政府主席的董必武同志为该套人民币题写了中国人民银行行名。

人民币发行后,逐步扩大流通区域,原各解放区的地方货币陆续停止发行和流通,并按规定比价逐步收回。1949 年初,中国人民银行总行迁到北平(今北京),各省、市、自治区相继成立中国人民银行分行,至 1951 年底,人民币成为中国唯一合法货币,在除台湾、西藏以外的全国范围内流通(西藏地区自 1957 年 7 月 15 日起正式流通使用人民币)。

统一发行人民币是为迎接全国解放采取的一项重大措施,它清除了国民党政府发行的各种货币,结束了国民党统治下几十年通货膨胀和中国近百年外币、金银币在市场流通买卖的历史,促进了人民解放战争的全面胜利,在建国初期经济恢复时期发挥了重要作用。

第二套人民币

1955 年 2 月 21 日国务院发布命令,决定由中国人民银行自 1955 年 3 月 1 日起发行第二套人民币,收回第一套人民币。当时已消除战争给国民经济带来的影响,工农业生产迅速恢复和发展,商品经济日益活跃,市场物价稳定。国家财政在收支平衡的基础上,连续几年收大于支,国家商品库存、黄金储备也连年增加,货币制度相应巩固和健全,一个独立、统一的货币制度已建立起来。但是,由于解放前连续多年的通货膨胀遗留的影响没有完全消除,第一套人民币的面额较大(最大为 50000 元),而且单位价值较低,在流通中计算时,以万元为单位,不利于商品流通和经济发展,给人民生活带来很大不便。另外,由于受当时物质条件和技术条件的限制,第一套人民币的纸张质量较差,券别种类繁多(62 种),文字说明单一,票面破损较严重。

为了改变第一套人民币面额过大等不足,提高印制质量,进一步健全我国货币制度,1955 年 2 月 21 日国务院发布命令,决定由中国人民银行自 1955 年 3 月 1 日起发行第二套人民币,收回第一套人民币。第二套人民币和第一套人民币折合比率为:第二套人民币 1 元等于第一套人民币 1 万元。

1955 年 3 月 1 日公布发行的第二套人民币共 10 种,1 分、2 分、3 分、1 角、2 角、5 角、1 元、2 元、3 元和 5 元,1957 年 12 月 1 日又发行 10 元 1 种。同时,为便于流通,国务院发布命令,自 1957 年 12 月 1 日起发行 1 分、2 分、5 分三种硬币,与纸分币等值流通。后来,对 1 元纸币和 5 元纸币的图案、花纹又分别进行了调整和更换颜色,于 1961 年 3 月 25 日和 1962 年 4 月 20 日分别发行了黑色 1 元券和棕色 5 元券,使第二套人民币的版别分别由开始公布的 11 种增加到 16 种。1964 年 4 月 14 日,中国人民银行发布了《关于收回三种人民币票券的通告》,决定从 1964 年 4 月 15 日开始限期收回苏联代印的 1953 年版的 3 元、5 元和 10 元纸币,1964 年 5 月 15 日停止收兑和流通使用。

第二套人民币在设计、印制发行工作中,得到了周恩来、陈云等中央领导同志的极大关怀和高度重视。他们亲自审查了整个设计方案。在设计时,采纳了周总理提出的许多具体的、宝贵的修改意见,使第二套人民币设计主题思想明确,印制工艺技术先进,主辅币结构合理,图案颜色新颖。第二套人民币主景图案内容体现了新中国社会主义建设的风貌,表现了中国共产党革命的战斗历程和各族人民大团结的主题思想。钞票式样打破了原有的固定的四边框形式,采用了左右花纹对称的新规格;票面尺幅按面额大小分档次递增;整个图案、花边、花纹线条鲜明,精密、美观、活泼,具有民族风格。第二套人民币在印制工艺上除了分币外,其他券别全部采用胶凹套印,其中角币为正面单凹印刷;1 元、2 元、3 元和 5 元纸币采用正背面双凹印刷;10 元纸币还采用了当时先进的接线印刷技术。第二套人民币的凹印版是以我国传统的手工雕刻方法制作的,具有独特的民族风格,其优点是版纹深、墨层厚,有较好的反假防伪功能。因此,第二套人民币发行后立即得到了人民群众的欢迎,称赞这套人民币好看、好认、好算、好使。实践证明,第二套人民币成为我国第一套完整、精致的货币,对健全我国货币制度,促进社会主义经济建设发挥了重要作用。

第三套人民币

第三套人民币是1962年开始发行的。当时,我国经过了连续三年经济困难时期,在党中央的“调整、巩固、充实、提高”八字方针指引下,克服重重困难,大力发展生产,使国民经济开始恢复和发展,国家财政金融状况逐渐好转。为了促进工农业生产发展和商品流通,方便群众使用,经国务院批准,中国人民银行于1962年4月20日开始发行第三套人民币。第三套人民币和第二套人民币比价为1:1,即第三套人民币和第二套人民币票面额等值,并在市场上混合流通。

第三套人民币在第二套人民币的基础上对版别进行了全面调整、更换,取消了第二套人民币中的3元纸币,增加了1角、2角、5角和1元四种金属币。第三套人民币自1962年4月20日发行枣红色1角纸币开始到1980年4月15日发行1角、2角、5角、1元硬币止,经过了18年的逐步调整、更换,共陆续收回第二套人民币(除6种纸、硬分币外)10种,陆续发行第三套人民币13种,其中,10元纸币1种、5元纸币1种、2元纸币1种、1元纸币1种、5角纸币1种、2角纸币1种、1角纸币3种、1元硬币1种、5角硬币1种、2角硬币1种、1角硬币1种。

1962年4月20日公布发行的1956年版棕色5元纸币和1960年版枣红色1角纸币,其中棕色5元纸币是在1955年3月1日开始发行的酱紫色5元纸币的基础上,对颜色、花纹进行了更换调整,该纸币是第二套人民币的后一个品种。同时发行的枣红色1角纸币是第三套人民币的开始。1964年4月15日,第三套人民币的深绿色2元纸币和墨绿色2角纸币同时发行。1966年1月10日,发行有天安门水印的1965年版10元纸币和1962年版1角纸币。为了解决1962年版1角纸币背面颜色与1962年版2角纸币背面颜色相近似、不易辨认的问题,1967年12月15日调整了1962年版1角纸币背面颜色,重新发行了1962年版1角纸币。1969年10月20日,第三套人民币深棕色5元纸币和深红色1元纸币开始发行。1974年1月5日,发行第三套人民币的青莲色5角纸币。1980年4月15日,经国务院批准,开始发行1角、2角、5角和1元四种硬币。这四种硬币与市场流通的同面额纸币等值流通。至此,第三套人民币13种券别发行齐全。

第三套人民币1962年4月15日开始发行,到2000年7月1日停止流通,历时28年。这套人民币从1958年开始统一设计,票面设计图案比较集中地反映了当时我国国民经济以农业为基础,以工业为主导,工农轻重并举的方针。在印制工艺上,第三套人民币继承和发扬了第二套人民币的技术传统、风格。制版过程中,精雕细刻,机器和传统的手工相结合,使图案、花纹线条精细;油墨配色合理,色彩新颖、明快;票面纸幅较小,图案美观大方。

第三套人民币券别结构合理,纸、硬币品种丰富,设计思想鲜明,印制工艺也比较先进。发行第三套人民币,增强了人民币的反假能力,为健全我国货币制度,促进经济发展发挥了重要作用。

第四套人民币

第四套人民币是在经济发展、商品零售额增加、货币需要量增加的情况下发行的。随着党的十一届三中全会改革、开放政策的实施，我国国民经济迅速发展，城乡商品经济日益活跃，社会商品零售额大幅度增长。这样，不仅要求货币发行在总量上与之相适应，而且在券别结构上也要与之相适应。为了适应经济发展的需要，进一步健全我国的货币制度，方便流通使用和交易核算，1987 年 4 月 25 日，国务院颁布了发行第四套人民币的命令，责成中国人民银行自 1987 年 4 月 27 日起，陆续发行第四套人民币。第四套人民币主币有 1 元、2 元、5 元、10 元、50 元和 100 元 6 种，辅币有 1 角、2 角和 5 角 3 种，主辅币共 9 种。

第四套人民币共 11 种纸币，采取“一次公布，分次发行”的办法。1987 年 4 月 27 日首先发行 50 元券和 5 角券；1988 年 5 月 10 日发行了 100 元、2 元、1 元和 2 角纸币；1988 年 9 月 22 日，发行了 10 元、5 元、1 角纸币。为提高人民币防伪能力，1992 年 8 月 20 日，在全国发行了 1990 年版 50 元、100 元纸币。根据 1992 年 5 月 8 日第 97 号国务院令，中国人民银行自 1992 年 6 月 1 日起发行了第四套人民币 1 元、5 角、1 角硬币。使第四套人民币结构更加完善。为便利市场流通，1995 年 3 月 1 日和 1997 年 4 月 1 日，在全国发行了 1990 年版和 1996 年版 1 元纸币。1996 年 4 月 10 日，在全国发行了 1990 年版 2 元纸币。

第四套人民币在设计思想、风格和印制工艺上都有一定的创新和突破。这套人民币体现了一个共同的主题思想，就是在中国共产党领导下，全国各族人民意气风发，团结一致，建设有中国特色的社会主义。为了强调这一主题，100 元纸币采用了我党老一辈革命家毛泽东、周恩来、刘少奇和朱德的侧面浮雕像；50 元券又用了工人、农民和知识分子头像；其他券别采用了我国 14 个民族人物头像。票面人像清晰，栩栩如生。在设计风格上，这套人民币保持和发扬了我国民族艺术传统特点。主币背面图景取材于我国名胜古迹、名山大川，背面纹饰全部采用富有我国民族特点的图案，如凤凰牡丹、仙鹤松树、绶带鸟翠竹、燕子桃花等。这些图景、纹饰与主景融为一体，表现出鲜明的民族风格。在印制工艺上，主景全部采用了大幅人物头像水印，雕刻工艺复杂，钞票纸分别采用了满版水印和固定人像水印，它不仅表现出线条图景，而且表现出明暗层次，工艺技术很高，进一步提高了我国印钞工艺技术水平和钞票防伪能力。同时，这套人民币在第二套、第三套人民币的基础上，增加发行了 50 元和 100 元两个券别，这对于适应商品经济发展的需要，便于流通，提高社会工作效率，充分发挥人民币在国民经济中的作用，有着重要的意义。

第五套人民币

改革开放以来，随着社会主义市场经济持续、健康、快速发展，社会对现金的需求量也日益增大。1998 年全国货币净投放 1026 亿元，市场货币流通量 11204 亿元，分别是 1978 年的 60 倍和 52 倍。经济发展的客观形势对人民币的数量与质量、总量与结构都提出了新要求。第四套人民币的设计、印制开始于改革开放之初，囿于当时的条件，第四套人民币本身存在一些不足之处，如防伪措施简单，不利于人民币反假；缺少机读性能，不利于钞票自动化处理等等。凡此种种，都要求我们适时发行新版人民币。

为适应经济发展和市场货币流通的要求，1999年10月1日，在中华人民共和国建国50周年之际，根据中华人民共和国国务院第268号令，中国人民银行陆续发行第五套人民币。第五套人民币共八种面额：100元、50元、20元、10元、5元、1元、5角、1角。第五套人民币根据市场流通中低面额主币实际起大量承担找零角色的状况，增加了20元面额，取消了2元面额，使面额结构更加合理。第五套人民币采取“一次公布，分次发行”的方式。1999年10月1日，首先发行了100元纸币；2000年10月16日发行了20元纸币、1元和1角硬币；2001年9月1日，发行了50元、10元纸币；2002年11月18日，发行了5元纸币、5角硬币；2004年7月30日，发行了1元纸币。

为提高第五套人民币的印刷工艺和防伪技术水平，经国务院批准，中国人民银行于2005年8月31日发行了第五套人民币2005年版100元、50元、20元、10元、5元纸币和不锈钢材质1角硬币。

第五套人民币继承了我国印制技术的传统经验，借鉴了国外钞票设计的先进技术。在原材料工艺方面做了改进，提高了纸张的综合质量和防伪性。固定水印立体感强、形象逼真。磁性微文字安全线、彩色纤维、无色荧光纤维等在纸张中有机运用，并且采用了电脑辅助设计手工雕刻、电子雕刻和晒版腐蚀相结合的综合制版技术。特别是在二线和三线防伪方面采用了国际通用的防伪措施，为专业人员和研究人员鉴别真伪，提供了条件。与第四套人民币相比，第五套人民币的防伪技能由十几种增加到二十多种，主景人像、水印、面额数字均较以前放大，便于群众识别。第五套人民币应用了先进的科学技术，在防伪性能和适应货币处理现代化方面有了较大提高。

第五套人民币各面额正面均采用毛泽东同志建国初期的头像，底衬采用了我国著名花卉图案，背面主景图案分别选用了人民大会堂、布达拉宫、桂林山水、长江三峡、泰山、杭州西湖。通过选用有代表性的寓有民族特色的图案，充分表现了我们伟大祖国悠久的历史和壮丽的山河，弘扬了伟大的民族文化。

资料来源：中国人民银行网站。

习 题

1. 解释下列概念：货币　本位货币　货币制度　银本位制　金银复本位制　金本位制　平行本位制　双本位制　金块本位制　金汇兑本位制　本位币　辅币　无限法偿　有限法偿　铸币平价　格雷欣法则　狭义货币　广义货币

2. 简述货币形式的发展过程。

3. 简述货币形式的演变。

4. 货币有哪些职能？什么是其基本职能？

5. 货币本位制度有哪些类型？请详细说明。
6. 分析说明中国货币层次划分的情况。
7. 实行纸币本位制的理论依据是什么？
8. 简述货币制度的构成要素的内容。
9. 界定各种货币层次的依据是什么？对货币供应量层次划分的意义何在？
10. 信用货币制度的特点有哪些？

第二章 信用与信用工具

学习目标

本章从对信用及信用体系的介绍开始，阐述信用的产生和发展历史，讨论信用的特征和作用，并介绍现代经济中主要的信用形式和信用工具。通过本章学习应该掌握以下内容：信用的概念、信用的构成要素、商业信用及特点、商业票据、银行信用及特点、银行信用的作用、国家信用及其作用和当前我国信用发展的现状。

第一节 信用

信用是人们常用的概念，经济学领域中的信用是从属于商品货币的一个经济范畴，也就是说，它不同于人们在道德伦理方面所使用的信用概念，而是人们在经济活动中发生的一种借贷行为。可以说，没有信用，就没有现代商品经济的发展，信用已成为经济中无时不有、无处不在的基本要素，个人之间、企业之间、国家之间及其相互之间，都形成了信用关系，现代经济也因此被称为"信用经济"。

一、信用的定义和特征

经济学范畴的信用有其特定的含义，即是一种以还本和付息为条件的借贷行为，表示的是债权人（即贷者）和债务人（即借者）之间发生的债权债务关系。从某种意义上讲，信用也包含了相信、信任等意思，表示的是债权人对债务人偿还能力的信任。所以也可以说，信任是信用的基础。

信用具有以下特征：

(1)信用的标的是一种所有权与使用权相分离的资金。它的所有权掌握在信用提供者手中，信用的接受者具有使用权，信用关系结束时，其所有权和使用权才统一在原信用提供者手中。

(2)以还本付息为条件。信用是有条件的借贷行为，这个条件就是要偿还本金并支付利息，即信用是以取得利息为条件的贷出，以偿还本金为义务的借入。

(3)以相互信任为基础。信用之所以会产生，是以授信人对受信人偿债信誉和偿债能力的信任为前提的，二者之间的相互信任构成了信用关系的基础。

(4)以利益最大化为目标。正如西方经济学中的前提假设——“人是理性的”,因此信用的双方总是追求收益的最大化或成本的最小化,二者的博弈结果即为利息率。

(5)具有特殊的运动形式。价值运动的一般形式是通过商品的一系列买卖来实现的,在商品的买卖中要实行等价交换。而在信用活动中,商品或货币都是作为一种独立的形态,进行单方面的转移,是价值运动的特殊形式。

二、信用的发展阶段

信用的发展是一个漫长的过程,并且随着经济的发展而逐渐演变。最早的信用产生于原始社会末期和私有制的开始,由于生产力的发展,社会出现分工,劳动产品有了剩余,交换开始成为日益频繁的一种现象,这种情况加速了原始公社的瓦解和私有制的产生。私有制的出现,造成财富占有的不均和贫富的分化,富裕家庭拥有较多的可供交换的商品和货币,贫困家庭则因缺乏生活或生产资料,生活难以为继,被迫向富裕家庭借贷,信用便随之产生。伴随着商品经济发展,货币余缺调剂的要求越发迫切,于是,信用逐步成为商品社会的一种普遍的经济活动。

(一)高利贷信用

高利贷信用是以取得高额利息为特征的借贷行为,它产生于原始社会末期,在奴隶社会和封建社会得到了广泛发展,成为占统治地位的信用形态。高利贷资本具有利息率高、非生产性和保守性的特点。在自然经济占优势、货币关系不发达的地方,高利贷以实物形式比较普遍;在商品货币经济比较发达的地方,小额借贷多为货币形式的借贷,但实物形式和混合形式也还经常出现。在整个资本主义生产关系建立和发展过程中,充满了与高利贷斗争的历史,因为高利贷信用不仅不能满足新兴资产阶级的需要,而且极高的利息也使资本主义再生产难以正常进行,甚至对生产发展起到破坏作用。它使得有限的社会资源不能用于支持生产发展,而且高额的利息又使得小生产者日益贫困,生产日益萎缩。直到现代银行业的产生,才瓦解了高利贷的生存基础。

(二)资本主义信用

借贷资本是为了获取剩余价值而暂时贷给资本家使用的货币资本,它是生息资本的一种形式。资本主义生产关系确立以后,以资本主义再生产为基础的资本主义信用便取代了高利贷信用,取得了垄断的地位。资本主义信用表现为借贷资本的运动,贷者把闲置的货币贷放出去,借者借入货币则用以扩大资本规模,生产更多的剩余价值。贷者和借者共同瓜分剩余价值。在资本主义再生产过程中,一方面,由于种种原因会出现暂时闲置的货币资本,并迫切需要寻找出路;另一方面,一些资本家又临时急需补充资本,以使生产正常进行。于是,暂时闲置的货币资本就转化为借贷资本。这种信用关系与高利贷关系完全不同,它是在资本主义商品生产基础上,在再生产过程中发生的借贷。与职能资本相比,借贷资本是商品资本、所有权资本,具有特殊的运动形式。

（三）现代信用

现代信用是指在现代商品经济条件下，货币所有者为了获得利息而贷给使用者的货币资本的运动过程。现代信用与以往社会的信用特别是资本主义信用一样，也是借贷行为，是价值运动的特殊形式，这一点应该说是信用的共同特征，不管在何种社会形态下都是如此。但现代信用的范围更广，跨越了地域界线，向全球化、一体化方向发展。当货币形态进一步发展，进入电子货币时代，信用形式也会随之更加抽象，不再是单纯的实物形态的货币借贷，而是伴随着电子货币的借贷，并且后者所占的比重越来越大，最终居于主导地位。

随着商品经济的发展，现代信用在资本主义社会中得到了极大的发展，并在社会主义社会中得到了进一步的完善和发展。20 世纪 80 年代以来，现代信用的发展逐渐呈现以下特点：

（1）信用形式的多样化。出现了商业信用、银行信用、国家信用等畅通的信用形式，以及消费信用、国际信用等新型的信用形式。

（2）信用工具多样化。随着经济全球化的发展，区域经济一体化的出现，汇票、本票、支票等信用工具不仅在一国范围内流通，也在世界范围内流通，极大地促进了信用的发展。

（3）信用机构多元化。信用机构职能不断向全能型转变，不仅从事传统的借贷业务，还从事转账结算、理财、发行有价证券等新业务。

三、信用的基本要素

信用行为发生的过程中，必然存在主体、客体等相关内容，这些内容构成了信用的基本要素：

（一）信用主体

信用主体即信用行为的双方当事人，包括法人和自然人。其中，转让资产的一方为授信人，接受的一方为受信人。通过授信，授信人取得在一定时间内向受信人收回货币或其他资产与服务的权利，而受信人则有偿还义务。在许多信用行为中，信用主体常常既是授信者，又是受信者。

（二）信用客体

信用的客体即信用行为的交易对象，是授信方的资产，它或以货币的形式存在，或以商品的形式出现。既可以是有形的，也可以是无形的。

（三）信用的内容

信用的内容即信用活动的主体通过直接信用和间接信用建立起来的债权债务关系。在信用行为中，授信者处于债权人的地位，受信人则为债务人，分别具有索回本金、获得利息的权利及按期支付本息的义务。

（四）信用的期限

与其他交易行为最大的不同是，信用行为是在一定的时间间隔下进行的，贷款在前，偿还在后，只有经过一定的时间间隔，受信人归还本金并支付利息后，信用行为才完结。也正因为这种时间间隔，使信用具有天然的风险性。

（五）信用载体

信用载体即信用工具，是记载信用内容或关系的凭证，如商业票据、股票及债券等，没有载体，信用关系将无所依附，借助这个信用工具实现资金或资本由供应者手中转移到需求者手中。信用工具也叫金融工具，是重要的金融资产，是金融市场上的重要交易对象。

四、信用的职能

信用是现代经济正常运行的根基，社会信用状况对现代经济运行影响甚大，信用在经济生活中的积极作用主要表现在以下几个方面：

（一）集中和积累社会资金

在社会化大生产的背景下，生产规模逐渐扩大，社会分工日益细化，企业之间产销衔接，呈现出相互依存的关系，从而形成一个社会运行的有机总体。在这个总体运行中，一方面，企业需要保持生产的连续性，若某个或某些企业的生产连续性遭到破坏，就会影响到社会整体；另一方面，企业和个人有时会出现暂时闲置的货币资金。因此，通过信用方式可以把分散在企业和个人手中的货币资金集中起来，并贷放到生产经营单位中去，从而促进整个社会经济的快速发展。

（二）将社会资金利润率平均化

平均利润率规律在商品经济条件下是普遍适用的，因为等量资本要占有等量利润。但是，由于种种原因，分布在各个部门的等量资本得到的利润却并不相同，有些部门利润率低，有些部门利润率高。当某种商品供过于求，价格下跌，利润降低，资金会从该部门流出，这样，供过于求的商品生产就会减少，供不应求的商品生产就会增加，各部门的利润渐渐趋向一致，从而使各部门生产比例趋于合理。利润率的平均化是以资本自由移动为条件的，导致了各部门利润率趋向相同水平，从而自然调节各部门的发展比例。

（三）加速商品价值周转速度

现代银行信用制度的发展使债权债务可以在银行信用基础上通过转账结算方式清算。在信用制度基础上产生的信用流通工具（商业票据、支票、银行券等）代替金属货币流通，甚至用电子货币代替现金流通，节约了社会流通费用。信用加速了商品价值的实现过程，可以减少商品的储存量和与此有关的商品保管费用。如果商业企业必须支付现款进货，企业的产品可能卖不出去，或推迟销售；若企业向商店提供信用，先把商品转让给商店，等商店销售完或有货款时再付款，就可以大大加快产品的销售速度。

（四）提供和创造信用工具

信用对经济的积极作用是毋庸置疑的。但是另一方面，信用也使经济运转过程复杂化，并可能引致供求脱节。在简单商品生产条件下，生产的规模、市场的供给受生产者实际支付能力的限制,如果生产的产品卖不出去,生产者不能购买原材料,生产就无法继续进行。但在信用制度比较发达的条件下,信用可以创造需求。例如某种产品的市场需求已经饱和,销售不出去,但仍然可以通过信用方式获得资金,继续进行生产,造成生产和需求脱节。如果继续发展下去,就会导致经济危机。因此,在发挥信用各种作用的同时,也必须把握一个适度的问题。

第二节　信用的主要形式

信用活动是通过具体的信用形式表现出来的,随着商品货币经济的发展,信用形式也呈现多样化、复杂化。按不同的标准可以对信用进行不同的划分:按信用接受的主体不同,划分为政府信用、金融部门信用和私人部门信用;按交易的内容不同,划分为实物交易信用、货币交易信用、票据交易信用和债券信用等;按信用授受的期限不同,划分为长期信用、中期信用、短期信用和不定期信用;按信用双方联系方式的不同,划分为直接信用和间接信用等等。在发达的市场经济中,主要信用形式是商业信用、银行信用、国家信用、消费信用、股份信用、合作信用、租赁信用和国际信用等。

一、商业信用

(一)商业信用的定义

商业信用是指工商企业之间在买卖商品时,以商品形式提供的信用,及工商企业之间在从事商品购销活动中,因为采用赊销或预付货款的方式而产生的信用。商业信用包括买卖和借贷行为,但这种借贷行为是以买卖行为为基础的。如果没有商品的买卖,也就不会有随后的借贷。因此能够发生信用的双方必须是有商品购销关系的企业,否则就不会产生商业信用。商业信用的主要表现形式有两种,一是提供商品的商业信用,如企业的商品赊销、分期付款等;二是提供货币的商业信用,如在商品交易基础上发生的预付定金、预付货款等。伴随着商业信用,出现了商业票据作为债权债务关系的证明。因为借助于商业信用能在暂时没有现款的情况下进行买卖,从而加速商品流通过程,有助于再生产过程连续不断地进行。商业信用是在商品买卖过程中发生的,因此商品销售状况也就决定了商业信用的基本规模。

(二)商业信用的特点

1. 商业信用与特定的商品交易相联系

商业信用虽然是以商品形态提供的信用,但它的活动同时包含这两种性质不同的经济行为——买卖和借贷。一个企业把一批商品赊销给另一个企业时,商品的买卖行为就完成了,即商品的所有权发生了转移,由卖者转移到买者手中。但由于商品的货款并未立即支付,从而使卖者变成了债权人,买者变成了债务人,买卖双方形成了债权债务关系,并以货币的形式存在。商业信用与其他信用形式的本质区别在于商业信用是以物资商品的形式提供的信用。这一特点决定了商业信用作为一种信用形式不可能被其他信用形式所取代。

2. 商业信用具有社会普遍性、自发性和分散性

商业信用是在商品经营者之间以商品形式进行时，其主体不论是债权人和债务人都是以赢利为目的的工商企业，即不仅债务人是从事生产或流通活动的企业，而且债权人也必然是企业，因为只有他们才有商品赊销给别人而成为债权人。而工商企业是社会经济活动的主体，因此，商业信用具有社会普遍性，是现代经济中最基本的信用形式。由于商业信用发生在众多的企业间，何时发生、与谁发生、在何处发生很难按计划进行，往往是随机的，因此具有自发性和分散性。

3. 商业信用的供求与经济周期相一致

在经济繁荣的时期，生产和需求都很旺盛，企业商品销售量增大，这时发生的商业信用规模也会增大；反之，当经济衰落时，生产和需求都很疲软，商品销售不畅，这时商业信用的规模也会缩小。所以实际商品的供求状况直接影响商业信用，商业信用状况与经济周期的变化是十分密切的。

4. 商业信用是解决买方企业流通手段不足的最便利的购买方式

如果买方企业缺乏必要的流通手段，为了购买维持生产所必需的生产资料，在卖方企业可以接受买方债务时，可以采用商业信用来解决流通手段不足的矛盾。但是，如果买方企业的信誉不好时，商业信用作为一种信用手段的运用就要受到很大的约束。

（三）商业信用的作用

商业信用是信用制度的基础，是最基本的信用形式。首先，商业信用先于银行信用而产生，银行信用是在商业信用发展到一定程度基础上的产物；其次，商业信用直接同商品的产生和流通过程相联系，是在企业之间发生的，直接为生产和流通服务，在商业信用所能解决的范围内，企业直接通过商业信用就可以满足工业企业购进原材料和商业企业进货的需要，而不必借助于银行信用；最后，在银行的资产业务中，诸如票据贴现、票据承兑等也是在商业信用的基础上进行的。

商业信用的作用主要体现在以下两方面：

1. 商业信用对经济的促进作用

在市场经济条件下，商业信用广泛地存在于工商企业之间，无论是商品的供给方还是需求方，都可能面临资金短缺。商业信用的存在使经营者可能根据需要随时发生信用联系，彼此间补充到必要的资金。虽然有银行信用，但银行信用不可能满足如此分散经济联系中的所有资金需要，而商业信用本身就具有的分散性正好弥补了银行信用这方面的不足，使整个生产和流通得以顺利进行。同时，由于商业信用是基本的信用形式，其发育程度和运行状况直接影响一国的经济运行。如果商业信用制度完善、运行有序，本来难以做成的交易就会顺利进行，经济的增长就有了基础；相反，经济有可能走向萧条。

2. 商业信用的合同化、票据化使分散的商业信用统一起来

商业信用是企业之间的信用联系,具有自发性和分散性,对其管理和调解有一定的难度,一旦控制不力,经济秩序就会混乱。但商业信用的票据化是用法律来约束商业信用,能保证商业信用健康发展。而且,通过票据的承兑和贴现,银行参与到商业信用中来,提高了商业信用的信用度,使之更易于被接受和使用。可见,只要正确地引导,商业信用对经济增长和经济秩序都有促进作用。

(四)商业信用的局限性

商业信用的局限性是由其特点决定的:

1. 商业信用的规模和数量受到了一定限制

由于商业信用是在企业之间进行的,因此,只能在他们之间且在现有的资本规模下进行再分配,不能在现有的资本(资金)总额以外,再获得新的补充资本,即没有信用创造功能。所以,商业信用的最高界限不过是全社会现有的资本。而且从个别企业看,以延期付款方式出售的商品,并非是它的全部资本,只能是它当时暂不用于生产过程的那部分资本,主要是再生产过程最后阶段的产成品和可以出售的半成品。

2. 商业信用有较严格的方向性

商业信用通常只能在买卖双方之间提供,由于商业信用的需求者也是该商品的直接需求者,因此决定了这种信用具有方向性。即这种信用只能由产品的生产者提供给产品的需求者,绝不能相反。比如采用赊销方式时,只能由原材料生产企业向需要这些原材料的企业提供商业信用,而不能逆向活动。由此可见,企业的很多信用需要无法通过商业信用得到满足。

3. 商业信用在信用能力上的局限性

商业信用的信贷行为之所以能成立,是因为出卖商品的人比较确切地了解需求者的支付能力。也只有商品出售者相信购买者能按期如数偿还债务,这种信用关系才能成立。因此,相互不甚了解信用能力的企业间不易发生商业信用关系。

4. 商业信用在管理和调节上也存在局限性

由于商业信用是在众多的企业之间发生的,经常形成一条债务链,如果某一企业到期不能支付所欠款项,就会引起连锁反应,触发信用危机。而国家经济调节机制对商业信用的控制能力又十分微弱,商业信用甚至与中央银行调节措施的反应完全相反,如中央银行紧缩银根,银行信用的获得较为困难时,恰恰为商业信用活动提供了条件。只有当中央银行放松银根,银行信用的获得较为容易时,商业信用才可能相对减少。因此,正确有效地对其进行引导和管理,可以防范信用危机的发生。

二、银行信用

(一)银行信用的定义

所谓银行信用,就是银行和各类金融机构以货币形式向企业提供的信用。其形式主要是吸收存款和发放贷款,以及开出汇票、支票、开立信用账户、发行货币等。银行信用是在商业信用发展到一定程度时产生的间接信用，它克服了商业信用在信用规模和信用期限上的局限性，其产生标志着一国信用体系的发展和完善。

（二）银行信用的特点

与商业信用相比，银行信用具有以下特点：

1. 银行信用具有广泛性

银行吸收的资金来自于社会的各个领域和阶层，既有企业的闲置资金，也有居民个人的储蓄，既有短期的，也有长期的，不再受个别企业手中资本量的限制，这就克服了商业信用在数量上的局限性。同时，银行信用的借贷双方，一方在专门从事货币与信用活动的银行，另一方面是从事生产流通等经营活动的企业。以货币形态提供的信用与实物形态的信用不同的是，货币的使用价值具有统一性，银行可以把资金提供给任何一个需要的部门和企业，这就克服了商业信用在方向上的限制，且规模可大可小、期限可长可短，能在更大程度上满足经济发展的需要。银行与社会联系比较广泛，通过业务联系与调查研究能了解企业的经营情况，特别是中央银行出现后，银行的稳定性和信誉较高，这就克服了商业信用在信用能力上的局限性，任何企业和个人都可以与银行建立借贷关系，随时得到银行的信贷支持。

2. 银行信用是一种间接信用

在银行信用活动中，银行充当的是信用的中介。对存款方来讲，银行是债务人；对借款方来说，银行又是债权人。资金的供需双方通过银行解决了各自所需，但供需双方并不发生直接的联系。所以，银行是货币资金提供者和需求者之间的桥梁，起联系和沟通的作用。

3. 银行信用具有综合性

作为以货币形态提供的间接信用，银行信用可以调动社会各界的资金，并向社会各界提供。因此，通过银行业务，可以反映整个国民经济的运行情况，并根据经济发展的需要，灵活地调度资金。银行信用的综合性使银行对国民经济既具有反应映监督职能，又有调解和管理作用。

正因为银行信用有以上特点，使银行信用成为现代经济中的主要信用形式，银行成为社会资金运动的枢纽。而且商业信用的发展也越来越依赖于银行信用，如商业信用大量地借助于银行票据来进行，而商业信用过程中使用的商业票据又可以到银行办理贴现，从而使商业信用与银行信用相衔接。

（三）银行信用与商业信用的关系

商业信用虽然先于银行信用出现，但其局限性使它难以满足资本主义社会化大生产的需要，于是在商业信用广泛发展的基础上产生了银行信用。银行通过办理商业票据的贴现或抵押贷款，将商业信用转变为银行信用。银行克服了商业信用在信用规模上的局限性。银行首先通过存款活动，把社会上闲散的货币资金集中起来，汇集成大额货币资金，不仅能够满足小额资金的需要，而且能够满足大额信用资金的需要。所以，银行信用是一种能够适应社会化大生产需要的现代信用形式。银行信用还克服了商业信用在方向上的局限性,而货币资金是没有方向性限制的。生产原材料的企业需要货币资金,生产成品的企业同样也需要货币资金。银行既可以从上游企业吸收货币资金,贷放给下游企业,也可以从下游企业吸收资金,贷放给上游企业,它使社会资金得到灵活使用。银行信用在期限上也克服了商业信用的局限性。银行吸收的资金有长期闲置的,也有短期闲置的,银行的贷款有长期贷款,也有短期贷款。虽然银行的资金来源和资金运用在期限上应保持一定的对应关系,但银行信用在调剂资金期限上具有灵活性。银行吸收的长期资金可用于发放短期贷款,银行吸收的短期资金也可以续短为长,用于长期资金运用。因此,银行信用无论在规模上、范围上,还是在期限上都大大超过了商业信用,成为现代经济中最基本的信用形式。

银行信用和商业信用具有密切的联系。银行信用是在商业信用的基础上产生和发展起来的,而银行信用的出现又使商业信用进一步得到完善。因为商业信用工具、商业票据都具有一定的期限,当商业票据未到期,而持票人又急需现金时,持票人可到银行办理票据贴现,及时取得急需的现金,商业信用就转化为银行信用。银行办理的以商业票据为对象的贷款业务,如商业票据贴现、票据抵押贷款等,使商业票据及时兑现,使商业信用得到进一步发展。

三、国家信用

(一)国家信用的定义

所谓国家信用,是国家(政府)以债务人的身份,借助于债券筹集资金的一种信用形式,包括国内信用和国外信用。国内信用是国家以债务人的身份向国内居民、企业、团体等主要以发行公债券或国库券方式所取得的信用。国外信用是国家以债务人的身份向国外居民、企业、团体和政府所取得的信用,统称“外债”,或者国家以债权人的身份向外国政府提供贷款所形成的信用。

国家信用的债务人是国家(政府),债权人是购买债券的金融机构、企业和居民或对外提供贷款的国家等。

(二)国家信用的特点

1. 安全性高,信用风险小

国家信用关系中,国家财政作为政府的代表成为债务人,是以国家(政府)的信用做担保,信誉度极高,相对于其他信用工具,国家债券的持有者几乎不承担任何风险,在国外,政府债券有“金边债券”之称。

2. 具有“财政”和“信用”的双重性

国家信用一方面要根据政府经济政策、产业政策的要求,支持有关产业、项目及地区的发展,为调节经济、实现国家的宏观政策服务,使经济的发展拥有良好的社会环境与条件;另一方面要依据信用原则有偿有息,充当债务人。这与银行信用以赢利为目的的单一信用属性不同(银行信用对宏观经济的调节,是中央银行借助于货币政策工具来实现的)。国家信用建立在双方自愿互利、协商签约的基础上,不能强迫任何个人和企业购买国债,这又与财政分配的强制性不同,如国家税收收取的范围、表现、标准、方法、比例等都在税法中有规定,弹性较小,无协商可言,必须执行。

3. 用途具有专一性

利用国家信用筹集资金,都是为了特定的财政支出需要,或为国家和地方的重点建设项目举债,或为社会公益事业建设借款,是取之于民用之于民,因此必须专款专用,不能随意用于其他开支。

(三)国家信用的形式

现代社会中,国家信用主要表现在国家作为债务人而形成的负债。国家的负债有内债和外债两种。内债是对国内的负债,外债是国际金融市场上的负债。在现代社会,就内债来说,国家信用主要采用以下几种形式:一是发行国家公债。这是一种长期负债,一般在 1 年以上,有的长达 10 年。政府发行这种公债,通常是用于大的项目投资或建设。二是发行国库券。这是一种短期负债,一年以下居多,一般是 1 个月、3 个月、6 个月。三是专项债券。这是一种指明用途的债券。四是银行透支或借款。透支一般是指临时性的,有的在年度内偿还,借款一般期限较长,通常在隔年财政收入大于支出时(包括发行公债收入)才能偿还。就外债来说,国家信用的主要形式包括发行国际债券和政府借款两方面,发行国际债券主要包括委托国外大型机构发行和直接发行两种,发行的目的主要是弥补国际收支逆差或者筹措大型项目的建设资金。政府借款主要包括向外国政府借款、国外商业银行借款、国际金融机构借款以及出口信贷等。

(四)国家信用的作用

国家信用与商业信用、银行信用作用不同,它与社会生产及流通过程没有什么联系。利用这种形式所筹措的资金被国家掌握和利用,发挥着特殊的作用:

1. 是调节政府收支不平衡的手段

财政收入即使在正常情况下,在一个财政年度内,也常常发生收支不平衡的现象,比如,在整个财政年度内,财政收支是平衡的,但可能出现上半个财政年度支大于收,下半个年度收大于支,为了解决财政年度内收支的暂时不平衡,国家往往借助于发行国库券解决。

2. 是弥补财政赤字的重要手段

国家要向公众提供国防、交通及社会福利等服务,要承担风险较大的投资项目等,这些都需要庞大的经费开支,由于各种因素,经常出现较大的财政赤字。特别是第二次世界大战以来,西方各国普遍利用财政赤字扩大需求,以刺激生产发展。财政赤字弥补的方法有:发行货币、动用财政历年结余、向银行透支、增税、举借外债和内债等。由于发行货币和向银行透支会引起货币流通量的增加,造成物价上涨,并且会使货币需求成为现实;动用历年结余的条件是总供给大于总需求,要受以往财政状况的制约;增税的立法程序复杂,易引起社会的不满;举借外债会引起贸易收支的不平衡。因此,弥补赤字的最好方法是举借内债。通过政府举债,财政收入因债务收入而增加,国内的投资和消费将减少,在不改变国内货币供应量的前提下,解决了财政赤字的问题。

3. 是调节经济的重要手段

首先,国家信用通过改变投资总额影响经济的增长。居民、企业、金融机构和政府,分别占有不同数量的资源,国家信用活动就是通过发行债券向其他三个主体筹集资金,改变了资源的配置比重。由于政府的边际投资倾向不同于其他部门,如果政府举债的收入用于投资,那么全社会的投资量就会增加,就会有效地刺激经济的增长。其次,国家信用是中央银行调节货币供给的手段。随着国家信用的发展,各国中央银行靠买进或卖出国家债券来调节货币供应,影响金融市场资金供求关系从而达到调节经济的目的,这便是通常所说的中央银行公开市场业务的主要内容。

四、消费信用

(一)消费信用的定义

所谓消费信用,就是企业或金融机构向消费者个人提供的,用于消费目的的信用。

(二)消费信用的类型

消费信用有两种类型:第一,企业对个人直接以商品形式提供的消费信用,即指企业通过赊销商品的形式,主要以分期付款的方式向消费者个人提供房屋或高档消费品;第二,银行向消费者个人提供用于购买房屋或高档消费品贷款,银行向个人发放信用卡也属消费信用。

消费信用按偿还方式,可分为分期付款信贷和非分期付款信贷。分期付款信贷是指购买消费品的人,除第一次按规定比例付一定现款外,其余贷款要分期偿还。比如,美国一般规定,购买一部小汽车,第一次付款为车款的10%~20%,其余部分可按固定比例在12个月甚至48个月内分期付清。非分期付款信贷,是债务人一次付清贷款,一般由银行贷款给债务人,贷款银行与企业协议,接受贷款人必须购买指定厂商的指定商品。

这种信用形式与商业信用或银行信用无本质区别,只是提供信用的对象和债务人与后者不同。这种区别在于:不管是生产企业和流通企业以赊销方式,还是金融机构以放款方式,它们都是以房屋住宅、小汽车、家用电器等耐用消费品为对象,债务人都是购买耐用消费品的消费者。

(三)消费信用的作用

1. 消费信用的发展扩大了需求,刺激了经济发展

通过消费信用,消费者提前享受了当前尚无能力购买的消费品(如住房、小汽车、家具等)。这种消费信用惊人地扩大了需求。据估计,西方汽车消费量在600万~800万辆,倘若不采取分期付款的方式,销售量要减少1/3。据统计,在美国汽车工业每年消耗的钢铁占总产量的1/8,铝占总产量的1/2,橡胶占总产量的3/5。可见,汽车工业的发展对整个经济增长所起的作用,而汽车工业生产的增长又是消费信用发展的结果。

2. 消费信用的发展又为经济增加了不稳定因素

消费信用的盲目发展，使一部分人陷于沉重的债务负担中。据美国统计，美国人均月工资的1/4要用于偿还各种消费信贷和住房抵押放款的本息，通常是借新债还旧债。这种情况加剧了社会的不稳定因素，易造成需求膨胀。在经济繁荣时，消费信用扩大，商品销售更加困难，从而使经济更加恶化。消费信用在一个国家或地区是否存在、存在是否广泛、规模大小，往往受社会公众消费观念、习惯及能力的影响。目前，我国消费信用的主要领域是住房和汽车。

五、其他信用

(一)股份信用

股份信用是股份公司以发行股票的方式筹集资金所体现的一种信用形式。从理论上讲，股票集资体现的是一种财产所有关系而非债权债务关系。那么，为什么也将其算做一种信用关系呢？首先，股份公司的资本所有权和经营权在形式上分离。股东即所有者一般不直接经营，而是邀请经理经营，经理有支配实际资本的权利，但没有所有权。其次，股份公司筹集资金后，投资者不必具体过问生产经营的过程，而只获得股息和分红的收入，这一点类似于存款者的存款取息。再次，投资者若需要现金，可以随时出售股票，具有很强的流动性。最后，股份公司的存在以信用关系的普遍发展为前提条件。随着信用关系的发展，存款取息已不能满足投资者的要求，股份公司就利用信用集中社会资金，通过发行股票的方式将各种闲置的资金聚集起来用于需投入巨额资金的领域，使通过银行的间接投资变为直接投资。

股份信用的组织形式是股份公司。股份公司按其股东对公司的负债是否承担连带清偿责任分为股份有限公司、股份无限公司和股份两合公司。股份有限公司是股东对公司的负债只以自己的股金为限，不承担连带清偿责任的组织。这类股份公司的数量最多、规模最大。股份无限公司是股东对公司的负债承担连带无限责任的组织，即当公司的资本不足清偿其债务时，公司的债权人可以要求股东清偿债务。这类公司并不像股份有限公司那样普遍，但也存在。两合公司是兼有股份有限公司和无限公司双重性质的组织，即在公司的股东中，既有对公司的负债承担无限责任的，也有对公司的负债承担有限责任的。由于需要协调负有限责任股东与负无限责任股东之间的权责利关系，因而这类公司没有得到普遍发展。

股份信用的性质，可从不同的角度去考察。从组织形式上看，由于股份公司的财产所有制不同，因而在不同的社会制度下反映的经济关系不同，即具有生产关系反作用于生产力的意义。从一级市场发行和购买股票的活动去考察，由于资源重新得以配置，股份信用具有上述同样的性质。从二级市场股票的流通来看，由于买卖有价证券是虚拟资本的运动，并不反映真实资本的增加，只会导致收入的再分配，因此股份信用具有调整分配、消费关系的作用。

(二)合作信用

合作信用是信用领域中的一种合作经济形式,在一定范围内出资人之间相互提供。12~14 世纪,意大利的威尼斯和热那亚的一些商人为开展海外贸易、摆脱高利贷盘剥和货币经营业的垄断,组成“信用组合”。这是当时资产阶级反对高利贷的手段之一。合作信用的组织形式是信用合作社。

信用合作社区别于劳动者以生产联合为主要内容的生产合作,也不同于以供求双方为生产、生活物资的买卖为主要内容的供销合作,以及以消费品的购买为主要内容的消费合作,信用合作社融通的是货币这种特殊的商品,所以合作金融成为金融业的一个分支。合作信用的宗旨是为社员服务,也讲求利润,但内外有别,在合作社内部不是以赢利为目的,社员入股主要是为了获得服务,而不只是为获利。

合作信用的原则是:自愿结合,自我服务,民主管理,权利平等,广泛合作,按贡献分配。这是成立于 1895 年的国际合作联盟组织规定的。我国对信用合作社提出的“组织上的群众性,管理上的民主性,经营上的灵活性”,就是对该原则的具体运用和概括。我国的合作信用不发达,城市信用社大部分已转为城市商业银行,农村信用社在体制、管理和经营等方面存在的一系列问题限制了其生存和发展,目前正在进行改革。

(三)租赁信用

所谓租赁信用,就是以出租设备和工具收取租金的一种信用形式。在物品出租期间,物品的所有权仍归出租人所有,而承担人有使用权。租赁信用虽然很早就已经出现,但直到第二次世界大战以后,在资本主义国家才得以长足发展。这是因为科学技术的迅速发展,机器设备等固定资产更新加快,一些资本家难以适应,于是,由大商业银行附属的租赁公司购买机器设备(如大型电子计算机、飞机、轮船及先进机器等)租给需要的顾客使用,收取租金。租金一般高于同期银行利息。租期届满,承租人可归还所租设备,也可作价承购。租赁信用又有金融租赁、经营租赁、维修租赁和杠杆租赁等形式。

(四)国际信用

所谓国际信用也叫国际信贷,是指国际间的借贷关系。国际信用是国际经济关系的重要组成部分,并对国际经济贸易关系有着重要的影响。随着世界经济一体化和区域集团化发展,国际信用关系无论在深度和广度上都将进一步发展,形式也将越来越多。国际信用包括:国际商业信用、国际银行信用、政府间信用和国际金融机构信用等方式。

1. 国际商业信用是指出口商以延期付款的方式向进口方提供的信用。但这种方式往往需要借助国际银行信用实现,因为出口商出口商品时,要取得银行贷款支持,才能提供延期付款的条件。国际间流行的来料加工和补偿贸易也属此种方式。来料加工,是出口商提供原材料、零部件和其他散件,由进口企业加工装配,产品全部归出口商,进口商仅赚取加工费。补偿贸易,是由出口商向进口国企业提供资金、技术和设备等,进口国企业以投产后生产的产品偿还出口商。

2. 国际银行信用是进口国和出口国双方银行为进出口商提供的信用,主要是以出口信贷的方式出现,就是以出口国政府的金融支持为后盾,通过银行对出口商或进口商提供低于市场利率的贷款并提供信贷担保的一种融资方式。它有卖方信贷和买方信贷之分。卖方信贷是出口方所在地银行向出口商(卖方)提供的信贷,出口商由于从本国银行获得了贷款,因此可以对国外进口商提供延期付款的便利。买方信贷是指出口方所在地银行或金融机构向进口商或通过进口方所在地银行向进口商提供贷款。

3. 政府间信用是指国与国之间相互提供信用。一般由政府和财政部出面进行借贷,这种借贷一般利率较低,期限较长,条件较优惠,具有缓助性质,但一般均附带限制性的条件,如要求受信国必须将贷款用于购买提供贷款的国家的商品等。

4. 国际金融机构信用是指世界性或地区性国际金融机构为其成员国所提供的信用。世界性国际金融机构主要有国际货币基金组织和世界银行集团。地区性金融组织较多,比如亚洲地区的亚洲开发银行等。这些国际金融机构的贷款一般期限较长,利率较低,条件优惠,但审查较严格,一般用于受信国的经济开发和基础设施建设。

(五)公司信用

公司信用是指以公司为受信主体,接受其他公司、机构或者个人提供的信用。公司信用的主要形式是股份公司信用,即以发行股票的方式存在的信用。公司信用广泛存在于经济生活中。例如,公司由于自有资金的不足,通过公司信用的形式向其他公司或者个人借款以及公司发行债券和股票等都属于公司信用的范畴。

公司信用的主要参与者是公司、金融机构、非金融机构以及个人。处于受信主体地位的公司通过各种渠道如借款、募集股份的形式向社会取得资金,用于公司或者企业自身的经营发展,待这些公司取得利润之后,再以股利、利息的形式回报给公司信用的提供者。通过公司信用取得的资金对于公司本身的发展起着重要的作用,可以弥补公司自有资金的不足。

公司信用是以公司本身的信誉和经营情况作为信用基础的,具有很大的不确定性。公司信用是以公司本身的信誉为前提,公司本身和公司管理人员的信誉都会对公司形象产生影响。在企业的生产经营过程中,如果公司的生产经营不利或者企业的销售渠道不畅而导致公司面临着生存危险,则这个公司有破产的危险,因而公司信用也就面临着很大的不确定性。正因如此,公司信用的受益者也就要必须支付给信用提供者相对于银行信用和国家信用更高的回报,这样才能符合风险和收益相匹配的原则。

第三节 信用工具

一、商业票据

(一)商业票据的含义和特点

所谓商业票据即指商业信用的工具,即工商企业之间由于信用关系而形成的短期无担保的债务凭证的总称。它以商品或者劳务的买方为债务人,签发许诺在一定时间后,由买方向卖方支付一定的金额。

商业票据通常有以下几个特点:

(1)商业信用票据是在商业信用的基础上产生的。商业信用是企业之间发生商品交易过程中的延期付款,为了保证赊销商品的企业能按期收回贷款,便以商业票据表明其债权债务关系。

(2)商业票据的票面必须载明特定的内容。每一张商业票据都必须写明票据的种类——本票(期票)或汇票、金额、收款人名称、付款人名称、支付日期等,还必须有发票人的签字,这些要素是商业票据特有的。

(3)票据具有不可争议性。只要票据经过确认不是伪造的,付款人不得以任何借口和理由拒绝付款,否则票据持有者可以诉诸法庭强制执行,这样就确保了票据的信用能力。

(4)票据具有流动性,经过背书可以转让。

(二) 商业票据的分类

商业票据主要有商业期票和商业汇票两种。

1. 商业期票

商业期票也叫本票,主要是指由债权人向债务人发出的支付承诺书,承诺在约定的期限内支付一定款项给债权人。本票在票面上要注明支付金额、还款期限和地点。本票的当事人有两个:即出票人和收款人。其特点是:见票即付,无需承兑。

2. 商业汇票

商业汇票是指由出票人签发过,委托付款人在见票时或者在指定日期内无条件支付确定金额给收款人或者出票人的票据。商业汇票的出票人主要是企业。出票是指出票人签发票据并将其交给收款人的票据行为。汇票出票人必须与付款人具有真实的委托付款关系,并且有支付汇款金额的可靠的资金来源。

商业汇票一般必须记载以下事项:标明“汇票”的字样,无条件支付的委托,确定的金额,付款人名称,收款人名称,出票日期,出票人签章。汇票有时是可以流通的。为了保障持票人的利益,票据流通转让时要经过背书的手续。背书就是由转让人在票据的背面作转让签字。因转让票据给他人而进行背书者为背书人,背书人一经背书即为票据的债务人,背书人与出票人同样要对票据的支付负责。若票据的出票人或承兑人不能按期支付款项,票据持有人有权向背书人要求付款。汇票一般必须经过承兑。承兑是指票据支付人承诺在票据到期日支付汇票金额的票据行为。定日付款或者出票后定期付款的汇票,持票人应当在汇票到期日前向付款人提示承兑。提示承兑是指持票人向付款人出示汇票,并要求付款人承诺付款的行为。见票即付的汇票,无须提示承兑。付款人承兑汇票的,应当在汇票正面载明“承兑”字样和承兑日期并签章。见票后定期付款的汇票,应当在承兑时记载付款日期。

商业汇票的债务可以由保证人承担保证责任。保证人由汇票债务人以外的他人担当。对于被保证的汇票,保证人应当与被保证人对持票人承担连带责任。汇票到期以后,得不到付款的,持票人有权向保证人请求付款,保证人应当足额偿付。保证人清偿票据债务后,可以行使持票人对被保证人及其前手的追索权。

商业汇票的出票人、背书人、承兑人和保证人对持票人承担连带责任。持票人可以不按照汇票债务人的先后顺序,对其中任何一个人、数人或者全体行使追索权。持票人行使追索权,可以请求被追索人支付被拒绝付款的汇票金额;汇票到期日或者提示付款日起至清偿日,按照中国人民银行规定的利率计算的利息;取得有关拒绝证明和发出通知书的费用。

(三)商业票据的作用

商业票据的流通有一定的限度,它只是在彼此经常往来而且相互了解的企业之间流通,而不能在其他范围内流通,所以,在一般情况下,商业票据往往是由它的持有人提请银行"贴现",以取得现款。贴现是指持票人以未到期的票据向银行取得现款,银行扣除自贴现日至到期日的利息后,付给持票人现款。

商业票据的出现,有利于确立债权、债务企业双方的权利和义务,使双方的权责受到法律保护,有利于企业按期结算款项,有利于企业扩大销售渠道,有利于银行参与商业信用。另一方面,允许背书或者票据转让,简化了交易手续,也减少了企业对资金的占用。

二、银行票据

银行票据是指由银行签发或承诺由其承担付款义务的票据。主要包括银行本票、银行汇票、支票和信用证等。

(一)银行本票

银行本票是指由银行签发的,承诺于到期日由银行无条件向收款人或者其他指定人支付一定款项的票据。银行本票作为本票的一种,也具有一般本票所共同具有的性质。银行本票可以分为定额银行本票和不定额银行本票,它们的主要区别在于定额银行本票的金额是固定的,而不定额银行本票的金额是不固定的。银行本票还可以分为现金本票和转账本票。个体经营者和个人需要支取现金时可以使用现金本票,而一般的企业单位只能用转账支票。

银行本票应记载的事项主要有:签发日期,一定金额或者不定的金额,收款人名称,签发银行盖章。申请人可以持银行本票向记载的收款单位或个体经济户办理结算,也可以将银行本票交给记载的收款人办理结算。银行本票的最长期限为 2 个月,银行本票须在付款期限内提出付款要求,超过付款期的,兑付银行不予受理。超过付款期的,可以由申请人持之向银行办理退款。

银行本票作为银行票据的一种,同时也是一种重要的金融工具,能适应各种商品和劳务的交易以及各种债权债务的结算,在日常经济活动中有着重要的作用。

（二）银行汇票

银行汇票是指由银行作为出票人签发的，委托付款人在见票时或者在指定日期内无条件支付确定金额给收款人或者出票人的票据。汇票出票人必须与付款人具有真实的委托付款关系，并且有支付汇款金额的可靠的资金来源。银行汇票作为汇票的一种，与商业汇票有相似之处，与商业汇票的区别在于银行汇票的出票人是银行而不是企业。

与商业汇票类似，银行汇票也具有相类似的特点。例如，银行汇票一般必须记载以下事项：标明“汇票”字样，无条件支付的委托，确定的金额，付款人名称，收款人名称，出票日期，出票人签章。汇票有时是可以流通的，票据持有人有权向背书人要求付款。银行汇票的债务可以由保证人承担保证责任。保证人由银行汇票债务人以外的他人担当。被保证的汇票，保证人应当与被保证人对持票人承担连带责任。银行汇票到期以后，得不到付款的，持票人有权向保证人请求付款，保证人应当足额偿付。银行汇票的出票人、背书人、承兑人和保证人对持票人承担连带责任。持有人可以不按照汇票债务人的先后顺序，对其中任何一个人、数人或者全体行使追索权。

（三）支票

支票是出票人签发的，委托办理支票存款业务的银行或金融机构在见票时无条件支付确定的金额给收款人的票据。或者说，支票是活期存款的存款人通知银行从其账户上以一定金额付给票面制定人或持票人的无条件支付命令书。

支票按是否记载受款人（收款人）的姓名分为记名支票或无记名支票。记名支票，银行只能对支票上所制定的人付款。此种支票必须经持票人背书银行方能付款。无记名支票，银行可对支票的任何持票人付款。

支票按支付方式可分为现金支票、转账支票和保付支票。现金支票、可以用来支取现款。转账支票只能用于转账，不能提取现款，常在票面用两条红色平行线来表示，故又称为划线支票、平行线支票或横行支票。保付支票票面上注明“保付”字样，由银行保证付款，不会发生退票。

根据我国的票据法，支票有三种：一是普通支票，不限定具体的支付方式，即可支取现金，也可用于转账（在支票的正面注明）；二是现金支票；三是转账支票。

支票被存款人从银行提取现款时，只是一种普通的信用凭证，而当支票被存款人用来向第三者支付款项时，它就不再是简单的信用凭证，而是作为代替货币发挥流通手段和支付手段职能的信用货币。由于支票通常不是用于提取现款，而是用以转移活期存款账户上的款项，这样，支票的流通就大大地节约了现金。

支票与汇票都作为短期金融工具，主要有以下区别：支票要记载特定的收款人，而汇票并不一定记载特定的收款人。发行支票时，发票人与付款人之间有资金关系；发行汇票时，发票人与付款人不一定有资金关系。有关法规对支票的付款人身份有限制性的规定，而汇票的付款人没有身份的限制。

支票被存款人从银行提取现款时，只是一种普通的信用凭证，而当支票被存款人用来向第三者支付款项时,它已不再是一个简单的信用凭证,而是作为替代货币发挥流通手段和支付手段职能的信用货币。在经济发展的初期,银行券流通比较广泛,以后,随着银行事业的发展,支票流通很快发展起来,而且占有很大比重。在信用制度发达的国家,绝大部分交易和债务关系都是利用支票来结算的。

(四)信用证

信用证是开证银行根据申请人的要求向收款人开立的一种具有一定金额一定期限,并根据一定条件进行付款的保证书。

信用证是商品交易中贷款结算的一种凭证,它广泛应用于国内和国际贸易中。例如,国际贸易中的信用证是根据买卖合同的要求开立的,其种类、金额、开证日期和有效期等内容都在买卖合同中规定。在进口商和出口商签订了买卖合同后,首先由进口商向其开户银行开出商业信用证。开证时,应与交易部分或全部贷款作为保证金。信用证的本质是银行保证替客户付款,因此,银行发放信用证要特别慎重,如果是不可撤销的信用证,那么这种保证付款的承诺是必须履行的。

三、政府债券

国家信用工具按发行主体划分为中央政府债券、地方政府债券和政府担保债券。按期限来划分为国库券和公债等等。政府债券是国家信用的信用工具,是政府为筹集资金而发行的债务凭证。政府债券主要包括公债、国库券和地方债券。

(一)公债

公债是政府承担还款责任的债务凭证。发行公债的目的主要是为了弥补财政赤字,公债与国库券的主要区别是公债的期限较长,一般大于1年。期限在1年以上、10年以内的被称为中期公债,10年以上的被称为长期公债。公债一般被认为是没有风险的债务。

(二)国库券

国库券也是一国发行的债务凭证,与公债的主要区别是期限较短,一般在一年以内。国库券一般是不记名的债券,票面一般只有本金金额,不写明利率。政府发行国库券的目的主要是解决财政年度内先支后收的矛盾。国库券也是各个货币市场的主要交易工具,因为它的安全性高、期限短、风险小,在二级市场上的交易十分活跃,变现方便。

(三)地方债券

地方债券是由地方政府发行的债券,在美国地方政府可以发行债券。在我国目前还不允许地方政府发行债券。地方政府发行债券的主要目的是满足地方政府财政的需要,或集资兴办地方公共事业。地方债券主要用地方税收支付利息。一般来说,地方债券的信誉不如中央政府债券的信誉高。

四、信用卡

信用卡是银行或专门的发卡机构发给资信良好的消费者的一种信用凭证。持卡人可凭卡在发卡机构指定的地方购物和消费，也可以向银行存取现金。信用卡起源于20世纪初的美国。当时，美国的一些商店、饮食业为扩大销售，方便顾客，创造了信用卡，其雏形类似一种金属徽章，后来演变成用塑料制成的卡片，持卡人可以赊销货物或消费，事后付款，这就是信用卡的萌芽。20世纪六七十年代，信用卡在整个西方普及，并逐步为众多的发展中国家所接受和青睐。目前，信用卡已成为许多国家普遍采用的支付方式。

（一）信用卡的基本功能

信用卡的功能是由发卡机构根据社会需要和内部经营能力赋予的，因此各发行机构发行的信用卡的功能各不相同。但作为信用卡，其基本功能主要有：

（1）转账结算。这也是信用卡的主要功能。发行机构为了方便持卡人的使用，与一些特约机构建立了联系，包括商店、宾馆、旅游场所和服务机构，持卡人到特约的商户购物或取得服务时，可凭信用卡支付，代替现金结算。

（2）支取现金。凭信用卡可支取现金，这可理解为信用卡的辅助功能。虽然发行机构联系了一些特约机构，但仍不能保证持卡人凭卡办理所有的支付，有些情况下还必须使用现金，以信用卡支取现金在国外有时要受到限制，在我国取现的比例还比较大。

（3）提供信贷。对于持卡人，允许其在一定的限额内进行透支，这是发卡机构向客户提供信贷的一种形式，因此信用卡具有消费信贷的功能。尤其是目前国际上流通使用的"贷记卡"，即使信用卡账户上无存款，也可先行消费，更能体现提供信贷的这一功能。

（二）信用卡的优点

发展快、普及面很广的信用卡业务，不仅方便了持卡人，也使银行获得了收益。其主要优点在于：

（1）发卡机构可扩大赢利水平。办理信用卡既可获得一定比例的手续费，又可增加利息收入。当持卡人拖欠还款时，时间越长，利息越多，还有特约机构付给的回扣费。

（2）方便持卡人的购买。持卡人不必携带现金，凭卡即可购买，方便、安全，而且发卡机构还提供一段免息期，相当于无息借款（一般为30天）。

（3）加速资金周转。对特约机构如商店等来说，虽要付给发卡机构一定的回扣，但可以及时向发卡机构收回款项（一般在次日算收），加速了资金周转，而且能扩大销售，增加赢利。

（4）获得备用金。对代办行来说，可与发卡机构按比例分配特约机构付给的回扣费和手续费，还可无偿使用发卡机构的备用金。

（三）信用卡的种类

根据发卡对象的不同，分为单位卡和个人卡；根据流通范围的不同，分为国际卡和地区卡；按持卡人的信誉地位等，分为金卡和普通卡；按持卡人所处的地位和清偿责任的不同，分为主卡和附属卡；按资金清偿方式的不同，分为借记卡和贷记卡。

第四节 直接信用和间接信用

一、直接信用和间接信用的特征

按信用主体联系方式的不同,信用有直接信用和间接信用之分,也称为直接融资和间接融资。若根据信用主体划分的信用形式进行归类,则银行信用是典型的间接信用,消费信用中由银行提供的那部分也属间接信用的范畴,而商业信用、国家信用及消费信用中由企业提供的部分、股份信用等则属直接信用。

(一)直接信用

直接信用是指不经中介机构做媒介而由资金需求者和供给者双方直接协商所进行的资金融资。通常情况是由作为中间人的经纪人或证券商来安排。这种直接信用可以是货币的借贷,也可以采用商业信用形式,或者通过买卖股票、债券等有价证券的形式来实现。直接信用的典型特征是:借贷者自己直接通过发行信用工具进行融资,中间人仅仅牵线搭桥,收取佣金。

(二)间接信用

间接信用是经过金融中介机构参与的资金融通,由金融机构先行进行筹资,再将资金加以运用。金融机构筹资的形式有:吸收存款、发行有价证券。资金运用主要通过贷款、贴现或投资有价证券等将资金提供给需求者使用,由使用者在规定期限内偿还,从而完成融资的全过程。间接信用的典型特征是:金融中介通过发行信用工具使贷款者的资金流向借者,借贷双方不发生直接的联系。

二、直接信用和间接信用的联系

无论是直接信用还是间接信用,都是资金融通或交易的方式,均是将社会闲散资金纳入营运过程中,两者存在着密切的联系。

(一)量上的此消彼长

在一定时期,社会上闲散资金的数量是有限的,若其中大部分通过储蓄存款变为金融中介机构的负债,则直接信用的空间就小,这部分间接融通的资金不再可能同时作为直接信用的对象。当然,金融机构可用存款购置证券进行投资。反之,若资金盈余者是通过购买有价证券的形式将资金转移到资金短缺者手中,则金融中介机构吸收的储蓄存款将减少。

(二)直接信用是间接信用的基础

从其演进的历史来考察,间接信用是在直接信用的基础上发展起来的,而间接信用发展的同时,直接信用又有了新的突破。具体来说,早在商品经济不甚发达的时代,经济主体追加投资、扩大生产规模主要是靠内部积累,即所谓的内源融资。一旦需要临时调剂资金,便在企业之间进行直接的借贷。这时,受生产规模的限制,融资的形式一般采取赊销赊购及少量的货币借贷,因为赊销赊购这种形式的融资直接与企业的生产相联系,针对性强。最主要的原因乃是当时现代银行业尚未产生,金融资源缺乏,所以以金融中介为主体的间接信用在社会融资中占的比例很低。从另外一个角度看,银行是特殊的企业,它所从事的一些活动原是企业自己的业务,随专业分工的发展逐步归于银行,这其中也包括信用活动。所以在银行未产生之前,信用便是直接信用,可见,直接信用是先于间接信用产生发展和占主导地位的。当经济进一步发展之后,以金融机构为中介的间接信用便排挤了直接信用。这时已建立了较为完善的金融制度,金融资源充沛。企业为提高生产和竞争的能力,开始以资本集中的方式扩大资产规模,若仍然仅靠自身的积累,不知多久才能实现。于是银行等金融机构在社会融资中的地位日益重要。通过间接信用,银行信用渗透到社会经济的各个方面,促进了企业和银行资产规模的交替增长。而在市场经济甚为发达,资金调度讲求效率的时代和地区,现代直接信用的地位又得以提高,当企业的资产规模扩张到一定程度,形成规模经营时,会认为依靠自身的资金管理可以更节约交易费用,便开始选择一种较高层次的内源融资,同时由于金融市场已相对完善和发达,股票、债券、金融衍生工具不断涌现,给直接信用创造了理想的环境,有可能使直接信用与间接信用平分秋色或占主导地位。

三、直接信用和间接信用的区别

虽然直接信用与间接信用存在种种联系,但毕竟是两种不同类型的融资,其主要区别在于:

(一)信用行为的主体不同

直接信用只有筹资者和投资者,或者说只有资金的需求方和供给方,其他机构只是为融资提供服务,并不介入实质性的价值转让过程;而间接信用的主体是筹资者、投资者及金融中介机构,其中金融中介机构是资金融通的中心主体。市场经济条件下,金融机构的类型很多,但最重要的是银行,尤其是商业银行,不仅作为信用的中介,还能创造信用货币。

(二)运动形式不同

在直接信用中,交易仅包括一个过程:资金盈余者支出货币购买证券,资金短缺者发行证券取得货币。而在间接信用中包括两个过程:先是资金盈余者将资金存入金融中介机构,再是金融机构以贷款或投资的形式将资金转移到需求者手中。

(三)融资的成本及风险不同

从融资的成本来看,间接信用所耗费的成本较低,它包括利息与银行部门的营业费用,这是其直接成本,另外还包括一部分隐形成本。由于银行与存款人之间的债权债务关系是相对固定的,很难改变,一旦银行之间发生债务危机,需要作出产权重组的安排时,调整的成本将非常高。直接信用的成本主要有股票、债券的股息和利息及证券的发行费用等，一般来说，这一费用高于间接信用。对初始投资者来说，股息、债券的风险要高于银行存款。证券融资必须以存在两个市场为前提，但只有初级市场所融到的资金才会形成真实资本进入再生产过程，而二级市场上的资金是再生产过程以外的虚拟资本，这部分资金的占用，构成直接信用的间接成本。二级市场上的资金越多，直接信用的间接成本也就越高。至于风险，显然也是直接信用高于间接信用。对于投资者，将资金存于银行，安全又可靠，银行将根据存款人的需要随时支付本金和利息，只要银行不倒闭，存款人的资金不会受到威胁，即使倒闭，存款保险机构也将对存款人予以赔付；存款人亦不必担心金融资产价格的变化，它不存在二级市场，其将资金存入银行的那一刻，收益就固定了。而在直接信用中，投资者若投资于企业债券，则要冒企业经营不善及倒闭的风险。若投资于股票，二级市场上的价格风险随时存在，企业经营等微观因素及经济发展、政策等宏观因素都会影响股价，若公司倒闭，还将使投资者本金丧失。因此投资者的收益不固定，且风险高。

（四）灵活性不同

直接信用较间接信用灵活一些。从筹资者角度看，利用直接信用，可以不再被动地依赖银行，而去选择对自己最有利的融资方式、价格及时间；从投资者角度看，直接信用便于他们灵活地选择投资项目、投资对象和投资期限，并可在需要资金时到二级市场去出售，实现了营利性、流动性和安全性的最佳结合。

（五）对货币流通量的影响不同

间接信用的主体是银行，而银行可通过吸收存款，办理转账结算，产生创造信用货币机制，派生出初始货币成倍的增量，因此间接信用的规模直接影响货币流通量。在直接信用中，短期信用与长期信用对货币流通的影响是不同的。在货币市场上融通短期资金，即企业通过商业汇票融通资金，实际是增加了作为支付手段和流通手段的货币数量，其背书转让同样增加了流通中的购买手段。而在资本市场上流通的长期资金，并不增加狭义的货币数量，但它能使货币流通的速度及结构发生变化。如企业融出闲置资金，使原来暂时闲置的货币转化为需要立即实现购买力的货币，加速了货币流通。若融资在工业企业之间进行，资金便在工业企业内部流动，若在不同经济成分的企业之间进行，则会改变不同经济成分的企业的资金占用量，这种占用量的改变只是对现有社会资金的重新配置，而没有产生增量的资金。当然，货币流通速度加快之后，根据马克思的货币流通规律，货币需要量会随之变小，也会对货币供应量产生间接的影响，但是这种间接影响能否产生效力，依然要由间接信用来决定。

四、直接信用和间接信用的选择

在现代市场经济条件下，直接信用和间接信用的存在是一种必然，虽然不同的国家及不同时期的发展情况不一样，但只择其一而摒弃另一种是不常见的。一般国家均是将二者结合起来，使直接信用和间接信用互相补充和促进，从而使社会资金得到最充分的利用,发挥出最大的效益。从各国的现实状况看,尽管直接信用的地位越来越重要,甚至出现融资证券化的趋势,但以银行为主体的间接信用在多数国家仍然占主导地位,特别是在发展中国家更是如此。分析这种现象的原因,大致有以下几点:

(一)间接信用实现的规模相对较大

银行等金融机构可以利用广大的分支网络,依靠比任何一个企业都高的信誉在全社会范围内集中资金,这是直接信用所不能比拟的。因为直接信用的规模常受到筹资者的信誉、影响范围及资金盈余者手中闲置资金量的制约。而且授信者的资金往往有限,不能投资于不同的证券以分散风险。

(二)国家集中一定数量资金的需要

作为国家,要承担巨大的经济责任并承担许多直接的投资业务,必须拥有一定的资金支配权和融通权,除了通过财政和国家信用集中一部分资金外,利用银行信用支持必要的基础设施和重点项目,不但解决了资金问题,而且国家可以进行政策上的引导,尤其是在发展中国家,证券市场的相对落后更需要这种银行信用。

(三)调节经济的需要

市场经济并不等于放任自流,它更需要调节和控制,而银行就是一个重要的调节机构,中央银行通过存款准备金、再贴现、公开市场操作等政策工具来影响商业银行的融资成本,进而商业银行通过增加或减少贷款的发放,改变全社会的信用规模而实现对整个国民经济运行的调控。只有间接信用占主导地位,这种调控才能奏效,若主要资金是在供需双方直接进行,银行信用对经济的调节、杠杆作用将难以充分发挥。

(四)间接信用可以解决信息不对称问题

所谓信息不对称,是指筹资者掌握风险和收益的信息多于投资者,这是直接信用中普遍存在的问题。绝大多数投资者没有足够的知识和技巧来了解和分析企业的财务状况、经营能力等,也无法掌握筹资者的内部信息。而间接信用中的金融机构是专业化的机构,拥有丰富的经验和专门技能,有良好的条件,可方便、迅速、低廉地获取必要的信息,加之在公众的心目中有着良好的威信,可以有效地实现资金的融通。对于企业来说,选择哪一种信用方式,从来就没有一种固定的模式,也没有孰优孰劣之分,关键是根据市场主体各自的约束条件来确定。

五、直接信用和间接信用在中国的发展

由于我国以前实行高度集中的计划经济管理体制十分重视间接信用,间接信用对我国经济以往和现在的正常运行发挥了巨大的作用,但随着金融体制改革的深化和现代企业制度的建立,单一的间接信用格局已显现出诸多的不适宜,其表现在:

(一)形成企业对银行的过度依赖

由于企业的融资渠道单一,因此企业在进行大量生产调整后,不足的资金只能由增加对银行的负债来弥补,别无选择。有的企业的负债率高达百分之百,不仅流动资金,连

固定资产也由对银行的负债所形成。高额的负债加重了企业的利息负担,企业利润的很大一部分以利息的形式流入了银行,在银行的贷款面前,企业主动权几乎没有,能否得到贷款及贷款的金额、期限等完全由银行来决定。

(二)银行的风险增加,影响了自身的改革

近几年,我国的储蓄率一直呈快速增长的态势,尤以居民储蓄存款为最多。巨额储蓄意味着银行集中了大量的资金,有利于解决资金紧张这一长期性问题,但是同时也使银行面临的风险增加。由于原有体制的影响和历史遗留问题,加之金融体制改革滞后,我国银行的资产质量存在着严重的问题,各银行陷入了一种恶性循环:一边是储蓄的迅速增加,另一边是风险资产积累的不断扩张。更有一些企业借破产倒闭之机来逃避银行的债务,使银行的经营雪上加霜。银行在债权难以收回的情况下,还必须不断注入贷款。企业负盈不负亏,并通过国有银行作为其最大债权人,将经营风险转嫁银行,银行积累了过大的风险,进一步影响了银行体制自身的改革。

(三)资金使用效益低

由于一切融资活动均要通过银行来进行,资金的供应者和需求者的联系完全被银行隔断而抽象化了,银行成为资金配置的中枢,所以,银行的经营状况和管理水平直接影响着资金使用效率的高低。就我国来看,由于银行体制改革滞后、资金供给制度和软预算约束,使得银行间接融资的使用效益并不好,银行高比例的不良资产可以证明这一点。

我国的直接信用起步较晚,但发展很快,特别是企业直接融资,基本上是从无到有。我国直接融资的发展大体分为两个阶段:第一阶段是1984—1988年。1984年,根据中央有关加快经济改革步伐、在部分城市进行股份制试点的精神,部分大城市的少数企业开始进行这方面的尝试。由于刚开始试点,因此虽组建了一部分股份公司,但其运作机制并没有发生根本性的改变,公司组建的程序也谈不上规范,股票的发行推销困难,基本上是摊派给内部职工,推向社会的极少。1988年后,我国进入直接融资的第二个发展阶段。在这一时期,直接融资的规模不断扩大,并在有限度地开放国债二级市场的基础上,于1989—1992年间尝试了国债发行市场化,并收到了较好的效果;国家开始允许企业面向社会发行债券;越来越多的企业实行股份制改革,股票的二级市场不断完善。

深度链接2-1:我国企业征信系统发展现状与征信系统建设模式存在的争议

企业征信机构在我国产生于20世纪80年代后期。经过了20余年的发展,从无到有,逐渐壮大,形成了一定的规模。但总体上说,我国的企业征信行业仍处于初级阶段,距市场经济发展的要求相去甚远。其中最突出的问题是没有建立全国性的、完善的企业征信数据库系统,企业信用评价分置:政府主导模式与市场运作模式平行运作,而政府主导体系中的部委主导体系与人民银行主导体系同样平行运作,甚至部委之间和人民银行主导下各商业银行之间也是对企业信用各自进行评价,信息互不共享。我国目前市场化运作的企业征信机构包括中资的资信调查公司和一些进入我国的外资征信公司。中资的以新华信商业风险管理有限公司、华夏国际企业信用咨询有限公司和上海中商征信有限公司等为代表，而外资的则包括著名的邓白氏、ABC、TCM等公司。这些机构完全是以商业化的运作方式为客户提供征信方面的服务，并且各自均建立了自己的企业信用信息数据库。除此之外，我国也形成了几大由政府主导的企业征信数据库：一是人民银行的银行信贷登记咨询系统，主要服务于各商业银行，但是该系统仅仅是一个关于信贷记录的数据库，对企业的信用评价仍由各个商业银行独自进行，且评价标准相去甚远；二是分别由发改委和商务部主导的企业征信系统，两大系统也有各自独立的企业信用信息系统，各自采集信息，有各自的标准。

正因为目前这种企业信用评价分置的状态存在着诸多的缺陷，尤其是企业信用数据库的不完善、不统一，严重阻碍了我国征信行业的发展以及信用体系的建立，建立完整、统一的企业征信系统已经被提上了日程。但是，关于我国的企业征信系统究竟采用何种模式仍存在着一定的争议。

1．“公营模式”与“民营模式”之争

所谓“公营模式”是以欧洲大陆的多数国家为代表的一种征信体系模式，由政府财政出资建立覆盖面较广的企业信用数据库，一般由中央银行作为系统的管理者，实际运行机制为非营利性，直接隶属于中央银行。而“民营模式”则是以美国、加拿大为代表的一种模式，征信机构市场化，由民间投资组成，独立于政府与大型的金融机构之外，政府的作用只是促进信用管理相关立法的出台和强制政府有关部门及社会有关方面将征信数据库以商业化或义务形式贡献出来，向社会开放。

主张采用“公营模式”的学者认为：我国的征信业才刚刚起步，目前靠政府的推动可以起到事半功倍的效果；我国不可能在短时间内完成美、英等国花100多年时间完成的兼并和垄断，利用政府的公信力，来协调政府各个部门积极参与，可以保证信息的全面性、及时性和准确性；如果得不到政府的支持，我国本地的征信公司根本无法与外资的巨型征信公司相抗衡。

而主张“民营模式”的学者则认为：我国征信行业的市场化运作模式已基本形成，目前我国已有私营企业资信调查公司40多家，具备民营征信机构发展的基础；市场化的运作模式可以更好地激励征信机构不断地开发创新信用服务产品，为社会提供个性化和多样化的增值服务，更好地促进征信业的发展，也有利于调动社会的积极因素投入信用服务行业的建设中，不必耗费政府大量投资，同时，有利于征信机构运作的规范性和产品的公正性。

2．国务院成立专门部门主导与人民银行主导之争

如果是由政府来牵头建设企业征信数据库，那么又由哪个部门来牵头的争论：一个观点是由国务院成立专门的部门来牵头，在原来的商务部和发改委两大企业信用系统的基础上进一步完善；另一个观点是由人民银行牵头，在原来的银行信贷登记咨询系统的基础上建设企业信用数据库。

持第一种观点的专家认为，目前建设统一的企业征信数据库应该由政府成立专门的征信管理部门来牵头，在整合原有的发改委和商务部两大系统的基础上，协调政府其他如工商、税务、技术监督、电力、审计等部门，汇总企业的各类信用信息，形成完善的企业信用数据库。而持第二种观点的专家认为，我国目前的征信行业仍处于初级阶段，企业征信的主要服务对象还是商业银行，同时，即使在国外的国家企业征信系统中，主要的数据源也是金融机构甚至是商业银行。人民银行作为商业银行的直接监管部门，在企业信用数据的采集上有明显优势；同时，人民银行2002年便开始全国联网运行的银行信贷登记咨询系统已经逐渐成熟，该系统在原来仅有银行信用信息数据的基础上又增加了借款人非银行信用信息数据，并且正在从由数据采集、数据处理和能够提供查询、报表等信用信息服务的“管理型”系统向能为用户提供基于统计分析和数据挖掘方法的增值信息产品的“分析型”系统转变，这一系统可以说是目前我国最完整的一套企业信用信息系统，以此为基础完善建设可以达到事半功倍的效果。而且，参照国外大多数采用以政府主导模式建设企业征信体系的国家的经验，它们也是多以中央银行牵头，作为系统的管理者，来运作整个征信系统的。

资料选编：虞群娥，周晓阳：《我国企业征信体系模式选择及建议》，载《宏观经济研究》，2008年第1期。

深度链接2－2：我国票据化商业信用的发展

政府正式开放商业信用后，票据化商业信用也迈开步伐。但是，由于商业信用的发展已步入传统路径，商业信用票据化赖以运转的社会信用体系又不健全，票据化商业信用的发展严重滞后。而票据化商业信用的发展，又走上过分依赖银行信用的路径，结果，银行承兑汇票占据商业信用票据的绝对份额，商业承兑汇票微不足道。

1981年，中国人民银行上海市分行杨树、黄浦办事处试办了第一笔同城商业承兑汇票的贴现业务，中国人民银行上海市分行徐汇区办事处与安徽省天长县支行试办了第一笔异地银行承兑汇票的贴现业务，标志着票据化商业信用已经启航。此后，中国人民银行更多的地区分支银行加入票据业务试点，到1984年全国已有2/3以上的省、市、自治区分行试办了规模不等的票据承兑、贴现业务。据上海、辽宁、四川、河北、浙江、福建、湖北、陕西等8省市中国人民银行银行分行不完全统计，1984年共办理票据贴现2.6亿元。但是，票据化商业信用恢复后的一段时期，许多企业与银行的业务人员不懂商业汇票业务，商业汇票的使用、承兑和贴现发展不快。特别是1988年前后各专业银行在经营商业票据业务中出现不少违规问题，中国人民银行加强了对商业票据承兑、贴现的管理，专业银行大幅减少商业汇票业务，商业票据的发展跌入低谷。1990年，虽经中国人民银行全力推动，全国各地签发的商业票据也仅有300亿元，占商业信用总额的极小比例。

直到1994年，商业信用票据化停滞不前的状况才有所转变。1994年，中国人民银行对煤炭、电力、冶金、化工和铁道5个行业及对棉花、生猪、食糖、烟叶4类农副产品购销推行商业汇票结算，商业信用的票据化有了新的起色。1995年全国商业银行累计承兑商业汇票2424亿元,1996年累计办理银行承兑汇票3545亿元。1997年商业汇票发生额达到4600亿元,比上年增长18%。1999年全国签发商业汇票5076亿元,比1998年增加810亿元,增幅达21%。进入新世纪后,商业票据的发展出现迅猛增长的势头。2000年末,全国累计承兑商业汇票7445亿元。2001年全国商业汇票签发量为11973亿元,比上年增加了56%。2002年累计签发商业汇票16139亿元,银行贴现23073亿元。2003年商业汇票累计签发24623亿元,银行贴现41180.7亿元,再贴现744.9亿元。2004年,商业汇票累计签发3.4万亿元,同比增长22%;累计贴现4.5万亿元、再贴现223.7亿元,同比分别增长4%和下降79%。2004年年末,已签发的未到期商业汇票余额为1.5万亿元,同比增长17%;票据贴现、再贴现余额分别为1万亿元和33亿元,同比分别增长26%和下降96%。2005年,商业汇票累计签发4.45万亿元,比上年增加1.0万亿元,增长30.1%;累计贴现6.75万亿元,增长43.3%;累计再贴现25亿元,比上年减少202亿元。2005年年末,商业汇票未到期金额1.96万亿元,增长32%;贴现余额1.38万亿元,同比增加0.36万亿元,同比增长35%;再贴现余额2.39亿元,同比减少31亿元。2006年,企业累计签发商业汇票5.43万亿元,同比增长22.0%;累计贴现8.49万亿元,同比增长25.8%;累计办理再贴现39.9亿元,同比增加14.9亿元。2006年年末,商业汇票未到期金额2.21万亿元,同比增长12.8%;贴现余额1.72万亿元,同比增长6.7%;再贴现余额18.2亿元,同比增加15.8亿元。2007年,商业汇票累计签发5.87万亿元,同比增长8.13%;贴现累计10.11万亿元,同比增长19.07%;再贴现累计138.22亿元,同比增加98.35亿元。2007年年末,商业汇票未到期金额2.44万亿元,同比增长10.6%;贴现余额1.28万亿元,同比下降25.61%;再贴现余额57.43亿元,同比增加39.20亿元。2008年6月末,商业汇票未到期金额为2.9万亿元,同比增长15.3%;贴现余额为1.3万亿元,同比下降26.3%;再贴现余额为51.1亿元,同比略增。

商业信用票据化虽然出现较好的发展态势,但是,由于社会信用体系建设滞后,商业汇票过分依赖银行信用。银行承兑汇票所占比例过大,商业承兑汇票所占比例过小,且发展极为缓慢。据中国建设银行调查,截止到1997年3月末全行银行承兑汇票贴现余额为318.94亿元,占商业票据贴现总余额的99.3%,而商业承兑汇票贴现余额仅为2.26亿元,占商业票据贴现总余额的0.7%。2000年后,企业在运用商业信用票据方面,过分倚重于银行承兑汇票的状况没有大的改变。2001年我国票据市场商业汇票签发量虽然已达11973亿元,但是银行承兑汇票比重过高,商业承兑汇票比重过低的格局依旧持续。2002年末,全国票据市场银行承兑汇票仍占95%,商业承兑汇票不足5%。2004年,在商业票据市场上,银行承兑汇票仍占绝对份额,全年银行承兑汇票累计签发量、当月签发量、未到期余额均占商业汇票总额的97%以上。不过,最近一两年,经济发达地区如浙江省的商业信用票据市场的结构出现了一个可喜的变化,商业承兑汇票占商业信用票据市场的比例有所上升。2005年末浙江省商业承兑汇票贴现余额达228.42亿元,比年初增长249.11%,占票据贴现总额的28.6%,高出全国近20个百分点(全国商业承兑汇票余额占票据贴现总额比例为9.06%)。商业承兑汇票规模已占浙江省票据总规模的1/3。

资料来源:赵学军:《略论改革开放以来商业信用发展的路径依赖》,载《中国经济史研究》,2009年第1期。

深度链接2-3:汇票、本票、支票票样图

1. 银行汇票

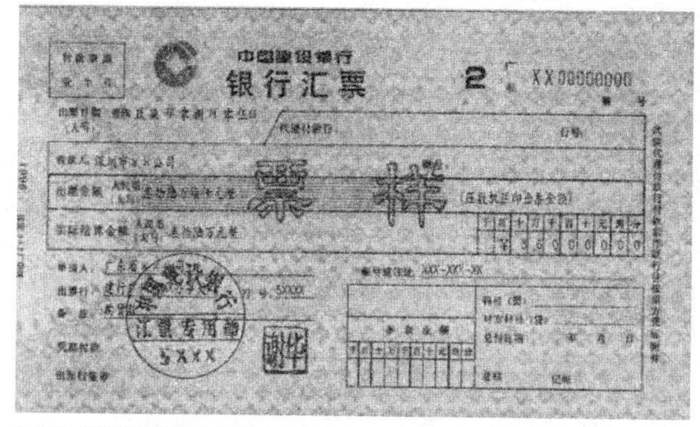

中国建设银行
银行汇票　2　XX00000000

收款人:深圳市××公司
(压数机压印出票金额)
¥ 3 5 0 0 0 0 0 0
汇票专用章
谢华

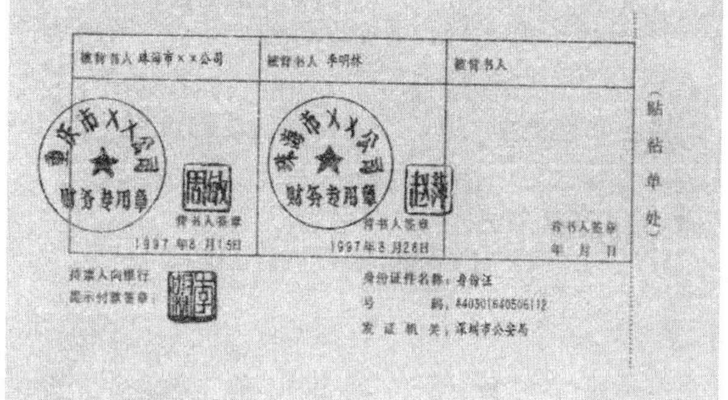

被背书人 珠海市××公司	被背书人 李明林	被背书人
财务专用章 周敏 背书人签章 1997年8月15日	珠海市××公司 财务专用章 赵萍 背书人签章 1997年8月26日	背书人签章 年 月 日

(贴粘单处)

持票人向银行提示付款签章:
身份证件名称:身份证
号　　码:440301640506112
发证机关:深圳市公安局

2. 商业承兑汇票

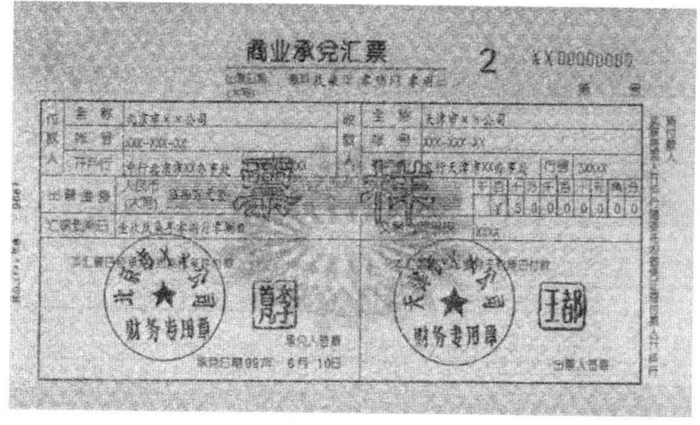

商业承兑汇票　2　XX00000000
财务专用章
财务专用章
王都

3. 本票

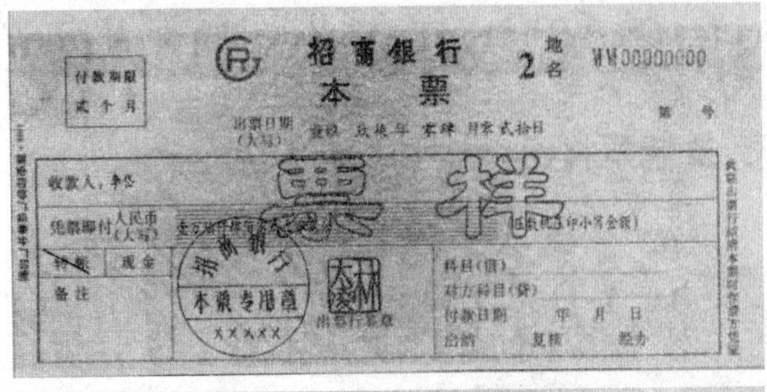
招商银行
本票
付款期限
贰个月
出票日期(大写)
收款人:
凭票即付 人民币(大写)
转账 现金
备注
本票专用章
出票行签章
科目(借)
对方科目(贷)
付款日期 年 月 日
出纳 复核 经办

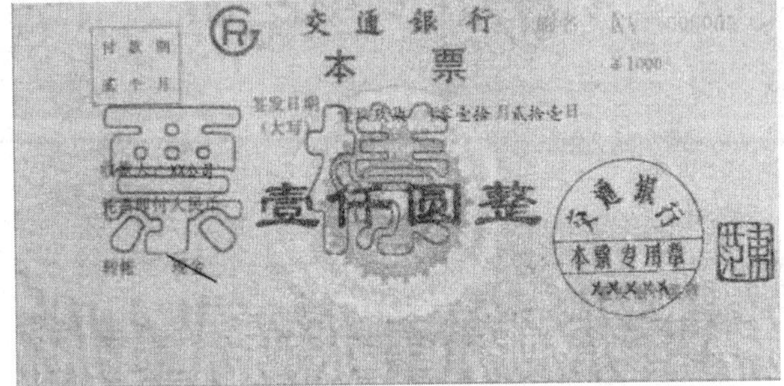
交通银行
本票
付款期
贰个月
签发日期(大写)
壹仟圆整
本票专用章
转账

4. 支票

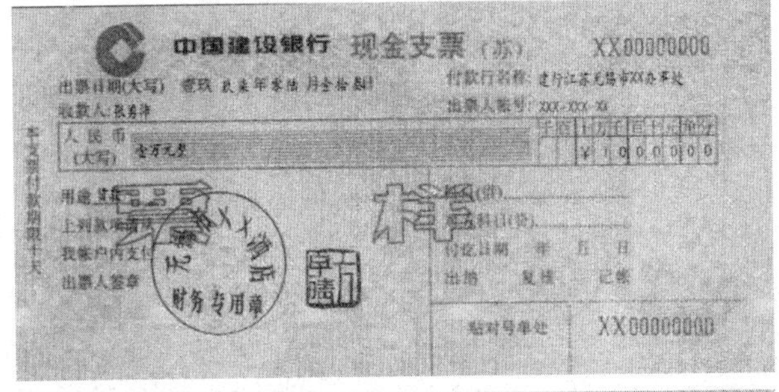
中国建设银行 现金支票(苏) XX00000000
出票日期(大写)
付款行名称:
收款人:
出票人账号:
人民币(大写)
用途
上列款项请从
我账户内支付
出票人签章
财务专用章
科目(借)
对方科目(贷)
付讫日期 年 月 日
出纳 复核 记账
贴对号单处 XX00000000
本支票付款期限十天

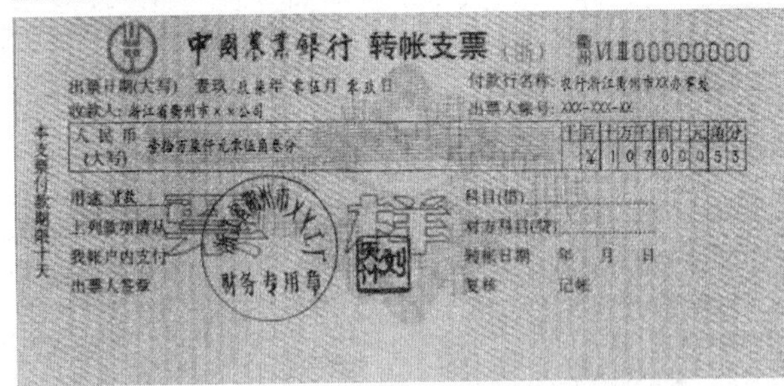
中国农业银行 转帐支票(浙)
出票日期(大写)
付款行名称:
收款人:
出票人账号:
人民币(大写)
用途
上列款项请从
我账户内支付
出票人签章
财务专用章
科目(借)
对方科目(贷)
转帐日期 年 月 日
复核 记帐
本支票付款期限十天

习　题

1. 解释下列概念:信用　信用主体　信用客体　信用内容　信用工具　银行信用　商业信用　国家信用　消费信用　商业票据　银行票据　商业汇票　银行汇票　银行

本票　支票　直接信用　间接信用

2. 信用的基本特征是什么？
3. 信用的基本形式包括哪些？
4. 简述信用工具的主要类型？
5. 简述信用的发展阶段？
6. 简述商业信用的局限性？
7. 简述商业信用与银行信用的关系？
8. 简述支票与汇票的区别？
9. 简述商业票据的特点？
10. 简述直接信用和间接信用的关系？

第三章 利息与利息率

学习目标

本章将从利息本质的揭示作为逻辑起点，说明利息和利率的确切含义和计算方法，研究决定和影响利率的各种因素，进而研究利率影响经济运行的机制，并最终探索如何通过对利率的宏观调控实现国民经济持续、稳定健康运行的对策。通过本章学习，要求学生掌握利息的本质及分类；了解各种学术界对利息内涵界定的角度；掌握利息的基本计算方法与应用；掌握各种学派的利率决定理论的内容；熟练掌握决定与影响利率走势的因素。

第一节 利息的本质

一、利息的概念

利息是伴随着信用关系的发展而产生的经济范畴，并构成信用的基础。

利息是指在信用关系中债务人支付给债权人的（或债权人向债务人索取的）报酬。利息的定义从两个方面来理解：对于信用关系中债权方而言，利息是贷款者由于让渡货币资金的使用权而从借款者手中取得的超过本金的那一部分报酬；对于信用关系中债务方而言，利息是借款者由于取得货币资金的使用权，而付给贷款者超过本金的那一部分代价。

二、利息的本质

利息的本质主要有两个内容：一是利息从何而来；二是利息体现什么样的生产关系。虽然人们对利息的概念并不陌生，但利息本质到底是什么的争论却持续了几百年的时间，下面我们对其主要观点进行介绍。

（一）西方古典学派的利息理论

威廉·配第（1633—1687）与约翰·洛克（1632—1704）先后提出“利息报酬说”，但两个人论述重点不同。威廉·配第认为，利息是贷者因暂时放弃货币的使用权而获得的报酬。因为借贷货币会给贷出方带来诸多不便，所以贷出方对自己的不方便可以索取补偿，这种补偿即是利息。约翰·洛克也认为利息是对贷款人的回报，但他认为利息是贷款人因承担了风险而得到的报酬，并认为报酬的多少应与所承担的风险大小相适应。

达德利·诺思（1641—1691）提出了“资本租金论”，他将利息看成是地主收取的租金。他认为资本的余缺产生了利息。有的人拥有资本却不能或不愿意从事贸易活动，而想从事贸易的人手中又缺乏资本，所以“资本所有者常常出借他们的资金，像出租土地一样。他们从中得到叫做利息的东西，所谓利息不过是资本的租金罢了”。

亚当·斯密（1723—1790）是英国古典政治经济学的主要代表。他提出了“利息剩余价值说”。他认为利息具有双重来源：其一，当借贷的资本用于生产时，利息来源于利润；其二，当借贷的资本用于消费时，利息来源于别的收入，如地租等。在对利息进行说明时他指出：“以资本贷人取息，实无异于出借人以一定部分的年产物，让与借用人。但作为报答这种让与，借用人须在借用期内，每年以较小部分年产物，让与出租人，称作利息；在借期满后，又以相当于原来出借人让给他的那部分年产物，让与出借人，称作还本。”

（二）近代西方学者的利息理论

英国经济学家纳骚·西尼尔提出了“节欲论”。他认为价值不是由生产商品所耗费的劳动创造的，而是决定于生产费用；生产费用由工资和利润两部分构成，工资是工人的劳动的报酬，利润则是资本家节欲的报酬。工人放弃了安逸和休息而去劳动，这就作了牺牲，工资就是这种牺牲的报酬；资本家放弃了个人消费，利润就是这种牺牲的报酬。

美国著名经济学家约翰·克拉克（1848—1938）提出了“边际生产力说”。他认为当劳动量不变而资本相继增加时，每增加一个单位所带来的产量依次递减，最后增加一个单位资本所增加的产量就是决定利息高低的“资本边际生产力”。“在一系列资本单位中，任何一个所有者所得的利息，不能超过最后一个单位的产量。假设第一个单位所有者所得的利息超过了最后一个单位的产量，企业家就不使用这个单位的资本，而用最后一个单位来代替他。每一个单位的资本能给他的所有者带来和最后一个单位的产量相同的收益，但不能给他的所有者带来更多的收益”。因此，利息就取决于资本边际生产力的大小。

美国著名经济学家欧文·费雪（1867—1947 年）提出了“人性不耐说”，并从纯心理因素来解释利息现象。他认为人性具有偏好现在就可以提供收入的资本财富，而不耐心地等待将来提供收入的资本财富的心理。人具有目光短浅、意志薄弱、随便花钱的习惯，强调生命的短促和不确定性、自私和不愿为后生的孤独打算、盲目追求时尚等，都倾向于增大不耐。相反，高度的远见、高度的自制、节约的习惯、强调长寿的预期、有家属并深切关怀家属在其死后的幸福、保持收支的适度平衡等，则倾向于减少不耐。在任何一个人身上，这种倾向决定他在一定时间、一定情形与特定收入条件下的不耐程度。不耐程度高的人倾向于借债、不耐程度低的人倾向于放款。如果这些活动充分的话，将降低高度的时间偏好并提高低度的时间偏好，直到双方利率达成一致为止。

当代西方经济学界最有影响力的经济学家约翰·梅纳德·凯恩斯（1883—1946 年）

提出了“流动性偏好学说”。他认为:“就字面讲,利率一词就直截了当的告诉我们:所谓利息乃是在一特定时期,放弃周转流动性的报酬。”这里的流动性偏好是指人们在金融资产的结构安排中更愿意选择流动性较强的资产。利息是在一定时期内放弃货币周转灵活性的报酬,利息不是储蓄本身或等待的报酬,而是对放弃货币灵活性的补偿。现金和活期存款是流动性最强的金融资产,却不能给资产持有者带来任何收益;相反,股票、债券等金融资产能给持有者带来投资收益,却由于不易变现而流动性较差。凯恩斯提出了构成货币需求的三种动机交易动机、预防动机和投机动机,其中前两个动机是他从剑桥学派承袭过来的,投机动机则是他的独创。人们持有货币的动机和影响因素在利率决定理论中有详细阐述。

(三)马克思的利息理论

马克思认为,利息是职能资本家使用借贷资本而让给借贷资本家的一部分剩余价值,它既体现着借贷资本家和职能资本家共同剥削雇佣工人的经济关系,又体现着借贷资本家和职能资本家之间共同瓜分剩余价值的经济关系。

利息出现以后,平均利润被分割为利息和企业主收入,使资本主义的本质关系被进一步掩盖。利息表现为资本所有权的收入,似乎是资本自身的产物。企业利润表现为职能资本家使用借贷资本从事生产经营获得的收入,似乎是监督或指挥劳动所获得的报酬。因此在利息和企业利润都是剩余价值的转化形式这个共性被掩盖了。

第二节　利率及其分类

一、利率及其基本表现形式

(一)利率的概念

利率,利息率的简称,指一定时期内借贷利息与借贷本金的比率,一定时期通常是指一年。它是衡量利息高低的指标,利率体现了生息资本增值的程度。在经济学中,利率是一个重要的经济变量,利率的变动对宏观经济运行和微观经济主体的行为有很大影响,所以常常被中央银行用于进行宏观经济调控,如2008年9月次贷危机爆发以后,为了拉动投资和消费,世界主要国家多次下调基准利率,以刺激经济复苏。

(二)利率的表现形式

按计算利息期限的长短,可将利率分为年利率、月利率和日利率。

年利率是以年为时间单位计算利息,通常表示为年利几厘:用%表示;

月利率是以月为时间单位计算利息,通常表示为月利几厘:用‰表示;

日利率习惯上称为拆息,是以天为时间单位计算利息,通常表示为日利几厘:用万分之几表示。

中国在习惯上,不论年息、月息还是日息都用“厘”作单位,例如,年息5厘,月息4

厘,日息 3 厘等等。虽然都叫“厘”,但差别却很大。年息的厘是指 1%,5 厘即为 5%;月息的厘是指 0.1%,4 厘即为 0.4%;日息的厘是指 0.01%,3 厘即为 0.03%。

二、利率的分类

(一)名义利率与实际利率

其划分的依据是:利率是否剔除了通货膨胀率的影响。名义利率:指市场现行的利率,它是包括补偿通货膨胀风险的利率。实际利率:又称真实利率,是根据物价水平的实际变化或预期变化进行调整的利率。理论上,名义利率、实际利率、通货膨胀率三者的关系是:

实际利率 = 名义利率 - 通货膨胀率或预期通货膨胀率

将利率划分为名义利率和实际利率具有重要意义,因为人们用以衡量投资成本和储蓄收益的并不是名义利率,而是实际利率。所以中央银行为了实现调控目标,应该根据预期通货膨胀率,调节名义利率,进而影响实际利率。

(二)固定利率与浮动利率

其划分依据是:借贷期内利率是否调整。固定利率:指在借贷期内不作调整的利率;浮动利率:指在借贷期内可定期或按规定调整的利率。调整期一般为半年或一年。

(三)官定利率、市场利率与公定利率

其划分依据时:按利率不同的决定方式。官定利率:由政府金融管理部门或中央银行确定的利率,各金融机构必须执行,也称法定利率,是国家实施宏观调控的一种政策手段;市场利率:随市场资金供求状况变动而变动的利率;公定利率:是介于官定利率与市场利率之间的利率,由非政府部门的民间权威金融机构(如银行业协会等行业自律组织)所确定的利率,又称行业公定利率,对成员机构具有一定的约束力。

(四)基准利率与差别利率

其划分依据是:按利率的不同作用。基准利率:指在多种利率并存的条件下起决定性作用的利率。当基准利率变动时,其他利率也相应发生变化。在市场经济中,基准利率是指通过市场机制形成的无风险利率。差别利率:指金融机构针对不同客户实行不同的存、贷款利率。例如,对老少边穷地区发展经济的贷款来取低利率;配合产业政策的需要对重点扶持的企业、部门提供低于市场利率的贷款利率,或对重复建设的部门实行高于市场利率的贷款利率。

基准利率是在整个金融市场和利率体系中处于关键地位、起决定性作用的利率。此种利率之所以称之为基准,是因为它一变动,其他利率也都相应跟着变动。基准利率有两重含义:一是基准利率是银行体系制定各种差别利率和加罚息利率的依据;二是基准利率是金融市场体系制定各种有价证券利率的依据。基准利率在西方国家通常是中央银行的再贴现利率;在中国目前则是中国人民银行对商业银行再贷款的利率和上海同业拆借利率。

(五)一般利率与优惠利率

其划分依据时:利率是否带有优惠性质。一般利率:指不带有任何优惠性质的利率;优惠利率:指略低于一般贷款利率的利率。

差别利率与优惠利率的区别:前者利率可以高于市场利率或低于市场利率,而后者只能低于市场利率。

三、我国当前的利率体系

(一)中央银行基准利率

这一层次主要包括中央银行再贷款利率和再贴现利率等。

再贷款利率是中央银行对金融机构贷款所实行的利率。从2004年3月25日起中央银行决定实行再贷款浮息制度。再贴现就是银行把贴现所得的票据转向中央银行进行贴现的行为。再贴现率是中央银行对商业银行持有的贴现票据进行再贴现所规定的利率,它表现为再贴现票据金额的一定回扣率。

(二)银行间利率

银行间利率主要包括全国银行间同业拆借利率和银行间国债市场利率。

银行间同业拆借利率一般是由市场决定的,受资金供求关系的影响而发生变化。我国的银行间同业拆借利率使用的是SHIBOR,即上海银行间同业拆借利率。2007年1月4日,SHIBOR开始正式运行。全称是“上海银行间同业拆借利率”(Shanghai Inter Bank Offered Rate,SHIBOR),被称为中国的LIBOR(London Inter Bank Offered Rate,伦敦同业拆借利率),是中国人民银行希望培养的基准利率体系。上海银行间同业拆借利率,以位于上海的全国银行间同业拆借中心为技术平台计算、发布并命名,是由信用等级较高的银行组成报价团自主报出的人民币银行间同业拆出利率计算确定的算术平均利率,是单利、无担保、批发性利率。目前,对社会公布的SHIBOR品种包括隔夜、1周、2周、1个月、3个月、6个月、9个月及一年。SHIBOR报价银行团现由16家商业银行组成。报价银行是公开市场一级交易商或外汇市场做市商,在中国货币市场上人民币交易相对活跃、信息披露比较充分的银行。全国银行间同业拆借中心授权SHIBOR的报价计算和信息发布。每个交易日根据各报价行的报价,剔除最高、最低两家报价,对其余报价进行算术平均计算后,得出每一期限品种的SHIBOR,并于11:30对外发布。

(三)市场利率

目前我国沪深证券交易所债券市场利率完全由市场供求决定,故与民间借贷利率一起成为市场利率。

(四)商业银行等金融机构的存贷款利率

见表3-1、3-2。

表 3－1　2009 年人民币现行利率表　　单位:年利率%

项　目	利率水平	调整日期
人民银行对金融机构存款利率		2008.11.27
法定准备金	1.62	
超额准备金	0.72	
人民银行对金融机构贷款利率		2008.12.23
二十天	2.79	
项　目	利率水平	调整日期
三个月	3.06	
六个月	3.24	
一　年	3.33	
再贴现	1.80	
金融机构人民币存款基准利率		2008.12.23
活期存款	0.36	
定活两便	按一年以内定期整存整取	
同档次利率打六折执行		
七天通知存款	1.35	
三个月	1.71	
半　年	1.98	
一　年	2.25	
二　年	2.79	
三　年	3.33	
五　年	3.60	
金融机构人民币贷款基准利率		2008.12.23
六个月以内(含六个月)	4.86	
六个月至一年(含一年)	5.31	
一至三年(含三年)	5.40	
三至五年(含五年)	5.76	
五年以上	5.94	

表3-2 金融机构人民币贷款基准利率调整表 单位:年利率%

调整时间	六个月以内(含六个月)	六个月至一年(含一年)	一至三年(含三年)	三至五年(含五年)	五年以上
1991.04.21	8.10	8.64	9.00	9.54	9.72
1993.05.15	8.82	9.36	10.80	12.06	12.24
1993.07.11	9.00	10.98	12.24	13.86	14.04
1995.01.01	9.00	10.98	12.96	14.58	14.76
1995.07.01	10.08	12.06	13.50	15.12	15.30
1996.05.01	9.72	10.98	13.14	14.94	15.12
1996.08.23	9.18	10.08	10.98	11.70	12.42
1997.10.23	7.65	8.64	9.36	9.90	10.53
1998.03.25	7.02	7.92	9.00	9.72	10.35
1998.07.01	6.57	6.93	7.11	7.65	8.01
1998.12.07	6.12	6.39	6.66	7.20	7.56
1999.06.10	5.58	5.85	5.94	6.03	6.21
2002.02.21	5.04	5.31	5.49	5.58	5.76
2004.10.29	5.22	5.58	5.76	5.85	6.12
2006.04.28	5.40	5.85	6.03	6.12	6.39
2006.08.19	5.58	6.12	6.30	6.48	6.84
2007.03.18	5.67	6.39	6.57	6.75	7.11
2007.05.19	5.85	6.57	6.75	6.93	7.20
2007.07.21	6.03	6.84	7.02	7.20	7.38
2007.08.22	6.21	7.02	7.20	7.38	7.56
2007.09.15	6.48	7.29	7.47	7.65	7.83
2007.12.21	6.57	7.47	7.56	7.74	7.83
2008.09.16	6.21	7.20	7.29	7.56	7.74
2008.10.09	6.12	6.93	7.02	7.29	7.47
2008.10.30	6.03	6.66	6.75	7.02	7.20
2008.11.27	5.04	5.58	5.67	5.94	6.12
2008.12.23	4.86	5.31	5.40	5.76	5.94

资料来源:中国人民银行官方网站

第三节　利率的度量

一、单利与复利

单利与复利是利率计算的两种基本方法。

(一) 单利

单利是指以本金为基数计算利息,所生利息不再加入本金计算下期利息的计息方法。单利计息的利息计算公式是:

$$I = P \times n \times i$$

其中:I 为利息;P 为本金,又称为期初金额或现值;i 为市场利率;n 为期限,通常以年为单位。

单利计息的本利和计算公式是:

$$S = P(1 + ni)$$

(二)复利

复利是指将上一期利息加入本金一并计算下一期利息的计息方法。复利计息的利息计算公式是:

$$I = P \times [(1 + i)^n - 1]$$

复利计息的本利和计算公式是:

$$S = P(1 + i)^n$$

例题 3－1:一笔为期 5 年、年利率为 6% 的 10 万元存款,分别用单利法和复利法计算利息与本利和。

解析:

按单利计算,其利息总额为 $100000 \times 6\% \times 5 = 30000$(元),本利和为 $100000 \times (1 + 6\% \times 5) = 130000$(元);

按复利计算,其本利和为 $100000 \times (1 + 6\%)^5 = 133822.56$(元),其利息总额为 $133822.56 - 100000 = 33822.56$(元),即按复利计算,可多得利息 3822.56 元。

利息的存在,表明社会承认资本依其所有权就可取得一部分社会产品的分配权利。只要承认这种存在的合理性,那么按期结出的利息自应属于贷出者所有并可作为资本继续贷出。因而,复利的计算方法反映利息的本质特征,是更符合生活实际的计算利息的观念。

二、终值与现值

(一)终值

终值是指现在一笔投资在未来某一时间获得的本利和,即今天得到或支付的一笔资金在将来某时刻的价值。

单利计息的终值计算公式是：

$$S = P(1 + ni)$$

复利计息的终值计算公式是：

$$S = P(1 + i)^n$$

例题 3－2：王女士用 20 万元进行投资，预期投资回报率为年复利 5%，问 10 年后这笔投资回收的本利和是多少？

解析：

$$S = 200000 \times (1 + 5\%)^{10} = 325778.88(\text{元})$$

（二）现值

现值是与终值相对应的概念，是未来收益按一定的贴现率贴现后的当前价值，或者说是为将来取得一定本利和现在所需要的本金。计算未来本利和的现值过程称之为贴现，用于贴现现金流的复利利率称为贴现率。

单利计息的现值计算公式是：

$$P = S \cdot \frac{1}{(1 + ni)}$$

复利计息的现值计算公式是：

$$P = S \cdot \frac{1}{(1 + i)^n}$$

例题 3－3：张先生 5 年后即将退休，为了提高晚年生活品质，在退休时需要 50 万元养老金，如果 5 年期的投资回报率为复利 5%，问张先生现在需要的投资额是多少？

解析：张先生现在需要的投资额是：

$$P = 500000 \cdot \frac{1}{(1 + 5\%)^5} = 391763.1(\text{元})$$

因此，张先生现在需要的投资额是 391763.1 元。

三、年金的概念与计算

年金是指一定期间内每期相等金额的收付款项。例如分期付款赊购、分期偿还贷款、发放养老金等都属于年金收付形式。按照收付款时点的不同，可以将年金分为普通年金、预付年金、递延年金、永续年金等，其中最常见的是普通年金。普通年金又称后付年金，是指各期期末收付的年金；预付年金也称先付年金，它是在每期期初等额的系列收付款；递延年金是指在开始的若干期没有资金的收付，然后又连续若干期的等额资金收付的年金序列；永续年金是指无限连续的等额序列收付款。本章仅以后付年金为例加以说明。

1. 普通年金的终值计算公式是：

$$S = \frac{A \times [(1+i)^n - 1]}{i}$$

其中，A 为每年收付的金额；n 为期数。

例题 3－4：某客户为了筹集购房款项，每年年末向银行存入 100000 元，存期 5 年，年利率为 5%，其 5 年后到期的本息和为多少？

解析：这是一个已知后付年金求终值的过程。

$$S = \frac{100000 \times [(1+5\%)^5 - 1]}{5\%} = 552563.125(\text{元})$$

因此，该客户 5 年后到期的本利和的金额为 552563.125 元。

例题 3－5：某企业有一笔 5 年后到期的借款，数额为 2000 万元，为此设置偿债基金，年利率为 10%，到期一次还清借款。则每年年末应存入的偿债基金是多少？

解析：这是一个已知终值求后付年金的过程。

$$2000 = \frac{A \times [(1+10\%)^5 - 1]}{10\%}$$

$$A = 327.59(\text{万元})$$

因此，该公司每年年末需要存入的偿债基金的金额为 327.59 万元。

2. 普通年金的现值计算公式是：

$$P = \frac{A \times [1 - (1+i)^{-n}]}{i}$$

例题 3－6：某投资项目于 2007 年初动工，设当年投产，从投产之日起每年可获收益 40000 元，按年利率 6% 计算。预期该项目寿命周期为 10 年，那么该项目未来 10 年的收益现值是多少？

解析：这是一个已知后付年金求现值的过程。

$$P = \frac{40000 \times [1 - (1+6\%)^{-10}]}{6\%} = 294403.48(\text{元})$$

因此，该公司未来 10 年投资收益的现值金额为 294403.48 元。

例题 3－7：某公司现借入 2000 万元，约定在 8 年内按年利率 12% 均匀偿还，则每年应还本付息的金额是多少？

解析：这是一个已知现值求后付年金的过程。

$$2000 = \frac{A \times [1 - (1+12\%)^{-8}]}{12\%}$$

$$A = 402.61(\text{万元})$$

因此，该公司每年需要还本付息的金额为 402.61 万元。

第四节 利率决定理论

一、马克思的利率决定理论

马克思的利率决定论建立在对利率来源与本质分析的基础上,认为利率的高低取决于平均利润率。利率的变化范围在零与平均利润率之间。由平均利润率决定的利率具有如下性质或特点:

1. 随着技术发展和资本有机构成的提高,平均利润率有下降趋势。因而也影响平均利率有同方向变化的趋势。由于还存在某些其他影响利率的因素,如社会财富及收入相对于社会资金需求的增长程度、信用制度的发达程度等,它们可能会加速这种变化趋势或者抵消该趋势。

2. 平均利润率虽有下降趋势,但却是一个非常缓慢的过程。换句话说,平均利率具有相对稳定性。

3. 由于利率高低取决于两类资本家对利润分割的结果,因而使利率的决定具有很大偶然性。平均利息率无法由任何规律决定,加之又受到习惯、法律规定、竞争等因素的影响,所以利率是多变的。

二、西方经济学界关于利率决定的理论争议

(一)古典学派的利率决定理论

古典学派的利率决定理论流行于19世纪80年代至20世纪30年代,它承袭了古典经济学重视实物因素的传统,从生产、消费等实际因素研究资本供求状况。

古典学派的利率决定理论也称真实利率理论,这种理论强调非货币的实际因素在利率决定中的作用。古典学派的代表人物庞巴维克、马歇尔、西尼尔等,他们从不同的实物角度出发分析了影响利息高低的因素,他们注意的实物因素是生产率和节约。生产率用边际投资倾向表示,节约用边际储蓄倾向表示。利率是对人们进行储蓄"等待"或"推迟消费"的补偿,储蓄是利率的增函数,因为随着利率的上升,人们的边际储蓄意愿会增强。在投资、储蓄与利率坐标系下,储蓄是一条向右上方倾斜的曲线,表示储蓄与利率之间正相关关系;投资是利率的减函数,因为利率上升,企业借款成本增加,在利润一定的条件下,企业投资收益会降低,边际投资意愿下降。在投储蓄与利率坐标系下,投资是一条向右下方倾斜的曲线,表示投资与利率之间的负相关关系。

利率是借贷资本的价格,它是由借贷资金的供求关系决定的。货币资金的供给来自于储蓄,借贷资金的需求源于投资,借贷资金供求的均衡,即储蓄与投资相等时就形成了均衡利率 i_0。如果有些因素引起边际投资倾向提高,I 曲线向右平移,形成 I',则 I' 与 S 曲线的交点所确定的利率是 i_1,即为新的均衡利率。显然,在储蓄不变的情况下,投资的增

加会使利率水平上升。与此相反，储蓄的增加会导致利率下降（见图3－1）。

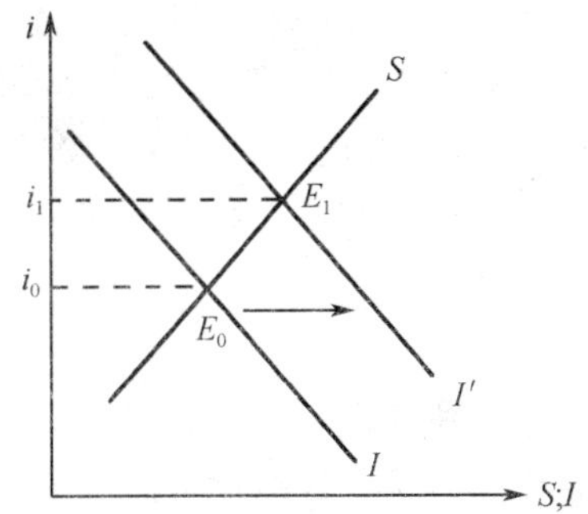

图3－1　古典利率决定理论示意图

其中，I代表投资；S代表储蓄；i代表利率水平。

（二）凯恩斯流动性偏好理论

20世纪30年代西方国家爆发了大危机，提倡市场具有自动调节机制的古典经济学对此不能做出令人信服的解释。1936年，凯恩斯在《就业、利息与货币通论》中对古典学派的观点进行批评，并建立了流动性偏好理论。与古典利率理论相反，凯恩斯完全抛弃了实际因素对利率的影响，他认为，利率是纯粹的货币现象，即利率决定于货币供求数量。货币供给（Ms）是外生变量，由中央银行直接控制，货币供给独立于利率的变动；货币需求（L）则是内生变量，取决于公众的流动性偏好。而公众的流动性偏好的动机包括交易动机、预防动机和投机动机。

1．交易动机

交易动机是指人们为满足日常购买需要而产生的持有一定量货币的愿望。凯恩斯将个人和企业为进行日常购买而产生的货币需求称为交易动机层面上的货币需求。个人、家庭或企业在收入取得和支出之间都面临着一个时间差，为保证日常的交易和再生产，他们需要经常在手边保留一定的货币余额，以克服这种时间差所造成的支付困难。这种货币需求主要取决于收入水平的高低、收入取得时间间隔的长短、企业的产量高低以及企业的资金周转速度等因素。通常，收入水平越高，交易动机层面的货币需求越大；收入取得的时间间隔越长，交易动机层面的货币需求越大，反之亦然。

2．预防动机

预防动机又称谨慎动机，是指人们为预防意外而产生的持有一定量货币的愿望。现实经济生活中充满了不确定性，经常会发生意外事件，因此，人们除了在手边保留日常交易所需的货币之外，还必须额外持有一定量的货币余额，以提防有不虞之支出，凯恩斯称之为预防动机层面上的货币需求。人们出于预防动机而需持有的货币量取决于对未来交易水平的预期，而未来的交易水平又与收入水平成正比例关系，收入多的人为预防动机而持有的现金也多，收入少的人为预防动机而持有的现金也少。因此，预防动机层面上的货币需求与交易动机层面的货币需求一样，都是收入的函数，并与收入同向变动。

3．投机动机

投机动机是指人们根据对市场利率变化的预测，需要持有一定量货币以便从中获利的动机。凯恩斯称这种为投机目的而持有的货币余额为投机动机层面上的货币需求。这种动机与利率关系密切。凯恩斯假设，人们只能在货币和债券这两种资产间选择其财富的持有形式，由于债券价格与利率成反向变动关系，因此，预期利率上升时人们将保存货币，以便在债券价格下跌后能以低价买进债券获利；预期利率下降时，人们将持有债券，以便在债券价格上升后卖出债券获利。通常，人们对未来利率水平的预期主要取决于当前利率的高低，当前利率越高，预期未来利率越低；当前利率越低，则预期未来利率越高。因此，投机层面的货币需求可以看做是当前利率的函数，并与当前利率反向变动。

货币需求与收入和利率的关系式是：

$$L = L_1(Y) + L_2(i)$$

式中，L_1 表示交易与预防动机的货币需求，L_2 表示投机性货币需求，$L_1(Y)$ 为收入 Y 的递增函数，$L_2(i)$ 为利率 i 的递减函数。收入水平在短期内不会发生大的变化，这样利率就成为影响和决定货币需求的主要因素。所以，货币需求曲线是一条向右下方倾斜的曲线，越往右，货币需求曲线越平坦，几乎与横轴平行。货币供给曲线由货币当局决定，与利率无关，是一条垂直于横轴的直线；当货币供给与货币需求相等时，即 $M_sL = L_1(Y) + L_2(i)$ 时，就形成了均衡利率 i_0。

货币当局开始增加货币供应量时，利率会随之降低，但货币供应量增加到一定程度时，利率不再下降进入"流动性陷阱"。流动性陷阱是指当利率下降到某一水平时，市场就会产生未来利率上升的预期，这样，货币的投机需求就会达到无穷大，这时，无论中央银行供应多少货币，都会被相应的投机需求所吸收，从而使利率不能继续下降而"锁定"在这一水平。图 3－2 中，"流动性陷阱"相当于货币需求曲线中的水平线部分，它使货币需求线变成一条水平线。在"流动性陷阱"区间，货币政策是完全无效的，此时只能依靠财政政策。

均衡利率的形成过程见图 3－2：

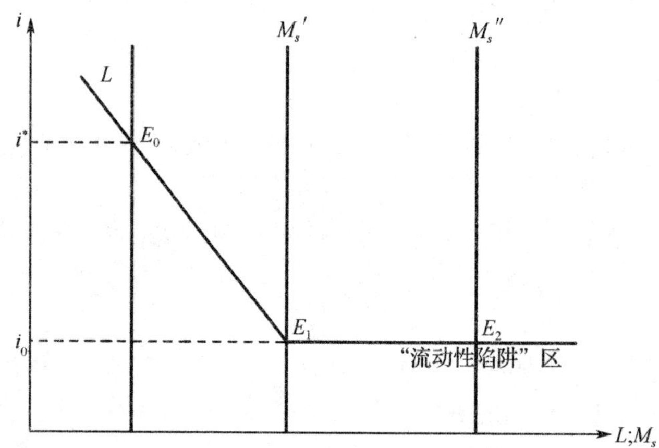

图 3－2　流动性偏好理论示意图

（三）新古典学派的可贷资金理论

凯恩斯的学生罗伯逊认为，古典学派的利率决定理论和流动性偏好理论都有片面性。利率决定取决于市场上可贷资金的供求状况，影响可贷资金供求的因素既有实物因素，又有货币因素。可贷资金的需求不仅限于投资，还包括以货币形式持有的财富窖藏、中央银行增加的货币供应量；可贷资金的供给并非只有储蓄这一唯一源泉，还包括反窖藏。

可贷资金的需求是利率的减函数：因为投资如前述是利率的减函数；窖藏是指储蓄者并不把所有的储蓄贷放出去，而是以现金形式保留一部分在手中，这部分资金与利率也呈负相关关系。

可贷资金的供给是利率的增函数：因为储蓄如前所述是利率的增函数；货币供应量的增加量是与利率正相关；反窖藏是指将以往储存的可贷资金用于当期借贷的行为，这部分资金的供给也是利率的增函数。

均衡利率水平取决于可贷资金的供给 S_{LF} 和需求 D_{LF} 所达到的均衡点（见图 3－3）。可贷资金的供求均衡关系可以表示成：

$$S + \Delta M + D = I + H$$

式中 S 代表储蓄；ΔM 代表货币供应量增加量；D 代表反窖藏；I 代表投资；H 代表窖藏。

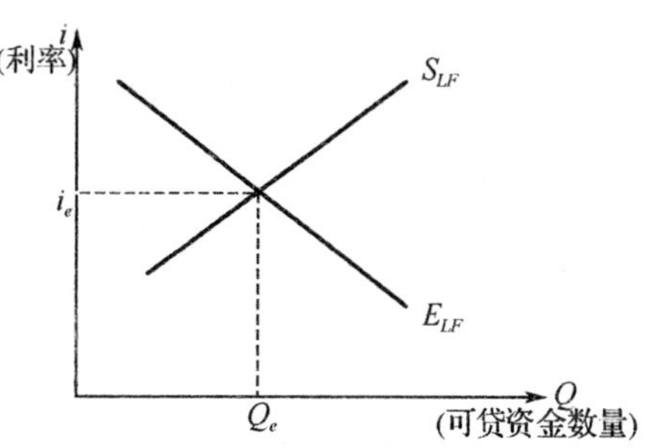

图 3－3　可贷资金理论示意图

可贷资金理论虽然考虑到了商品市场和货币市场，但忽视了两个市场各自的均衡，当可贷资金市场均衡时，并不能保证商品市场和货币市场同时达到均衡，因而仍然是一个不完善的利率决定理论。

（四）利率决定的宏观模型——IS－LM 模型

以上三种理论都有各自的缺陷，但有一个缺陷是共同的，那就是没有考虑收入因素。然而，如果不考虑收入因素，利率水平就无法确定。因为储蓄和投资都是收入的函数，收入增加会导致储蓄增加，若事先不知道收入水平就无法知道利率水平。此外，收入变化还会影响交易需求和谨慎需求的变化，而在货币供应量不变的条件下，投机需求必然随之变化，进一步影响利率水平。希克斯和汉森对以上三种理论加以综合和完善，提出了汉森－希克斯一般均衡模型，即著名的 IS－LM 模型，从理论上分析了利率与国民收入的决定问题。

IS 曲线的意义是在商品市场均衡的情况下 I＝S 的各种利率与收入的组合。IS 曲线上是利率决定收入，利率下降会导致投资增加，为了保证投资与储蓄相等，收入必须增加，所以 IS 曲线在利率与收入坐标系下是一条向右下方倾斜的曲线；LM 曲线是货币市场均衡曲线，在货币市场均衡的情况下 L＝M 的各种利率与收入的组合。它表示如果收入上升，那么交易动机和谨慎动机导致的货币需求必然上升，在货币供给一定的条件下，投机动机的货币供给会下降，带来利率水平的上升。因此，LM 曲线是一条向右上方倾斜的曲线。

只有当实体经济部门和货币部门同时达到均衡时，整个国民经济才能达到均衡状态。只有在IS曲线与LM曲线相交时,其交E上的收入和利率才是均衡的收入水平和利率水平,因为这时商品市场与货币市场都是均衡的。任何偏离E点的情况都会导致经济的自发调节,从理论上讲,将产生向E点逼近的压力,促使利率和收入在相互决定的过程中达到均衡。(见图3-4)。

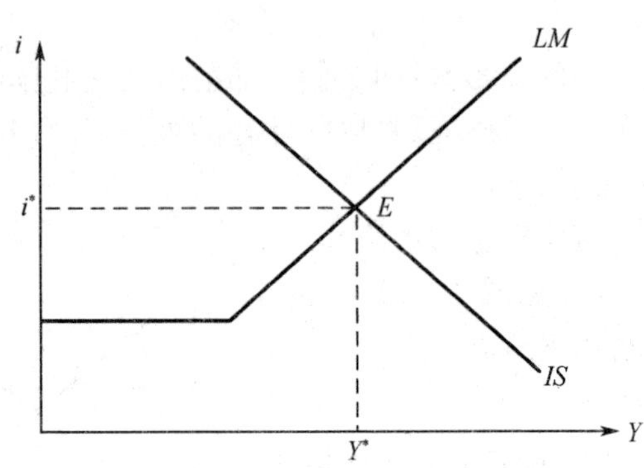

图3-4 IS-LM模型示意图

三、利率的决定与影响因素

(一)社会平均利润率是决定利率的基本因素

通常情况下,利率随社会平均利润率的变化而变化。在其他条件不变的情况下,如果社会平均利润率提高,利率也会随之提高;如果社会平均利润率下降,利率也会随之下降。随着资本有机构成的提高,社会平均利润率有下降的趋势,所以利率有下降的趋势。

(二)经济发展状况及周期运行的影响

经济学理论认为经济发展存在明显的运行周期,危机、萧条、复苏和高涨四个阶段交替出现,处于经济周期的不同阶段,资金供求状况不同,从而导致不同的利率水平。危机阶段商品滞销、物价暴跌、产量下降、工人失业,支付手段极其缺乏,对借贷资本需求增大,利率急剧上升;萧条阶段,产业资本不再收缩,借贷资本大量闲置,导致利率下降;复苏阶段投资逐渐加大,对借贷资金的需求增大,但由于资金周转加快和商业信用扩大部分抵消了对借贷资金需求的增长,因此利率虽有所上升,但仍然维持较低水平;经济高涨时期对借贷资金的需求急剧增加,加之信用投机的出现使借贷资本需求大增,加上中央银行为控制经济过热可能采取的紧缩政策,使利率快速上升。

(三)借贷资本的供求关系是利率的直接影响因素

在某一具体时期的具体市场中,在其他条件不变的情况下,利息率是由借贷资本的供求状况决定的。当借贷资本供大于求时,利率会下降;供不应求时,利率会上升。

(四)中央银行的货币政策

利率作为宏观经济杠杆是各国中央银行调控经济的主要手段之一。中央银行通过对官方利率或基准利率的调控,实现币值稳定、充分就业、经济增长等政策目标。一般来说，当经济衰退时期，中央银行会增加货币投放量，促使利率水平的下降；当经济出现明显的泡沫时，中央银行会抽紧银根，借贷资金短缺，利率会上升。例如，在2008年9月25日，美国投资银行雷曼兄弟公司的破产，当天，主要经济体均宣布降息以抑制经济衰退。

（五）预期的通货膨胀率

通货膨胀率是信用货币制度下特有的经济现象。通货膨胀总是有存在的可能，它会引起货币的贬值，从而给借贷本金带来损失，同时也会给利息带来损失。因此，为了弥补这种损失，债权人往往会在一定的预期通货膨胀率的基础上确定利率，以保证本金和利息额不受损失。当通货膨胀率上升时，债权人会要求更高的购买力风险补偿收益，即提高贷款利率，否则可以降低贷款利率。

（六）国际利率水平

在开放的经济条件下，国际间资本可以自由流动，国际利率水平会对国内利率水平产生重要影响。当国内利率水平高于国际利率水平时，国外资本就会因比较利益而流入国内，使市场上资金供给增加而利率上升；当国内利率水平低于国际利率水平时，国内资本就会因比较利益而流向国外，使市场上资金供给减少而利率下降。国际资本的大规模的流动会带来极大的隐患，利率和汇率的频繁波动加剧了市场的动荡，极易造成金融危机，危害经济安全。所以，在开放的经济条件下，一国的利率水平不可能长期偏离国际利率水平。

（七）微观因素

借贷期限、借款人资信等级、贷款用途、贷款方式、经济主体的预期及社会习惯等因素也会对利率产生较大影响。

另外，扩张的财政政策一方面会导致增发国债，在资金供应量一定的条件下资金需求的增加会导致利率上升；另一方面会促使社会总需求的增加，IS曲线上移也会促进利率上升。反之，紧缩的财政政策会导致利率下降。

第五节 利率的期限结构理论

利率期限结构是指某个时点、不同期限的即期利率与到期期限的关系及变化规律，是某个时点不同期限的利率所组成的一条曲线，也即零息票债券的到期收益率与期限的关系。它是资产定价、金融产品设计、保值和风险管理、套利以及投机的基准，也是中央银行控制短期利率变化以影响中长期利率变化的传递机制。利率期限结构的变化本质上体现了债券的到期收益率与期限的关系，即债券的短期利率和长期利率表现的差异性。

一、利率期限结构的形状及含义

利率期限结构在不同时间内具有不同的形状。利率期限结构可以向右上方倾斜，也可以向右下方倾斜，还可以成为一条水平直线。当向右上方倾斜时，说明长期利率高于短期利率；当向右下方倾斜时，说明长期利率低于短期利率；当呈水平状时，长期利率与短期利率相等。在实际中，经常会看到向右上方倾斜的利率期限结构，但有些时候也会看到向右下方倾斜的利率期限结构。如果用图形3－5来表现，一般会出现5种形式：

1．上升型：曲线向上倾斜，即随着期限的延长，利率逐渐上升，如图3－5(a)所示，这种曲线通常被称为“正常利率期限结构或者阳线”。

2．下降型：曲线向下倾斜，即随着期限的延长利率反而下降，如图3－5(b)所示，这种曲线又称为“反转式利率期限结构或阴线”。

3．平直型：即利率不随期限的变化而变化，如图3－5(c)所示。

4．驼峰型：即利率在期限较长和期限较短的情况下比较低，而当期限为中期时收益率较大，如图3－5(d)所示。

5．倒驼峰型：即利率在期限较长和期限较短的情况下比较大，而当期限为中期时收益率较低，如图3－5(e)所示。

关于利率期限结构，有3个重要的经验事实：(1)不同期限债券的利率随时间一起波动；(2)如果短期利率低，则利率期限结构向右上方倾斜，相反，如果短期利率高，则利率期限结构向右下方倾斜；(3)利率期限结构几乎总是向右上方倾斜的。利率期限结构理论不但要解释利率期限结构在不同时间内具有不同形状的原因，而且要解释上面的3个经验事实。

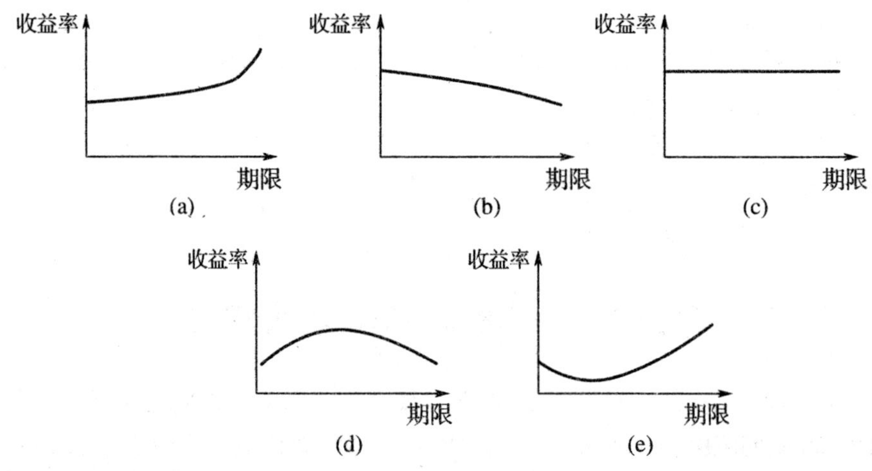

图3－5 利率期限结构的形状图示

二、利率期限结构理论

利率期限结构理论主要有预期理论、流动性偏好理论和市场分割理论。

1．预期理论

预期理论认为不论人们所投资的证券期限长短，投资取得的单一时期的预期收益率相同。也就是说,如果某个人投资的期限为一年,那么,他投资于一年期的证券,或是最初投资于两年期证券并在一年末出售证券,或是投资于五年期证券并在一年末出售证券,它们之间不存在任何差别。在最初投资时,对于所有可行的期限策略来说,预期的持有收益率都是相同的。预期理论的基本观点:①期限结构中隐含的远期利率是对未来即期利率无偏差的估计。②在特定的期限内,不同期限策略产生的预期收益率相同。从市场行为上看,愿意并且能够利用赢利机会的风险中立的市场参与者的存在形成了对纯预期理论的支持。如果远期利率与预期未来即期利率存在差别,市场中存在足够大的投机因素促使两种利率走向一致,这些市场参与者追求利润的行为导致期限结构仅仅取决于对未来利率的预期。根据预期理论,水平的收益率曲线意味着市场参与者预期未来短期利率等于目前的短期利率,向下倾斜的收益率曲线表示预期未来的短期利率下降。因为当预期利率将下降时,人们倾向于抛售短期债券而购入长期债券,结果导致短期债券会因供过于求而价格下降,短期债券收益率会上升,反之, 人们会购买长期债券,会导致长期债券因供过于求而价格上升,其收益率水平因此而下降;向上倾斜的收益率曲线意味着预期未来的短期利率上升,除非收益率高于短期证券,否则,投资者将不愿意购买长期证券,投资于短期证券并在到期时进行再投资会取得更高收益。

预期理论暗含着假设证券市场是高度有效的,有效的市场意味着消除了妨碍信息迅速扩散的市场缺陷和市场参与者能对这些信息迅速做出反应。

2. 流动性偏好理论

如果市场中存在完全确定性,很明显,远期利率就是未来短期利率的准确预测。套利活动会使所有期限的利率与预期值相一致,从而使投资者不论投资的纯贴水债券为何种期限,都会取得相同的收益率,远期利率中不包含任何风险补偿。然而,当进入不确定社会时,就出现了风险问题。因此,预期理论必须加以修正。据称,债券期限越长,投资者本金价值波动的风险越大。由于存在这种较高风险,投资者倾向于提供短期贷款。但是,为了降低不能偿还本金的风险,借款者倾向于借入长期借款。由于借款方必须让步,为了使投资者购买长期债券,就必须提供风险溢价(或称期限溢价),这种溢价附加在当期平均短期利率和未来短期利率之上。因此,远期利率是对未来利率有偏差的估算,比未来利率高出期限溢价。流动性偏好理论认为投资者在投资决策时都偏好于流动比较强的证券,所以长期收益率必须含有流动性补偿,从而高于短期收益率。假设市场参与者预期未来短期利率与当前利率相同,由于远期利率中包含期限溢价,收益曲线就会向上倾斜。根据流动性偏好理论,和投资于短期债券并在每个到期日重新进行短期投资相比,长期债券投资会产生更高的预期收益。

3. 市场分割理论

该理论假设,市场是由具有不同投资要求的各种投资者所组成的,不同投资者具有明显的区别,每种投资者都偏好投资曲线的特定部分,所有投资者都偏好于使其资产寿命和债务寿命相匹配的投资,即预期的未来短期利率与隐含远期利率之间没有正式关系，而且收益曲线是供给与需求的函数。

市场分割理论认为短期利率、中期利率和长期利率之间并不存在着内在联系。长、中、短期利率存在着区别是因为它们各自涉及不同种类的投资人。短期收益率是由短期债券市场的供求决定的，中期收益率是由中期债券市场的供求决定的，而长期收益率是由长期债券市场的供求决定的。根据市场分割理论，正常的收益率曲线是在短期利率低于长期利率的情况下出现的。这时短期市场的需求压力比长期市场小，因而形成了正常的收益率曲线。如果短期市场的需求压力大于长期市场，短期市场的利率水平较高，长期市场的利率水平偏低，就出现了所谓负的收益率曲线。

市场分割理论认为，长期市场供求相对稳定，因此，市场的供求关系主要看短期市场。在经济周期上升阶段，短期利率首先上升，并且上升的速度快于长期利率，这时收益率曲线变得平缓。当经济周期达到最高阶段时，短期资金的供给受到中央银行的控制，而短期资金的需求却由于企业扩大库存而继续增加，这样短期利率可能进一步上升，形成负的收益率曲线。当经济周期下降时，由于短期利率下降快于长期利率，又会出现正常的收益率曲线。

虽然上述各种利率期限结构理论在不同程度上得到了实证的支持，但它们都各自存在着缺陷：预期理论认为，市场上所有的债券对投资者来说都可以完全代替，以及投资者都是风险中性的。这些假设有时与实际情况不相符合；流动性偏好理论认为，所有的投资者都更偏好短期债券而不是长期债券。实际中，有时也并不是这样。例如，养老金基金自然偏好长期期限债券投资；实证分析相对较少地支持市场分割理论。

上面我们从各个角度分析了利息与利率的决定与影响因素，但对于利率对经济的影响并未涉及，这些内容将在第八章——货币政策中详尽阐述。简单而言，利率的变动会对储蓄与消费产生较大影响：货币利率较高时，生息资本的收益提高，居民会减少即期消费，增加储蓄；而高利率也会使企业缩减生产规模，导致公众收入下降，消费减少。利率变动会对投资产生影响：利率越高，投资成本越大，投资规模会缩小；低利率则会减少投资成本，使投资量增加。利率对通货膨胀的影响：高利率可抑制通货膨胀的发生，降低利率可防止过度紧缩。利率对金融机构的影响：金融机构根据利率的变动调整自己的资产结构，使得中央银行利用利率杠杆调控宏观经济成为可能和有效，例如中央银行提高再贴现利率，会提高商业银行的借款成本，进而减少贷款投放，起到紧缩银根的作用。利率对对外经济活动的影响：一是对进出口的影响是利率水平较高时，出口产品价格会提高，出口竞争力下降，形成国际收支逆差；反之，降低利率，可以改善一国的国际收支状况。二是对资本输出入的影响是高利率会吸引外国资本大量流入；低利率则会导致资本外逃。

深度链接3－1:神奇的复利

科学泰斗爱因斯坦曾经说过复利是世界第八大奇观。下面通过以下两个小故事,你可以感受爱因斯坦如此表达的真正含义。

1. 假如印第安人会投资

1626年,荷属美洲新尼德兰省总督 Peter Minuit 花了大约24美元的珠子和饰物从印第安人手里买下了曼哈顿岛。到2009年1月1日,估计曼哈顿岛价值4.93万亿美元。假如当时的印第安人会投资,使24美元能够达到7%的年复合收益率,那么,到384年后的2009年的1月1日,他们可以买回曼哈顿岛,即 $24\times(1+7\%)^{(2009-1626+1)}\approx4.93$(万亿美元)。

2. 西班牙人的遗憾

西班牙人帮助发现了美洲新大陆,也将本来属于自己的世界首富国地位送给了今天的美国人。1492年,西班牙国王 Ferdinand V 及女王 Lsabella 资助意大利航海家哥伦布(Columbus)大约3万美元,使得哥伦布冒险向西航行70天后,到达加勒比海群岛,完成了发现新大陆的创举。发现新大陆给当时的西班牙带来了精神上的成就感,但使西班牙在2009年失去了价值49.3万亿美元的财富！因为假设当初西班牙人投资的3万美元能以4%的复利率增长,其收益将达到49.3万亿美元,即 $30000\times(1+4\%)^{(2009-1492+1)}\approx49.3$(万亿美元)。

虽然复利公式并不难懂,但若是期数很多,算起来还是相当麻烦,有一个简单的“七十二法则”可以取巧。所谓的“七十二法则”就是——“以1%的复利来计息,经过七十二年以后,你的本金就会变成原来的一倍”。例如:利用5%年报酬率的投资工具,经过约14.4年(72÷5)本金就变成一倍;利用12%的投资工具,则只要六年左右(72÷12),就能让一块钱变成二块钱。因此,今天如果你手中有100万元,运用了报酬15%的投资工具,你可以很快便知道,经过约4.8年,你的100万元就会变成200万元。同样的道理,若是你希望在十年内将50万元变成100万元,就该找到至少报酬率7.2%以上的投资工具来帮助你达成目标;想在七年后加倍本金,投资率就应至少为10.3%才行。

资料来源:东方财富网。

习　题

1. 解释下列概念:利息　利率　单利　复利　终值　现值　年金　普通年金　流动性陷阱　窖藏　固定利率　浮动利率　市场利率　官定利率　公定利率　名义利率　实际利率　基准利率　优惠利率　利率期限结构

2. 简述关于利息本质的各种学术界的争论?

3. 简述马克思的利率决定理论的内容?

4. 试对比分析古典利率决定理论、流动性偏好理论、可贷资金理论及利率决定的宏观模型—IS－LM 模型主要观点？

5. 利率的决定与影响因素有哪些？它们与利率的关系如何。

6. 简述利率期限结构的各种形状的含义。

7. 简述预期理论、流动性偏好理论和市场分割理论的内容与缺陷。

8. 计算题：

银行向企业发放一笔贷款，贷款额为 1000 万元，期限为 3 年，年利率为 6%，试用单利和复利两种方法计算银行到期应得的本利和？

第四章　金融市场

学习目标

本章在系统化介绍金融市场概念、构成要素、类型、功能等基本原理的基础上，具体介绍和详细分析了货币市场、资本市场、金融衍生品市场和外汇市场。通过本章的学习，要求了解金融市场的构要成素与分类方法，理解金融市场的主要功能，掌握直接融资与间接融资的特点；了解金融工具的基本特性，掌握主要金融工具的种类，理解金融工具的发行价格和转让价格的形成；能应用公式计算证券行市、股价指数的收益率；了解货币市场的构成与特点，掌握各子市场的主要功能与运作；了解资本市场的构成与特点，掌握发行市场和流通市场的主要活动内容。

第一节　金融市场概述

一、金融市场的概念

金融市场是指以金融资产为交易对象而形成的供求关系及其机制的总和，其核心是通过价格机制实现金融资产的优化配置。这里，金融资产又称为金融工具，它是一切代表未来收益或资产合法要求权的法律凭证，如汇票、支票、股票、债券等。

金融市场上融通资金的活动方式主要有两种：

一是直接融资。即由资金的供给者（投资者或贷放者）和资金的需求者（筹资者或借入者）直接接触，经当面商议，进行票据、证券的买卖或货币借贷。

二是间接融资。即资金供需双方并不接触，而是通过金融机构为媒介进行的融资活动。通常由金融机构通过吸收存款或出售证券的方式从资金供给者处获得资金，再以贷款和投资的方式提供给需要资金的单位。

在市场经济中，金融市场是整个市场体系中的一个重要组成部分，它与商品市场、劳动力市场、技术市场、信息市场、房地产市场等各类市场相互联系，相互依存，共同形成统一的市场有机整体。而金融市场是联系其他市场的纽带，因为无论是商品市场，还是劳务和技术等市场的交易的活动，都要通过货币的流通和资金的运行来实现，都离不开金融市场的密切配合。可见，金融市场的发展对整个市场体系的发展起着举足轻重的制约作用,而市场体系中其他市场的发展,又为金融市场的发展提供了必要条件。

二、金融市场的构成要素

金融市场与普通商品市场一样,是一个由众多要素构成的有机整体,其有以下几个基本构成要素:

(一)交易主体

金融市场的主体是指金融市场的参与者,它可以分为资金的供应者、需求者、中介者和管理者。具体讲,他们又可以分为企业、金融机构、政府、个人和中央银行。

一个健全的金融市场要求参与者要足够多,且参与者之间相互独立。从经济学的角度看,上述两个条件可以使整个金融市场上的参与者较好地进行双向竞争。他们之间的自由交易,推动着资金在交易主体间流动,也促进着各主体运行效益的提高。下面具体分析企业、金融机构、政府、个人和中央银行在金融市场中扮演的角色。

1. 企业

这里的企业指的是非金融企业,包括工业企业、商业企业与其他实业企业。企业是金融市场最大的资金需求者,也是资金供给者。一方面,企业在运行过程中,总会因各种原因产生短期、中期和长期的资金不足,弥补资金不足的方式或是动用自有积累,或是向银行借入贷款,或者在金融市场上发行有价证券;另一方面,企业经营过程中由于收入和支出上的时差有时会出现暂时闲置的资金,它可以存入银行或购买各类证券(如公司股票、各类债券等)。

2. 金融机构

这里指商业银行及其他非银行金融机构。金融机构是金融市场上唯一的专业参与者,其主要任务就是参与金融市场,沟通资金供应者和资金需求者,推进资金的转移。作为资金供应者,它可以大量地购买各种金融工具,但它的资金主要来源于在社会上吸收的各种存款,它并不是初始的资金供应者;作为资金需求者,它可以通过出售金融工具来筹集资金,但它筹集的资金又主要是为他人所需,它并不是最终的资金需求者。由此可见,金融机构在金融市场上是个中介机构,它的买卖最终是为了实现金融市场参加者的卖和买。

3. 政府

这里的政府部门包括中央政府、地方政府及政府有关行政机构。在金融市场上,政府多为资金需求者,通过发行各种债券,筹集各种来源、各种期限的资金,用以弥补临时收支缺口或财政赤字,或用于经济建设。在政局比较稳定时,政府债券信誉高、风险小,往往被视为最佳的金融资产,称为“金边债券”。政府部门有时也以资金供应者的身份参与金融市场,如税款已收进而未支用之前形成的临时闲置资金或者政府准备调整产业结构,可通过购买金融市场的工具而把资金投入金融市场。

4. 个人

个人即居民个人，是指以非组织成员的身份参加金融市场活动的人。在金融市场上，个人主要是资金供应者，也可以是资金需求者。一方面，个人用自己手中的剩余货币或存入银行，或购买国库券、金融债券、企业债券、股票、基金等，以追求投资收益的最大化；另一方面，居民在金融市场上也充当资金需求者的角色，如通过抵押贷款方式可以获得消费、购买住房等所需的资金。

5. 中央银行

中央银行不同于以上四类市场参与者，它不是单纯的资金供求者，而主要是以管理者的身份出现。因为中央银行作为国家的银行和银行的银行，有贯彻执行国家货币政策和负责管理金融市场的义务，其参与的主要目的不是赢利，而是为了执行货币政策，调控货币供求以稳定本国货币币值。当市场货币供应量过多时，中央银行通过出售有价证券减少市场货币流通量；当市场货币供应量不足时，中央银行通过购买有价证券将货币投入市场，由此来调节市场信用规模，实现稳定货币、发展经济的目标。此外，中央银行还作为中介者，为商业银行之间的资金往来提供清算服务。

（二）交易客体

金融市场的客体，也称金融市场的交易对象，是指金融市场的参加者进行交易的标的物——金融工具。

金融工具本质上是一种虚拟资本，本身不具有价值和使用价值，但标志着一定的收益权，且在某种条件下，标志着一定的控制权。金融工具的经济功能在于将资金盈余单位的剩余资金转移给赤字单位使用，把社会的剩余资金吸引到生产投资上去。作为融资凭证，金融工具具有双重性，对于发行人或筹资人来说，它代表着金融负债；对于持有人或投资人来说，它代表着金融资产。金融市场上种类繁多的金融工具，各具不同的特点，能够满足资金供求者的不同需要，由此形成了金融市场的各类子市场。金融工具的不断创新是金融市场发展与活跃的重要标志。

（三）交易价格

交易价格反映的是在一定时期内转让货币资金使用权的报酬。

在金融市场上，各种交易都是在一定的价格下实现的，但金融市场的交易价格不同于商品市场的商品交易价格，商品的交易价格反映交易对象的全部价值，而金融市场的交易价格则要复杂得多。这是因为对大多数金融资产来说，它们不仅存在着市场买卖价格，而且还涉及到形形色色的收益率。从理论上说，一种金融资产的内在价值是由这种金融资产自身的流动性、收益性和风险性共同决定的，三者的综合构成其价格基础。但在实践中，影响金融资产价格的因素远远不止三种，诸如供给、需求、其他金融资产价格以及交易者心理预期等众多外在因素也都可以对其施加影响。

（四）组织形式

金融交易的组织形式是指金融市场的交易主体在进行交易时所采用的方式。

一般来说有三种方式:一是交易所交易,这是一种由交易双方集中在交易所内通过公开竞价的方式进行资金交易的组织形式;二是柜台(店头)交易,是指在各种金融机构的柜台上买卖双方进行面议的、分散的交易方式;三是场外交易,这种交易一般没有固定场所,也不需要交易双方进行直接接触,而是通过通讯方式来完成交易。

三、金融市场的类型

为了更充分地理解金融市场,尽可能地反映这个复杂市场的全貌,我们从多个角度对金融市场作如下分类。

(一)按标的物划分:货币市场、资本市场、外汇市场和黄金市场

1. 货币市场

货币市场是指以期限在一年及一年以下的金融资产为交易目标的物的短期金融市场。它的主要功能是保持金融资产的流动性,以便随时转换成现实的货币。它一方面满足了借款者的短期资金需求,另一方面也为暂时闲置的资金找到了出路。在美国金融史上,早期的货币市场概念狭义地指对证券经纪商和交易商进行通知放款的市场。后来,货币市场的概念又广义地包含了短期资金市场。现在,货币市场一般指国库券、商业票据、银行承兑汇票、可转让定期存单、回购协议、联邦基金等短期信用工具买卖的市场。许多国家将银行短期贷款也归入货币市场的业务范围。一般地说,资金借贷以3~6个月最为普遍。而债券则多为6~9个月。由于该类市场信用工具随时可以在发达的二级市场上出售变现,具有很强的变现性和流动性,功能近似于货币,故称货币市场。又由于该市场主要经营短期资金的借贷,故亦称短期资金市场。

2. 资本市场

资本市场是指期限在一年以上的金融资产交易市场。一般来说,资本市场包括两大部分:一是银行中长期存贷款市场,二是有价证券市场。

通常,资本市场主要指的是债券市场和股票市场。它与货币市场之间的区别为:(1)期限的差别。资本市场上交易的金融工具均为一年以上,最长者可达数十年,有些甚至无期限,如股票等。而货币市场上一般交易的是一年以内的金融工具,最短的只有几日甚至几小时。(2)作用的不同。货币市场所融通的资金,大多用于工商企业的短期周转资金。而在资本市场上所融通的资金,大多用于企业的创建、更新、扩充设备和储存原料,政府在资本市场上筹集长期资金则主要用于兴办公共事业和保持财政收支平衡。(3)风险程度不同。货币市场的信用工具,由于期限短,因此流动性高,价格不会发生剧烈变化,风险较小。资本市场的信用工具,由于期限长,流动性较低,价格变动幅度较大,风险也较高。

3. 外汇市场

如同货币市场一样,外汇市场也是各种短期金融资产交易的市场,不同的是货币市场交易的是同一种货币或以同一种货币计值的票据,而外汇市场则是以不同种货币计值

的两种票据之间的交换。在货币市场上所有的贷款和金融资产的交易都受政府法令条例管制。但在外汇市场上，一国政府只能干预或管制本国的货币。

外汇市场按其含义有广义和狭义之分。狭义的外汇市场指的是银行间的外汇交易，包括同一市场各银行间的交易、中央银行与外汇银行间以及各国中央银行之间的外汇交易活动，通常被称为批发外汇市场。广义的外汇市场是指由各国中央银行、外汇银行、外汇经纪人及客户组成的外汇买卖、经营活动的总和。包括上述的批发市场以及银行同企业、个人间外汇买卖的零售市场。

4. 黄金市场

黄金市场是专门集中进行黄金买卖的交易中心或场所。目前，由于黄金仍是国际储备工具之一，在国际结算中占据着重要的地位，因此，黄金市场仍被看作金融市场的组成部分。黄金市场早在19世纪初就已形成，是最古老的金融市场。现在，世界上已发展到40多个黄金市场。其中伦敦、纽约、苏黎世、芝加哥和香港的黄金市场被称为五大国际黄金市场。但随着时代的发展，黄金非货币化的趋势越来越明显，因此，本章不专门介绍黄金市场。

（二）按金融资产的发行和流通特征划分：初级市场、二级市场、第三市场和第四市场

资金需求者将金融资产首次出售给公众时所形成的交易市场称为初级市场、发行市场或一级市场。金融资产的发行方式主要有两种方式：一是将金融资产销售给特定的机构；二是将金融资产广泛地发售给社会公众。前者称为私募发行，其发行对象一般为机构投资者；后者称为公募发行，其发行对象为社会公众。

证券发行后，各种证券在不同的投资者之间买卖流通所形成的市场即为二级市场，又称流通市场或次级市场。它又可分为两种，一个是场内市场，即证券交易所；另一个是场外交易市场。证券交易所是依照国家有关法律规定，经政府主管机关批准设立的证券集中竞价的有形场所。场外交易市场又称柜台交易或店头交易市场，它是在证券交易所之外进行证券买卖的市场，原则上，在场外交易的证券以未上市的证券为主。然而现在情况发生了很大的变化，为数不少的上市证券，尤其是政府债券、地方和公司债券也都纷纷涌入场外交易市场进行交易。

初级市场是二级市场的基础和前提，没有初级市场就没有二级市场；二级市场是初级市场存在与发展的重要条件之一，无论从流动性上还是从价格的确定上，初级市场都要受到二级市场的影响。

此外，在发达的市场经济国家还有第三市场和第四市场的说法。它们实际上都是场外市场的一部分。第三市场是原来在交易所上市的证券移到场外进行交易而形成的市场，第三市场的交易相对于交易所交易来说，具有限制更少、成本更低的优点。第四市场是投资者和证券的出卖者直接交易形成的市场，其形成的主要原因是机构投资者在证券交易中所占的比例越来越大，它们之间的买卖数额很大，因此希望避开经纪人直接交易，以降低成本。

(三)按交割方式划分:现货市场与衍生市场

现货市场实际上是指即期交易的市场,是金融市场上最普遍的一种交易方式。相对于远期交易市场来说,现货市场指市场上的买卖双方成交后须在若干个交易日内办理交割的金融交易市场。现货交易包括现金交易、固定方式交易及保证金交易。现金交易是指成交日和结算日在同一天发生的证券买卖。固定交易方式交易则是指成交日和结算日之间相隔很短几个交易日的交易,这种间隔一般在七天以内。保证金交易也称垫头交易。它是投资者在资金不足,又想获得较多投资收益时,采取交付一定比例的现金,其余资金由经纪人贷款垫付,买进证券的一种交易方法。目前现货币场上的大部分交易均为固定方式交易。

衍生市场是各种衍生金融工具进行交易的市场。所谓衍生金融工具,是指由原生性金融商品或基础性金融工具创造出的新型金融工具。它一般表现为一些合约,这些合约的价值由其交易的金融资产的价格决定。衍生工具包括远期合约、期货合约、期权合约、互换协议等。由于衍生金融工具在金融交易中具有套期保值防范风险的作用,衍生工具的种类仍在不断增多。衍生金融工具同时也是一种投机的对象,其交易中所带来的风险也应引起注意。

(四)按成交与定价的方式划分:公开市场与议价市场

公开市场指的是金融资产的交易价格通过众多的买主和卖主公开竞价而形成的市场。金融资产在到期偿付之前可以自由交易,并且只卖给出价最高的买者。一般在有组织的证券交易所进行。在议价市场上,金融资产的定价与成交是通过私下协商或面对面的讨价还价方式进行的。在发达的市场经济国家,绝大多数债券和中小企业的未上市股票都通过这种方式交易。最初,在议价市场交易的证券流通范围不大,交易也不活跃,但随着现代电信及自动化技术的发展,该市场的交易效率已大大提高。

四、金融市场的功能

金融市场是商品经济发展的必然产物,同时又对商品经济发展具有重要的作用:

(一)资金融通功能

金融市场的资金融通功能是通过短期资金市场而起作用的。通常,资金供给者通过在金融机构的存款或购买短期金融票据而运用自身暂时闲置的货币资金;而资金需求者为了解决临时性资金需要,向金融机构取得贷款或通过发行短期金融票据来筹措资金,由此实现货币资金余缺的调剂。金融市场的融通资金功能,还表现为金融机构之间的相互融通,主要是通过交换金融票据或银行同业拆借,来调剂金融机构的头寸。

(二)资金积累功能

金融市场的资金积累功能是通过长期资金市场而起作用的。在长期资金市场上,需要资金的企业利用发行股票和债券的方式筹措资金,而资金供应者通过购买股票和债券,把自己的一部分资金提供给股票或债券发行者,以用于投资。双方通过有价证券这种金融工具，实现了储蓄转化为投资的过程。由于金融市场上金融工具多种多样，投资者有较大的选择余地，他们可以根据自身具体情况，选择适当的金融工具，从而实现既能获利，又能保证资金安全和流动的目的，由此实现资金积累的功能。

（三）宏观调控功能

金融市场的宏观调控功能表现在两个方面：首先，调节货币供应量。金融市场在发挥资金融通和资金积累功能时，必然会引起资金的流动，而资金流向的变化，又必然影响货币供应量的变化，从而发挥金融市场的宏观调控功能。中央银行正是利用这一功能，通过公开市场业务，在金融市场上买卖有价证券来调节货币供应量。当市场货币量过多时，中央银行抛售有价证券，回笼货币，减少流通中的货币供应量；当流通中的货币供应量过少时，中央银行在金融市场上购买有价证券，增加货币供应量。其次，调节资金供求关系，优化资源配置。金融市场上的货币借贷和有价证券买卖，实质是一种资金再分配。通过各种融资活动，使资金在各部门、各产业、各行业、企业或个人之间按照有利于资源重新组合和配置的方向运动。通过对资金供求关系的调节，最终实现对产业结构、产品结构、地区结构的调整，使短缺的经济资源实现更为优化的配置。

第二节　货币市场

货币市场是一年期以内的短期金融工具交易所形成的供求关系及其运行机制的总和。货币市场兼顾资金的流动性和货币的易得性，一方面，满足资金需求者的短期资金需要；另一方面，为资金盈余者的暂时盈余资金提供获利机会。货币市场是高度自由竞争的市场，其交易量和利率的不断变化反映着货币供求关系的变化，为信用资金供求和货币政策效应提供及时的信号；通过市场运作，货币市场为企业、政府、银行及居民的流动性管理提供重要手段，成为连接各单位资金供求的桥梁，为参与者提供安全的短期投融资中介，优化资金的配置和使用。

在货币市场上交易的短期金融工具，一般期限较短，最短的只有1天，最长的也不超过1年，较为普遍的是3~6个月。正因为这些工具期限短，可以随时变现，并有较强的货币性，所以，短期金融工具又有“准货币”之称。

一、货币市场的特征与作用

（一）货币市场的特征

1. 货币市场是一个无形的市场。货币市场没有固定的、统一的集中交易场所，通常是由借款者、贷款者、经纪人或交易商等货币市场的参与者通过遍及全国和全球的计算机、电话等通讯工具而连接的市场。

2. 货币市场是资金批发市场。由于交易量极大，周转速度较快，一般投资者难以涉足，所以，货币市场中的大多数交易是在机构之间进行的，而他们之间发生的资金借贷数额都很大，动辄就会有数百万、上千万元的交易产生，因此货币市场又被称为资金“批发市场”。

3. 货币市场的交易对象具有货币属性。货币市场上的金融工具具有很强的流动性，因此，这个市场上产生的金融工具具有货币的属性，其对银行的业务具有很强的竞争性和替代性，同时，这些金融工具也是对中央银行发行货币的一种替代。

货币市场工具都是短期的，影响金融工具价格发生变化的因素在短期内一般不会发生太大的波动，短期金融工具价格波动的风险比较小。另外，参与货币市场交易的大都是信誉较高的机构，违约风险也较低。由于货币市场工具期限短和风险小，所以对应的收益率也比较低。

（二）货币市场的作用

1. 货币市场的存在和发展对于短期资金融通、缓解经济活动中资金的供求矛盾是十分重要的。由于生产的季节性和周期性，或者由于资金周转多个环节的衔接有松有紧，使一些国际企业在短期内资金可能出现短缺，而另一些企业的资金则可能暂时闲置，如果双方都能利用货币市场，那么前者可解燃眉之急，后者则可让闲置资金生息。

2. 货币市场的完善程度直接决定了中央银行货币政策实施的效果。在现代高度发达的市场经济中，金融市场所具有的“传导作用”愈来愈突出，中央银行控制货币供应量的重要工具如贴现率的变动和公开市场业务操作，都是通过影响货币市场的基础利率和资金量，从而影响长期利率、货币总量和总投资来实现的。

3. 货币市场为财政筹措短期资金和借新偿旧带来了极大的便利。货币市场不仅为国际企业提供了短期资金融通的便利，同时也为政府财政筹措短期资金和借新偿旧带来了便利，有利于政府顺利履行自己的职能，并为政府的正常运行提供了保证。

二、货币市场的构成

货币市场就其结构而言，可分为同业拆借市场、回购市场、商业票据市场、银行承兑票据市场、大额可转让定期存单市场、短期政府债券市场和货币市场共同基金市场等若干个子市场。

（一）同业拆借市场

同业拆借，也称为同业拆放，是指金融机构（主要是商业银行）之间为了调剂资金余缺，利用资金融通过程的时间差、空间差、行际差来调剂资金而进行的短期借贷，而这种短期借贷所形成的市场便是同业拆借市场。同业拆借市场是一个交易量大，能敏感地反应资金供求关系和货币政策意图，影响货币市场利率的市场，因此，它是货币市场中非常重要的子市场之一。

同业拆借市场有以下几个特点：一是融通资金的期限较短，通常以 1 ~2 天为限，短至隔夜，多则 1 ~2 周，一般不超过 1 个月，当然也有少数同业拆借交易的期限接近或达到一年的。此外，也有不事先约定拆放期限的，借款银行可以随时还款，放款银行也可以随时通知借款银行还款；二是参与拆借的机构基本上在中央银行开立存款账户，同业拆借交易的资金主要是金融机构存放在该账户上的多余资金；三是同业拆借资金主要用于短期、临时性需要；四是同业拆借基本上是信用拆借，拆借活动在金融机构之间进行，严格的市场准入条件使金融机构可以以其信誉参与拆借活动。

1. 同业拆借市场的参与主体

同业拆借的参与主体，只限于各专业银行和非银行金融机构，非金融机构不能成为拆借主体，不能参加拆借活动。同业拆借市场一般由拆入方、拆出方以及中介方构成。

（1）资金的拆入方：它是资金暂时短缺的一方需要从资金暂时盈余的一方拆入资金的金融机构。拆入方在拆入资金时，必须注意拆入资金只能用于解决临时周转需要的资金使用原则，认真研究偿还期限和利率的承受能力，保证按期归还。

（2）资金的拆出方：它是资金暂时盈余的一方可向资金暂时短缺的一方拆出资金的金融机构。拆出方在拆出资金时必须考虑自己资金暂时盈余的数额、时间和资金成本，保证在拆出期间可以达到资金的自我平衡。

（3）资金拆借的中介机构：它是介于拆入方与拆出方中间的金融机构，手托两家，对拆入方代表拆出方，对拆出方又代表拆入方，要在传递信息、连接供求以及协调拆借数量、价格和期限等方面发挥作用。一般分为专门从事拆借市场中介业务的专业性中介机构和非专业从事拆借市场中介业务的兼营机构两种。

2. 同业拆借市场的交易原理

同业拆借市场是银行等金融机构之间相互借贷在中央银行存款账户上的准备金余额，用于调剂准备金头寸的市场。一般来说，任何银行可用于贷款和投资的资金数额只能小于或等于负债额减法定存款准备金余额，但在银行的实际经营活动中，资金的流入流出是经常性的、不确定的，因而银行时刻保持在中央银行的准备金存款账户上的余额恰好等于法定准备金余额是不可能的。而存款准备金余额不足，固须支付罚息，拥有超额准备（实际余额大于法定余额部分）导致资金闲置（中央银行并不对存款准备支付利息），同样产生利息收入损失。为解决这一困难，头寸多余行和头寸不足行间的准备金借贷市场遂应运而生，通过这一市场，准备金缺口银行便可融入短期资金以保持其在中央银行的形象，准备金多余银行亦得以贷放暂时性资金盈余以获取利息收入。

随着市场的发展和市场容量的扩大，交易对象已不仅限于商业银行的存款准备金了，它还包括商业银行相互之间的存款以及证券交易商和政府拥有的活期存款，拆借的目的除满足准备金要求外，还包括轧平票据交换差额，解决临时性、季节性资金要求等。当然，交易过程并无本质改变。

同业拆借市场交易程序简单快捷，借贷双方可通过电话直接联系，或与市场中介联系，在借贷双方就贷款条件达成协议后，贷款方可直接或通过代理行经中央银行的电子资金转账系统将资金转入借款方的资金账户，转账程序数秒钟即可完成。归还贷款也用同样方式划转本金和利息，有时利息的支付也可通过向贷款行开出支票的方式进行。

3. 同业拆借市场的利率

同业拆借利率是在同业拆借市场上,金融机构间相互拆借资金计息时运用的利率,即拆借市场上拆借利息与拆借本金的比率,如年利率为%(分),月利率为‰(厘),日利率为(毫)。

在拆借市场上,拆借利率随行就市,议价成交。它是金融市场上最敏感的利率,经常处于变化之中,其变化趋势往往影响到整个资金市场的利率水平。当总的利率水平趋于上升时,同业拆借利率总是率先上升;当市场利率水平趋于下降时,它又总是率先下降,且幅度较大。因而同业拆借利率被世人广为关注,许多国家还视之为基础利率,其他各种信贷利率以之为基础,再加上一定的百分点即作为自己的利率。如国际上广为使用的伦敦银行间拆借利率(英文缩写 LIBOR)被欧洲货币市场、美国金融市场、亚洲美元市场等作为基础利率,并以此确定其他各种利率水平。如今货币市场上主要的拆借利率有:伦敦银行间拆借利率(LIBOR,即 London interbank offered rate)、新加坡银行间拆借利率(SIBOR,即 Singapore interbank offered rate)、香港银行间拆借利率(HIBOR,即 Hongkong interbank offered rate)等,它们及时、有效、准确地反映货币市场的资金供求关系,对货币市场上其他金融工具的利率具有重要的导向和牵动作用。我国的同业拆借市场,即上海银行间拆借利率(Shanghai interbank offered rate,缩写 SHIBOR)正处于发展阶段,拆借活动有自己的特点。拆借利率以协议商定为主,一般同一银行系统内同业拆借利率低于系统外;同一地方拆借利率低于地区外,城市则低于农村。而其对市场利率的影响不大,尽管在一定程度上能反映资金供求状况。

(二)回购市场

回购市场是指通过回购协议进行短期资金融通交易的市场。所谓回购协议,指的是在出售证券的同时,和证券的购买商签定协议,约定在一定期限后按原定价格或约定价格购回所卖证券,从而获取即时可用资金的一种交易行为。从本质上说,回购协议是一种抵押贷款,其抵押品为证券。

1. 回购协议交易

金融机构之间的短期资金融通,一般可以通过同业拆借的形式解决,不一定要用回购协议的方法。但资金盈余部门不全是金融机构,它们可能是企业、政府和其他部门,而采用回购协议的方法可避免对放款的管制。一般来讲,回购协议的期限从一日到数日不等。当回购协议签订后,资金获得者同意向资金供应者出售政府债券和政府代理机构债券及其他债券换取即时可用的资金。回购协议期满时,再作相反的交易。由于出售债券的一方在约定到期日以原来价格加若干利息购回该证券,而且不论这时债券的价格如何变化,它实际上是从短期资金市场获得了一笔资金,其若干利息就是使用短期资金的代价。对于资金借出者来说,它虽暂时获得了短期内有权支配的债券,但由于到期按约定如数交回,它实际上只是资金借出者,其若干利息则为借出资金的收益。由于回购协议的期限可长可短,比较灵活,也满足了部分市场参与者的需要。期限较长的回购协议还可用于套利,即在分别得到资金和证券后,利用再一次换回之间的间隔期进行借出和投资,以获取短期利润。

还有一种逆回购协议,实际上与回购协议是一个问题的两个方面。它是从资金供应者的角度出发相对于回购协议而言的。回购协议中,卖出证券取得资金的一方同意按约定期限以约定价格购回所卖出证券。在逆回购协议中,买入证券的一方同意按约定期限以约定价格出售其所买入证券。从资金供应者的角度看,逆回购协议是回购协议的逆进行。

2. 回购交易的利率确定及回购交易风险

(1)回购交易的利率确定。在回购市场中,利率是不统一的,利率的确定取决于多种因素,这些因素主要有:①用于回购的证券质量。证券的信用度越高,流动性越强,回购利率就越低;相反,利率就低一些。②回购期限的长短。一般来说,期限越长,由于不确定因素越多,因而利率也应高一些。但这也并不是绝对的,利率在实际运作中可以随时调整。③交割的条件。如果采用实物交割的方式,回购利率就会较低。如果采用其他交割方式,利率就会相对高一些。④货币市场中其他子市场的利率水平。回购协议的利率水平不可能脱离货币市场其他子市场的利率水平而单独决定,否则该市场将失去吸引力。它一般是参照同业拆借市场利率而确定的。由于回购交易实际上是一种用较高信用的证券,特别是政府证券作抵押的贷款方式,风险相对较小,因而利率也较低。

(2)证券回购价格、出售价格及回购利率之间的关系

回购价格 = 售出价格 + 约定利息

约定利息 = 售出价格 × 回购利率 × 距到期日天数/360

回购利率 = [(回购价格 - 售出价格) ÷ 售出价格] × (360 ÷ 距到期日天数) × 100%

例如:交易商为筹集隔夜资金,将 200 万元的国库券卖给顾客,售出价为 1999600 元,约定第二天再购回,购回价为 200 万元,则应支付顾客利息:

约定利息 = 2000000 - 1999600 = 400(元)

回购利率 = [(2000000 - 1999600) ÷ 1999600] × (360 ÷ 1) = 7.2%

(3)回购交易的风险。尽管证券回购是一种高质量的抵押借款,但交易双方仍然面临一定的风险,包括信用风险和证券清算风险。

信用风险是指交易双方不履行回购协议中的买回或卖回义务,而使对方遭受损失的可能性。一种情况是,证券卖方到期未再购回证券,若此时市场利率上升,证券价格下降,则买方只能拥有此证券,并遭受损失;另一种情况是,市场利率下降,证券价格上升,买方不履行按约定价格卖回给卖方的义务,则证券卖方将遭受损失。为了减少信用风险,人们对回购协议进行了更精心的设计。贷款数额一般少于抵押品证券的市场价值,二者之间的差额被称为保证金,其金额一般占全部贷款的 1% ~3%,对于较低信用等级的借款者及流动性不高的抵押证券,其保证金可达 10% 或更多。此外,还采用定期公布抵押品市价,根据新市场追加保证金和重新给回购协议定价的方式防范信用风险。

在回购交易中,买方(资金供应者)应付款收取抵押证券,到期收回本金和利息,返还抵押证券,由于到期时间很短,交割实物证券的成本很高,因而产生了以账户划转的交割方式,并以证券保管凭单代替实物证券,以节省时间和费用。但随之而来的是清算风险的增加,即可能出现并无足额抵押证券的买空卖空行为,加剧融资风险。为避免此种风险,许多国家要求证券由第三方金融机构统一进行保管,保管凭单必须以真实、足额证券为依据。

(三)银行承兑票据市场

在商品交易活动中,售货人为了向购货人索取货款而签发的汇票,经付款人承诺到期付款,在票面上写明"承兑"字样并签章后,就成为承兑汇票。经购货人承兑的汇票称为商业承兑汇票,经银行承兑的汇票即为银行承兑汇票。由于银行承兑汇票由银行承诺承担最后付款责任,实际上是银行将其信用出借给企业,因此,企业必须交纳一定的手续费。这里,银行是第一责任人,而出票人则只负第二手责任。以银行承兑票据作为交易对象的市场即为银行承兑票据市场。

1. 银行承兑汇票的原理

银行承兑汇票是为方便商业交易活动而创造出的一种工具,在对外贸易中运用较多。当一笔国际贸易发生时,由于出口商对进口商的信用不了解,加之没有其他的信用协议,出口方担心对方不付款或不按时付款,进口方担心对方不发货或不能按时发货,交易就很难进行。这时便需要银行信用从中作保证。一般地,进口商首先要求本国银行开立信用证,作为向国外出口商的保证。信用证授权国外出口商开出以开证行为付款人的汇票,可以是即期的也可以是远期的。若是即期的,付款银行(开证行)见票付款。若是远期汇票,付款银行(开证行)在汇票正面签上"承兑"字样,填上到期日,并盖章为凭。这样,银行承兑汇票就产生了。

为了进一步解释银行承兑汇票的产生过程,这里结合一笔进出口贸易来加以说明。假设甲国进口商要从乙国进口一批汽车,并希望在 90 天后支付货款。进口商要求本国银行按购买数额开出不可撤销信用证,然后寄给外国出口商。信用证中注明货物装运的详细要求并授权外国出口商按出售价格开出以进口方开证行为付款人的远期汇票。汽车装船后,出口商开出以甲国开证行为付款人的汇票,并经由乙国通知行将汇票连同有关单据寄往甲国开证行,要求承兑。甲国开证行审核无误后,在汇票正面加盖"承兑"图章,并填上到期日。承兑后,这张远期汇票便成为甲国(进口国)开证银行的不可撤销负债。开证行承兑后将承兑过的汇票交由乙国的通知行退还给开出汇票的出口商。出口商收到汇票后,可要求通知行贴现,取得现款,等于提前收回货款。乙国通知行取得汇票后,可持有至到期日向甲国承兑行(开证行)收款,也可以将汇票拿到金融市场上出售。

从上面这个简单的例子可以看出,在国际贸易中运用银行承兑汇票至少具有如下三方面的优点:①出口商可以立即获得货款进行生产,避免由货物装运引起的时间耽搁;②由于乙国银行以本国货币支付给出口商,避免了国际贸易中的不同货币结算上的麻烦及汇率风险;③由于有财力雄厚、信誉卓著的银行对货款的支付作担保,出口商无需花费财力和时间去调查进口商的信用状况。

银行承兑汇票不仅在国际贸易中运用,也在国内贸易中运用。在有些货币为国际硬通货的国家,如美国,银行承兑汇票还因其他国家周期性或季节性的美元外汇短缺而被创造出来,这种承兑汇票称外汇承兑汇票。但总的来说,为国际贸易创造的银行承兑汇票占绝大部分。国际贸易承兑主要包括三个部分:为本国出口商融资的承兑、为本国进口商融资的承兑、为其他国家之间的贸易或外国国内的货物包仓储融资的第三国承兑。为国内贸易融资创造的银行承兑汇票,主要是银行应国内购货人的请求,对国内售货人签发的向购货人索取货款的汇票承兑,从而承担付款责任而产生的汇票。

2. 银行承兑汇票的市场交易

(1)初级市场。银行承兑汇票的初级市场就是指银行承兑汇票的发行市场,它由出票和承兑两个环节构成,二者缺一不可。

出票是指出票人签发票据并将其交付给收款人的票据行为。出票行为由两个步骤组成,一是按照法定格式做成票据,二是将票据交付给收款人。汇票做成后,必须经过交付才算完成出票行为。票据设定的权利义务关系因出票行为而发生。其他各种票据行为都须以此为基础。所以,出票是基本的票据行为。

承兑是指汇票付款人承诺在汇票到期日支付汇票金额的票据行为。汇票承兑具有十分重要的意义。汇票的付款人并不因出票人的付款委托而成为当然的汇票债务人,在汇票承兑以前,付款人只处于被提示承兑或被提示付款的地位,只有经过承兑,才对汇票的付款承担法律上的责任。汇票的承兑一般分为提示承兑、承兑及交还票据三个步骤。

银行承兑汇票最常见的期限有 30 天、60 天和 90 天等几种。另外,也有期限为 180 天和 270 天的。交易规模一般为 10 万美元和 50 万美元。银行承兑汇票的违约风险较小,但有利率风险。

(2)二级市场。经过出票、承兑环节之后,银行承兑汇票作为商业信用的产物形成了,但尚未发挥银行承兑汇票在货币市场中的功能和作用。事实上,汇票持有人为避免资金积压,不会将银行承兑汇票持有至到期日再收款,大多数情况下会立即将银行承兑汇票予以转让,以融通短期资金。而经过银行承兑的汇票其信用程度显著提高,从而作为市场交易对象进入流通。银行承兑汇票的二级市场,就是一个银行承兑汇票不断流通转让的市场。它由票据交易商、商业银行、中央银行、保险公司以及其他金融机构等一系列的参与者和贴现、转贴现与再贴现等一系列的交易行为组成。银行承兑汇票的贴现、转贴现与再贴现等票据转让行为都必须以背书为前提而发生。

(四)商业票据市场

商业票据是货币市场最古老的工具之一,其起源可追溯到 18 世纪的美国。它是由信誉较好的非银行金融机构以及大的工商企业凭其信用签发,以贴现方式出售的一种短期无担保债务凭证。由于商业票据没有担保,仅以信用作保证,因此能够发行商业票据的一般都是规模较大、信誉较好的大公司企业。

发行商业票据的主要目的是为了满足季节性资金需要,如补充存货、支付税金、工资等。但是现在越来越多的商业票据被用来为长期工程项目,如建造办公楼、生产装配线等提供资金融通。

1. 商业票据的面额和期限

商业票据的面额通常都较大。在美国商业票据市场上,最低面额为25000美元或50000美元。但大多数商业票据的发行面额都在100000美元以上,最大面额可达1000万美元。

商业票据的期限较短,一般不超过270天。大多数商业票据的票面原始期限在60天以下,实际期限平均为20天至45天。

2. 商业票据的收益

商业票据大多数是贴现票据,没有票面利率,以折价方式发行出售。只有个别的商业票据带有票面利率或附有息票。由于商业票据贴现发行出售,发行价格与票面金额之差就是投资者购买商业票据所获得的收益,该收益高于国库券收益。

3. 商业票据市场

(1)初级市场。商业票据的初级市场发行人包括金融性公司和非金融性公司两大类。金融性公司主要有三种:附属性公司、与银行有关的公司及独立的金融公司。第一类公司一般附属于某些大的制造公司,如美国的通用汽车承兑公司。第二类是银行持股公司的下属子公司。其他则为独立的金融公司。非金融性公司发行商业票据的频次较金融公司少。发行所得主要解决企业的短期资金需求及季节性开支,如应付工资及交纳税收等。

在商业票据发行中,商业银行具有重要的作用。商业银行不仅代理发行商业票据和代客户保管商业票据,而且还为发行商业票据的公司提供信用额度支持。银行的信用额度确保发行票据的单位在无法足额销售商业票据时,可从商业银行借入资金。由于大多数商业票据是通过"滚动"发行偿还,即发行新商业票据取得资金偿还到期的票据,加之许多投资者在购买商业票据之前要求取得商业银行的信用支持,因此商业银行的信用额度对于商业票据的发行影响很大。

(2)二级市场。商业票据也有二级市场,但二级市场并不活跃。这是因为:第一,商业票据期限非常短,购买者一般都持有到期,流通转让的需求不高;第二,商业票据是由大的工商企业及非银行金融机构发行,信誉较高,收益率也较高,投资者买进商业票据后,一般不在二级市场卖出,而是等待期满后取得利差收益,所以二级市场并不活跃。目前商业票据的主要投资者是保险公司、工商企业、银行信托部门、州及地方政府和养老金组织等。

(五)大额可转让定期存单市场

大额可转让定期存单(Negotiable Certificates of Deposits;CDs)是20世纪60年代以来

金融环境变革的产物。由于20世纪60年代市场利率上升而美国的商业银行受Q条例的存款利率上限的限制,不能支付较高的市场利率,大公司的财务主管为了增加临时闲置资金的利息收益,纷纷将资金投资于安全性较好,又具有收益的货币市场工具,如国库券、商业票据等等。这样,以企业为主要客户的银行存款急剧下降,为了阻止存款外流,银行设计了大额可转让定期存单这种短期的有收益票据来吸引企业的短期资金。

同传统的定期存款相比,大额可转让定期存单具有以下几点不同:

1. 定期存款记名、不可流通转让;而大额定期存单则是不记名的、可以流通转让。

2. 定期存款金额不固定,可大可小;而可转让定期存单金额较大,在美国向机构投资者发行的CD面额最少为10万美元,二级市场上的交易单位为100万美元,但向个人投资者发行的CD面额最少为100美元,在香港最少面额为10万港元。

3. 定期存款利率固定;可转让定期存单利率既有固定的,也有浮动的,且一般来说比同期限的定期存款利率高。

4. 定期存款可以提前支取,提前支取时要损失一部分利息;可转让存单不能提前支取,但可在二级市场流通转让。

大额可转让存单的市场特征可以从以下两方面来分析:

(1)利率和期限。20世纪60年代,可转让存单主要以固定利率的方式发行,存单上注明特定的利率,并在指定的到期日支付。这在当时利率稳定时深受投资者欢迎。那些既注重收益又要求流动性的投资者购买短期可转让存单,而那些更注重收益的投资者则购买期限稍长的存单。

20世纪60年代后期开始,金融市场利率发生变化,利率波动加剧,并趋于上升。在这种情况下,投资者都希望投资于短期的信用工具,可转让存单的期限大大缩短。20世纪60年代存单的期限为3个月左右,1974年以后缩短为2个月左右。

(2)风险和收益。对投资者来说,可转让存单的风险有两种:一是信用风险,二是市场风险。信用风险指发行存单的银行在存单期满时无法偿付本息的风险。在美国,虽然一般的会员商业银行必须在联邦存款保险公司投保,但由于存单发行面额大,而每户存款享受的最高保险额只有10万美元,因此存单的信用风险依然存在。更不用说没有实行存款保险制度国家的银行所发行的存单了。而且,由于近年来国际金融风波不断,信用风险还有加大的趋势。市场风险指的是存单持有者急需资金时,存单不能在二级市场上立即出售变现或不能以较合理的价格出售。尽管可转让存单的二级市场非常发达,但其发达程度仍比不上国库券市场,因此并非完全没有市场风险。

一般地说,存单的收益取决于三个因素:发行银行的信用评级、存单的期限以及存单的供求量。另外,收益和风险的高低也紧密相连。可转让存单的收益要高于同期的国库券收益,主要原因是国库券的信用风险低并且具有免税优惠。另外,国库券市场的流动性也比存单市场高。

（六）短期政府债券市场

短期政府债券，是政府部门以债务人身份承担到期偿付本息责任的期限在一年以内的债务凭证。从广义上看，政府债券不仅包括国家财政部门所发行的债券，还包括了地方政府及政府代理机构所发行的证券。狭义的短期政府债券则仅指国库券。一般来说，政府短期债券市场主要指的是国库券市场。

政府短期债券通常以贴现方式发行，投资者的收益是证券的购买价与证券面额之间的差额。由财政部发行的短期债券一般称为国库券。政府短期债券发行的目的是：一是满足政府部门短期资金周转的需要，调节政府收支季节性的不平衡；二是为中央银行提供公开市场操作的工具，用以影响货币供应和利率。目前，在西方，政府短期债券的发展比较快，其在货币政策上的意义，已经超过了其平衡财政收支的目的。

新国库券的发行，通常采取拍卖的方式，具体形式有：(1)竞价方式。采用竞价方式时，投资者报出认购国库券的数量和价格，根据不同的价格决定认购的数量。竞价方式多为同市场联系密切的大投资者使用，他们认购国库券中的绝大部分。(2)非竞价方式。由投资者报出认购数量，并同意以公认的竞价平均价格购买。采取非竞价方式的多为个人和其他小投资者。非竞价方式认购的国库券数量较少，通常低于拍卖额的15%。国库券以拍卖方式发行，符合市场交易规则，既公平，又节约交易成本，而且比较灵活。

同其他货币市场证券相比，国库券有以下几个明显的特征：

(1)信用风险小。国库券是国家债券，几乎没有违约风险，因此通常被称为"金边债券"或无风险债券，从而对投资者有很强的吸引力。

(2)流动性强。国库券有很强的流动性，它在交易成本及价格风险较低的情况下能迅速变现。

(3)面额小。国库券是货币市场中面额较小的证券，对许多小投资者来说，国库券通常是他们能直接从货币市场上购买的唯一有价证券。

(4)收入免税。其他形式的投资收益均需缴纳所得税，国库券的投资收益通常是免税的，因此，国库券更具有投资价值。

（七）货币市场共同基金市场

由于货币市场是批发市场，散户一般难以进入，为了解决这一问题，货币市场共同基金便出现了。它是一种投资于货币市场的基金。通过这种基金，小投资者可以将其零散资金集中起来，投资于货币市场，共同分享投资所得的收益。

货币市场基金最早于1972年创立于美国。货币市场基金与传统的投资基金相比，其特点是：(1)基金单位的资产净值固定不变，通常是每个基金单位1美元。投资该基金后，投资者可利用收益再投资，随着投资收益的不断累积，投资者的基金份额也不断增加。(2)衡量货币市场基金表现好坏的标准是收益率，与其他基金以净资产价值增值为标准不同。(3)货币市场基金均为开放式基金。(4)货币市场基金的风险低，流动性好，资本安全性高。由于货币市场期限短且其发行人信用等级较高，因此，货币市场基金风险较低。投资者可以随时转让基金,因而基金的流动性较好。

在有些国家,货币市场基金的投资者可以签发以其基金账户为基础的支票,因而货币市场基金实际上具有支票存款账户的性质,但是又无需缴纳法定存款准备金,也不受利率上限的管制,因此,货币市场基金自其创设以来,对商业银行构成了较大的竞争威胁。不过,投资者投入基金的资金不受存款保险的保护,而且商业银行相继推出货币市场存款账户等创新工具与之竞争,加上20世纪80年代以来,各国政府对商业银行的管制趋于放松,使货币市场基金的竞争优势有所削弱。

目前,货币市场共同基金在国外已成为货币市场重要的参与者。我国发展货币市场基金,可以丰富投资者的选择品种,促进货币市场的发展和利率市场化,有利于提高货币政策的有效性。货币市场基金的发展要求货币市场工具多样化,市场交易较为活跃,因此,在我国建立货币市场基金还需要创造条件。

第三节　资本市场

资本市场是指以期限一年以上的金融工具为媒介进行长期性资金交易活动的市场,又称长期资金市场。广义的资本市场包括两大部分:一是银行中长期存贷款市场,另一个是有价证券市场,包括债券市场、股票市场和投资基金市场;狭义的资本市场专指发行和流通股票、债券、基金等证券的市场。本节采用狭义资本市场的口径。

一、资本市场的特征与作用

(一)资本市场的特征

与其他市场相比,资本市场有以下四个特征:

1. 资本市场交易的金融工具期限长。资本市场上的金融工具期限至少为1年,最长的可达数10年。

2. 市场交易的目的主要是为解决长期投资性资金的供求需要。在资本市场上所筹措的长期资金主要用于补充固定资本,扩大生产能力,如开办新企业,更新改造或扩充厂房设备,国家长期建设性项目的投资。

3. 资金借贷量大。巨额的资金主要用以满足长期投资项目的需要。

4. 市场交易工具特殊。作为资本市场交易工具的有价证券与短期金融工具相比,收益较高,价格变动幅度大,有一定的风险性和投机性。

(二)资本市场的作用

资本市场是金融市场体系中的重要组成部分,它在市场融资活动以及社会经济生活中,主要有以下一些作用:

1. 资本市场是中长期资金融通的重要桥梁。债券的发行可使政府、企业等筹资者获得稳定性的资金来源,股票的发行可使股份公司获得创建资本,增加营运资本,有利于社会扩大再生产和技术更新改造。同时,也为闲置的中长期资金提供有效运用和增值的途径,促进储蓄向投资的转化。

2. 由于资金的流动性和营利性,通过资本市场可使资金由低效益企业、行业流向高效益企业、行业,有利于社会资金的优化配置和经济结构的调整。股票市场行情的变化,也会对发行股票的公司形成压力和社会约束力,促使其不得不经常改善经营,提高经济效益。

3. 资本市场金融商品的不断创新,为投资者和投机者提供多种高收益与高风险并存的金融工具或金融资产,提供多种投资选择和机会,有利于他们改善金融资产结构,更充分、灵活、有效地运用资金。同时,也可以吸收大量社会游资,避免其冲击商品市场,有利于宏观经济调控和市场物价的稳定。

4. 资本市场为中央银行调控货币供应量和利率、汇率等货币政策的中介目标及工具,提供操作对象和场所。西方国家中央银行,主要是通过资本市场买卖政府债券来调节银根、市场利率和货币供应量等,从而实现其货币政策目标。

5. 资本市场证券行情变化,特别是股票交易价格的变化,可以综合反映股票上市公司的经营状况,以及国民经济的运行情况。而且有时反映相当灵敏,稍有风吹草动,市场价格就会发生波动,成为社会经济状况的"晴雨表",同时也给投机者们带来获取利润的机会。

二、资本市场的构成

资本市场就其结构而言,主要可以分为股票市场、债券市场和基金市场三个子市场。

(一)股票市场

1. 股票

股票是股份公司发给股东(出资者)的所有权凭证,证明其投资入股,并有权取得股息收入,同时也是股份公司对出资者表示股东权利的证书。股票的拥有者一般不能向股份公司退股,抽回自己的投资。但是,股票是一种有价凭证,股票可以转让,可以买卖或作为抵押品。股票本身没有价值,它之所以可以在市场上买卖并有价格,原因在于股票的拥有者可以凭借股票向该股份公司获取股息收入和分红。

2. 股票市场

股票市场是指股票发行和交易的场所。股票市场既是支撑股份制度的重要构成要素,也是资本市场的一个重要组成部分。股票市场由股票发行市场和股票流通市场两部分构成。

(1)发行市场。发行市场又称一级市场,是指股份公司发行新股票的场所。新股票包括初次发行和再发行的股票,前者是公司第一次向投资者出售的股票,后者是在此基础上增加的新的份额。在这一市场上,股票从发行者直接转到投资者,资金则从投资者转到发行者。这样发行者通过发售股票将投资者的资金集中,用于生产投资,实现了储蓄向投资的转化。

一级市场的整个运作过程通常由咨询与准备、认购与销售两个阶段构成。

第一阶段:咨询与准备。这是股票发行的前期准备阶段,发行单位须听取投资银行的咨询意见并对一些主要问题作出决策,这个过程包括发行方式的选择、承销商的选择、招股说明书的准备、发行价格的确定等一系列工作。

第二阶段:认购与销售。承销商协助发行单位完成准备工作之后,接下来就是执行承销合同批发认购股票,然后售给投资者。具体方式通常有以下三种:

①代销。发行单位委托承销商代为向社会销售新证券,承销商按协议规定的发行条件,在约定的期限内尽力推销,发行期满时,把实际销售证券的认缴款交付发行单位,同时将未售出部分退回给发行单位,承销商从发行单位那里领取与销售额相应的手续费,发行风险(如滞销或减价)完全由发行单位承担。

②助销。也叫余额包销,由承销商按照协议规定的发行数额和发行条件,在约定的期限内代理发行单位推销证券。发行期满时,如果实际推销的数额未达到规定的发行数额,其差额部分全部由承销商承购,承销商要按规定的日期向发行单位交付全部新证券款项。这样,发行单位可以从证券的发行及筹集资金的一切烦琐事务和风险中解脱出来,专心致力于筹集资金的运用。作为代价,发行单位必须向承销商支付较高的手续费,但发行不成功的风险完全由承销商承担。

③包销。由承销商以低于发行定价的价格把公司发行的股票全部买进,再转卖给投资者,购销价差就是承销商的收益。这种方式承销商要承担全部发行风险,包括证券不能售出或不能按预期价格出售的风险。若有滞销证券,可减价出售或者自己持有。由于发行单位可快速获得全部所筹资金,承销商承担全部风险,因此手续费远高于代销费和助销费。

(2)流通市场。流通市场又称二级市场,是投资者之间买卖已发行股票的场所。通过流通市场,资金持有者可以随时购进股票,而股票持有者则可以随时出售手中的股票以获得所需资金,或通过买卖选择以改变所拥有资产的组合。可见,流通市场上的交易活动并不增加社会投资量,但可以为投资者和筹资者提供种种融资便利。

流通市场是发行市场赖以存在与发展的重要保证,流通市场的健全与否直接影响到发行市场的成效。如果流通市场兴旺,资金短缺的单位易于发行新股票以筹集资金,而流通市场萎靡不振,发行市场也不会兴盛。同时,流通市场的交易价格制约着股票的发行价格,是发行单位所要考虑的重要因素之一。可以说,流通市场与发行市场相互联系、相互影响,共同构成股票发行与交易的整个过程。

流通市场通常可分为有组织的证券交易所和场外交易市场,但也出现了具有混合特性的第三市场和第四市场。现就以上四个市场做以简要介绍:

①证券交易所是由证券管理部门批准的,专门集中进行证券买卖的场所。它是证券交易市场的主要部分和中心,但它本身并不参加交易,只是为证券买卖提供一个公开交

易的场所。其组织形式一般分为会员制和公司制两种，二者的主要区别便是会员制的交易所不以赢利为目的，而公司制的交易所是以赢利为目的的，在我国所有的证券交易所采用的均是会员制的形式，但为适应世界经济金融一体化潮流，提高证券交易所的竞争力，世界各国的证券交易所正逐步向公司制的方向发展。

②场外交易是相对于证券交易所交易而言的，凡是在证券交易所之外的股票交易活动都可称作场外交易。由于这种交易最早主要是在各证券商的柜台上进行的，因而也称为柜台交易。

与证券交易所市场相比，场外交易市场具有以下特点：第一，它是一个没有组织的、没有固定场所的、分散的市场，其交易多半依靠电话、电传或电报等通讯手段完成，故又称为电话交易市场。第二，它是一个以买卖没有在证券交易所登记上市的证券为主的市场。在场外交易市场上，交易既可以是上市证券，也可以是未上市证券，但更多的还是未上市证券，由此使得场外交易市场上证券种类繁多。第三，它是一个以议价方式进行交易的市场。在场外交易市场上交易的，以自营商为主，其证券价格无法实行公开竞价，而是通过买卖双方协商达成。在该市场上交易证券的品种和数量都远远超过证券交易所。

③第三市场是指原来在证交所上市的股票移到场外进行交易而形成的市场。换言之，第三市场交易的是既在证交所上市又在场外市场交易的股票，以区别于一般含义的柜台交易。

第三市场最早出现于美国。长期以来，美国的证交所都有最低佣金比率的规定，而且未对大宗交易折扣佣金，这就使得大额交易的费用十分昂贵，故一些上市证券便转由非交易所会员在场外进行交易，形成第三市场。20 世纪 60 年代后，这种形式的交易随着机构投资者的比重明显上升以及股票成交额的不断增大获得了迅速的发展，形成对交易所强有力的挑战。1975 年 5 月 1 日开始，纽约证券交易所取消“最低佣金限制”，由交易所会员自行决定佣金，这就使第三市场的竞争力度有所下降。但应当看到，第三市场对于降低投资成本、提高证券业的服务质量及形成多层次的证券市场等方面都具有积极的影响。

④第四市场是指大机构（和富有的个人）绕开通常的经纪人或自营商，彼此之间利用电脑网络直接进行的大宗证券交易。该市场的交易方式较多。有时买卖双方通过电话、电报、电传等现代通讯工具直接联系，讨价还价，达成交易。有的交易则利用计算机网络系统，买卖双方各自在终端机上寻觅对方，找到后通过各种通讯手段协商成交。这样的计算机网络系统（在美国有 Instinet 系统，在英国有 Ariel 系统）提供证券行情，并能使一笔交易自动成交。这样的交易可以最大限度地降低交易费用，它的发展对证券交易所的交易提出了挑战，并迫使其进一步提高服务质量，为交易大户提供全面、周到、高效、安全的服务。

（二）债券市场

1. 债券

债券是政府或者企业为筹措资金依照法定程序发行的、约定在一定期限内还本付息的有价证券。债券的利息率一般是固定的,且还本付息的时间一般也是确定的,故它体现的是发行人与持有人之间的债权债务关系。易言之,债券是一种表明债权债务关系的凭证。

债券的特点主要表现在安全性、营利性、流动性三个方面。

第一,安全性。债券是一种经过一段时间到期后,保证支付原定利息、并偿还本金的证券,因此具有很高的安全性。一般来讲,除浮动利率债券以外,债券的利率水平不受整个利率水平(银行利率水平)变化的影响,这也是为什么此种债券被称为固定利率(息票)债券的缘故。

第二,营利性。债券投资与其他投资方式相比具有较高的营利性。

存款与储蓄虽然与债券一样都保证到期支付利息,但是债券的利率一般要高于存款和储蓄的利率。这是因为投资者投资于存款与储蓄时,资金通过金融机构以存款与储蓄的形式吸收进去,并贷放或转而投资到股票、债券上去,此时投资者得到的利息是扣掉金融机构各种投资费用后剩余的部分赢利。而直接投资到政府、政府机构和公司发行的债券上,由于减少了金融机构这一中间环节,所以利率要高一些。由此可以看出债券营利性较高这一特点。

第三,流动性。债券亦具有较强的流动性。由于债券二级市场的交易比较发达,持有者可以在自己急需现金而债券又尚未到期时,将持有的债券出售,达到变现的目的,而不遭受损失。

债券虽然具有安全性、营利性和流动性的特点,但是没有一种债券同时在较高水平上具有这三个特点。假如这种债券存在的话,人们都将热衷于这种投资工具,而使其市场价格一涨再涨,结果这种债券的赢利将会下降。一般来讲,营利性与安全性和流动性是成反比的,收益率越高,安全性和流动性就越弱;反之,收益率越低,安全性和流动性也就越强。因此,债券的这三个特点有相互冲抵的作用,由于这个原因,投资者要根据其投资目标、投资期限和资金的性质决定其所要求的债券特点的排列顺序。如果投资者打算长期持有债券,那么债券的安全性和收益性对于投资者来说要超过债券的流动性;如果将短期资金投资于债券,那么投资者首先要考虑的就应当是债券的流动性,而不是收益性,以便他能在需要资金时将债券卖出。

2. 债券市场

债券市场是债券发行和交易的场所,也是证券市场的重要组成部分。债券市场也由发行市场和流通市场两部分构成。

(1)债券发行市场。债券发行市场是新发行的债券从发行人手中转移到最初投资人手中的市场。债券的发行与股票类似,不同之处主要有发行合同书和债券的评级审批两个方面。同时,由于债券是有期限的,因而其发行市场多了一个偿还环节。

①发行合同书。发行合同书是说明公司债券持有人和发行债券公司双方权益的法律文件,由受托管理人(通常是银行)代表债券持有人利益监督合同书中各条款的履行。

债券发行合同书一般应制定具体的发行基准和发行条件。发行基准是指企业的经营状况和财务状况,包括资产负债率、赢利水平及累积利润额、资本比率等项指标;发行条件是指发行债券的一些具体安排,它要使发行者和投资者均能接受。这些条件是:发行对象、时间、期限、方式,以及债券种类、期限、利率、面额、总发行额、还本付息方式等。此外,发行合同书还应制定各种限制性条款。对于有限责任公司来说,一旦资不抵债而发生违约时,债权人的利益会受损害,这些限制性条款就是用来设法保护债权人利益的。

②债券的评级审批。发行债券要求对发行者在一定时期内,所具有的债券的还本付息能力作评估,用以衡量投资风险,即信用评级。所谓信用评级,就是对债券发行人的信用、经营情况、偿还能力进行历史的、综合的估价。其作用不仅在于为发行者开拓销路,而且有助于监督债券发行质量,维持债券市场秩序,帮助投资者降低风险。信用评级通常由专门的评级机构来完成,以便评级客观可靠。世界著名的评估机构在其资信评估活动中都形成相对固定成型的评估指标体系,供投资者参考(见表4-1)。

表4-1 主要评估机构债券等级一览表

评估机构与符号			级含义	等级品质说明
穆迪公司	标准普尔公司	费奇		
Aaa	AAA	AAA	最高级	本息具有最大保障
Aa	AA	AA	高级	本息较有保障
A	A	A	中高级	本息保障尚可
Baa	BBB	BBB	中级	目前对本息保障尚可,未来保障不足
Ba	BB	BB	中低级	具有一定投机性,保障条件一般
B	B	B	半投机性	缺乏投资性,缺乏保障
Caa	CCC	CCC	投机性	利息尚能支付,但无保障
Ca	CC	CC	明显投机	支付利息保障差
C	C	C	高度投机	信誉不佳,无力支付本息
		DDD	低价值	易发生倒账
		DD	品质差	不履行债务,资产价值低
		D	无价值	前途无望

③债券的偿还。债券的偿还一般可分为定期偿还和任意偿还两种方式。定期偿还是在经过一定宽限期后,每过半年或1年偿还一定金额的本金,到期时还清余额。这一般适用于发行数量巨大、偿还期限长的债券,但国债和金融债券一般不使用该方法。定期偿还具体有两种方法,一是以抽签方式确定并按票面价格偿还;二是从二级市场上以市场价格购回债券。为增加债券信用和吸引力,有的公司还建立偿还基金用于债券的定期偿还。

任意偿还是债券发行一段时间(称为保护期)以后,发行人可以任意偿还债券的一部分或全部,具体操作可根据早赎或以新偿旧条款,也可在二级市场上买回予以注销。

投资银行往往是具体偿还方式的设计者和操作者,在债券偿还的过程中,投资银行有时也为发行者代理本金发还。

(2)债券流通市场。债券的流通市场与股票类似,也可分为证券交易所、场外交易市场以及第三市场和第四市场几个层次。证券交易所是债券流通市场的重要组成部分,在证券交易所申请上市的债券主要是公司债券,国债一般不用申请即可上市,享有上市豁免权。然而,大多数债券的交易是在场外市场进行的,场外交易市场是债券流通市场的主要形态。

(3)债券的转让价格。在二级市场上已发行、但未到期的债券以一定的价格在投资者之间再次被买卖、转移,这个价格便是债券的转让价格,亦称债券行市。

债券的转让价格有两层含义,一是指根据规范的计算公式,计算出来的理论价格,二是债券在转让市场上被买卖的实际成交价格,即市场价格。实际成交价格是无法计算的,因为其在形成过程中,受到发行价格、交易成本、供求状况以及投资者对债券风险要求补偿的程度等一系列因素的影响,而这些因素的影响程度又是无法进行度量和测定的,也就无法进行定量计算。事实上,实际成交价格只是转让价格的最终表现,其基础仍是理论价格。因此,理论价格的计算显得特别重要,而债券转让价格的计算也就是指债券理论价格的计算。

我国目前债券市场上交易的组织方式主要有证券交易所和柜台交易两种。1986 年 8 月 5 日,沈阳信托投资公司在全国首次开办了债券的柜台交易。1988 年 4 月后,以国库券二级市场的开放为契机,全国柜台交易有了突飞猛进的发展。至 1990 年底,全国有 100 多个城市、500 多家金融机构和 700 多个代办网点开办了证券的柜台交易,交易额达 104.9 亿元。1990 年 11 月 26 日,上海证券交易所成立。它是按照证券交易所的通行规格组建的,办理组织证券上市、交易、清算交割、股票过户等多种业务。1991 年 7 月又有深圳证券交易所开业。深、沪证券交易所的成立,标志着中国的证券交易市场开始走上正规化的发展道路。证券业经历了十几年的发展历程,从无到有、从小到大、从地方性市场到全国性市场,实现了市场建设质的飞跃,在推动国有企业改革和经济发展方面发挥了日益重要的作用,充分展现了一个新兴市场巨大的发展潜力。目前,债券已全部实现无纸化发行与交易,沪、深证券交易所的交易和结算网络覆盖全国各地,主要技术手段已达世界先进水平。

(三)投资基金市场

1. 投资基金

投资基金是资本市场的一个新的形态,本质上是股票、债券及其他证券投资的机构化和集中化,不仅有利于克服个人分散投资的种种不足,而且成为个人投资者分散投资风险的最佳选择,从而极大推动了资本市场的发展。

投资基金是指以追求投资收益回报为目标,由发起人以基金股份的形式将不特定多数投资者的资金汇集起来,交由专业投资机构通过组合投资方式分散投入股票、债券、房地产或高科技等市场领域以共享收益的一种投资方式或制度。

投资基金在不同的国家有不同的称谓,美国称“共同基金”或“互助基金”,也称“投资公司”;英国和我国香港称“单位信托基金”;日本、韩国和我国台湾称“证券投资信托基金”。虽然称谓有所不同,但其特点却无本质区别,可以归纳为如下几个方面:

(1)低成本的规模经营。投资基金将小额资金汇集起来,其经营具有规模优势,可以降低交易成本,对于筹资方来说,也可有效降低其发行费用。

(2)低风险的分散投资。投资基金可以将资金分散投到多种证券或资产上,形成了科学、有效的投资组合,最大限度地降低非系统风险。

(3)高效率的专家管理。投资基金是由具有专业化知识的人员进行管理,这些专业人才不仅掌握了广博的投资分析和投资组合理论知识,而且在投资领域也积累了相当丰富的经验。

(4)服务专业化。投资基金从发行、收益分配、交易、赎回都有专门的机构负责,特别是可以将收益自动转化为再投资,使整个投资过程轻松、简便。

2. 投资基金的种类

按不同的划分标准,投资基金有不同的种类:

(1)按照基金单位是否可赎回,即基金的规模是否固定,投资基金可以分为开放式基金和封闭式基金。

开放式基金是指基金股份总数是可以变动的基金,它既可以向投资者销售任意多的基金单位,也可以随时应投资者要求赎回已发行的基金单位。我国的《证券投资基金管理暂行办法》对开放式基金做出如下定义:指基金发行总额不固定,基金单位总数随时增减,投资者可以按基金的报价,在国家规定的营业场所,申购或者赎回基金单位的一种基金。基金单位总数的变动必然带来基金资产的变化:如果基金向投资者发行新的股份,基金就可以用新筹集的资金进行投资,基金的资产相应增加;如果投资者赎回基金股份,基金将投资组合中的现金或非现金资产变现用于支付。

封闭式基金是指基金的基金单位数目在基金设立时就已确定,在基金存续期内基金单位的数目一般不会变化,但出现基金扩募的情况除外。我国的《证券投资基金管理暂行办法》对封闭式基金做出如下定义:指事先确定发行总额,在封闭期内基金单位总数不变,基金上市后投资者可以通过证券市场转让、买卖基金单位的一种基金。封闭式基金的基金单位数不变,但基金的资产规模同样可以变化。由于封闭式基金发行的是不可赎回证券,基金不必随时准备将基金资产变现以用于向投资者支付赎回请求,因此封闭式基金可以进行相对长期的投资,以追求长期的资本利得;其持有的资产可以比开放式基金资产的流动性差。大部分的封闭式基金采取分散化投资策略,但也有部分采取集中投资策略。

(2)按组织形态划分,投资基金可分为公司型基金和契约型基金。公司型基金是依据公司法成立的、以赢利为目的的股份有限公司形式的基金,其特点是基金本身是股份制的投资公司,基金公司通过发行股票筹集资金,投资者通过购买基金公司股票而成为股东,享有基金收益的索取权。公司型基金在美国占主流。

契约型基金是依据一定的信托契约组织起来的基金。其中作为委托人的基金管理公司通过发行受益凭证筹集资金,并将其交由受托人(基金保管公司)保管,本身则负责基金的投资营运,而投资者则是受益人,凭基金受益凭证索取投资收益。契约型基金在英国占主流。

(3)按投资目标划分,投资基金可分为收入型基金、成长型基金和平衡型基金。收入型基金是以获取高水平的当期收入为目标的投资基金,其特点是损失本金的风险小,但长期成长的潜力也相应较小,适合较保守的投资者。收入型基金又可分为固定收入型和权益收入型两种:前者主要投资于债券和优先股股票;后者则主要投资于普通股。

成长型基金是以追求资本的长期增值为目标的投资基金,其特点是风险较大,可以获取的收益也较大,适合能承受高风险的投资者。成长型基金又可分为三种:一是积极成长型,这类基金通常投资于有高成长潜力的股票或其他证券;二是新兴成长型基金,这类基金通常投资于新行业中有成长潜力的小公司或有高成长潜力行业(如高科技)中的小公司;三是成长收入基金,这类基金在注重成长的同时兼顾收入,通常投资于成长潜力大、红利也较丰厚的股票。

平衡型基金是以净资产的稳定、可观的收入及适度的成长为目标的投资基金,其特点是具有双重投资目标,谋求收入和成长的平衡,故风险适中,成长潜力也不大。

3. 投资基金的设立和募集

投资基金追求稳定高额的投资收益,靠专家操作,以实现收益共享、风险共担的原则,并按法定程序与规则设立和募集。

(1)投资基金的设立。设立基金首先需要发起人,发起人可以是一个机构,也可以是多个机构共同组成。一般来说,基金发起人必须同时具备下列条件:至少有一家金融机构;实收资本在基金规模一半以上;均为公司法人;有两年以上的赢利记录;首次认购基金份额不低于20%,同时保证基金存续期内持有基金份额不低于10%。

发起人要确定基金的性质并制订相关的要件,如属于契约型基金,则包括信托契约;如属公司型基金,则包括基金章程和所有重大的协议书。这些文件规定基金管理人、保管人和投资者之间的权利义务关系,会计师、律师、承销商的有关情况以及基金的投资政策、收益分配、变更、终止和清算等重大事项。发起人准备好各项文件后,报送主管机关,申请设立基金。在很多情况下,基金是由基金管理公司或下设基金管理部的投资银行作为发起人,在基金设立后往往成为基金的管理人,如果发起人不能直接管理该基金,则需要专门设立基金管理公司或聘请专业的基金经理公司作为基金管理人,几乎所有的大型投资银行都设有基金部或基金管理分公司,它们经常以经理公司的身份出现在基金市场上。设立基金的另一重要当事人是保管人,即基金保管公司,一般由投资银行、商业银行或保险公司等金融机构充当,担任保管公司也是投资银行基金管理的重要业务之一。

(2)投资基金的募集。基金的设立申请一旦获主管机关批准,发起人即可发表基金招募说明书,着手发行基金股份或受益凭证,该股票或凭证由基金管理公司和基金保管公司共同签署并经签证后发行,发行方式可分公募和私募两种,类似于股票的发行。

4. 投资基金的运作与投资

(1)投资基金的运作。按照国际惯例,基金在发行结束一段时间内,通常为3~4个月,就应安排基金证券的交易事宜。对于封闭型基金股份或受益凭证,其交易与股票债券类似,可以通过自营商或经纪人在基金二级市场上随行就市,自由转让。对于开放型基金,其交易表现为投资者向基金管理公司认购股票或受益凭证,或基金管理公司赎回股票或受益凭证,赎回或认购价格一般按当日每股股票或每份受益凭证基金的净资产价值来计算,大部分基金是每天报价一次,计价方式主要采用"未知价"方式,即基金管理公司在当天收市后才计价以充分反映基金净资产和股份或受益凭证总数的变化。

(2)投资基金的投资。投资基金的一个重要特征是分散投资,通过有效的组合来降低风险。因此,基金的投资就是投资组合的实现,不同种类的投资基金根据各自的投资对象和目标确定和构建不同的"证券组合"。我国规定基金投资于股票和债券的比例不得低于基金资产总值的80%;投资一家公司的股票,不得超过基金净值的10%;持有一家公司的证券,不得超过该公司证券的10%;投资于国债的比例,不低于该基金净值的20%。同时,还规定基金之间不得相互投资,不得将基金用于抵押、担保、贷款及投向房地产。

第四节 金融衍生市场

随着金融国际化和自由化的发展,由传统金融工具衍生出来的金融衍生产品不断创新,市场规模迅速扩大,成交量急剧上升,交易手段也日益多样化和复杂化。20世纪90年代以来,衍生工具作为国际金融市场的交易手段已经得到越来越频繁的运用,这些由传统金融工具中衍生出来的金融产品已逐渐成为国际金融市场中的主角。

一、金融衍生产品与金融衍生市场

70年代出现的全球性高通货膨胀和布雷顿森林体系的崩溃加剧了国际金融市场的动荡,利率与汇率的日趋不确定性,促使人们积极寻求新的金融工具,以有效规避市场利率和汇率的频繁波动而带来的风险。金融衍生产品就在这样的背景下应运而生。

所谓金融衍生产品是指从其他的金融原生产品派生出来的金融产品。派生出金融衍生产品的金融原生产品主要有货币、外汇、股票、债券等金融资产以及这些金融资产的价格,如利率、汇率、股票价格指数等。根据对这些金融资产价格走势的预期,可以来确定金融衍生产品的价值,即金融衍生产品的价值是从金融原生产品的价值中派生出来的。金融衍生产品具体表现为一些金融合约,如期货合约、期权合约、互换协议、远期利率协议等。在这些合约中,交易者可以事先将未来的交易价格固定下来,从而使交易者能预先确定未来的交易成本和资产收益,以控制由于市场价格波动而带来的风险。

与金融原生产品相比,金融衍生产品在交易过程中体现出以下特点:

(1)杠杆性。金融理论中的杠杆性一般是指以较少的资金成本取得较多的投资资金。金融衍生产品在交易时则体现出这一特点来。进行金融衍生产品的交易,交易者通常不需要缴清全部交易资金,而只要缴存一定比例的保证金或押金,就可以进行全部交易资金的操作。

(2)高风险性。由于金融衍生产品的交易具有杠杆性,从而使得投资者或投机者可以操作价值数倍,乃至数十倍于保证金或押金的金融合约,这既为投资者提供了低成本的风险管理手段,同时也为投机者提供了更大的冒险机会。

(3)虚拟性。由于投资于金融衍生产品的收益是来自金融原生产品价格的变化,而并非是金融原生产品本身的增值,这就使得金融衍生产品的交易具有虚拟性,尤其是当金融原生产品为股票、债券等虚拟资本时,相应的金融衍生产品则具有双重的虚拟性。这一特点使得金融衍生产品的交易呈现出脱离金融原生产品交易而独立发展的趋势。

金融衍生市场是为了适应金融衍生产品交易的需要而形成的、以金融衍生产品为交易对象的市场。金融衍生市场现已成为金融市场的重要组成部分。金融衍生市场包括场内交易市场和场外交易市场。前者是在交易所统一设计和规定的标准下进行金融衍生产品的买卖;后者则是由买卖双方通过经纪人,按照其订立的条款形成合约来进行金融衍生产品的交易。

二、金融衍生市场的分类

根据金融衍生产品的交易特征,可以将金融衍生市场分为以下四类:

(一)金融期货市场

作为现代资本市场的一个组成部分,金融期货市场是资本交易市场发展到一定程度的产物。它与股权市场、债券市场不同,本身没有一级市场,也不发行任何有价证券,它是在金融现货市场的发展中派生出来的一种金融市场。

所谓金融期货是指在期货交易所内达成的、规定交易双方在未来某一特定时间按约定价格交割某一特定金融商品的标准化合约。按照金融期货交易的标的物划分,金融期货可分为利率期货、外汇期货、股票价格指数期货等类型。

1. 利率期货

利率期货是一种以利率作为交易标的物的标准化合约。由于市场利率的变动会引起金融资产的价格发生变化,这就会给投资者带来投资风险。利率期货交易通过预先确定利率以便固定金融资产的价格,从而可以在一定程度上避免因市场利率波动而产生投资风险。

利率期货种类比较多,以下主要介绍两种典型的利率期货:

(1)国库券期货。国库券是指由一国政府发行的,期限在1年以内的短期有价证券。国际金融期货交易中常涉及的国库券主要是3个月(即13周或91天)的国库券,合约面额一般为100万美元。

国库券是一种贴现票据,其期货价格取决于贴现率,可表示为:100 - 100 × 贴现率。例如13周的国库券期货标价为92.50,这意味着1年期限的国库券价格为票面金额的92.50%,即年贴现率为7.5%(100% -92.50%),那么13周的国库券期货价格 = 票面金额 ×(1 - 贴现率 × 91/360),若该国库券期货合约金额为100万美元,则其价格等于981042美元(1000000 - 1000000 ×7.5% ×91/360)。

(2)长期政府债券期货。长期政府债券通常是指期限在10年以上的政府债券,常涉及的期限有15年、20年、30年,合约金额多为10万美元。长期政府债券期货的价格一般是以票面金额的百分比来表示,通常把票面金额的1%称为1点,典型的长期政府债券期货是芝加哥期货交易所的30年期国债期货。

2. 外汇期货

外汇期货是以可自由兑换货币为交易对象的金融期货。由于20世纪70年代后国际汇率制度逐步由固定汇率制度转向浮动汇率制度,从而使汇率风险剧增。为了有效防范汇率风险,便产生了以期货形式来做外汇交易的外汇期货交易。1972年5月美国芝加哥商品交易所率先创办了国际货币市场(IMM),推出了英镑、加拿大元、德国马克、日元、瑞士法郎、法国法郎、墨西哥比索等7种货币的期货合约,后又增加了荷兰盾期货合约。在外汇期货交易中,交易双方可以先就成交汇率达成一致,然后在约定的期限内再按规定的汇率进行交割,或通过做一笔反向的外汇期货交易来对冲原来的期货合约。

3. 股票价格指数期货

这是一种以股票价格指数为交易对象的金融期货。进行股价指数期货交易并不意味着买卖股票价格指数所包含的股票,而是要求在未来特定的日期按照合约规定的股价指数与市场上的即时股价指数进行差额结算。股价指数期货的价格通常以股价指数的若干倍来表示,这个倍数称为指数乘数。例如,日经指数期货的指数乘数为1000,那么当日经指数为19000点时,每张日经指数期货合约的价格就为1900万日元。

目前,国际金融期货市场上常涉及的股价指数期货主要有:标准普尔指数期货、纽约证券交易所综合指数期货、金融时报100种股票指数期货、日经指数期货、恒生指数期货等,而我国也将要推出沪深300股票指数期货。

(二)金融期权市场

金融期权市场是指从事金融期权交易的市场。金融期权交易是在金融期货交易的基础上发展起来的,两者的概念很相似,但两者又有着根本的区别。金融期货赋予合约买方的是一种义务,即在期货合约到期时必须履约,而金融期权赋予合约买方的是一种权利,即由合约买方来决定在合约期限内是否履行合约。

按照金融期权交易的标的物来分,金融期权可分为利率期权、外汇期权、股票期权及股票价格指数期权等。

1. 利率期权

利率期权是指期权买方在支付一定费用后可获得在规定时间内，按照协定利率买进或卖出一定数量有价证券的权利。利率期权可分为证券现货期权和证券期货期权。前者是指期权买方支付期权费后获得的按照协定价格买卖证券现货的权利；后者则是指期权买方支付期权费后获得的按照协定价格买卖证券期货的权利。

从期权买方获得的是买权还是卖权的角度来看，利率期权又可分为看涨期权和看跌期权。看涨期权是指期权买方可按协定价格买进一定数量证券的期权；看跌期权是指期权买方可按协定价格卖出一定数量证券的期权。当证券期权的协定价格低于证券的市场价格时，利率看涨期权的买方将行使期权，而看跌期权的买方将放弃期权；反之，当证券期权的协定价格高于证券的市场价格时，利率看跌期权的买方将行使期权，而看涨期权的买方将放弃期权。

2. 外汇期权

所谓外汇期权是期权买方支付一笔期权费后可获得在一定时间内是否按协定汇率买进或卖出某种外汇的选择权。在买进期权后，期权持有者有权根据外汇市场行情的变化来决定是否按照期权合约的协定汇率买卖外汇。

按照期权的买卖权来分，外汇期权可分为看涨期权和看跌期权。看涨期权赋予期权买方的是一种是否按照协定汇率买进某种外汇的选择权，当市场汇率高于协定汇率时，期权买方可按协定汇率向期权卖方买进约定的外汇；当市场汇率低于协定汇率时，期权买方可放弃期权台约。看跌期权赋予期权买方的是一种是否按照协定汇率卖出某种外汇的选择权，当市场汇率低于协定汇率时，期权买方可按协定汇率向期权卖方卖出约定的外汇；当市场汇率高于协定汇率时，期权买方则可放弃期权合约。

3. 股票期权

股票期权是期权买方支付期权费后，所获得的在一定时间内是否按照协定价格买进或卖出一定数量某种股票的一种选择权。股票期权的出现为不爱冒险的投资者提供了有效的投资工具，因为到期可以不履行期权合约。目前世界上很多股票交易所都开办了股票期权交易。

4. 股票价格指数期权

股票价格指数期权是买卖股票价格指数的期权合约。与股票价格指数期货相同，股价指数期权也不涉及股价指数所包含的股票的实际交割，而是在股价指数期权的买方要求行使期权时，由卖方向其支付按市场股价指数与期权协定的股价指数之差折算的现金差额。

（三）远期协议市场

远期协议是交易双方约定在未来某个特定时间按照预先达成的协议交换某种特定资产的合约。在远期协议中，要明确规定双方交易的资产、交换价格、交换日期等。远期协议市场属于无形市场,交易双方基本上是通过电话、电传等现代通讯手段在场外达成协议。

远期协议目前主要有远期货币协议和远期利率协议两类。

1. 远期货币协议

即远期外汇合约。在远期货币协议的交易中,外汇买卖双方成交时,并不需要收付对应货币,而是约定在未来某一时间按照协议规定的汇率(即远期汇率)进行货币的交割和清算。利用远期货币协议可以在一定程度上避免因汇率变动而造成的外汇风险。

2. 远期利率协议

这是交易双方商定在未来某一特定时间针对协议金额进行协定利率与市场利率差额支付的一种远期合约。远期利率协议的作用主要在于能够在一定程度上避免利率波动的风险。一般来说,远期利率协议的买方是为了防止利率上升的风险,由其支付协定利率;远期利率协议的卖方是为了防止利率下跌的风险,由其支付市场利率。但是在实际操作中,买卖双方仅就协定利率与市场利率的差额进行支付。到合约结算日,如果市场利率(通常参照 LIBOR)高于协定利率,则由合约卖方向买方支付结算差额;如果市场利率低于协定利率,则由合约买方向卖方支付结算差额。结算差额的计算公式如下:

$$结算差额 = \frac{合约金额 \times (市场利率 - 协定利率) \times 合约天数/360}{1 + 市场利率 \times 合约天数/360}$$

(四)互换协议市场

互换协议是一种交易双方同意在约定的时间内通过一个中介机构来交换彼此的付款义务的金融合约。它是 20 世纪 80 年代初出现在国际金融市场上的一种金融衍生产品,它集外汇市场、货币市场和资本市场业务于一身,既是融资工具的创新,又是风险管理的新手段。互换协议推出后得到了迅速的发展,市场规模迅速扩大,1982 年初创时成交额约为 30 亿美元,而到 1986 年成交额就已超过 2000 亿美元。目前许多跨国银行及一些投资银行机构都提供安排互换协议交易的服务,形成一个无形的互换协议交易网络。

互换协议的基本类型有两种,即货币互换和利率互换。

1. 货币互换

指交易双方按照固定汇率彼此交换不同货币债务的支付义务。货币互换一般包括期初的本金交换、期中的利息交换和期末的本金再交换三个环节。在某些情况下,期初也可以不交换本金。

2. 利率互换

指交易双方在一定时期内针对某一名义本金交换不同计息方法的利息支付义务。在利率互换中不涉及实际本金的交换,而只是以一名义本金作为计算利息的基础。利率互换可以发生在同种货币之间,一般包括固定利率对浮动利率的互换和两种不同参考利率的互换(如 LIBOR 与 HIBOR)。利率互换还可以在不同种的货币之间进行,即一种货币的固定利率对另一种货币的浮动利率的互换,亦称为"货币利率交叉互换"。利率互换的作用不仅在于能使筹资者降低筹资成本,而且还可以在不增加资产负债总额的情况下，灵活改变资产和负债的结构，所以自问世以后，利率互换就深受金融机构和公司的青睐，成为资产负债管理的一种新型工具。

第五节　外汇市场

外汇市场是金融市场的重要组成部分，由于它的存在，资金在国际间的调拨划转才得以进行，国际间的债权债务才得以清偿，国际资本才得以流动，跨越国界的资金借贷融通才得以实现。

一、外汇与汇率

（一）外汇

世界上的每个国家都有自己独立的货币和货币制度，各国货币相互之间不能流通使用，因此，国际间债权债务的清偿，必然要产生国际间的货币兑换，由此产生外汇和汇率的概念。

外汇这一概念有动态和静态两种表述形式。而静态的外汇又有广义和狭义之分。

动态的外汇是指一国货币兑换或折算为另一种货币的运动过程。最初的外汇概念就是指它的动态含义。现在人们提到外汇时，更多的是指它的静态含义。

广义的静态外汇是指一切用外币表示的资产。这种含义的外汇概念通常用于国家的外汇管理法令之中。如我国的《外汇管理条例》中定义，外汇是指下列以外币表示的可以用作国际清偿的支付手段和资产，具体包括：(1)外国货币，包括钞票、铸币；(2)外币支付凭证、包括票据、银行存款凭证、邮政储蓄凭证；(3)外币有价证券，包括政府债券、公司债券、股票等；(4)特别提款权，欧洲货币单位；(5)其他外汇资产。

狭义的静态外汇概念是指以外币表示的可用于进行国际间结算的支付手段。按照这一概念，只有存放在国外银行的外币资金，以及将对银行存款的索取权具体化了的外币票据才构成外汇。具体来看，外汇主要包括以外币表示的银行汇票、支票、银行存款等。人们通常所说的外汇就是指这一狭义的概念。

由此看来，外汇有三个特点：(1)外币性，即外汇必须是以外币表示的国外资产；(2)可偿性，即外汇必须是在国外能得到清偿的债权；(3)可兑换性，即外汇必须能自由兑换成其他货币表示的支付手段。

（二）汇率

所谓汇率就是两种不同货币之间的折算比价，也就是以一国货币表示的另一国货币的价格，也称汇价、外汇牌价或外汇行市。

汇率的表达方式有两种：直接标价法和间接标价法。直接标价法是以一定单位的外国货币为标准来折算应付若干单位的本国货币的汇率标价法，又称应付标价法。间接标价法是以一定单位的本国货币为标准来折算应收若干单位的外国货币的标价法，又称应收标价法。可以看出,在直接标价法下,汇率的数值越大,意味着一定单位的外国货币可以兑换越多的本国货币,也就是本国货币的币值越低;在间接标价法下,这一关系则相反。

二、外汇市场

所谓外汇市场,是指由各国中央银行、外汇银行、外汇经纪人和客户组成的买卖外汇的交易系统。外汇市场不像商品市场和其他的金融市场那样,一定要设有具体的交易场所,它主要是指外汇供求双方在特定的地区内,通过现代化的电讯设备及计算机网络系统来从事外汇买卖的交易活动。

(一)外汇市场的形成

在开放的国际社会里,各个国家之间经常发生贸易、借贷、投资、旅游、运输、文化和政治等往来。在这些活动中,必然要进行货币收付、汇兑,这就形成了对外汇的供给和需求。就一个国家或地区而言,其外汇来源主要是:商品和劳务的出口收入,对外投资的利息、利润等收入,外国援助、赠款和侨汇等收入,国外银行贷款、国外投资等收入。其外汇支出主要是:商品和劳务进口支出,对外投资支出,对外援助、赠款等支出,向国外投资、贷款等外汇支出。外汇的收入,需要兑换本国货币,才能在国内流通;外汇支出,需要将本国货币兑换成外汇或购买外币,才能进行支付,从而产生了外汇买卖的交易和进行这种交易的外汇市场。

(二)外汇市场的构成

外汇市场的参与者,主要是外汇业务指定银行、进出口企业、外汇经纪人、参加外汇买卖的个人和投机商等。各国的中央银行为了干预外汇市场的过分波动,也参与外汇市场交易活动。一般是外汇指定银行与客户直接进行交易,交易后外汇指定银行本身可能出现某种外汇头寸过剩,某种外汇头寸短缺,该银行根据头寸余缺情况,通过外汇市场与其他银行或外汇经纪人进行补进或抛出外汇的交易。

外汇市场也同证券市场一样,分为有形的和无形的市场两类。有形的市场即交易所市场。外汇交易所多设在国际金融中心所在地,有固定的营业日和开盘、收盘时间,进行集中的交易活动。无形市场亦称柜台市场,没有固定的场所和交易时间。它主要是外汇交易银行及外汇经纪人通过电话、电报、电传、计算机等现代通讯设备,组成报价交易系统,进行交易。据有关统计,国际金融市场绝大部分的外汇交易是在银行之间进行的,约占交易总量95%;国际贸易和投资的外汇买卖约占3%;用于保值及外汇管理的外汇交易,约占2%。

(三)外汇市场的交易方式

在外汇市场上,由于参加交易的动机不同、采取的技术手段不同、货币当局管制程度不同,为了适应不同的环境和交易者的需要外汇交易方式是多种多样的。其主要的交易方式有以下几种:

（1）现汇交易。现汇交易亦称期外汇交易，是指在成交后当日或两个营业日内履行合约，办理现汇的收付。这里说的合约，是指双方对外汇买卖的汇率、数额和币种等达成一致的协议，合约可以是书面的，也可以是口头的。现汇交易的工具，又分为电汇、信汇和票汇等。交易方式又分为顺汇买卖方式和逆汇买卖方式两种。顺汇方式是汇款人委托银行以某种信用工具，通过其国外分行或代理行将款项付给收款人，受托银行在国内收进本币，在国外付出外汇。逆汇方式，是收款人出票，通过银行委托其国外分行或代理行向付款人收取汇票所列款项，受托银行在国内付出本币，在国外收进外汇。

（2）远期外汇交易。远期外汇交易是指在成交时双方签订合约，规定交易的币种、数额、汇率及交割时间、地点等，并在预约期限到期时进行交割。预约期限，一般为 3 个月、6 个月，也有 9 个月、12 个月的。远期外汇交易的特点，一是双方签订合约时，无需立即支付外汇或本币；二是大多是整数交易，并有较规范的合约；三是客户与银行签订合约时，须缴存一定的押金或抵押品，并由外汇经纪人担保；四是参与外汇交易的目的，不是为了直接取得作为国际支付手段或流通手段的货币，而是在汇率动荡的情况下，进出口商和国外投资者为了保值或避免汇率变动造成的风险，外汇投机者则为了从交易中获取高额利益。

远期外汇交易也分为两种交易方式，即固定交割日的远期交易和选择交割日的远期交易。固定交割日的远期交易，是事先具体规定交割日期，到期即行交割。这样，可以避免在规定的时期汇率变动造成的风险。选择交割日的远期交易，是交易的一方在成交日的第三天起至约定的期限内任何一个营业日，要求对方按约定汇率进行交割。

（3）套汇交易。套汇是利用不同的外汇市场、不同的外汇种类、不同的外汇交割期限在汇率上的差异而进行的外汇买卖。交易者可从中套取差价利润，是一种投机性较强的外汇交易方式。在西方的各个外汇市场上，汇率上的差异是经常出现的，由于套汇者的运作，会使这种差异不断缩小乃至消失，但不久新的差异又会出现，又会诱发新的套汇行为。西方国家的一些大的商业银行，由于他们的机构分布广、资金雄厚、信息灵通，所以往往成为套汇者。

套汇交易主要有两种方式：一是时间套汇，这是利用不同交割期所造成的汇率差异，在买入或卖出即期外汇的同时卖出或买入远期外汇，由此获取时间差收益，这也是一种防止汇率风险的保值手段。二是地点套汇，亦称空间套汇。这是对同种货币在同一时间利用不同地点外汇市场汇率的差异，从低价市场购进，在高价市场售出，从中获取收益。这种交易又可分为直接套汇和间接套汇。直接套汇，是在两个外汇市场之间买卖外汇。间接套汇，是利用三个以上外汇市场或三种以上不同货币之间交叉汇率的差异进行外汇买卖，所以又叫做三角套汇或多角套汇。

（4）掉期交易。掉期交易是在外汇交易中，对于同一币种、相同金额，同时买进和卖出不同交割期限的交易合约。通过这种交易，可使即期交易换成远期交易，也可使期限长的换成期限短的，或期限短的换成期限长的，在汇率合适时交割，从而可以避免汇率变动的风险,也可利用不同交割期汇率差价赚取收益。掉期外汇交易可有三种形式:一是即期对远期的掉期交易,买入一笔即期交易的同时卖出一笔同金额的远期交易;或卖出一笔即期交易的同时买入一笔同金额的远期交易。二是即期对即期的掉期交易。这是买入或卖出一笔即期交易的同时,买入或卖出同种同金额货币不同交割日的即期交易。这种交易多用于银行同业短期资金拆借方面。三是远期对远期的掉期交易。这是同时买进和卖出同种类同金额货币不同交割期的远期外汇交易。

此外,外汇交易方式还有:套利交易(亦称利息套汇方式)、套期保值交易(亦称抵补保值外汇交易方式)等。

(四)外汇市场的作用

在当今世界经济中,国际贸易迅速发展,国际经济往来日益扩大,国际资本流动不断增加,从而外汇市场的作用也愈来愈大。外汇市场的作用主要表现在以下几个方面:

(1)便于不同货币间的兑换,促进国际交往和国际贸易的顺利进行。外汇银行在外汇市场交易中起着外汇供求双方中介人的作用,使不同种类的货币顺利转换,为国际经济活动提供便利条件。

(2)在国际贸易活动中,通过外汇市场可以为贸易买方或卖方提供信贷和担保,使出口商及时收到货款,进口商付款得到保障,从而保证双方资金正常周转,并可不断地扩大其贸易规模。

(3)在国际汇率动荡的情况下,外汇市场可为供求双方提供规避汇率风险的手段和条件,可以进行套期保值,也可以为外汇多余者及时抛出、外汇亏空者迅速补进提供便利,从而避免损失或取得收益。当然,外汇市场也为投机者利用汇率波动赚取利润提供方便条件。

(4)外汇市场为各国中央银行调整外汇储备结构、平衡国际收支、稳定汇率进行公开市场操作,提供了必要的场所和调节工具。

(5)外汇市场的发展,为外汇交易提供日益现代化的通讯设施和经营手段,可使国际间资金融通更为方便,有助于国际资金周转的加速、国际资本流动的顺畅。

深度链接4-1:证券交易所股份制改革

证券交易所的治理模式可以分为:会员制和公司制。会员制是围绕交易所会员展开的一种治理模式,交易所为会员所有,追求会员利益最大化。公司制是指交易所的治理模式完全按照公司的形式展开,交易所为股东所有,追求股东利益最大化。

历史上证券交易所基本上都是会员所有的非营利性组织,采用互助型的治理模式。而交易所的股份化改革指:交易所在法律地位上,由决策机制是一会员一票的合作组织转变为决策机制是一股一票的股份有限公司。1993 年,瑞典斯德哥尔摩交易所率先实行了股份化(demutualization)改革,从而掀起了交易所股份化改革的浪潮。据国际交易所联合会(WFE)统计,截至2002 年 12 月 31 日,其54 家成员交易所中已经有 25 家进行了股份化改革,其中有10家已经公开上市。

一般而言,证券市场全球化、竞争加剧、电子通讯技术的发展是推动交易所进行股份化改革的共同原因,但是由于历史背景、发展状况、经营环境的不同,推动改革的主要原因也有所不同。例如,澳大利亚证券交易所主要是由于交易所会员利益分化,"一会员一票"的决策机制无法体现会员的差异;而纳斯达克股票市场的改革主要是电子通讯网络系统(ECN)的飞速发展推动的,电子通讯网络系统的低成本、快速和便捷的优势对纳斯达克股票市场构成了严峻挑战。相比较而言,在澳大利亚、美国和英国等国家,交易所的股份化改革很大程度上是自发产生的,监管当局和政府仅仅为改革的实施提供了便利。而在其他一些国家,例如香港、新加坡等、东京和瑞典,解决交易所的公司治理问题是交易所股份化改革的最主要的推动力,改革的推动者也往往来自政府或证券市场的高层监管机构。从交易所股份化改革和上市的时间上我们可以看出,大多数交易所选择20世纪90年代后期或本世纪初,尤其是2000年和2001年实施改革,这主要是因为这个时期全球证券市场迅速发展,证券市场的交易量大幅扩大,获利普遍提高,这时进行改革和上市有利于获得满意的资产升值。

世界主要证券交易所公司制改革和公开上市的时间

交易所	公司制改革和公开上市的时间
澳大利亚证券交易所(ASX)	1998年10月13日进行股份化改革,第二天在自己的交易所上市
香港联合交易所(HKEx)	香港联交所、期交所和结算所2000年3月6日合并成香港联合交易所,合并时进行股份化改革。2000年6月27日在联交所上市
新加坡证券交易所(SGX)	1999年12月1日由新加坡证券交易所与国际金融期货交易所合并而成,合并时才进行股份化改革。2000年11月23日在自己的交易所上市
东京证券交易所(TSE)	2001年11月1日进行了股份化改革。计划在2005会计年度上市
伦敦证券交易所(LSE)	2000年3月进行股份化改革,2001年7月在自己的交易所上市
德国交易所股份公司(Deutsche borse AG)	2001年2月5日,在法兰克福交易所上市

目前上海证券交易所和深圳证券交易所垄断了我国证券市场的交易业务。根据我国的法律规定,沪深两家证券交易所是非营利性的会员制法人组织。虽然沪深交易所建立时间比较晚,但是一开始就采用了交易高效、成本低廉的电子竞价交易技术,会员之间在交易成本结构以及收入结构方面没有本质差异,因此不存在会员利益分化的问题,进而不存在交易所需要摆脱会员利益束缚的问题。同时沪深两家交易所由证监会直接管理,国内竞争不足。因此与国际交易所实施股份化改革的原因相比,推动沪深交易所进行改革的直接动力不足。但是随着我国证券市场的开放,来自国际竞争的压力将加剧,金融全球一体化必将推动我国证券市场与国际市场相融合,沪深交易所实施股份化改革

将是一种必然趋势。而且由于沪深交易所由证监会直接管理,因此可以推断,未来的股份化改革很大程度上将是证监会直接推动的。

资料节选:万佳丽:《证券交易所股份化改革的国际比较》,载《科技信息(科学教研)》,2008 年第 12 期。

深度链接 4-2:中国金融衍生产品试点状况一览

品种	持续时间	品种	交易情况	为何关闭
国债期货	1992 年 12 月—1995 年 5 月	针对 1992—1994 年发行的大部分二年期、三年期、五年期可流通国债设计的合约	1993 年 10 月 25 日正式向投资者开放后,1994 年迅猛发展,总交易量达到 28000 亿元,全国出现了空前的国债期货热	以“327 国债事件”为代表的一系列恶性违规事件,导致政党交易无法进行,监管部门宣传暂停
外汇期货	1992 年 6 月 1 日—1996 年 6 月 1 日	美元、英镑、德国马克、日元、港币	在当时的双轨汇现货交易的许多严格的附加条件,买卖难以自由、及时地进行,因而缺乏需求,市场交易冷淡	因交易需求长期不足,1996 年 3 月 27 日,央行和外管局宣布《外汇货业务管理试行办法》无效
股指期货	1993 年 3 月 10 日—1993 年 9 月	以深圳综合指数为标的 3、6、9 和 12 月份交割的 4 种合约和深圳 A 股指数为标的的另外 4 种合约	投资人认知度较低,成交清淡,最高日成交量仅百余手。由于深圳股市当时规模较小,股价因股票供不应求处于相当高位,股指期货不仅难以发挥人避险作用,实际上还成为一种投机性极强的工具	1993 年 9 月,深圳平安保险公司福田证券部出现大户联手交易,打压股价指数的行为,监管部门宣布停止交易
认股权证	1992 年 6 月—1996 年 6 月 30 日	以飞乐权证、宝安权证、金杯权证、申华权证为代表	由于定价和机制设计上的不合理以及投资者的认识不足,大多数权证市场反映较为平淡	1996 年 6 月 30 日后,证券交易所不再有认股权证上市,我国证券交易实行现货交易的观点占据主导地位

资料来源:根据《中国证券史》相关资料整理。

习　题

1. 解释下列概念:金融市场　货币市场　资本市场　初级市场　二级市场　第三市场　第四市场　现货市场　衍生市场　同业拆借市场　回购协议　逆回购协议　代销　助销　包销　公司型基金　契约型基金　收入型基金　成长型基金　平衡型基金　期货　期权　远期协议　互换协议　外汇　汇率　外汇市场

2. 简述金融市场由哪些要素构成。

3. 试述货币市场的含义及其包括的子市场的内容。

4. 试述资本市场的含义及其包括的子市场的内容。

5. 简述银行承兑汇票市场的交易流程。

6. 谈谈股票与债券之间的联系与区别。

7. 回购市场的交易原理,及其与同业拆借市场的区别。

8. 交易商为筹集隔夜资金,将500万元的国库券卖给顾客,售出价为495万元,约定第二天再购回,购回价为500万元,则回购利息率是多少?

9. 如何理解期货和期权的交易内容?

10. 外汇市场有几种交易方式,各自的内容是什么?

第五章　商业银行

学习目标

本章从研究商业银行起源开始，详细地介绍商业银行的定义、职能、经营原则、商业银行的资产业务、负债业务、中间业务及商业银行经营管理理论等相关内容。通过本章的学习，要求掌握商业银行的定义、业务；了解商业银行的职能、经营原则；熟悉商业银行经营管理的有关理论。

第一节　商业银行概述

一、商业银行的产生与发展

（一）商业银行的产生

商业银行的基本业务是货币的储蓄、贷放、汇兑和结算，可以说，商业银行是以赢利为目的，以存贷款为主营业务，经营多种金融资产与金融负债业务的多功能、综合性的金融企业。关于银行这个词的来源有两种说法，一种说法是来源于拉丁文"banco"，意为"柜台"，即办理货币业务的最基本设施。还有一种说法是这个词来源于意大利语"banca"，是"凳子"的意思，意味着银行兑换货币是坐着凳子。在中文中最早出现的是音译"版克"，后来根据当时中国的本位币是"银"，较大的商品交易机构为"行"，于是把该词译为"银行"。

历史上最早的银行——威尼斯银行于1587年在意大利建立。由于随着商品经济的发展，贸易和货币流通不断扩大，货币兑换商手中逐渐积累起大量的货币，他们为了获得更多的收益，开始利用积累起来的暂时闲置的货币，从事一些可以获得利息收入的借贷活动，于是，古老的货币经营业就发展成为办理存款、贷款和货币汇兑的银行业，并且具备了银行的本质特征。此后，相继出现了米兰银行（1593年）、阿姆斯特丹银行（1609年）、汉堡银行（1619年）、斯德哥尔摩银行（1688年）等。

17世纪产业革命在英国和法国的成功，使资本主义制度得到了基本确立，1653年英国建立了资本主义制度，其工业和商业都有了较快的发展。适应资本主义经济发展的现代商业银行的产生就有了客观基础。1694年，在资本主义发展较早的英国，由政府支持私人创办的股份形式的英格兰银行成立，标志着适应于资本主义生产方式要求的新的信用制度的确立和现代商业银行的产生。英格兰银行在刚一成立时，就开始向工商业发放低利贷款，以支持工商企业的发展，其正式贴现率只定为4.5%～6%，大大低于早期银行业的贷款利率。英格兰银行的成立，意味着高利贷在信用领域的垄断地位已被动摇。此后，欧洲各资本主义国家相继成立了商业银行。

我国的银行出现较晚，在明朝开始出现了以钱银兑换业务为主的钱庄。钱庄在清朝得到了进一步的发展，到了乾隆后期，钱庄逐渐成为信贷活动的机构。到了19世纪20年代，中国出现了以经营地区间货币汇兑业务为主的票号。票号起初是由一些资力较强的商号兼营的，以后逐渐从商号中分离出来，成为一种独立的金融机构。但是帝国主义的入侵，外国资本的进入，逐渐取代了钱庄和票号的业务，中国的钱庄和票号没能发展成现代的银行。直到1897年清政府在上海设立了中国通商银行，才标志着中国现代银行信用事业的开始，此后，浙江兴业、交通银行相继产生。

（二）商业银行的发展趋势

第二次世界大战以后，由于商品经济的发展对资金的需求日益多样化，对金融服务提出了新的要求，特别是电子计算机等先进的技术设备在银行业务上的广泛应用，使得商业银行经营的内容、范围及所具有的功能都在不断发生变化，过去传统的分工界限已打破，商业银行已由原来的单一性银行逐渐成为多功能、综合性的“金融百货公司”。

20世纪90年代，在国际金融领域出现了不少新的情况，对商业银行的经营与业务产生了深远的影响，国际金融制度也发生了一系列深刻的变化。主要表现在以下几个方面：

1. 银行资本越来越集中

由于产业资本的日益集中，形成了规模庞大的企业，而庞大的企业的信用需求只能由大银行才能予以满足；大企业的巨额存款存于银行，也使银行的资本的集中具有现实基础；国际银行出现的竞争新格局，大银行吞并小银行和银行之间的合并，过去是大银行吞并小银行、亏损银行，现在发展到强强联合，也使银行资本急剧集中。如1995年日本东京银行和三菱银行合并后的总资产达到6000亿美元；美国花旗银行与旅行者集团联姻，以7000亿美元的总资产成为全球最大的金融服务集团；1998年，德国德意志银行宣布斥资101亿美元兼并美国第八大银行信孚银行，新的德意志银行资产总额达8200亿美元，成为当时全球最大的跨国银行；2000年3月，德意志银行和德累斯顿银行正式合并为新的德意志银行股份公司，再次以资产总额1.25万亿美元荣登世界榜首，形成巨型金融航空母舰，问鼎全球最大的银行宝座。

2. 国际化进程加快

这是指西方主要发达国家的银行广泛开展国际银行业务，在国外广泛建立分支机构及开放本国银行业务市场的进程加快。跨国收购兼并，如德意志银行收购美国信孚；荷兰国际集团收购英国老牌银行巴林银行；荷兰商业银行与比利时布鲁塞尔银行的合并，都反映了商业银行全球化、国际化的趋势。

原因是：第一，与世界经济、贸易的增长，国际经济关系日益密切和交通、通讯急剧发展等因素有关；第二，自二次大战后，跨国公司在国外急剧扩展，迫使商业银行不得不在国外开设分支机构，以适应这一客观形势发展的需要；第三，近30年来，不少国家对金融管制的放松和欧洲货币市场的不断发展，也是一个重要因素。

3. 业务范围的综合化

近20年来，银行业务已经从专业化逐渐走向综合化、多元化。以花旗银行与旅行者合并为例：花旗银行是美国最大的零售业务银行，拥有庞大的零售银行网络和众多的客户关系，而旅行者集团是美国最大的金融集团公司，旗下拥有世界著名的投资银行——所罗门兄弟公司和保险公司等。合并后新的花旗集团集银行、证券、保险、信托、投资和金融顾问、资产管理公司为一身，成为美国全能银行的代表。

4. 金融业务的创新

金融创新主要有两大类：一是金融业务；二是金融制度。金融业务创新：技术、产品和市场的创新；金融制度创新：组织结构、管理机制、所有权结构和治理结构的创新。金融创新的原因有：一是科学技术的不断进步和广泛运用，使得金融业有可能向客户提供各种优质服务与质优价廉的金融工具，即电子计算机、网络、现代通讯技术的运用。二是70年代（1973年）布雷顿森林体系崩溃后，世界各国纷纷实行浮动汇率制。西方国家为了减少利率与汇率的频繁波动的风险以达到保值和赢利的目的，需要推出一些新的金融工具，如货币期货、利率期货、期权等。三是西方国家对金融实行比较严格的金融管理，为了逃避管制，促使金融工具的不断创新和活跃，如大额可转让定期存单。四是金融机构之间为了竞争，争夺市场，满足不同客户的不同需要，从而不断推出新的金融工具，以“Yes，We can！”（我们能办到）为宗旨。

金融创新一方面大大促进了金融业与金融市场的蓬勃发展，不断推动金融机构业务的进一步交叉和金融管制的进一步放宽；另一方面金融创新也会导致金融业之间的竞争更加激烈、金融业务的风险增大，增加了中央银行制定与执行货币政策的复杂性。

5. 国际融资方式证券化

这是指在国际金融市场上相当一部分贷款已被发行各种证券进行融资的方式所代替。并且，银行已成为国际债券的重要持有者与发行者。

国际融资方式证券化的原因：一是自爆发国际债务危机以来，以1982年8月，墨西哥政府宣布无力偿付1982—1983年到期的欠1400多家银行的债务本息195亿美元。人们认识到与贷款相比，债券可以随时转让，因此不少银行宁愿多投资于证券不愿增加贷款；二是金融管制的放宽，促进了各种债券的发行，既有利于引进外资，又有利于本国资本的对外输出；三是国际债券多为国家政府和大企业发行，有较高的信誉，且手续简便、筹款方便、发行成本较低。

6. 银行业务电子化

银行业务电子化得益于电子计算机和现代通讯技术的发展，银行业的发展才能由过去的“砖瓦银行”向网络银行和虚拟银行发展。

世界上第一家网络银行——美国安全第一网络银行于 1995 年在 Internet 网上开业以来，国际上兴起了一股网络银行风潮。目前美国已有 1/5 的客户在使用网络银行。以后银行和客户只需通过互联网就将其整个系统延伸到客户的办公室。它们可以在全球范围内支付和调拨资金、买卖证券，还可以提供信息服务，使客户收到即时信息和数据，这一切使得银行业务更快捷、更方便、更节省人力。外国先进的银行网络已实行全球联网，网络已经进入广大企业、家庭，ATM 机遍及商业区和住宅区。主要运用智能资本，依靠少量的智力劳动者为客户提供超越时空的“AAA”式服务：任何时间 Anytime；任何地方 Anywhere；任何方式 Anyhow。

二、商业银行的性质与职能

（一）商业银行的性质

1. 商业银行是企业

商业银行是以追逐利润最大化为目标，以经营金融资产和负债为对象的综合性、多功能的金融企业。它与其他企业一样，要有经营所必需的自有资本；实行独立核算、自负盈亏；经营目标是利润最大化。所有这些特征，商业银行都应该具备。

2. 商业银行是特殊的企业

它与一般工商企业不同，一般企业经营的对象是有一定使用价值的商品，从事的是一般商品的生产和流通。而商业银行经营的对象是特殊的商品——货币，所从事的是金融资产、金融负债和金融服务；并且它对社会经济的影响要远远大于任何一个企业。银行的业务特征决定了它与成千上万的个人、家庭和企事业单位有着信用关系，它在社会经济生活中发挥着不可取代的作用。

3. 商业银行是特殊的金融企业

商业银行有别于中央银行和其他金融企业，真正意义上的商业银行，其业务是综合性、全功能的，它可以经营一切金融“零售”业务和“批发”业务，为客户提供所有的金融服务。

（二）商业银行的职能

1. 信用中介

信用中介是指银行通过负债业务，把社会上的各种闲散货币资金集中到银行，再通过资产业务，把它投入到需要资金的部门，充当资金闲置者与资金短缺者之间的中介人，实现资金的融通。

2. 支付中介

支付中介是指商业银行以存款账户为基础，为客户办理货币结算、存款转移、货币兑换、货币收付的行为。通过这一职能，商业银行成为工商企业、团体和个人的货币保管者、出纳者和支付代理人，商业银行也因此成为经济过程中无始无终的支付链条和债权债务关系的中心。这样也就大大减少了流通中现金的使用，节约社会流通费用，加速结算过程和资金周转,大大促进社会经济的发展。同时也有助于满足不同客户的多层次、多样化的需求,方便了客户,增强了商业银行的社会服务功能。

3. 信用创造

信用创造是指商业银行所具有的创造派生存款和信用流通工具并据以扩大放款和投资的能力。通过信用创造职能,商业银行不仅加速了资金周转,节约了社会流通费用,而且更加重要的是满足了经济发展对流通手段和支付手段的需要。它通过自己的信贷活动,创造或收缩作为货币供给的主要部分的活期存款,从而对经济过程产生重要影响。也正因为如此,政府和中央银行为了保证经济秩序的稳定,都要对商业银行的业务活动实施严格的监管。需要注意的是,信用创造能力不是无限的,首先要以存款为基础。就每一个商业银行而言,要根据存款发放贷款和投资;就整个商业银行体系而言,也是在原始存款的基础上进行创造,信用创造的限度取决于原始存款的规模。其次要受到中央银行存款准备金率、银行自身现金准备金率、存款付现率的限制。最后还要受到贷款有效需求的制约,如果没有足够的贷款需求,存款贷不出去,就谈不上创造。

4. 金融服务

金融服务是指商业银行利用所处的经济枢纽的特殊地位,凭借联系面广、信息灵的独特优势,运用电子计算机等先进手段,为客户提供诸多金融服务,赚取手续费、扩大联系面、争取客户。

5. 调节经济

商业银行是国家调节经济的重要力量。它充当政府控制经济增长和实现社会目标的手段。它可以通过对中央银行货币政策的传递,来控制社会信用量,从而调节经济;可以通过放款和投资来引导资金流向,调节企业的生产经营活动;可以通过办理消费信贷来调节和引导消费,从而引导生产;另外还可以通过国际市场上的融资,来调节本国的国际收支的状况。

三、商业银行的组织形式

商业银行的组织形式是指商业银行在社会经济生活中的存在形式,它包括以下几种制度:

1. 单一银行制又称单元银行制

它是指商业银行业务由各个相互独立的商业银行经营,商业银行不设或不允许设分支机构的一种组织形式。实行这种制度最为典型的国家是美国。这种组织形式的优点在于:有利于自由竞争;有利于银行和地方政府的协调;具有独立性和自主性,经营灵活;管理层次少,有利于降低管理成本,提高效率。缺点则是:与现代经济横向发展的趋势不协调;业务集中于某一地区或者某一行业,不利于分散风险;不易取得规模经济效益。

2. 分支银行制又称总分行制

它是指允许银行在银行总行之外,在国内外各地普遍设立分支银行的一种组织形式。实行分支银行制的商业银行其总行一般都设在各大中心城市，分支银行的业务和内部事务统一遵照总行的规章和指示办理。分行制度起源于英国，目前，大多数国家采用分行制度。这种组织方式的优点在于：业务分散，有利于保障银行的安全性；易于取得规模经济效益；银行总数较少，便于宏观经济管理。缺点在于：容易形成垄断，降低经济效益；内部层次复杂，管理困难。

3．银行控股公司制

银行控股公司是为了持有至少一家银行的股票而成立的公司。大多数银行控股公司是单一银行控股公司，但同时拥有其他非银行企业。少数银行控股公司是多银行控股公司。在法律上，这些银行是独立的，但其业务与经营政策统属于同一股权公司所控制。这种商业银行的组织形式在美国最为流行。银行持股公司使得银行更便利地从资本市场筹集资金，并通过关联交易获得税收上的好处，也能够规避政府对跨州经营银行业务的限制。

第二节　商业银行的经营原则

一、商业银行的经营目标

商业银行的经营目标是由它的性质所决定的，是指商业银行的经营活动在一定时期要达到的某种结果。它是商业银行经营的出发点和归宿，它规定着商业银行的经营方针和基本任务。商业银行的经营目标一般分为基本目标和具体目标两大类。

基本目标——追求利润的最大化。竞争是商业银行经营环境的突出特征；生存和发展是竞争成功的结果，也是获取最大利润的条件；而实现最大限度的利润，反过来又成为生存和发展的基础。如果一个商业银行发生了亏损，就不可能发展，甚至危及到它的生存。

具体目标——又可分为阶段目标、时期目标、部门目标和业务目标。阶段目标是商业银行根据不同历史阶段的经营的特点，所确定的战略目标。如在初创时期，以筹集经营资本和开办费、选聘行长、招聘雇员、购买设备为目标；在业务发展阶段，要以争取客户、扩大经营规模、增加赢利、提高和巩固银行信誉为目标。时期目标是在具体经营过程中，按照时期进行多层次的划分所确定的中、长期目标和短期目标。为了达到经营目标，必须要求银行内部各职能部门通力合作，因此还应该有各部门应该达到的部门目标。各部门目标要与经营活动在一定阶段、一定时期的目标的要求相一致。在部门目标之下，针对各项业务活动，还要有各项具体业务的业务目标，以实现部门目标，并达到总目标的要求。

二、商业银行的经营原则

《中华人民共和国商业银行法》第四条中规定，商业银行以安全性、流动性、效益性为经营原则 。

(一)安全性原则

商业银行的安全性是指商业银行资产的保值和增值,确保社会与公众负债及所有经营生存发展条件免遭损失的可靠性程度。安全性包括两个方面:一是负债的安全,二是资产的安全。

安全性原则要求商业银行在业务活动中确保其资产、收入、信誉以及所有经营生存发展条件免遭损失,并在整个经营管理过程中采取各种有效措施,使经营风险降到最低限度。为此,要做到:保持自有资本在全部负债中的一定比例并随业务的扩大而不断补充,避免负债流动性较弱而对清偿力产生影响,保持经营的稳定。实行资产分散化,控制和分散风险。合理计划长期贷款和投资的规模与期限结构,尽可能与负债相匹配,从而保持银行的清偿力。加强对客户的资信调查分析和经营预测,避免信用风险,减少坏账损失。保持较高的流动性资产,增强商业银行对流动性风险的抵抗能力。必须遵纪守法,合法经营。

商业银行之所以必须坚持安全性原则,是因为商业银行经营的特殊性。首先,由于商业银行作为特殊企业自有资本较少,经受不起较大的损失。其次,由于商业银行经营条件的特殊性,尤其需要强调它的安全性。商业银行经营条件的特殊性表现在两方面:一方面,商业银行以货币为经营对象,商业银行对居民的负债是有硬性约束的,既有利息支出方面的约束,也有到期还本的约束;另一方面,在现代信用经济条件下,商业银行是参与货币创造过程的一个非常重要的媒介部门,如果由于商业银行失去安全性而导致整个银行体系混乱,则会损伤整个宏观经济的正常运转。最后,商业银行在经营过程中会面临各种风险,因此,保证安全性经营就必须控制风险。

(二)流动性原则

所谓流动性是指商业银行能够随时满足客户提现和必要的贷款需求的支付能力,包括资产的流动性和负债的流动性两重含义。资产的流动性是指资产在不发生损失的情况下迅速变现的能力,它既包括速动资产,又指在速动资产不足时其他资产在不发生损失的情况下转变为速动资产的能力。商业银行负债的流动性则是通过创造主动负债来进行的,如向中央银行借款、发行大额可转让存单、同业拆借、利用国际货币市场融资等。

银行的流动性也可以从存量和流量的角度来理解。从存量角度看,流动性是所持资产的变现能力;从流量角度看,流动性又是获得资金的负债能力。

流动性和营利性是一对矛盾,从商业银行经营安全角度,流动性应当越高越好,但过高的流动性又会影响银行的赢利水平。

(三)效益性原则

效益性是商业银行经营活动的最终目标,这一目标要求商业银行的经营管理层在可能的情况下,追求银行的利润最大化。商业银行追求利润最大化,提高自身的赢利水平,首先能够使投资人获得较高的收益,国家则得到更多的税收收入。其次,赢利的增加可以增强商业银行的自身积累能力和竞争能力,提高银行信誉,使商业银行对客户有更大的吸引力。最后,商业银行赢利水平的提高意味着增强了商业银行承担风险的能力,可以避免因资产损失而给商业银行带来的破产倒闭的风险。

提高赢利水平的途径有:一是增加收入;二是降低成本、减少支出。商业银行的收入来源包括资产收益和其他业务收入。增加收入的途径有:扩大资产的规模,这是增加收入的基础;合理安排放款和投资的数量和期限结构,保证资产收益的稳定安全获取,合理制定贷款定价,尽量减少非营利性资产,提高赢利资产的比重;扩大商业银行的业务范围,为客户提供优质服务,增加中间业务收入。商业银行的经营成本,包括资产损失、存款成本和其他业务支出。降低经营成本的途径有:尽量降低存款成本;尽量减少放款和投资损失;提高工作效率,减少各项管理费用;严格操作规程,完善监督机制,减少事故和差错,避免给银行造成重大损失。

三、商业银行经营目标的矛盾及其相互协调

作为一个经营货币信用的特殊企业,商业银行在实现赢利的过程中又要受到流动性与安全性的制约,忽视这两者,单纯追求效益,商业银行的经营必然陷入混乱。因此,现代商业银行在追求效益性目标的同时,必须兼顾安全性和流动性。效益性是核心,安全性和流动性是效益性的基础。离开效益性,安全性和流动性就失去存在的价值;离开安全性和流动性,效益性就成了空中楼阁。我们应在保证安全性和流动性的前提下,争取最大限度的赢利。

商业银行经营的安全性、流动性和效益性之间往往是相互矛盾的。从营利性的角度看,商业银行的资产可以分为赢利资产和非赢利资产。效益性目标要求提高赢利资产的运用率,而流动性目标却要求降低营利性资产的运用率;资金的营利性要求选择有较高收益的资产,而资金的安全性却要求选择有较低收益的资产。

事实上,商业银行经营"三性"目标之间存在着潜在的统一协调关系。例如,商业银行赢利与否的衡量标准并不是单一地采用预期收益率指标,还要综合考虑商业银行的安全性和商业银行所面临的风险。因而,对各种风险因素进行综合计量后所得出收益率指标,才是商业银行的实际赢利状况。因此,效益性与安全性之间存在统一的一面。

第三节　商业银行的资本管理

一、商业银行资本的功能及构成

银行资本金,又称银行自有资金、银行所有者权益,是银行投资者对银行的投入资本以及形成的资本公积金、盈余公积金和未分配利润等。

商业银行作为一种金融企业,和一般的工商企业一样,其存在和发展也必须拥有一定数量的资本金。商业银行的资本金是银行设立和开展业务活动的基础性资金,是银行

承担经营风险,保障存款人利益,维持银行信誉的重要保证。

银行资本金主要特点有三:其一,银行资本金属银行产权范畴,是银行投资者对银行净资产的所有权,投资者据此可参与银行的管理,享受相应的权益;其二,资本金是银行业务活动的基础性资金,只要不违反法律规定,银行可以自由支配使用;其三,资本金与银行共存,在银行经营期间无需偿还。

商业性银行的资本金包括实收资本、资本公积金、盈余公积金和未分配利润四大类。实收资本是投资者实际投入银行经营活动的各种财产物资,即所有者对银行的原始投入。资本公积金是银行在非经营业务中发生的资产增值,包括银行在筹集资本金时的资本溢价;银行接受的现金、实物捐赠;银行财产重估的增值等。盈余公积金是银行业按照有关规定从税后利润中提取的公积金,它既可用于弥补亏损,也可用于转增银行资本。未分配利润是银行截至年底,在经过各种形式利润分配后所剩余的利润部分。

二、资本充足程度的国际标准

所谓资本充足程度,是银行管理当局要求银行在一定资产规模条件下,必须持有的资本数量。1998 年,国际清算银行巴塞尔委员会正式通过了一个银行资本充足程度的国际标准,即“巴塞尔协议”。该协议主要有以下几点内容:

(1)规定了国际通用的资本标准。“巴塞尔协议”将资本划分为核心资本和附属资本两部分,并规定核心资本在总资本中不得低于 50%。

(2)规定资产的风险权数,即 0%、10%、20%、50%、100%,来判断资产的信用风险。风险权数为 0% 的有库存现金、在本国中央银行的存款、对本国中央银行的放款、购买本国中央银行债券等;风险权数为 10% 的有对本国公共部门的债权(也可以是 0%、20% 和 50%);风险权数为 20% 的有由本国银行担保的贷款、托收中的现款等;风险权数为 50% 的有住宅抵押贷款、对私人部门债权等;风险权数为 100% 的有对不动产投资及其他投资等。

(3)“巴塞尔协议”规定,银行资产按以上权数加权计算以后即为风险资产总额,并要求自有资本与风险资产的比例应达到 8%。

1999 年,巴塞尔委员会推出了新资本充足率框架的建议稿,几经修改,最终委员会于 2004 年 6 月正式出台了新巴塞尔协议。其中,最低资本规定、监管部门的监督检查和市场纪律被称为是新巴塞尔协议的三大支柱。新协议承袭了旧协议中对资本的界定以及对资本充足率的要求,新协议解决的是对风险加权资产的风险计量问题,涵盖了对市场风险、信用风险和操作风险的资本要求。

三、银行资本管理

现代商业银行的经营以资本管理为核心,以风险管理为手段。资本作为商业银行防范风险的最后一道防线,决定了商业银行在经营过程中与其他企业一样,必须要有资本。

资本约束资产的发展是商业银行正常经营所必需的，是商业银行风险管理的重要内容之一。因此，资本管理是现代商业银行经营的核心，而风险管理是实现资本管理的手段。换句话说，风险管理的核心内容是资本经营，风险管理与资本管理是不同层面的管理。

第四节　商业银行的负债业务

商业银行的负债业务是形成其资金来源的业务，主要包括存款和非存款负债两类。几乎所有的商业银行都将存款作为其最重要的资金来源，存款资金占商业银行总资产的比例一般在70%以上。但是，随着商业银行业务开展的需要，为了满足流动性和支持贷款等的需要，商业银行也越来越重视开拓非存款资金来源的渠道。

一、存款类负债

存款是商业银行最传统的资金来源，按照目前西方国家商业银行资产负债表，我们把存款类负债分为以下几类：

(一)交易账户

所谓交易账户是指私人和企业为了交易的目的而开立的支票账户，客户可以通过支票、汇票、自动取款机、电子、互联网和其他电子设备提款或对第三者支付款项。主要包括活期存款、可转让支付命令账户、货币市场存款账户、自动转账制度等。

1. 活期存款

活期存款是指无须任何事先通知，存款人可以随时提取或转账的存款。由于客户使用的最多的是支票，所以常被称作“支票存款”。其特点在于：一是具有货币支付手段和流通手段的职能；二是具有很强的派生能力，能有效提高银行的赢利水平。在美国，活期存款的80%左右来源于消费者与工商存款。

2. 可转让支付命令账户

可转让支付命令账户(NOWs)有两个特点：一是储户可以随时直接提现或直接向第三者支付，但所使用的工具不是一般的支票，而是支付命令书；二是商业银行按照账户的平均余额支付较高利息，因此，这类存款账户又带有储蓄的性质。

超级可转让支付命令账户(super NOWs)是在可转让支付命令账户的基础上发展而来的，它与后者的区别在于它有一个最低存款额的限制，但20世纪90年代以后，两者已无显著差别。

3. 货币市场存款账户(MMDA)

货币市场存款账户是20世纪80年代出现的一种介于活期存款和储蓄存款之间的存款账户。其特点在于：储户对象不限，个人、非营利机构和工商企业都可以开户，但要求开户最低金额为2500美元，平均余额不低于2500美元，存款利率没有上限，利息按照货币市场工具的平均收益率确定，每天复利，于月底打入该账户；存款没有最短期限，但客户提取存款应提前7天通知银行;客户使用该账户向第三者支付,无论开出支票还是电话通知,每月均不能超过6次,其中支票付款不得超过3次。

4. 自动转账制度(ATS)

自动转账制度(ATS)出现在1978年后,是由早期的电话转账制度演变而来。其特点是客户同时在同一商业银行开立两个账户,一个是有息的储蓄账户,另外一个是无息的活期账户(通常只保留1美元),当客户需要签发支票时,客户可以用电话通知开户行,开户行自动按支票金额将款项从储蓄账户转移到活期支票账户上。

(二)非交易账户

非交易账户是以生息为主要目的,但不能够签发支票的存款。主要包括定期存款和储蓄存款。

1. 定期存款

定期存款是相对于活期存款而言的,它有预先约定的存款期限,客户只有在存款到期时或者必须在准备提款前若干天通知银行凭存款存单才可以提取存款。定期存款的种类包括定期存单、大额可转让定期存单和公开账户。定期存单是定期存款的传统形式,存单面额不固定,存期也由储户自由选择,利率根据存入日的挂牌公告确定,在整个存期内一般保持不变。

大额可转让定期存单(CDs)是由银行发行的记载一定金额、期限、利率,并可以转让流通的存款凭证。它是在普通定期存单的基础上发展起来的,但两者有一定的区别:大额可转让定期存单大多数采用不记名形式,可以转让流通,存款金额较大,通常在10万美元以上;其计息方式灵活,可以是固定利率,也可以是活期利率,但通常高于同期限的定期存款利率。

公开账户是为了满足储户零存整取的需要而设立的。客户为应付将来可以预支的大额支付,就必须在支付之前进行存款,定期将固定数额的资金存入公开账户,在一定时期后,再将其一次性全额取出用于特定的支付。

2. 储蓄存款

储蓄存款指为居民个人积蓄货币资产和获取利息而设定的一种存款。储蓄存款基本上可分为活期和定期两种,活期储蓄存款虽然可以随时支取,但取款凭证——存折不能流通转让,也不能透支;传统的定期储蓄存款的对象一般仅限于个人和非营利性组织,事先约定存款期限,若要提取,必须提前通知银行,同时存折不能流通和贴现。目前,美国也允许营利公司开立储蓄存款账户,但存款金额不得超过15万美元。除此之外,西方国家一般只允许商业银行的储蓄部门和专门的储蓄机构经营储蓄存款业务,且管理比较严格。

二、非存款负债

商业银行尽管可以主动争取存款资金来源,然而存款水平毕竟不是能直接控制的。

因此,商业银行还必须开展非存款性负债业务,通过借入资金以应对提款的需求等。这类负债主要包括:

(一)同业拆借

同业借款是指金融机构之间的短期资金融通活动,即银行相互之间的短期借款,主要用于临时性调剂资金头寸的需要,支持商业银行日常性的资金周转。由于同业拆借是通过商业银行在中央银行的存款账户进行的,实际上是超额准备金的调剂,因此又称中央银行基金,在美国则称之为联邦基金。

银行在日常的经营中有时会有暂时的闲置资金,有时又会发生临时性的资金不足,同业拆借资金市场恰好满足了资金供求双方的需要:临时发生流动性不足的银行通过同业拆借获取资金;而临时有闲置资金的银行通过拆借方式使资金得以运用。

同业拆借的利率一般是由拆出行和拆入行共同协商确定的。它的利率一般是以高于存款利率、低于短期借款利率为限,否则拆借盈亏就不能保本。通常情况下,拆借利率应略低于中央银行的再贴现率。在同业拆借市场上,拆借方式主要有隔夜拆借和定期拆借两种。前者是指拆借资金必须在次日偿还,一般不需要抵押;后者指拆借时间较长,可以十几天、几星期,甚至几个月,一般有书面协议。

我国同业拆借市场的创立可以追溯到1986年,当时交易量只有300亿元,在1998年改革之前,同业拆借市场的参与主体只有中资商业银行。随后经过一系列扩容,市场参与主体由原来的单一金融机构扩大到中资商业银行及授权分行、外资商业银行、中外合资商业银行、城乡信用社、证券公司、财务公司在内的银行类及部分非银行类金融机构。

截至2004年6月底,我国银行间同业拆借市场共有成员918家,其中,银行占291家(外资银行153家,商业银行授权分行125家),其他金融机构627家。中国人民银行于2007年7月9日发布《同业拆借管理办法》,自2007年8月6日起实施。2007年同业拆借交易量快速增长,交易量达到10.65万亿元,同比增长398%。

(二)回购协议

回购协议指商业银行在出售证券等金融资产时签订协议,约定在一定期限后按约定价格购回所卖证券,以获得即时可用资金的交易方式,实际上是一种用出售金融资产的形式取得短期资金的行为。通常,回购协议是隔夜回购,但也可以是较长时期的回购。回购协议的操作通常是签订协议后,由商业银行向购买方出售证券等金融资产以换取即时可用资金,协议期满后,再以即时可用资金作相反交易。

回购协议的交易方式一般有两种:一种是交易双方同意按相同的价格出售和回购,回购时其金额为本金加双方约定的利息金额;另一种是把回购价格定得高于原出售价格,其差额就是即时资金提供者的收益。

(三)向中央银行借款

当商业银行出现资金不足时,除了可以在金融市场上筹资外,还可以向中央银行借款。商业银行向中央银行借款主要有两种形式:一是再贷款;二是再贴现。

再贷款是中央银行向商业银行的信用放款,也称直接贷款;再贴现指经营票据贴现业务的商业银行将其买入的未到期的贴现汇票向中央银行再次申请贴现,也称间接贷款。

在市场经济发达的国家中,由于商业票据和贴现业务广泛流行,再贴现就成为其商业银行向中央银行借款的主要渠道;而在商业信用不太发达,商业票据不太普及的国家,则主要采取再贷款的形式。

商业银行向中央银行借款并非随心所欲。中央银行通过调整再贴现的利率来调节商业银行准备金,以达到实施宏观货币政策的目的。如果中央银行调高再贴现率,则意味着中央银行将实施紧缩的货币政策;相反,贴现率的降低则意味着货币政策的放松。因此,通过调节中央银行的再贴现率,可以起到紧缩或放松银根的作用。在一般情况下,商业银行向中央银行的借款只能用于调节头寸,补充储备不足和资产的应急调整,而不能用于贷款和证券投资。

(四)发行商业票据

商业票据是信用好的大公司发行的短期无担保债务工具,面值一般为十万美元,期限30~270天不等。在限制混业经营的国家,商业银行不可能直接出售自己的商业票据,但商业银行可以利用他们的持股公司或成立单独的子公司来发行商业票据,并将所得资金用于发放贷款和进行投资。多数银行直接向国际投资者发行新的商业票据,而不是通过证券交易商来进行公开出售。

(五)欧洲货币市场借款

在欧洲货币市场上,可以不受利率管制,在税收及存款方面的要求也较宽松,还可以逃避一些国家金融法规的管制。西方国家的商业银行在欧洲货币市场上借入短期负债的方式,主要是通过吸引固定利率的定期存款(利率较高)。另外,商业银行还可以在欧洲货币市场上出售商业银行承兑汇票、银行承兑票据等来筹集短期资金,或者直接向其他银行借入短期款项(利率较低)。

第五节　商业银行的资产业务

商业银行的资产业务是指商业银行如何运用资金的业务,是其取得收益的主要途径。资产业务主要包括现金、贷款和证券投资。

一、现金资产

所谓现金资产,是指银行随时可以用来应付现金需要的资产,是银行资产中最富有流动性的部分。现金资产一般包括库存现金、在中央银行存款、存放同业存款和托收中的资金。

银行持有的库存现金就是我们肉眼可见的纸币和硬币,是银行用来满足日常交易的现金。库存现金属于非营利性资产,其所需的防护费用和保险费用较高。因此,银行一般只保持必要的最低额度,超出额度的部分存入中央银行或其代理行。

存放同业存款是指存放在其他银行的存款。商业银行为了取得其代理行提供的金融服务(如支票的托收)需要在代理行存入一定款项。这部分同业存款的性质和活期存款一样,银行可以随时动用,因此可以视为银行现金资产的一部分。

托收中的现金是指尚未结算的存在中央银行或者代理行的各种支票。当银行收到顾客存入的支票时,银行无法立即动用这部分款项,因为支票需要通过银行间的支付系统进行收付结算,这个过程大约需要 1 ~4 天,这个托收中的款项又称为浮差(float),为银行的未来几日内带来了预期现金流入,是供应银行流动性的一条渠道。托收中的现金不需要银行支付利息,是低廉的资金来源。

二、贷款业务

贷款亦称放款,是指商业银行或其他金融机构通过以一定利率把货币资金需求者约期归还借以获取利息而发生的一种信用活动。商业银行的资产业务有多种,但贷款在其资产业务中比重一般占首位。

(一)贷款的种类

商业银行贷款业务的种类很多,可以按不同的划分标准加以分类:

1. 按贷款期限划分,商业银行的贷款可以分为活期贷款和定期贷款两种。活期贷款指没有确立贷款期,银行可以随时收回或借款人可以随时偿还的贷款。定期贷款是指具有确定期限的贷款,银行在向客户提供资金时,事先确定一个期限,当贷款期满时,客户将贷款本息偿还给银行,而在到期之前,银行一般不得要求客户归还款项。定期贷款根据期限的长短,又可分为短期、中期和长期三种。短期贷款指期限在一年以下的贷款。中期贷款是指期限在一年以上五年以下的放款。长期贷款是期限在五年以上的贷款,主要用于企业各种固定资产的购置,如新建厂房,购买新的机器设备等,也有一些提供农业生产企业,用于土地开发等项目。

2. 按贷款是否有担保划分,商业银行贷款可分为信用贷款和担保贷款。信用贷款是仅凭借款人的资信而向银行取得的贷款。这种贷款在发放时,借款人以口头或书面作出保证,在贷款到期时,将贷款的本息及时偿还给银行。

担保贷款包括保证贷款、抵押和质押贷款。保证贷款是以借款人以外的法人或个人,对借款人按时履行还本付息义务进行担保贷款。抵押贷款是以特定的抵押品作担保的贷款。商业银行在发放这种贷款时要求借款人以其自有的一定财产作为抵押品,并同意在无力偿还贷款的情况下,银行有权处理这些财产。抵押物包括机器设备、建筑物、存货、土地等。质押是指借款人或者第三人将其动产或权利移交给银行占有,并将该动产或权利作为债权的担保。质押物包括股票、债券、提单、支票、专利权、专用权等。

3. 按贷款的偿还方式划分,商业银行贷款分为一次偿还性贷款和分期偿还性贷款。

一次偿还性贷款是贷款到期时一次偿还本金,利息可在中间分几次或在贷款到期时一次支付的贷款。这种贷款一般都是数额较小、期限较短的贷款。分期偿还性贷款则是借款人按规定期限还贷款的本金和利息的贷款。

4. 按贷款的对象划分,商业银行贷款可分为工商贷款、农业贷款、消费者贷款、不动产贷款和同业拆放。工商业贷款,主要用于工业企业固定资产投资和购入流动资产的资金需要、商业企业商品流转的资金需要。农业贷款中,长期性贷款主要用于购买土地、农业机械、土壤改良、保持水土等;短期性贷款则主要用于购买种子、肥料、农药等。消费者贷款多用于对个人购买耐用消费品,如汽车、住房时发放的采取分期付款偿还方式的贷款。消费贷款的清偿主要依靠借款人可靠的收入。同业拆放,是银行间因资金头寸不足而相互提供的一种短期贷款,其利率较银行贷款利率低。不动产贷款指用于对房地产商购房屋、土地所发放的长期性抵押贷款,其期限最长的可达30年之久,其偿还均采用分期付款方式。

(二)西方商业银行的"5C"贷款管理原则

西方商业银行经过多年的贷款实践,总结出许多行之有效的信用分析方法,其中使用最广泛的是"5C"法,即品德(character)、能力(capacity)、资本(capital)、担保(collateral)、经营环境(condition)。

1. 品德。品德是指借款人还债的意愿和诚意。一般通过过去借款人履约或违约的记录、其他贷款人与该客户往来的经验以及客户的信用评级等来进行评价。

2. 能力。能力是指借款人未来按时偿还贷款的能力。主要通过两方面进行评价:(1)借款人必须具有申请借款的资格和行使法律义务的能力;(2)借款人需具备运用所借入的资金获取利润并偿还借款的能力。

3. 资本。资本主要是指借款人的自有财产情况,即借款人的总资产扣除了负债之后的净资产。信用分析注重资本分析的原因在于两方面:一是资本反映借款人的经济实力的大小,也反映了其承受风险的能力;二是资本具有信息示意的功能,可以反映借款人的风险倾向。

4. 担保。担保包括第三方信用担保和借款人的抵押(质押)品担保。担保的作用在于增强了银行贷款及时收回的安全保障程度。

5. 经营环境。经营环境包括企业自身的经营情况和外部的经营环境。借款企业所处经营环境对企业经营状况会产生重大影响,企业经营环境的好坏进而会影响企业未来的偿债能力和意愿,对于中长期贷款而言更是如此。企业自身的经营环境包括企业的经营方式、技术特点、市场占有率、劳资关系等;而外部经营环境包括整个宏观经济状况,企业所处行业的发展状况与前景,借款企业所在地区的经济状况、政治、文化、历史等。

(三)贷款的五级分类法

所谓五级贷款分类法就是按照发放出去贷款的风险程度,将贷款划分为五类:正常贷款、关注贷款、次级贷款、可疑贷款、损失贷款。

1. 正常贷款。这种状态下，借款人经营状况和财务状况完全正常，一直能正常还本付息，商业银行对借款人偿还贷款有充分的把握，不存在任何影响贷款本息及时、全额偿还的不利因素，没有任何理由怀疑贷款会遭到损失。

2. 关注贷款。贷款人目前尚能正常偿还贷款本息，但潜在的问题如果继续发展下去将会影响到贷款的偿还。比如，企业的产品市场占有率呈现下降趋势，赢利能力开始下降；现金流量不足以支付日常的开支；企业的担保品价值下降或者银行对其已经失去了有效控制；贷款被挪用等。这种贷款的损失概率不会超过5%。

3. 次级贷款。这类贷款的缺陷已经很明显，银行很可能不能够顺利地收回贷款本金和利息。例如，借款人的正常经营收入已经不足以保证偿还本息，借款人需要通过出售、变卖资产或对外融资，乃至执行抵押担保来还款；借款人已经对其他的贷款人违约；贷款的文件存在对借款人重大不利因素；借款人采用隐瞒事实等不正当的手段套取贷款等。这类贷款的损失概率在30%～50%之间。

4. 可疑贷款。这类贷款具备次级贷款的所有特征，但程度更严重，肯定要发生一定损失，只是因为存在贷款人重组、兼并、抵押物处理和诉讼未决定等待等因素，损失金额还不能确定。比如，借款人处于停产或半停产状态；基建项目处于停建或缓建状态；银行已经诉诸法律要求收回贷款；企业借改制之机逃脱债务等。这类贷款的损失概率在50%～70%之间。

5. 损失贷款。这类贷款全部或大部分已经发生损失，银行已经没有意义把它作为资产继续在账面上保留。比如，借款人已经破产或者形同破产；借款人不能够偿还而且贷款没有担保，并且即使有担保，担保品的市场价值也远低于贷款额；借款人遭受重大的自然灾害和意外事故，损失巨大并且不能获得保险赔偿。这类贷款的损失概率在95%～100%之间。

（四）贷款证券化

1. 贷款证券化的含义

贷款证券化指银行把缺乏流动性、但具有未来现金收入的各类贷款资产汇集起来，形成一个资产池，然后通过一定的技术处理，将其转变成可以在金融市场上出售和流通的证券，据以融通资金的这样一个过程。

2. 贷款证券化的主要参与者

（1）原贷款银行。原贷款银行依据自身资产负债情况和资产证券化融资的要求，确定贷款证券化的目标，然后将自己所拥有的能够产生未来现金收入且需要证券化贷款产业进行清理、估算和考核，汇集成资产池。

（2）特设机构（SPV）。特设机构或称特别目的公司是一个以资产证券化为唯一目的而特设的机构，它可以是一个信托投资公司、信用担保公司、投资保险公司或其他独立的法人。

（3）信用担保机构。为了吸引投资者，改善发行条件，或为达到证券交易所上市的标准，特设机构有必要提高贷款抵押支持证券的信用等级。一般由信誉好的金融机构或政府部门对贷款抵押支持证券提供担保，从而提高证券的信用等级。

(4)信用评级机构。在承销商推销贷款抵押支持证券之前，贷款抵押支持证券每笔需进行正式评级。通常由信用评级公司来评估贷款的质量、信用担保公司的资本强度和交易的结构等，以确定在贷款违约时，投资者是否能够及时地收回利息和本金。

(5)证券承销商。信用正式评级以后，特设机构就可以委托证券承销商按照事先协议规定的方式和价格发行贷款抵押支持证券。

(6)投资者。指那些购买证券的个人、商业银行、投资银行、基金公司、保险公司等。

3. 贷款证券化的积极意义

第一，有利于提高银行贷款债权转移的流动性。贷款证券化将相对不流动的贷款转换成市场流通型可销售、抵押证券，提供了流动性和新的融资来源。近年来，企业直接融资比重越来越大，"脱媒"现象强烈冲击银行的经营，一直在金融体系中居于核心地位的银行业面临着巨大的挑战。保持资产的流动性是商业银行资产管理的主要目标之一，贷款证券化的一个核心作用就是能够解决银行长期信贷资产的流动性问题，是商业银行流动性管理的有力工具。

第二，有利于降低银行信贷风险，增加银行获利能力。传统的贷款没有二级市场，其风险只有在贷款到期以后才能度量，而且在到期之前银行难有作为，风险累加在一家或几家银行身上。商业银行将其信贷资产按照一定的标准整理成新的资产组合，并以资产作为担保，发行证券筹资，把停滞的资产变活，并将银行风险分散给广大投资者，从而降低了银行发放贷款的风险。

第三，有利于促进经济增长。商业银行发放贷款资金的有限性在客观上导致了基建项目信贷市场的缓慢发展，制约了经济发展。如能将这些贷款期限长、有稳定现金流的基建项目贷款证券化，就能消除这种矛盾，刺激房地产市场的发展，从而拉动一国的经济增长。

三、证券投资业务

证券投资是银行资产业务的重要组成部分。商业银行作为经营货币资金的特殊企业，其证券投资的目标有三：第一，提高营利性。证券投资收益是商业银行投资业务的首要目标。第二，降低风险性。降低风险，是银行经营的一个重要原则，而要降低风险，就要实行资产分散化。第三，补充流动性。商业银行保持一定比例的高度流动性资产是保证其资产业务安全的重要前提。通常银行以库存现金、存放于中央银行和同业的存款以及托收未收未达款作为商业银行的流动资产，用作应付客户提存的第一储备。

商业银行的证券投资品种主要为货币市场和资本市场的金融产品。以美国为例，其投资的货币市场产品主要有国库券、大额可转让定期存单、商业票据、银行承兑汇票和证券投资基金等；资本市场的产品主要有中长期国债、政府机构债券、市政债券、公司债券和公司股票等。

第六节　商业银行的中间业务

中间业务有广义和狭义之分。狭义上的中间业务是指为中介的或代理的业务，即商业银行较多地以中间人的身份替客户办理收付和其他委托事项，提供各类金融服务并收取手续费的业务。广义上的中间业务是指不构成商业银行资产负债表表内资产、表内负债，形成非利息收入的业务。我们一般所说的中间业务指的是广义的中间业务。

我国根据中间业务的经营范围和业务性质，将中间业务分为九类：支付结算类中间业务、银行卡中间业务、代理类中间业务、担保类中间业务、承诺类中间业务、交易类中间业务、基金托管业务、咨询顾问类业务和其他中间业务。这里介绍几种常见的中间业务。

一、汇兑业务

汇兑业务，是银行代客户把现款汇给异地收款人的业务。这种业务要使用特殊的汇款凭证：银行汇票或支付委托书。这些凭证是承汇银行向另一家银行或分支行发出的命令，命令后者向指定的受款人支付一定款项。银行汇票由银行交给客户，客户再将它寄给收款人，由收款人向汇票指定的银行取款。支付委托书由承兑银行用邮信或电报直接通知另一家银行，再由后者通知第三者取款。

二、结算业务

结算业务，是银行将客户的款项从付款人账户划转到收款人账户而完成客户间的货币收付活动的业务。商业银行为了更牢固地建立与客户的信用联系，更多地吸收存款和提高资金的运用能力，愿意积极主动地为客户办理好结算业务。结算业务有多种方式，在同一城市内的结算方式主要有支票结算、直接贷记转账和直接借记转账、票据交换所自动转账等。支票结算，是顾客根据其在银行的存款和透支限额开出支票，命令银行从其账户中支付一定款项给收款人，从而实现资金调拨，了结债权债务关系。直接贷记转账，是通过自动交换所将资金直接贷记到收款人账上，完成资金清算。直接借记转账，是通过自动交换所将资金直接借记到付款人账上而完成资金清算。直接贷记转账和直接借记转账都不使用支票，而是通过电子计算机对各行送交的录入转账指令信息的磁带进行处理来完成结算过程。票据交换所自动转账，是通过票据交换所自动转账系统而实现的同城内银行同业间资金划拨的结算活动，参加转账系统的银行在进行同业拆借、外汇买卖、汇划款项等活动时，只要将有关数据输入到自动转账系统的终端机，交换所就会同时借记付款银行账户、贷记收款银行账户。异地间的结算方式主要有汇款、托收、信用证和电子资金划拨系统等。汇款结算，是由付款人委托银行将款项汇给外地某收款人的一种结算方式。银行接到付款人的汇款请求后即收下款项，然后通知收款人所在地的分行或代理行,由其向收款人支付一定数额款项。托收结算,是指债权人或售货人为向外地债务人或购货人收取款项而向其开发汇票,并委托银行代为收款的一种结算。信用证结算,是付款人把款项预先交存开户银行作为结算保证金,委托银行开出信用证,通过异地收款人的开户银行转告收款人,收款人若按合同和信用证所载条款发货,银行即按信用证规定代付款人支付货款。电子资金划拨系统,是运用现代通讯技术、计算机技术自动处理异地间资金划拨清算的系统。

三、代理业务

代理业务是商业银行接受客户委托办理有关事宜的业务,主要有代理融通、保管箱出租、代客买卖等。代理融通即代收账款,是由商业银行代顾客收取应收账款,并向顾客提供资金融通的一种业务方式。具体做法是,企业向买主赊销货物或劳务,然后把应收的赊销账款转让给银行,银行收买应收账款为其提供资金,然后再向买主收账。保管箱出租业务,是商业银行利用其坚固安全的设施代顾客保管贵重物品的业务。代客买卖业务,是银行接受客户委托,代为买卖有价证券、贵金属和外汇的业务。

四、信托业务

信托业务,是商业银行受客户委托,代为管理、营运、处理有关财产的业务。根据业务对象的不同,有个人信托、公司信托和团体信托之分。对个人的信托业务主要包括:代管财产、办理遗产转让、保管有价证券和贵重物品、代办人寿保险、代拟家庭预算、代办个人纳税等。对社团、企业、公司的信托业务主要包括:代办投资、代办公司、企业的筹资事宜、代办企业合并或接管事宜、代管雇员福利账户和养老金发放、代办政府国库券、公债券的发行、推销和还本付息事宜等等。银行办理信托业务,一是可以收取手续费;二是可以占用一部分信托资金用于投资。

五、租赁业务

租赁业务,是商业银行通过所属的专业机构将大型设备出租给用户使用的业务。这种业务通常由银行所控制的分公司经营。银行承做的租赁业务主要为融资租赁,一般程序是:先由承租人直接与设备生产厂商谈判购买设备事宜,谈妥后由租赁公司向厂商付款购买设备,然后承租人与租赁公司签订租赁合同,根据合同,承租人分期向银行缴纳租金。

第七节 商业银行的管理理论

伴随着商业银行的不断发展和成熟,银行家们对安全性、流动性和效益性的认识和取舍也在不断地改变,由此带来了商业银行的经营策略和管理方式及其经营管理理论也在不断地发生变革和更新。到目前为止,大致经过了资产管理、负责管理和资产负债管理等几个阶段性的演变过程。

一、资产负债管理的主要理论

银行经营管理的理论经历了一个管理重心由资产转向负债，又由负债转向全面综合管理的变化过程。

1. 资产管理理论

这种理论的核心思想是:银行经营的侧重点在于使资产保持流动性，在一定负债的情况下，通过调整资产结构来满足流动性要求，而资产项目的调整则依据资产的变现能力，不生利但安全性、流动性强的现金资产和赢利高但流动性差、风险大的赢利资产分别占资产总额的多大比重，要由负债中各项目的流转速度来决定，资产的偿还期要与负债的偿还期保持高度的对称关系，即所有资产项目的偿还期和变现能力要完全服从于负债的偿还期和付现要求。这种重在保持资产流动性的资产管理理论，是商业银行早期的经营理论，随着经济环境的变化和银行业务经营的发展，对资产管理和实现流动性的方式出现了新的要求，因而使这种理论在不同的历史时期又表现出不同的特点和内容，形成了商业贷款理论、转换理论和预期收入理论等各种资产管理理论。

(1)商业性贷款理论。该理论最早见于亚当·斯密的《国富论》。这种理论认为，商业银行为了保持资产的流动性，必须将资金运用集中于发放短期的、与商业周转相联系或与生产物资储备相适应的自偿性贷款。自偿性，是指银行发放的这种短期流动资金贷款，能够随着商业或工业企业的商品周转或产销过程的完成，从销售收入中得到偿还。由于每种贷款都是以商业行为作基础，并且有真实的商业票据作抵押，一旦企业不能偿还贷款，银行可以处理作抵押的票据，以保证贷款的收回。人们从这种贷款与商业票据紧密联系的角度出发，又将这种理论称为“真实票据理论”(Real - Bill Theory)。

商业贷款理论的实际意义主要表现在:第一，这种理论为商业银行保持资金的流动性和安全性提供了依据，在其指导下，银行可以避免或减少因盲目扩大贷款、任意确定贷款期限而造成的经营风险，强化了银行在经营中的自我约束机制;第二，这种理论建立在银行贷款与真实商品交易相联系的基础上，为保持银行信贷与经济发展的适应，避免信用膨胀和通货膨胀提供了依据。当经济发展，生产扩大，商品交易增加时，银行信贷规模也随之扩张;而当经济萎缩，生产缩小，商品交易减少时，银行信贷规模也随之缩减。因此，在这种理论指导下的银行经营，一般不会出现信用过度膨胀或萎缩的情况，有利于市场和通货的稳定。

(2)可转换理论。这种理论是美国的莫尔顿于1918年在《政治经济学》杂志上发表的“商业银行及资本形成”中提出的。这种理论认为，银行保证流动性的关键并不在于贷款期限的长短，而在银行所持有的资产的变现能力，只要手中的资产在需要时能够迅速地、不受损失地转让出去，换为现金，就可以保持流动性。能够保证流动性的资产，一般须具备信誉高和期限短两个基本特点。根据转换理论，商业银行可以将资金的一部分投入具备二级市场条件的证券,而不必将资产业务局限于短期商业贷款。随着金融市场的发展和完善,不仅证券的规模扩大,而且金融资产的流动性也趋于增强,特别是第二次世界大战以后,政府债券急剧增加,使其成为银行保持流动性的主要支撑力量,在后来的银行经营管理中,通常都将政府债券作为仅次于现金资产的第二储备。

转换理论的重要意义在于:第一,它提供了保持银行流动性的新方法,使商业银行的资产范围扩大,业务经营更加灵活多样,提高了竞争力;第二,它兼顾了流动性和营利性的双重要求。在银行的资产安排中,购入一部分信誉好、易于转让出售的证券,一方面消除了贷款保持流动性的压力,腾出一部分资金作长期贷款;另一方面又可以减少非赢利的现金资产的占用,将部分现金资产转为证券,作二级储备,既保证流动性,又增加资产的收益;第三,它促进了证券二级市场的活跃和发展。

(3)预期收入理论。预期收入理论产生于20世纪40年代末。这种理论认为,无论是短期商业性贷款还是其他可转让的资产,其偿还能力或变现能力,都是以借款人筹措并使用资金后的未来收入为保证的。因此,保持流动性的关键不在于放款的用途(自偿性),也不在于担保品(可转让性),而在于借款人的预期收入。如果一项投资的未来收入有保证,即使是长期放款,也不至于影响银行的流动性,银行可以根据借款人的预期收入安排放款的到期日或要求借款人根据投资项目收入分期偿还借款。反之,如果一项投资的未来收入没有保证,即使是短期放款,也有发生坏账和到期不能收回的危险。银行审查放款和投资的标准不能仅仅停留在贷款期限和证券担保上,而应更多地放在贷款和投资项目的预期收入方面,只要借款人的预期收入可靠,就可以给其贷款。

这一理论的意义在于破除了商业银行发放贷款的期限约束,商业银行除了发放短期贷款和经营易于转让的证券外,还可以对一些未来收入有保证的项目发放中长期贷款。在这一理论的引导下,商业银行业务经营的范围进一步扩大,开始发放以贷款后项目收入分期偿还的中长期设备贷款、分期付款的消费贷款、房屋抵押贷款,甚至办起了设备租贷等业务,由此开始了银行业务向综合化、全能化方向的发展。

2. 负债管理理论

负债管理理论产生于20世纪60年代。负债管理理论的核心是:银行的流动性,不仅可以通过对资产项目的安排和调整获得,而且可以通过扩大负债去获得。也就是说,银行可以通过向外借款为自身提供流动性。这样,银行在经营中就没有必要经常保持大量高流动性资产,而应将它们投入到高赢利的贷款或投资中,在必要时,银行扩大贷款规模也可以用借款来支持。

该理论的主要内容有三点:(1)以负债作为保证银行流动性的经营重点。只要在借款市场能够方便地获得负债,银行就要尽可能少地保留高流动性资产,而让现有资产去充分发挥赢利功能,以借款满足流动性需求。(2)大力发展主动负债,即主动地向外借款以获得流动性,而不是仅仅依靠吸收存款这种被动的负债方式。主动负债的主要方式包括发行大额可转让定期存单、发行金融债券、同业拆借、签订“再购回协议”借款、向中央银行借款、向国际市场借款。(3)实现流动性和营利性并举。负债理论从两个方面强调借款的积极作用:一是以借款满足客户随时提取存款的流动性需求,无须调整资产结构,使客户的提存不影响资产赢利;二是以借款来应付增加的合理贷款需求,使负债和资产同时增加,带来利差收益。可见,负债管理理论在解决流动性问题的同时,还注重利润的最优化,追求资产流动性和营利性均衡的实现。

负债管理理论的意义主要表现在:第一,在流动性管理上变单一的资产调整为资产和负债的共同调整。第二,为扩大信贷规模,增加赢利创造了主动条件。在资产管理理论看来,银行的信贷规模完全由存款决定,多存才能多贷,资产规模只能被动的适应于负债的数量和结构,而负债管理理论强调根据资产的需要来调整或组织负债,让负债去适应或支持资产。第三,通过主动负债形式扩大资金来源和经营范围,增强了银行实力,提高了竞争能力。由于负债管理理论提倡大胆地向外借款,创造负债,导致银行普遍忽视自有资本的补充,自有资本占银行资金来源总额的比重下降,出现信用膨胀,稍遇市场波动或经营状况不佳,就可能引起债务危机和银行倒闭。

3. 资产负债综合管理理论

商业银行的资产负债管理理论产生于20世纪70年代中期。在市场利率波动剧烈的环境中,存贷款利率的变化会给银行净利息带来影响,因此西方商业银行的资金管理把目光转向如何通过协调负债与资产的关系来保持一个净利息正差额。

资产负债管理理论的核心是:银行的经营要实现流动性、安全性和效益性的全面统一和协调,而资产管理和负债管理都过于偏重其中的某个方面,资产管理过于偏重安全和流动,不利于实现赢利目标,负债管理则过于偏重负债的增长和追求高赢利,将安全和流动过高地依赖于外部条件,具有较大的风险性。因此,只有根据经济环境和银行业务经营状况的变化,同时管理资产和负债的项目结构、期限结构、利率结构、规模和风险结构,才能保证银行的赢利最大,流动性最强和风险最小。

资产负债管理理论,强调的是对所有资产、负债项目的全面、综合管理,它将所有资产和负债项目在利率、期限、风险和规模等方面存在的缺口(gap)、错位(mismatch)或差距(margin, spread)。如:流动性资产与易变性负债之间的缺口,贷款增长额与存款增长额之间的差距等等,作为观察和分析的对象,通过调整资产和负债双方在利率、期限、风险和规模等方面的差异,达到合理搭配,统一协调。这种全面综合管理的理论,所要解决的基本问题依然是流动性问题。它要求银行必须从资产和负债两个方面去预测流动性需求,同时又从两个方面去寻找满足流动性需求的办法,它要求对银行的日常流动性头寸进行监控。

深度链接5-1:我国银行主要个人存款业务简介

一、活期一本通

活期一本通是集成式的活期存款账户,只需一个存折即可以同时办理人民币及多种外币活期储蓄存款,存款状况一目了然,更可轻松体验多种便利服务。人民币活期存款账户分为个人人民币活期储蓄存款账户和个人人民币结算账户。

(一)其产品特点

1. 人民币和多种外币存取款及通存通兑业务。外币包括:美元、欧元、日元、港币、英镑、加拿大元、澳大利亚元、瑞士法郎、新加坡元和澳门元(仅限广东省);

2. 本人、他人之间转账;

3. 境内、境外汇款、自动入账;

4. 预留密码方可通存通兑。

(二)结算功能(限于个人结算账户)

1. 办理和使用长城电子借记卡;

2. 开通电话银行、网上银行等电子渠道服务;

3. 办理外汇宝、基金、国债、保险、银证转账、银券通等投资理财业务;

4. 代发工资、代发养老保险金等;

5. 代缴纳电话、手机、水电煤气等各种公用事业收费;

6. ATM 取现、商户消费等。

二、通知存款

通知存款是指客户不约定存期,支取时需提前通知银行,约定支取日期和金额方能支取的存款业务。

个人通知存款不论实际存期多长,按存款人提前通知的期限长短划分为一天通知存款和七天通知存款两个品种。一天通知存款必须提前一天通知约定支取存款,七天通知存款则必须提前七天通知约定支取存款。通知存款的币种为人民币、港币、英镑、美元、日元、欧元、瑞士法郎、澳大利亚元、新加坡元。

人民币通知存款最低起存、最低支取和最低留存金额均为 5 万元,外币最低起存金额为 1000 美元等值外币(各省具体起存金额请向当地分行咨询)。存款人需一次性存入,可以一次或分次支取。如遇以下情况,按活期存款利率计息:

1. 实际存期不足通知期限的,按活期存款利率计息;

2. 未提前通知而支取的,支取部分按活期存款利率计息;

3. 已办理通知手续而提前支取或逾期支取的,支取部分按活期存款利率计息;

4. 支取金额不足或超过约定金额的,不足或超过部分按活期存款利率计息;

5. 支取金额不足最低支取金额的,按活期存款利率计息。

三、整存整取(产品形式:定期一本通、定期存单)

(一)定期一本通

是指在一个存折上办理多种货币和多种存期的储蓄存款方式。不论是人民币还是外币定期存款,一个存折就可打理,清晰明了,便于保管。其业务功能有:

1. 人民币各种期限的整存整取定期存款和通知存款;

2. 多达 9 种货币各种期限的整存整取和通知存款定期存款:英镑(GBP)、美元

(USD)、港币(HKD)、瑞士法郎(SF)、日元(JPY)、欧元(EUR)、加拿大元(CAD)、澳元(AUD)、新加坡元(SGD),外币现钞、现汇存款皆可办理;

3. 与长城电子借记卡勾连后,凭卡即可在柜台办理相关业务,并可申请电话银行服务,网上银行转账,查询服务。

(二)定期存单

定期存单是由客户与银行约定存期,本金一次存入,到期一次支取本息的储蓄存款方式,是以存单形式存在的,在中国银行各营业网点可实现通存通兑和到期自动转存。其业务特点:一折可存多个币种、多笔定期。

1. 一本存折可以替代三十张存单,便于携带和保管;

2. 人民币、外币通用;

3. 可在同城中国银行各储蓄网点通存通兑。存期人民币可分为 3 个月、半年、1 年、2 年、3 年、5 年;外币可分为 1 个月、3 个月、半年、1 年、2 年 。

四、存本取息

存本取息是指一种一次存入本金,分次支取利息,到期归还本金的储蓄方式。其产品特点有:

存期分为 1 年、3 年、5 年三个档次。

在存入本金,与银行商定支取利息的期次后,就可按期支付利息。本金和利息在存期内可分开支取,与银行约定利息支取期次,实现分段支取利息。支取利息时支取利息的期次可与银行商定为 1 个月或几个月一次,银行按本金和存期计算好分次应付利息,储户凭存折(单)分期支取利息,到期全部支取本金。如到取息日未支取利息,以后可随时支取。提前支取时,须按实际存期和活期储蓄存款利率重新计算利息,并将已分期支付给客户的利息收回。

五、零存整取

零存整取定期储蓄存款是指开户时约定存期,本金分次存入,到期一次支取本息的储蓄存款方式。存期分 1 年、3 年、5 年三个档次。每月存入固定金额,存款金额在开户时与银行约定,每月存入一次,中途如有漏存,应在次月补齐,未补存者,视同违约,对违约后存入的部分,支取时按活期利率计算利息。提前支取,按照支取日公告的活期利息计息。逾期支取 = 到期时存款余额 × 逾期天数 × 年利率/360,逾期部分均以支取日活期利率计息。

六、个人支票存款

个人支票是一种以个人存款为保证,使用支票为支付结算凭证的活期储蓄存款方式。起存金额:个人支票账户起存金额为 5000 元人民币。最低签发金额:每次签发支票的起点金额为 100 元。产品特点有:

1. 个人支票以个人信誉为保证;

2. 以支票为支付结算凭证;

3. 可用于转账,取现和购物;

4. 方便安全。

七、定活两便存款

定活两便是指储户在存款时,不约定存期,可以随时支取,利率随存期的长短而变化的储蓄存款。它兼具定期之利、活期之便,不受存取限制,方便客户理财。可享受整存整取的利率。其利息计算:

1. 存期不足3个月的,按支取日挂牌的活期储蓄利率计付利息;

2. 存期3个月以上(含3个月),不满半年的,整个存期按支取日定期整存整取三个月利打六折计息;

3. 存期半年以上(含半年)不满一年的,按支取日定期整存整取半年期利率打六折计息;

4. 存期在一年以上(含一年),无论存期多长,整个存期一律按支取日定期整存整取一年利率打六折计息。

资料来源:中国银行官方网站整理。

深度链接5-2:贷款证券化与美国的次贷危机

美国个人住房抵押贷款(按揭),依风险程度分为优质、准优级和次级抵押贷款。所谓次级抵押贷款,是指美国房贷机构针对收入较低、信用记录较差的人群设计的一种住房贷款。与"优质"贷款相比,这些人的还贷违约风险较大,因此被称为"次贷"。

1938年之前,美国的住房按揭贷款跟今天中国的情况类似,商业银行、储蓄信贷银行等金融机构,基本都是自己吸收存款资金、自己放贷、自己收账,当然也自己承担坏账风险,也就是,放贷者和风险承担者是同一家银行。这样,银行对放贷行为自然不会随意,而是会对借款方的还贷能力严格审查,只要银行是真正自负盈亏、只要其内部激励机制合理,坏账概率一般会很低。

可是,这样做的不足是,银行能够提供的贷款资金会很有限。发放按揭贷款的期限长,如果提供的按揭贷款期限是15年、30年,那么,贷出去的资金要30年后才回笼,这种贷款对银行来讲流动性太差,万一银行急需资金,这些贷出去的资金可能难以召回,这即为银行的流动性风险。面对这种流动性风险,金融机构的贷款供应量会有限,这当然对美国社会非常不利,因为这意味许多老百姓家庭买不起房子。为了让更多美国家庭能买到自己的房子,这些按揭贷款的流动性问题必须解决。

这就有了1938年推出的半政府机构——联邦住房按揭贷款协会(Federal National Mortgage Association,简称Fannie Mae房利美),它的作用是专门买那些银行想转手的按揭贷款,也就是,任何时候任何银行需要资金时,他们可以把已放出去的按揭贷款合同卖给Fannie Mae,后者付给前者现金。于是,这些15年、30年期限的按揭贷款就被变成"活钱"了,具有了充分的流动性,也大大减轻了银行为放贷所要承担的流动性风险,这也当然增加了银行放贷的倾向性。总体效果是,银行的风险小了,社会能得到的住房按揭贷款资金多了,所要支付的贷款利息也低了。何乐不为呢?

接下来的挑战是,毕竟 Fannie Mae 的资金供应不是无限的,它不可能无止境地从银行手中买下按揭贷款。为了进一步增加按揭贷款资金的供应量,也为了分摊 Fannie Mae 的贷款风险,1970 年,美国成立了另一个叫 Ginnie Mae(Government National Mortgage Association)的半政府机构,专门将从美国各地买过来的各种住房按揭贷款打包,然后将贷款包分成股份,以可交易证券的形式向资本市场投资者出售,即贷款证券化!

这种按揭贷款证券(mortgage backed securities)的好处很多:进一步增加住房按揭贷款的流动性、使按揭贷款资金的供应量几乎是无限的。更大的优点在于:按揭贷款风险不再只由银行和 Fannie Mae 承担,而是通过证券化细化、分摊到成千上万个资本市场投资者的手中,分摊到全球各地的投资者手中。

90 年代开始,特别是最近几年,许多华尔街公司也加入这个创新领域,造就了前所未有的全球证券金融市场体系。围绕次贷还形成了一个金融创新链条:居民向商业银行等房贷机构申请贷款,房贷机构又将贷款卖给房利美、房地美和投资银行等,后者通过吉利美或直接将贷款处理成次级抵押贷款债券,卖给包括商业银行、保险公司、养老金、对冲基金等在内的全球投资者。

由于围绕贷款证券化的创新层出不穷,远远脱离了所依托的实体经济,过度的泡沫已经危害到整个金融体系的安全,这样,一旦这些金融创新所依托的房地产市场出现问题,引爆的则是整个金融体系。资次危机的传导过程见图 5－1。

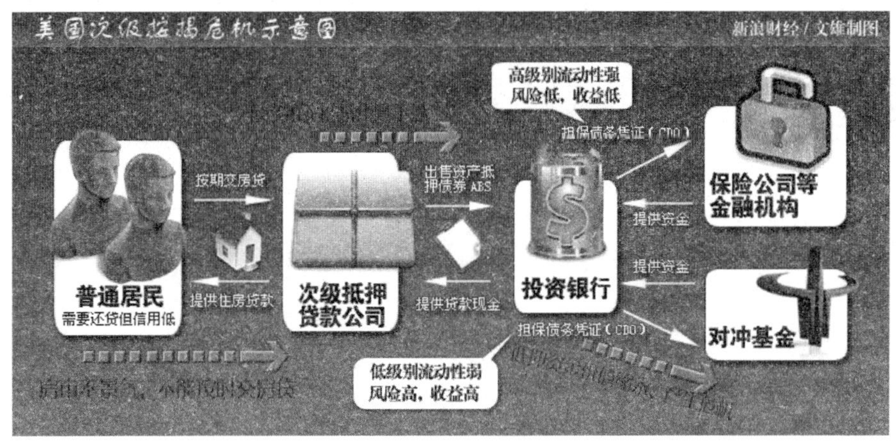

次贷危机传导示意图

资料来源:新浪网。

习　题

1. 名词解释:商业银行　信用中介　支付中介　信用创造　单一银行制　分支银行制　银行控股公司制　安全性　流动性　商业银行负债业务　商业银行资产业务　商业银行中间业务　现金资产　贷款　交易账户　活期存款　可转让支付命令账户　货币市场存款账户(MMDA)　自动转账制度(ATS)　非交易账户　定期存款　大额可转让定期存单(CDs)　储蓄存款　同业拆借　回购协议　结算业务　代理业务　信托业务　租赁业务　正常贷款　关注贷款　次级贷款　可疑贷款　损失贷款

2. 通过商业银行起源的分析说明商业银行名称的来源?

3. 简述商业银行的职能?

4. 商业银行的“三性”经营原则是什么?他们之间的关系如何?

5. 简述商业银行的资产业务?

6. 简述商业银行的负债业务?

7. 简述商业银行的中间业务?

8. 商业银行资产负债管理理论的发展进程如何?分析说明各种理论的主要内容。

第六章　其他金融机构

学习目标

本章根据其他金融机构的自身活动领域和活动方式的特点，按照专业银行、政策性银行、非银行金融机构的分类，对其他金融机构进行了介绍和分析。通过学习应掌握投资银行的含义、功能、业务范围；政策性银行的含义、性质、作用、主要类型以及我国政策性银行的情况；保险公司的概念、特征、分类、职能和业务运作。除此以外，还应对金融监管机构进行必要地了解。

第一节　专业银行

专业银行，是指有专门经营范围和提供专门性金融服务的银行。这类银行一般都有其特定的客户。这类银行的存在是社会分工发展到金融领域中的表现。随着社会分工的不断发展，要求银行必须具有某一方面的知识和职能，从而推动着各式各样的专业银行不断出现。

一、投资银行

投资银行是与商业银行相对应的一个概念，是现代金融业适应现代经济发展所形成的一个行业。作为金融市场的重要主体，投资银行产生于经济发展中对资本性投资需求的初始阶段，成长于股份公司制度的发展阶段，成熟于证券市场的发达阶段。

（一）投资银行的含义

由于投资银行自诞生之日起，其业务活动范围就在不断演变、扩张，而且不同国家、不同金融中心，其金融业务的领域、机构名称都有较大差异，因此，投资银行并没有一个严格的定义。投资银行是美国和欧洲大陆的称谓，而英国称之为商人银行，法国称之为实业银行，在日本和我国等则称之为证券公司，但三者的经营范围通常有所差别，一般而言投资银行的内涵和外延最广泛，除经营传统的证券类业务外，还有大量的创新类业务，以美国投资银行模式最为典型。

美国著名的金融投资专家罗伯特·库恩根据投资银行业务的发展和趋势，对投资银行给出了四个层次的不同定义：

(1)最广义的投资银行。从事任何华尔街金融业务的机构,都可以称为投资银行,它不仅包括证券投资领域从国际承销到分支零售的全部,还包括房地产、保险等其他金融服务业务。

(2)较广义的投资银行。从事部分或全部资本市场业务的金融机构。业务范围包括证券承销、公司理财、企业并购、基金管理、风险投资等,但不包括向客户零售证券、消费者房地产经纪业务、抵押银行业务、保险产品经销业务等。

(3)较狭义的投资银行。只从事部分资本市场业务的金融机构。业务范围主要包括证券承销和企业并购,不包括基金管理和风险投资等内容。

(4)最狭义的投资银行。只从事证券承销和交易活动的金融机构。业务范围限于在一级市场上承销证券和二级市场上交易证券。

美国一些金融专家和经济学家基本上同意第二种定义,即认为投资银行经营除零售业务以外的所有资本市场业务。金融服务业中只为客户(零售客户或机构客户)买卖证券而没有融资功能的公司,只能称为证券公司或经纪公司,而不能称为投资银行。

(二)投资银行的功能

作为金融领域的一支生力军,投资银行对世界经济的发展作出了重要贡献。概括起来,投资银行的功能主要体现在媒介资金供需、构造证券市场、优化资源配置和促进产业集中四个方面。

1. 媒介资金供需

与商业银行相似,投资银行也是沟通互不相识的资金盈余者和资金短缺者的桥梁,它一方面使资金盈余者能够充分利用多余资金来获取收益;另一方面又帮助资金短缺者获得所需资金以求发展。

但是,在发挥上述桥梁作用时,投资银行的运作方式与商业银行存在着根本区别。从根本上说,投资银行并不介入投资者和筹资者之间的权利和义务之中,投资者与筹资者互相联系,并且相互拥有权利和承担相应的义务,这种融资方式称作直接信用方式。商业银行则不然,资金盈余者与资金短缺者并不相互拥有任何权利和承担任何义务,它们都仅与商业银行发生关系,资金盈余者与资金短缺者之间不存在契约的直接约束,因而是一种间接信用过程。

在媒介过程中,投资银行收取的是手续费,商业银行则赚取存贷利差。因此,投资银行与商业银行在国民经济中所起的功能有相似之处,但其发挥作用的方式却截然不同。

除了媒介方式不同之外,投资银行和商业银行媒介资金的侧重点也不相同。商业银行侧重于短期资金市场,而投资银行则是企业筹措中、长期资金的根本途径。

2. 构造证券市场

证券市场是一国金融市场的基本组成部分之一。在任何一个经济相对发达的国家中,无一例外均拥有比较发达的证券市场体系。概括起来,证券市场由证券发行者、证券投资者、管理组织者和投资银行四个主体构成,其中,投资银行起了穿针引线、联系不同

主体、构建证券市场的重要作用,其作用主要表现在以下几个方面:

(1)投资银行是构建证券一级市场的重要辅助者。从证券发行市场,即一级市场来看,证券发行是一项非常繁复的工作,总是要依靠投资银行的协助方能顺利完成。具体在咨询、承销、代销等方面发挥着积极的作用。

(2)投资银行是证券的交易市场即二级市场的积极参与者。投资银行以做市商、经纪商和交易商的身份参与二级市场,在维持二级市场秩序方面起着重要作用。在方便了客户买卖,活跃市场交易的同时,还保障了证券价格的连续性和稳定性。

(3)投资银行是推动金融创新的重要力量。投资银行是金融领域内最活跃、最积极的力量,它们推陈出新,从事金融工具的创新,开拓了一个又一个新的业务领域。通过期货、期权、互换等金融衍生工具,投资银行不仅有效地控制了自身风险,保障了自身收益的稳定,客观上还使包括证券市场在内的各种金融市场得以在衍生工具的辅助下更加活跃,发展更为迅猛。

(4)投资银行是证券市场上重要的信息机构。通过搜集资料、调查研究、提供咨询、介入交易,投资银行极好地促进了各种信息在证券市场中的传播,使信息更迅捷、更客观地反映在交易之中,保障了证券市场的信息效率和信息公平。

(5)投资银行有助于证券市场的整体运营

投资银行通过代理发放债息、股息、红利,代理偿还本金等业务,便利了投资者获取投资收益,一定程度上成为投资者与证券发行者沟通的渠道,降低了有关成本,提高了证券市场整体的运营效率。

由此可见,投资银行是维持证券市场健康、高效运转的重要力量。

3. 优化资源配置

投资银行在促进有限资源的有效配置方面也发挥了重要作用。

(1)投资银行通过其资金媒介作用,使国家整体的经济效益和福利得到提高,促进了资源的合理配置。

(2)投资银行便利了政府债券的发行,使政府可以获得足够的资金用于提供公共产品,加强基础建设,从而为经济的长远发展奠定基础。同时,政府还可以通过买卖政府债券等方式,调节货币供应量,借以保障经济的稳定发展。

(3)投资银行帮助企业发行股票和债券,不仅使企业获得了发展和壮大所需的资金,并且将企业的经营管理置于广大股东和债权人的监督之下,有利于建立科学的激励机制与约束机制,以及产权明晰的企业制度,从而促进企业经济效益的提高,推动企业的发展。

(4)投资银行的兼并和收购业务促进了经营管理不善的企业被兼并或收购,经营状况良好的企业得以迅速发展壮大,实现规模经济,从而促进产业结构的调整和生产的社会化。

4. 促进产业集中

并购是产业走向集中和垄断的重要手段。在企业并购过程中,投资银行发挥了重要作用。因为企业兼并与收购是一个技术性很强的工作,这是一般企业所难以胜任的。尤其在第二次世界大战之后,大量的兼并与收购活动是通过证券二级市场进行的,其手续更加烦琐、要求更加严格、操作更为困难,没有投资银行作为顾问和代理人,兼并和收购几乎不可能进行。因而,从这一意义上来说,投资银行促进了企业实力的增强、社会资本的集中和生产的社会化,成为企业并购和产业集中过程中不可替代的重要力量。

(三)投资银行的业务范围

随着资本市场的迅猛发展,新型金融产品不断涌现,投资银行业务也得到较快的发展。除了证券发行与承销、证券交易经纪等传统业务外,企业并购、项目融资、资产管理、基金管理、财务顾问、风险投资、金融衍生产品与创新、研究开发与投资咨询、资产证券化等都已成为投资银行的核心业务组成部分。

1. 证券发行与承销业务。证券发行与承销业务是投资银行最本源、最基础的业务活动,是投资银行为公司或政府机构等融资的主要手段之一。证券发行业务也称为证券一级市场业务。

(1)证券发行与承销的范围。投资银行的证券承销业务范围很广,包括本国中央政府、地方政府、政府机构发行的债券、企业发行的股票和债券、金融机构发行的债券、基金证券等,以及外国政府和公司在本国和世界发行的证券、国际金融机构发行的证券等。

(2)证券发行方式。

①公募发行。主要指面向社会公众投资者(即非特定投资人)发行证券的行为。其中股票的公募发行包括拟上市公司的首次股票公开发行(IPO)和上市公司再融资所进行的增资发行和面向老股东的配股发行。最常见的公募发行主要是股票、公司债券、政府债券、公司可转股债券、投资基金等证券品种。

②私募发行。主要是通过非公众渠道,直接向特定的机构投资人(机构)发行的行为。主要发行对象包括各类共同基金、保险公司、各类养老金、社保基金、投资公司等。私募发行不受公开发行的规章限制,除能节约发行时间和发行成本外,还能够比在公开市场上交易相同结构的证券给投资银行和投资者带来更高的收益率,所以,近年来私募发行的规模仍在扩大。但是,私募发行也有流动性差、发行面窄、难以公开上市扩大企业知名度等缺点。

(3)证券承销方式。投资银行在承销过程中一般要按照承销金额及风险大小来权衡是否要组成承销团(Syndicate,辛迪加)和选择承销方式。我国1998年出台的《证券法》第二十五条规定“向社会公开发行证券票面总值超过人民币五千万元的应当由承销团承销,承销团应当由主承销商和参与承销的证券公司组成”。通常的承销方式有以下几种:

一是证券包销和余额包销。证券包销是指投资银行主承销商和它的辛迪加成员同意按照协议的价格全部购入发行的证券(包销)或者在承销期结束时将售后剩余证券全部自行购入的承销方式(余额包销),再把这些证券卖给他们的客户。发行人不承担风险,风险转嫁到了投资银行的身上。

二是证券代销。这一般是由于投资银行认为该证券的信用等级较低,承销风险大而形成的。这时投资银行只接受发行者的委托,代理其销售证券,如在规定的期限计划内发行的证券没有全部销售出去,则将剩余部分返回证券发行者,发行风险由发行者自己承担。

三是投标承购。投资银行通过参加投标承购证券。它通常是在投资银行处于被动、竞争较激烈的情况下进行的。采用这种发行方式的证券通常都是信用较高、颇受投资者欢迎的债券。

2. 证券交易业务

证券交易同样是投资银行最本源、最基础的业务活动,投资银行在二级市场中扮演着证券经纪商、证券交易商和证券做市商三重角色。

(1)证券经纪商。投资银行代表着买卖双方,通过实际的或电子证券交易互相报价,按照客户提出的价格为他们(证券的买者或卖者)的交易提供服务,只收取佣金而不承担价格或利率变动风险。这种证券经纪行为是最传统的证券交易业务。

(2)证券交易商。投资银行有自营买卖证券的需要,这是因为投资银行接受客户的委托,管理着大量的资产,必须保证其保值增值。这实际上是投资银行的证券自营业务。

(3)证券做市商。投资银行在证券市场上充当通过不断买进或卖出证券以保持市场连续性的角色。无论是自营还是经纪业务,都需要避免风险、防止损失,这就需要投资银行采取套利交易策略,从一种或多种证券的持有中获取收入。这类策略主要包括无风险套利和风险套利。作为做市商,在证券承销结束之后,投资银行有义务为该证券创造一个流动性较强的二级市场,并维持市场价格的稳定。

3. 企业并购业务

企业并购是企业兼并和收购的简称,它已经成为了很多企业扩大规模、降低成本实现协同效益的有效途径。在西方,企业并购已经经历了五次浪潮。投资银行在历次并购浪潮中都发挥了关键作用,特别是20世纪70年代以后,企业收购与兼并业务得到长足发展,已经成为现代投资银行除证券承销与经纪业务外最重要的业务组成部分。

(1)企业并购的类型。从不同的角度,可以对企业并购的类型进行不同的划分:

①按并购企业的关系,并购可以划分为横向并购、纵向并购和混合并购。横向并购又称水平并购,是指两个生产相同或相似产品、提供相同或相似服务的企业之间的并购。这是一种比较常见的并购方式,但是由于这种并购容易破坏竞争,形成市场垄断,因此为许多国家所严格限制。纵向并购又称垂直并购,是指在供应、生产、销售上具有互为买卖关系,即互为上下游关系公司之间的并购。纵向并购可以加强生产过程各环节的配合,有利于协作化的生产,获得一体化效益,因此较少受到各国反垄断法的限制。混合并购又称扩张并购,是指两个业务领域不相关的企业之间的合并。混合并购可以开辟新的业务领域,实现多元化经营,分散经营风险,扩大企业知名度。

②按并购企业是否负有并购目标企业股权的强制性义务,并购可以划分为强制并购

和自由并购。强制并购指并购企业持有目标企业股份达到一定比例,并购企业负有对目标企业所有股东发出收购要约,并以特定价格收购股东手中持有的目标企业股份的强制性义务而进行的并购。为了保护广大小股东的利益,各国都规定了当主体公司,即收购公司持有目标公司股份达到一定比例时,收购公司负有对目标公司所有股东发出收购要约的强制性义务,出价也必须符合法律的具体规定。自由并购指法律没有明确的规定,收购公司可以按照实际情况决定持股的比例和收购价格及方式。

③按并购是否取得目标企业的同意与合作,并购可以划分为善意并购和恶意并购。善意并购也称友好并购,是指目标企业接受并购企业的并购条件并承诺给予协助。恶意并购也称敌意并购,是指并购企业在目标企业管理层对其并购意图不清楚或对其并购行为持反对态度的情况下,对目标企业强行进行的并购。

④按并购融资方式,并购可以划分为杠杆收购和非杠杆收购。杠杆收购是指并购公司利用自有的少量资金,加上利用目标公司的资产作抵押或以营运所得作还款担保所贷巨额资金,并购其他企业,甚至是超过自己规模的大公司。这种收购类似杠杆原理,可以获得四两拨千斤的效果,因此被称为"杠杆收购"。非杠杆收购是指不用目标公司的资产或营运所得作抵押、担保支付价款的并购,多数的并购属于这种类型。

⑤按交易方式,并购可以划分为公开市场并购和非公开市场并购。公开市场并购也叫间接并购,是指通过证券市场交易系统买入目标公司股票的一种并购方式。其优点是容易确定并购价格,分散风险。非公开市场并购,也叫协议收购,指并购企业直接向目标企业提出并购要求,双方通过一定程序进行磋商,共同商定并购的各项条件,然后根据协议的条件达到并购目的。其优点是并购双方直接接触,信息交流比较充分,缺点是价格确定比较困难,交易成本较高。

(2)投资银行在企业并购中的作用。作为企业并购过程中重要的金融中介机构,投资银行的作用主要体现在以下几个方面:

①作为买方代理策划并购。

②作为卖方代理实施反兼并措施。在并购交易中,目标公司为了防御和抵抗敌意收购公司的进攻,往往请求投资银行设计出反兼并与反收购的策略来对付收购方,增加收购的成本和难度。常见的措施有寻求股东支持、股份回购、诉诸法律、白衣骑士、金色降落伞、皇冠上的珍珠、毒药丸防御、绿色邮件等。

③参与并购合同的谈判,确定并购条件。

④协助买方筹集必要的资金。投资银行在作为收购方公司并购的财务顾问的同时,往往还作为其融资顾问,负责其资金的筹措。这在杠杆收购中表现得尤为突出。

公司并购与资产重组是资本市场永恒的主题,也是资本市场不断发展的根本动力所在,全球最大500强企业中,通过自身滚雪球式发展起来的并不多见,多数大企业都是借助于资本市场的动力,通过兼并与收购发展壮大起来的,投资银行在其中发挥了其他中介机构所无法替代的核心作用,同时投资银行也通过该业务的发展不断壮大了自己。

4. 项目融资业务

(1)项目融资的概念。项目融资是对一个特定的经济单位或项目策划安排的一揽子融资的技术手段。借款者可以只依赖该经济单位的现金流量和所获收益用作还款来源，并以该单位的资产作为借款担保。

项目融资往往涉及投资者、金融机构、政府等各个方面，在这繁杂的过程中，投资银行突出的优势是：在长期的经营活动中，它与地方各类投资者及有关部门已经建立起了广泛、深入的联系，可以作为一个中介，把各类机构联系在一起，并组织律师、会计师、工程师一起进行项目可行性研究，进而组织项目投资所需资金的融通。项目融资途径有很多种，可以通过发行债券、股票、基金的形式，也可以通过拆借、拍卖、抵押贷款、兼并转让等形式。

(2)投资银行在项目融资中的作用。项目融资的整个过程运行复杂、牵涉面很广。一般来说，无论是项目的发起人，还是项目的投资人，很难具备协调整个项目融资工作的能力，因此，通常需要借助投资银行的专业技能和经验来完成这项专业性很强的工作。

具体来说，投资银行在项目融资的过程中主要需要完成以下几方面工作：

①项目的可行性评价。项目的可行性评价是项目开发的前期准备工作。在这一阶段，投资银行主要从项目的财务评价、技术论证、涉及风险几方面判断项目的可行性。

②项目投资结构设计。所谓项目投资结构设计，是指在项目所在国家的法律、法规、会计、税务等外在客观因素的条件制约下，寻求一种能够最大限度地实现其投资目标的项目资产所有权结构。作为项目融资顾问的投资银行需要根据项目的特点和合资各方的发展战略、利益追求、融资方式、资金来源以及其他限制条件决定选择何种投资结构，以求最大程度地满足各方对投资项目的要求，有时投资银行还要发挥想象力，为某一项目设定一种特定的灵活的投资结构。

③项目融资模式设计。项目融资模式是项目融资整体结构组成中的核心部分。投资银行在这一阶段的工作主要包括决定融资总额、制定资金到位的时间表、确定资金构成和落实资金来源。

④帮助制定项目融资的担保措施。项目融资一般采用直接担保、间接担保、或有担保、意向性担保四种方式，担保的范围则包含项目所涉及的各种风险因素。

⑤参与融资谈判。在初步确定了项目融资模式后，担任项目融资顾问的投资银行将有选择地向商业银行或其他一些金融机构发出参加项目融资的建议书，组织贷款银团。在与投资银行的谈判中，投资银行可以帮助加强项目投资者的谈判地位，保护投资者的利益，并在谈判陷入僵局时，及时、灵活地找出适当的变通办法，绕过难点解决问题。

(3)投资银行的项目融资收益。按照国际惯例，担任项目融资顾问的投资银行通常收取三部分资用：一是聘用费，一般按实际工作量收取；二是项目融资安排费，按项目规模的一定百分比收取，通常是项目越大，百分比越低，但其绝对额可以很高；三是实际支出，包括差旅费、电话费、电传费等。如果融资顾问同时兼任贷款银团的经理人，在贷款期间还会按年度收取一定的管理费。

由于项目融资中的借款人成分复杂、要求各异,其中融资人要求很大比例的负债融资和有限的追索权,而商业银行又一般不接受技术和销售风险,要求对之必须予以转移,涉及的法律协议又相当复杂。因此,投资银行所从事的筹措安排和风险评估对项目融资的成功而言是非常重要的。

5. 资产管理业务

资产管理实际上是指投资银行受客户委托作为客户的金融顾问或经营管理顾问,利用在证券市场上投资理财的技能和经验而提供咨询、策划或操作,在严格遵循客户委托意见或事先约定的规则前提下,通过证券市场对客户的委托资产进行有效的管理和运营,以实现其资产保值和有效增值。

资产管理的典型业务形式包括:基金管理、独立账户管理、现金管理等。目前国际上许多著名的投资银行都对资产管理业务予以高度重视,设立了专门的资产管理机构负责此项业务。比如美林证券设有美林资产管理公司;第一波士顿公司设有第一波士顿资产管理公司;野村证券设有野村投资管理公司。

6. 基金管理业务

投资银行业与基金业有密切关系。首先,投资银行可以作为基金的发起人,发起和建立基金(基金的投资者可能是个人,也可能是机构投资者);其次,投资银行可作为基金管理者管理自己发行的基金;第三,投资银行还可以作为基金的承销人,帮助其他基金发行人向投资者发售收益凭证,募集投资者的资金(这一过程和证券的承销过程很相似);第四,投资银行还常常接受基金发起人的委托,作为基金的管理人,帮助其管理基金,并据此获得一定的佣金。投资银行拥有高水平的金融投资专家、迅捷的信息渠道、先进的金融技术、广泛的金融业务网络,因而在基金管理上有着得天独厚的优势。由于投资银行的参与,以各类投资基金为主体的机构投资者已成为资本市场上的主导力量,投资银行也由此大大拓展了自身的业务领域。

7. 财务顾问业务

投资银行财务顾问的服务对象通常既可以是公司、企业,也可以是政府机构,主要是为融资者提供服务。

(1)公司的财务顾问业务。是指对以公司的融资为主体的一系列资本运营的策划和咨询业务的总称。主要是投资银行在公司的股份制改造、上市、再筹资(或投资管理)以及发生兼并收购、出售资产等重大交易活动时提供的专业性财务意见。

(2)政府机构的财务顾问业务。主要体现在为政府的经济改革政策提供咨询,特别是在经济发展战略和规划、对外开放政策、产业结构布局和调整、国企改革方针和政策以及公司民营化的实施等方面。

8. 风险投资业务

风险投资又称创业投资,是指对新兴科技公司在创业期和拓展期进行的投资。这种投资的风险大、收益高。

投资银行涉足风险投资有不同的层次:第一,在公司设立初期用私募的方式为其筹集资本;第二,对某些潜力巨大的公司有时也进行直接投资,成为其股东;第三,设立“风险基金”或“创业基金”向这些公司提供资金来源。当然还有一些非投资银行设立的创业基金,投资银行为新兴公司进行私募发行时,常将证券出售给这类基金。

投资银行有时作为新兴企业的顾问,帮助它们进行股权融资策划、规范公司治理结构和经营管理。在公司发展到一定规模时作为主承销商和上市保荐人推动公司在创业板市场上市;投资银行也可以作为风险资本和投资机构的顾问,协助它们寻找优秀的风险投资项目和科技企业;投资银行有时也直接投资于新兴科技企业;成功实现上市后,在二级市场变现,实现高额回报。

9. 金融衍生产品与创新业务

投资银行是创造和交易新金融工具的重要机构,利用风险控制工具能为投资银行带来巨大的好处。

首先,投资银行可以作为经纪商,代理客户买卖这类金融工具,并向其收取一定佣金,这与经纪人为顾客买卖股票与债券获取佣金的方式完全一样。其次,投资银行也可以获得一定的差价收入,因为投资银行往往作为客户的对方进行衍生工具的买卖,接着它寻找另一客户作相反的抵补交易,获取差价收入。第三,风险控制工具还可被用来保护投资银行自身免受损失。例如,在进行债券承销时,如果市场利率突然上升,会造成投资银行卖出的债券价格不得不下调,给其带来损失。因此,投资银行常常通过利率期货或利率期权来规避这一承销风险。

10. 研究开发与投资咨询业务

研究开发与投资咨询是现代投资银行不可或缺的重要业务。研究开发是投资银行内部为其他各业务部门提供技术支持平台的、不能直接创造利润的业务,研究开发部门往往是投资银行的成本中心而非利润中心,其准确定位是服务性而非营利性功能。投资咨询则基本上是一种纯粹的中介服务,包括普通的证券投资咨询和面向特定客户的专项投资咨询,与主要面向融资者服务的财务顾问业务不同,投资咨询业务主要面向的对象是投资者。

11. 资产证券化业务

资产证券化是将资产原始权益人或发起人(卖方)不流通的存量资产或可预见的未来现金流量,构造和转变成为资本市场可销售和流通的金融产品的过程。它是一项以提高流动性和融资为目的的金融创新,是对一组原本流动性较差的金融资产进行组合,使其产生长期稳定的现金流收益,再配以相应的信用担保,把这种未来现金流的收益权转变为可在金融市场上流动、信用等级较高的证券。可以看出,这种资产证券化的本质就是将金融资产的未来现金流收益权进行转让的交易。

在资产证券化中,投资银行可以担任不同的角色,从而起到不同的作用,它既可以作为特设信托机构,也可以作为资产担保证券的承销者。资产证券化的构建增加了金融市场资本的流动性,但是我们也不应盲目乐观,掉以轻心,应加强资产证券化产品的监管,避免类似2008年爆发的由美国次贷危机引发的全球性金融危机。

二、储蓄银行

储蓄银行是指办理居民储蓄并以吸收储蓄存款为主要资金来源的银行。世界第一家地方储蓄银行是1817年由慈善团体在荷兰建成的。英、德等国也于18世纪末和19世纪初相继设立。就经营组织形式而言,西方国家的储蓄银行既有私营的,也有公营的,有的国家绝大部分储蓄银行都是公营的。

储蓄银行的类型有:互助储蓄银行、信托储蓄银行、储蓄会、储蓄与放款协会、储金局、邮政储蓄系统等。互助储蓄银行属于互助储金性质的银行,它将存户资金集中起来,以优惠的条件再贷给存户。这种银行最早在美国建立,至今已很普遍。中国的储蓄系统主要为国家集中闲散资金,作为国有银行信贷资金的一种来源。

储蓄银行所汇集起来的储蓄存款余额较为稳定,所以主要用于长期投资。如发放不动产抵押贷款(主要是住房贷款);投资于政府公债、公司股票及债券;对市政机构发放贷款等。

三、抵押银行

抵押银行是“不动产抵押银行”的简称。以土地、房屋等不动产抵押办理放款业务的专业银行。这种放款一般期限较长,属于长期信贷。不动产抵押银行的业务对象在西方国家大体可分为两类:一类是办理以土地为抵押的长期放款,主要贷给土地所有者或购买土地的农业主;另一类是办理以城市房屋为抵押的长期放款,主要贷给房屋所有者或经营建筑业的企业。法国的房地产信贷银行、德国的私人抵押银行和公营抵押银行等,均属此类。这类银行作为抵押品的除土地、房屋外,也收受股票、债券和黄金作为贷款的抵押品。抵押银行的贷款资金来源主要为发行不动产抵押证券。这种不动产抵押证券以抵押在银行的土地及其他不动产作保证,可以买卖转让。

中国没有专设的抵押银行,只是在《中华人民共和国民法通则》和《借款合同条例》中规定了抵押条款。

四、合作银行

合作银行是由私人和信用合作社组成的互助性合作金融机构。它一般是在信用合作社的基础上建立和发展起来的,具有与信用合作社相同的宗旨和经营原则。合作银行的组织形式有两种:一是在各类信用合作社以外单独建立自己的机构体系,并与其他信用合作社相互协调、相互配合。如丹麦的合作银行,各类合作社约占60%,个人社员约占40%。资金来源主要是合作社、农民、其他个人的存款,贷款对象主要是合作社,约占贷款总额的2/3;二是合作银行是信用合作社的地区或全国的联合组织,大多数国家都如此。

合作银行的负债业务主要是通过组织合作社存款、发行债券和向国外借款的方式筹集长期资金。合作银行的资产业务主要是向下一级合作银行或信用合作社提供贷款,或者直接发放长期、大额的贷款,以弥补合作社资金的不足。

在我国,中共中央《关于建立社会主义市场经济体制若干问题的决定》和国务院《关于金融体制改革的决定》中指出,要"有步骤地组建农村合作银行和城市合作银行"和"积极稳妥地发展合作银行体系,在城市信用合作社的基础上试办城市合作银行"。首先在几个大城市试点后,逐步推开。目前,城市合作银行已经更名为城市商业银行。

五、清算银行

清算银行亦称"交换银行"、"划拨银行"、"汇划银行"。是能直接参加票据交换所进行票据清算的银行。在英国,清算银行实质上就是商业银行,不过这些商业银行能参加伦敦票据交换所办理票据清算,而其他银行必须通过这些清算银行才能进行票据清算。票据交换是指在同城范围内银行间相互代收、代付票据进行相互清算。这是一种集中办理转账清算的制度。票据清算一般由中央银行管理,通过票据交换所进行。应收大于应付款的差额增加在中央银行的存款;应收小于应付款的差额减少在中央银行的存款。票据清算的结算原则是维护收付双方的正当权益,中央银行不予垫款。其特点是:便利资金清算,节省大量现金使用,国际上最早的票据交换组织为英国伦敦的票据交易所,成立于1775年。

第二节 政策性银行

几乎所有的国家和地区都有各种形式的政策性银行。政策性银行是与商业银行并存、互补、对应的另一类型的金融机构,它与商业银行比较,在组织方式、机构性质、社会功能、业务领域和行为特征等方面都具有鲜明的特色。政策性银行是现代金融体系中的重要组成部分。建立和完善政策性银行体系,是我国金融体制改革的重要内容,实现政策性金融与商业性金融的分离是我国金融体制改革的重大举措。

一、政策性银行的含义及其性质与作用

(一)政策性银行的含义

政策性银行是指那些多由政府创立、参股或保证的,不以赢利为目的,专门为贯彻并配合政府社会经济政策或意图,在特定的业务领域内,从事政策性融资活动,充当政府发展经济、进行宏观经济管理的金融机构。政策性银行也具有专业性银行的特征,但是专业性银行并非都是政策性银行。一般来说,大多数同家成立的政策性银行主要有开发银

行、农业政策性银行、进出口政策性银行。

(二)政策性银行的性质与作用

1. 政策性银行的性质

政策性银行是一种介于国家机关与金融企业之间的带有机关和企业两重性的经济组织,其具体表现在:

(1)政策性。政策性银行的资本金及营运过程的补偿资金主要由政府提供;其资金运用体现政府的意图,严格以政府的经济政策为依据;不以赢利为经营目标,所致力实现的是社会经济的宏观效益,尤其是中长期效益目标。这决定它不与商业性金融机构竞争,而涉足于商业银行不愿从事的信贷业务领域,提供低息甚至无息贷款。

(2)金融企业性。政策性银行与一般金融企业具有共同的经营对象——金融商品、共同的业务领域——融资领域,均要求有一定的自有资本,资本运用是有偿的,其贷款至少收回本金,且常常还要收取利息。所以,政策性银行要本着安全性、偿还性原则对贷款对象进行筛选,对贷款使用进行必要的监督和检查,力求做到保本经营或微利经营。

2. 政策性银行的作用

这是由政策性银行的性质所决定的,具体表现在:

(1)充当信用中介,为生产建设融通资金。政策性银行通过负债业务,吸收资金,再通过资产业务,投入到所需部门,这与一般商业性金融机构相同,不同之处在于一般不接受社会公众的活期存款,不具备信用创造和支付中介功能。

(2)从国民经济宏观利益、长远利益出发,通过逆向配置资源发挥经济结构调节者的功能,推动国民经济各部门、各产业、各地区的均衡发展。政策性银行贯彻政府产业政策和区域开发政策,有选择地向一些国家重点扶持的基础产业投放资金,发展区域经济并促进对外经济的发展。这可从农业开发银行、进出口信贷银行、中小企业银行、区域开发银行等政策性银行的设立目标、经营业务中体现出来。

(3)在贯彻政府经济政策的同时,发挥示范和倡导效应,间接地诱导商业银行及其他金融机构从事符合政府政策意图的投融资活动。政策性银行为国家扶持的产业提供资金,反映经济的长远目标,降低了对这些部门的投资风险,提高了其他各金融机构的投资信心。

二、政策性银行的主要类型

政策性银行有多种不同的分类方式,但主要的类型包括:

1. 开发性银行

这种银行是专门为经济建设长期投资提供资金的银行,业务特点是投资多、见效慢、周期长、获利少,因此,此类机构大部分由政府设立,资金主要由政府提供,也通过发行债券筹集一部分资金。主要业务是向企业提供长期、低利率贷款,以促进新兴产业的建立和重点产业的发展,并支持社会基础设施建设和支柱产业发展。

2. 农业性银行

这种银行是专门为农林牧副渔的发展提供金融服务的银行。农业生产具有生产周期长、受自然条件影响大等特点,农业生产部门的收益和担保能力低,资本需求期长并且具有较强的季节性,经营性商业银行及其他私人金融机构一般不愿涉足,需要政府给予指导和资金支持,农业性银行正是在这一领域发挥其作用。

3. 进出口银行

这种银行是为配合国家经济政策、促进对外贸易发展而设立的专门性银行,承担商业性金融机构和普通出口商不愿或无力承担的高风险,弥补商业性金融机构的不足,改善本国出口融资条件,增强本国商品的出口竞争力。最早出现的专门从事进出口融资的金融机构是 1919 年成立的英国出口信贷担保局。进出口银行的主要职能有:一是融通资金。如提供出口信贷和各种有利于刺激出口的贷款;二是为融资提供便利,提供贷款担保、保险等;三是提供其他服务,如提供咨询服务等;四是经办对外援助,服务于政府的对外政策。

4. 中小企业信贷银行

这种银行是政府为扶植中小企业而设立的专门银行。中小企业在发展过程中尤其需要资金方面的支持,但贷款给中小企业风险较大,以赢利为目标的商业银行大多数不愿涉足。因此政府成立专门性银行为中小企业融资,这有利于保护和扶持中小企业,促进其尽快成长。

5. 住宅信贷银行

这种银行是为居民购买住宅提供金融服务的专业银行。住宅信贷直接关系到居民的生活,同样具有期限长、效益低、风险大等特点,所以世界上很多国家和地区政府都成立专门的住宅信贷银行,为建筑商和居民发放住宅抵押贷款,并为居民提供向其他商业银行和非银行金融机构申请贷款的担保。

三、我国的政策性银行

为了实现政策性业务与商业性业务的分离,解决国有商业银行一身二任的问题,充分保证国家重点投资建设、农业生产和重要物资及设备进出口等方面的资金供应。同时,为了割断政策性贷款与基础货币的直接联系,确保中央银行调控基础货币,我国于 1994 年组建了三家政策性银行,即国家开发银行、中国进出口银行、中国农业发展银行,作为执行特殊职能的专业银行。政策性银行直属于国务院领导,总行均设在北京。

政策性银行的经营原则是:必须在严格界定的政策性业务范围内开展经营活动,并接受相应监管机构的监督,其信贷资金实行计划管理、定向筹集和使用、自求平衡、保本经营的原则;坚持自担风险、不与商业性金融机构竞争的原则。

1. 国家开发银行

国家开发银行注册资本金为 500 亿元人民币,由国家财政全额拨付。其业务主要是办理政策性国家重点建设(包括基建和技改)贷款及贴息业务。其主要任务是建立稳定长期的资金来源,筹集和引导社会资金用于国家支持的基础建设、基础产业的政策性基本建设和技术改造项目,以及达不到社会平均利润的其他政策性项目和国务院决策的重大建设项目。

国家开发银行的主要资金来源:一是财政部拨付的资本金和重点建设基金;二是向金融机构发行金融债券;三是向社会发行由财政担保的建设债券和经批准在国外发行的债券;四是中国建设银行吸收的存款的一部分。国家开发银行不吸收居民储蓄存款和单位存款。

2. 中国农业发展银行

中国农业发展银行注册资本金为200亿元人民币,由国家财政全额拨付。其业务主要是对农业基本建设、重点工程项目及农产品流通提供政策性支持。主要任务是按照国家法律、法规和方针、政策,以国家信用为基础,筹集农业政策性信贷资金,承担国家规定的农业政策性金融业务,代理财政支农资金的拨付,为农业和农村经济的发展服务。

3. 中国进出口银行

中国进出口银行注册资本金为33.8亿元人民币,由国家财政全额拨付。根据业务发展的需要,中国进出口银行在一些城市如上海、深圳、大连等设置了分支机构,在国外也设有一些办事处。

中国进出口银行的主要职责是贯彻执行国家产业政策、外经贸政策和金融政策,为扩大我国企业机电产品、成套设备、高新技术产品的出口,扩大对外承包工程和境外投资,促进对外经济技术合作与交流提供政策性金融支持。主要业务是买方信贷、卖方信贷、对外担保、中国政府对外优惠贷款、转贷外国政府贷款,在境内外资本市场和货币市场筹集资金、贷款项下的国际国内结算业务和企业存款业务、经批准的外汇经营业务及其他业务。中国进出口银行的资金来源主要是财政专项资金和金融债券。

在市场经济条件下,政策性银行的作用不可忽视,从某种意义上来讲,政策性银行弥补了市场调节机制的欠缺,实现了资源的合理配置。在我国经济发展的现实情况下,需要依靠政策性银行扶植某些地区和某些行业,以实现国家经济的健康平衡发展。同时,政策性金融也是世界各国普遍运用的基本符合世界贸易组织协议要求的重要支持手段。

第三节　非银行金融机构

一般来说,人们把商业银行、专业银行、政策性银行及中央银行以外的金融机构列入非银行金融机构,就是说,它们属于金融机构,但又不是银行。如前所述,非银行金融机构构成庞杂,如保险公司、证券机构、信托投资机构、租赁公司、养老基金、基金管理公司、典当行、财务公司等。

一、保险公司

随着科学技术水平的突飞猛进,企业经营活动的范围越来越广,个人和家庭的生活日益丰富多彩。然而无论是企业还是个人,都可能会遭遇一些不确定因素所带来的意外风险和意外伤害。意外的不幸事件不但会造成经济损失、精神伤害,还会给社会各方面带来不同程度的影响,甚至影响企事业单位的正常生产经营、个人的正常生活。而保险公司正是集中管理风险,替人排忧解难的专业金融机构。

(一)保险公司的概念和特征

1. 保险公司的概念

保险是以社会互助的形式,对因各种自然灾害和意外事故造成的损失进行补偿的一种方式。而保险公司是依法设立的专门从事保险业务的公司。它通过向投保人收取保险费,建立保险基金,向社会提供保险保障并以此获得相应的利润。保险公司根据风险分散原理,将社会经济生活中的个别风险,通过保险机制分散于多个经济主体,以保障社会经济生活的稳定。因此,保险公司是一种重要的非银行金融机构。

2. 保险公司的特征

保险公司作为法人企业,必然具有一般企业的特征,包括以赢利为目的,依法经营,独立承担经济责任等。但保险公司毕竟不是一般的普通企业,它以风险为经营对象,以提供保障获得利润,因此,它有其不同于一般企业的特征,主要表现为:

(1)保险公司的经营对象是风险。与其他企业想方设法转移、回避风险不同,保险公司本身就是以风险为经营对象。保险公司的经营过程本质上既是风险的集中过程,又是风险的分散过程。通过保险公司的经营活动,将众多的投保人或被保险人的风险转嫁给保险公司。而当保险责任范围内的损失出现时,保险公司又将通过各个投保人缴纳的保险费等形成的资金,通过让全体投保人或被保险人承担,或部分由其他保险公司或再保险公司承担,来实现保险的经济补偿或经济给付。而风险的发生以及发生所致损失的大小具有不确定性和偶然性,由此决定了保险公司经营本身的风险性。

(2)保险公司经营活动的成果核算具有特殊性。与一般商品成本不同,保险经营成本具有未来性,即保险公司经营的预期成本是在过去的历史支出的平均成本基础上,通过预期的分析得到的。而保险公司经营的实际成本,则和实际的保险风险一样,发生在未来。未来总是充满着不确定性,这使得保险公司经营的预期成本与实际成本在绝大多数情况下并不相符。因此保险公司在成本核算上必将面临精确性与偶然性的因素。与一般工商企业通过销售商品收入减成本和税金来计算利润不同,保险公司经营利润的核算,除要从保险费收入中减去保险赔款、经营费用和税金外,还要减去保险公司各项准备金和其他未来的责任准备金。

(3)保险公司的经营活动具有广泛的社会影响。一般来说,保险公司承保的风险范围之宽,经营的险种之多,涉及的被保险人之广,是其他一般企业无法相比的。一旦保险公司出现无力偿付，或者经营陷入困境，将影响到广大被保险人的切身利益乃至整个社会的安定。

（二）保险公司分类

从不同的角度，我们可以对保险公司的种类进行不同的划分。按照经营目的，可以将保险公司分为商业性保险公司和非商业运作的政策性保险公司；按照所承担风险的类型不同，可以分为人寿与健康保险公司、财产与责任保险公司；根据被保险人的不同，可以分为原保险公司和再保险公司。

以下我们简要介绍一下人寿与健康保险公司、财产与责任保险公司和再保险公司。

1. 人寿与健康保险公司

人寿与健康保险公司为广大消费者提供各种保险产品，如定期寿险、终身寿险、万能寿险、变额万能寿险、医疗费用保险、伤残收入保险、年金保险、团体人寿和健康保险与退休计划等。上述产品的功能主要体现在以下三个方面：一是使客户在失去健康或生命之时获得一定经济补偿，这是人寿与健康产品最重要的功能；二是帮助客户为未来进行储蓄；三是帮助人们投资。

2. 财产与责任保险公司

财产与责任保险公司主要为消费者提供海上保险、货物运输保险、火灾保险、运输工具保险、工程保险、农业保险、各类责任保险等产品。上述产品的主要功能是帮助投保人转移风险、减少损失。

3. 再保险公司

再保险公司是经营再保险业务的商业组织机构。再保险是与原保险相对应的概念。原保险是指保险人对所承保的保险事故在其发生时对被保险人或受益人进行赔偿或者给付的行为，它又称直接保险。再保险是指原保险人为避免或减轻其在原保险中所承担的保险责任，将其所承保的风险的一部分再转移给其他保险人的一种行为。

（三）保险公司的主要职能

保险公司的职能主要包括以下几个方面：

1. 经济补偿职能

这是保险公司的基本职能，也是保险公司得以产生的最初动因。保险公司通过承保业务集中承担被保险人的风险，在出险时履行赔付责任，实现保险的经济补偿职能。保险公司通过扩大承保面或再保险把风险分散出去，在被保险人、保险人之间实现风险分担。保险公司的这种集散风险的过程就是实现经济补偿职能的过程。

2. 运营保险基金职能

保险公司运营保险基金的职能是实现其组织经济补偿职能的重要保障。保险公司可以把累积的暂时不需要赔付或给付的保险基金用于短期贷款、流动性强的投资，还可以把一部分资金用于中长期投资。这样，既可以把部分闲置资金转化为生产性资金，满足社会对资金的需要，又可以实现资金的增值，为降低保险费率和扩大保险需求创造条件。

3. 防灾防损职能

保险公司是风险的集中承担者,但它并不是被动地接受风险,而是主动地识别、防范风险,以降低风险出现的概率和减少损失。

(四)保险公司的基本业务运作

在现代保险经营中,保险公司的经营活动主要包括险种开发、展业、承保、防损、理赔、资金运用等环节。下面我们就对保险公司的这些基本业务活动逐一进行介绍。

1. 保险产品开发

保险产品的开发又叫新险种开发,保险公司要想保持在市场竞争中的优势地位,就必须不断地开发新险种。新险种是一个相当广泛的概念,是指整体险种或其中的一部分有所创新或改革,能够给保险消费者带来新的利益和满足的险种。新险种不一定是完全创新的险种,但必须是对原有险种进行了变革或变异,即新险种要体现出与原有险种显著的差异或本质上的不同。从保险市场的发展趋势来看,保险产品开发策略越来越受到人们的重视,其应该遵循市场性、竞争性、效益性、合法性等原则。

2. 保险展业

(1)保险展业的概念和必要性。保险展业又称推销保单,不少国家又称作保险招揽,它是保险公司引导具有同类风险的单位和个人购买保险的行为,是保险经营活动的起点。

保险展业对于保险经营具有重要意义,这主要有以下几个方面的原因:

一是大数法则需要保险经营必须具有承保风险的大量性。保险公司只有大量招揽业务,才有可能使损失在众多的被保险人之间进行分摊,才能有效发挥大数法则的作用,达到集合风险、分散风险并实现保险保障的目的。

二是保险商品具有特殊性,其特殊性决定了保险销售的特殊性。人们往往并不了解其周围的风险或者总是存在侥幸心理,对风险及其后果的畏惧和对保险的需求是在风险事故发生之后,而保险人所要求的保险合同的订立必须在风险事故发生之前。由此可见,人们对保险消费需求心理滞后于保险经营所要求的时间。因此,保险人必须大力进行保险展业。

三是保险公司大量招揽业务,可以增加保费收入,积累雄厚的保险基金,在保险市场上增强其竞争能力。

(2)保险展业的主要内容。作为保险公司,在进行保险展业时应该从树立保险产品及公司形象、帮助准客户分析自己所面临的风险及保险需求、帮助准客户估算投保费用和制定具体的保险计划、收集反馈信息等几个方面来开展工作。

(3)保险展业方式。保险展业的方式主要有直接展业和间接展业两种。

直接展业又称为直销制,是保险公司业务部门的专职业务人员直接向准客户推销保险,招揽保险业务。这种展业方式的优点是保险业务的质量较高,缺点是受保险公司机构和业务人员数量的限制,保险业务开展的范围较窄,数量有限。此外,采用这种方式支出的成本较高。

间接展业亦称中介制,是由保险公司利用保险专职业务人员以外的个人和单位,代为招揽保险业务。间接展业的优点是:范围广,招揽的业务量大,而且费用较少,成本低。其不足之处是由于中介人的素质参差不齐,业务质量会受到一定的影响。

在保险业发展的初期,保险公司大都采用直销制展业。但是随着保险业的发展,保险公司仅仅依靠自己的业务人员和分支机构进行保险展业远远不够,同时也不经济。因此,在现代保险市场上,保险公司在依靠自身的业务人员进行直接展业的间时,更广泛地利用保险中介人进行间接展业。

保险公司在选择展业渠道时需要考虑的最重要的因素,就是能否以最小的代价最有效地将保险商品推销出去。因此,保险公司在评价保险展业渠道并作出决策时,都要考虑保险险种、市场需求、企业自身条件等因素。

3. 承保

承保是指保险人与投保人对保险合同的内容协商一致,并签订保险合同的过程,它包括核保、签单、收费、建卡等程序,而核保是承保工作的重要组成部分和关键环节。

(1)保险核保的主要内容。核保又称风险选择,是指保险人对投保人提出的投保申请进行评估,决定是否接受这一风险,并在接受风险的情况下,依据风险的大小决定费率开价的过程。核保的目的在于通过评估和划分准客户反映的风险程度,将保险公司实际风险事故发生率维持在精算预计的范围以内,从而规避风险,保证保险公司的稳健经营。因此,在保险经营中,核保是非常重要的环节,承保人通过核保将不同风险程度的标的物或人群进行分类,按不同标准进行承保并制定费率。另外,在保险经营中经常会发生逆向选择的现象,为了保证保险业务经营的稳定,保险人必须进行核保,核保的具体内容包括以下几个方面:

一是审核投保申请。对投保申请的审核主要包括对投保人的资格、保险标的、保险费率等项内容的审核。审核投保人的资格主要是审核投保人是否具备完全行为能力以及对保险标的是否具有保险利益。只有同时具备上述两个条件,保险合同才具有法律效力。审核保险标的即对照投保单或其他资料核查保险标的的情况,如财产的使用性质、结构性能、所处环境、防灾设施、安全管理等。

二是控制承保风险。在核保时,保险公司主要通过控制逆向选择、控制承保责任范围、控制保险金额以及控制人为风险对承保风险进行控制。

三是审核保险费率。审核保险费率是指根据事先制定的费率标准,按照保险标的的风险状况,使用与之相适应的费率。保险费率是保险商品的价格,与风险程度一致。风险程度高,保险人就应收取较高的费率;反之,则应收取较低的费率。

(2)保险承保的程序。保险公司的承保程序主要包括填写投保单、审核验险、接受业务、缮制单证四个步骤。

4. 保险防灾防损

保险防灾防损是保险经营过程中不容忽视的重要环节。实施防灾防损，维护人民的生命和财产安全，减少社会财富损失，既是提高保险企业经济效益和社会效益的重要途径，又是强化社会风险管理和安全体系的必要措施。

（1）保险防灾防损的含义。保险防灾防损简称为保险防灾，是指保险人与被保险人对所承保的保险标的采取措施，减少或消除风险发生的因素，防止或减少灾害事故所造成的损失，从而降低保险成本、增加经济效益的一种经营活动。

（2）保险防灾防损的内容。保险公司在防灾防损方面可以开展以下工作：

①加强同各防灾部门的联系与合作。②开展防灾防损的宣传教育。③进行防灾检查，及时处理灾害因素和事故隐患。④参与抢险救灾。⑤提取防灾费用，建立防灾基金。⑥开展灾情调查，积累灾情资料。

5. 保险理赔

（1）保险理赔的含义。保险理赔是指保险人在保险标的发生风险事故后对被保险人提出的索赔请求进行处理的行为。保险理赔无论是对参加保险的人还是保险公司都是一项至关重要的工作。理赔过程的实现，既是被保险人取得保障、享受保险权益的具体反映，也是保险人履行其保险责任的重要环节。

（2）保险理赔的原则。保险理赔是一项涉及面广、情况复杂的工作。为了更好地贯彻保险经营方针，提高理赔工作质量，保险理赔必须遵循重合同、守信用，实事求是，主动、迅速、准确、合理的原则。

（3）保险理赔的程序。保险理赔的程序一般是接受损失通知，进行损失调查，处理损余物资，审核保险责任，赔偿给付保险金这几个环节。

6. 保险投资

（1）保险投资的含义。保险投资也称为保险资金运用，是指保险公司将自有资本金和保险准备金，通过法律允许的各种渠道进行投资以获取投资收益的经营活动。在此，保险公司是保险投资的主体，保险资金则构成了保险投资活动中的客体。通过保险投资，保险公司从中可以获取营利性的收益，从而扩大承保的偿付能力，增强保险公司的经营实力。

（2）保险投资的资金来源。保险公司在经营过程中形成的闲置的保险基金是保险投资的必要条件，保险基金的规模决定了保险投资的规模。一般来说，保险基金中的70%可用于投资，随着保险基金的增加，保险投资规模也会相应地增加。

保险投资的资金来源从总体上说主要包括以下内容：

一是自有资本金。保险公司的自有资本金也称为开业资金或备用资金，各国政府一般都对保险公司的开业资本金规定一定的数额。根据我国的现行法律，我国保险公司的实收货币资本金不得低于2亿元人民币。

保险资本金的另一特性属于备用资金，当发生特大自然灾害，各种准备金不足以支付时,可动用资本金来承担给付责任。但在正常情况下,保险公司的资本金除按规定上缴部分保证金外,绝大部分处于闲置状态,从而成为保险投资的重要来源。

二是非寿险责任准备金。非寿险责任准备金包括保费准备金、赔款准备金和总准备金三大部分。保费准备金又称为未到期责任准备金,是指在每个会计年度决算时,保险公司对于保险责任尚未满期的保单,将属于未到期责任部分的保险费提存出来而形成的责任准备金;赔款准备金是指在会计年度末保险公司进行决算时,为本会计年度末之前发生的应付而未付的保险赔付所提存的准备金;总准备金是指保险公司为满足年度超常赔付、巨额损失赔付以及巨灾损失赔付的需要而提取的责任准备金。

三是寿险责任准备金。寿险责任准备金是指保险人把投保人历年缴纳的纯保费和利息收入积累起来,作为将来保险给付和退保给付的责任准备金。

四是储金。储金是一种返还性的保险资金,它由投保人以存入资金的利息充交保费,在保险期间若发生保险事故,保险公司给予赔付;若未发生保险事故,则到期偿还本金。这时,这笔存入的资金就可作为一项可运用资金。

五是其他资金。其他资金是指除上述资金之外的其他可运用资金。这部分资金通常包括保留盈余、结算中形成的短期负债等。

其他还有企业债券、借入资金、信托资金和其他融入资金等都是在经营中为某些目的而有偿借入的,也是一种补充资金来源,但在投资运用时要受到期限和收益率的约束。

(3)保险投资的形式。保险投资应根据资金来源的不同性质、用途和结构,在遵循资金运用安全性、营利性和流动性原则的基础上,合理选择投资对象和投资结构。一般而言,可供保险公司选择的保险投资的形式主要有银行存款、债券、股票、不动产投资、贷款等。

二、证券机构

证券机构是指从事证券业务的机构,主要包括证券公司、证券交易所、证券登记结算公司和证券投资咨询等。

(一)证券公司

证券公司是主要从事各种有价证券经营及相关业务的金融机构,它受托办理股票、债券的发行业务,受托代理单位及个人的证券买卖,也可以自己从事有价证券的买卖活动。按照我国证券法的规定,国家对证券公司实行分类管理,分为综合类证券公司和经纪类证券公司。证券法同时规定,综合类证券公司经营的业务范围包括证券经纪业务、证券自营业务、证券承销和经国务院证券监督管理委员会规定的其他证券业务,经纪类证券公司只允许专门从事证券经纪业务。

我国证券公司的业务范围和我们前边所讲的投资银行业务范围有些相似,不过数量上要少一些,其主要业务有:有价证券的代理买卖和自营买卖;有价证券的承销与发行;融资融券业务;证券资产管理业务;投资咨询业务;IB(Introducing Broker)业务等。

（二）证券交易所

证券交易所是证券买卖双方公开交易的场所，是一个有组织、有固定地点、集中进行证券交易的次级市场，是整个证券市场的核心。其采用的组织形式主要有公司制和会员制两种形式。证券交易所本身并不买卖证券，也不决定证券价格，而是为证券的集中和有组织交易提供一定的场所和设施，配备必要的管理和服务人员，并对证券交易进行周密的组织和严格的管理，为证券交易顺利进行提供一个稳定、公开交易的高效率的市场。

其主要的职责是：提供交易场所与设施，制定交易规则，监管在该交易所上市的证券以及交易行为的合规性、合法性，确保市场的公开、公平和公正等。

（三）证券登记结算公司

证券登记结算公司是不以赢利为目的的市场公共服务机构，它实行董事会领导下的总经理负责制。董事会是最高权力机构，总经理由董事长提名，董事会确认。总经理室下设有登记部、存管部、清算部、国际清算部、综合部和工程技术部等职能部门。

其主要职能和业务范围是：股权登记、证券持有人名册登记和证券账户的设立、记名证券的存管和过户、证券交易所的所有上市品种交易后的结算与交收、代理证券的还本付息或者权益分派及其他代理人服务、实物证券的保管、咨询和培训等。

（四）证券投资咨询公司

投资咨询公司在西方国家中也称为投资顾问，是证券投资的职业性指导者，包括机构和个人。主要是向顾客提供参考性的证券市场统计分析资料，对证券买卖提出建议，代拟某种形式的证券投资计划等，并收取相应的咨询费。证券投资咨询公司最大的特点，就是根据客户的要求，把咨询分析建立在科学的基础分析和现代技术分析基础之上，通过捕捉大量信息资料予以加工，向客户提供分析报告，帮助客户建立有效的投资策略及确定投资方向。

其业务主要包括：（1）接受政府、证券管理机关、有关业务部门和境内外机构的委托，提供宏观经济及证券市场方面的研究分析报告和对策咨询服务。（2）接受境内外证券投资者的委托，提供证券投资、市场法规等方面的业务咨询。（3）接受公司委托，策划公司证券的发行与上市方案。（4）接受证券经营机构的委托，策划有关的证券事务方案，担任顾问。（5）编辑出版证券市场方面的资料、刊物和书籍等。

三、信托投资机构

信托投资机构是经营信托投资业务的金融机构。它是依照法律的授权并以受托人资格，从事金融信托业务经营的单位。它一般以法人身份，承办各种不与本国信托法相抵触，又为社会所需要并有经济利益的业务。因此，它涉及的业务范围一般较大，既包括信托业务，又包括其他信用业务。

（一）信托投资的特征

作为信托业务的经营，它与商业银行相比具有以下特征：

第一,它充当委托人和受益人之间的中介,接受委托人委托管理和处理信托资产。在信托业务中,发生了多边的信用关系,发展了服务范围,拓展了业务领域,集“融资”和“融物”为一体,而且期限较长。

第二,作为受托人代替委托人充当直接筹资或融资的主体,起直接金融的作用。

第三,体现多边信用关系。它是按“受人之托,代人理财”的基本特征融通资金管理财产,即接受委托人的委托,为受益人的利益管理、支配信托财产。

第四,经营范围广。它的业务范围包括:委托业务,代理业务,租赁业务,咨询业务,担保和见证,发行有价证券等,既有财务管理职能,又有信用服务职能。

第五,权、责、利不同。它的经营风险一般由委托人或收益人自己承担。经管信托资产的收益一般归受益人,其收益则来自于经办手续费。

(二)信托投资机构的职能

1. 财务管理职能

又称财产事务管理职能。指它受委托人委托,为之经营管理或处理信托财产的职能。简言之“受人之托、为人管业、代人理财”。它发挥着为财产所有者管理、运用、处理、经营财产的作用。

2. 资金融通职能

即它具有筹措资金和融通资金的职能,它利用其融资方式多样性的优势,既进行直接融资又能间接融资;既融资又融物;既融通国内资金,又融通国外资金,这为经济建设筹措了中长期稳定的资金。

3. 沟通和协调经济关系职能

它通过信托业务的办理,特别是通过代理和咨询业务,以代理人、见证人、担保人、介绍人、咨询人、监督人等身份为经营各方建立相互信任关系,为经营者提供了可靠经济信息,为委托人的财产找到投资场所。

(三)信托投资机构的分类

1. 专营的信托投资机构

即专业的信托投资机构,一般是指专门办理信托投资业务的经济组织,它属于非银行的金融机构,一般不经营银行业务而侧重于经营长期金融业务,因而又往往被称为信托投资机构。

2. 兼营的信托投资机构

它一般指既经营信托业务又经营银行业务的单位。兼营形式的信托投资机构一般又分为两种:

(1)以经营信托投资业务为主,同时又兼营银行业务的信托公司。这种公司一般以信托投资业务为主要业务,而把银行业务放在从属的地位。日本的信托投资机构多为此类机构。

(2)经营银行业务为主,同时又兼营信托业务的银行信托部。这些机构有的是法人,有的则不是,其兼营形式与上述第一种形式相反,它一般是商业银行或专业银行为兼营一部分信托业务而设置的银行附属机构,因而一般以银行业务为主要业务,信托业务处于从属地位。这种兼营形式以美国最为典型。

四、租赁公司

租赁公司是专营租赁业务的法人组织。它是随商品经济和租赁业的发展而产生的。只有当承租物品不是为了生活,而是为了赚钱,租赁变成以融资为目的的经济活动时,才具备了专营租赁机构出现的前提条件。初期的租赁公司往往通过股份制和贷款来筹集资本,购买设备,对外租赁。后来由于银行对租赁公司贷款,分享租赁公司的利润,逐渐发展到银行控制租赁公司。银行由贷款参与租赁变为直接出租者——银行附设租赁部(公司)或另外组建独立租赁公司。保险公司、投资银行也从参与租赁发展到直接组建租赁机构。西方国家的租赁公司发展趋势是大的租赁公司主要办理融资性租赁。

这类公司具有以下特征:

第一,资金来源不同。租赁公司的资金来源主要是自有资金,而不像其他金融机构是聚集社会闲散资金。

第二,信用形式不同。租赁公司是以商品形态向承租人提供融资,而其他金融机构则以货币形态提供融资。租赁是以融物达到融资目的的信用形式。

第三,资金运动形式不同。租赁公司的资金运动并非纯粹的资金运动。租赁物品是出租人向承租人提供资金信贷的等价物,在承租人得到所需资产的同时,无异于得到了相当于资产购置成本的信贷资金,百分之百地融通了资金。资金运动与相应的物资运动相伴随。

租赁公司在经济社会中起着较为重要的作用,其职能有:

1. 融资的职能

租赁公司通过办理租赁业务而把金融信贷和物资信贷相结合,从而具有融通资金的职能。其融资职能还具体表现在:

(1)一般租赁公司都与银行相结合,并以银行作为后盾,共同经营租赁业务。

(2)国外的租赁公司不但经营租赁业务,也兼营购买证券、短期拆借、贷款等融资业务。

(3)它通过提供设备为企业融通资金。

(4)租赁公司业务与银行的抵押贷款相类似,它以分期付款的方式,收取的租金中包括本金和利息。

(5)租赁业务是银行信贷业务的一个补充,它比银行信用更具约束力。

2. 贸易的职能

租赁公司为了满足企业对设备的要求,首先融通资金与商品生产者发生贸易关系,然后再与承租人发生租赁关系。因而租赁公司行使着贸易机构的职能。

五、养老基金

在发达国家,就资产规模来讲,养老基金是最大的非存款金融机构。养老基金向保单持有人出售契约,以保证在他们退休后向其提供收入。在雇员被雇佣的年限内,由雇员本人或其雇主或两者共同交纳养老金,这种交纳贯穿整个雇佣期间。对收益人而言,养老金的交纳是可以免税的,而在给付时被征税;对雇主而言,养老金的交纳是税前支出。所以,税收政策是有利于养老金的形成的。养老基金也鼓励自由职业者参加可以免税的养老金计划。

(一)养老基金的资产

由于养老金每年的交纳数额基本是可预见的,所以养老基金一般都投资于长期证券,如债券、股票和长期抵押贷款。随着时间的推移,养老基金的资产管理理念也发生了重大的转变。二战后,发达国家养老基金以投资政府债券为主,只有不到1%的资金投资于股票。但随着20世纪五六十年代股票市场的繁荣发展,股票的比例开始提高,目前股票资产已占到养老基金总资产的40%,养老基金也成为股票市场最主要的投资者。

(二)养老基金的种类

1. 按照给付方式,分为以收定支方式和确定的给付额方式

以收定支方式是根据交纳的基金额和基金的收益情况来确定退休时给付的金额;确定的给付额方式指事先就确定了退休时的给付额。就确定的给付额方式而言,又可以分为足额资金基金和不足额资金基金。足额资金基金指经年交纳的养老金及其收益,在到期时足以支付应付金额;如果不足以支付应付金额,就是不足额资金基金。

2. 按照发起人,分为社会养老基金和私人养老基金

在发达国家都有完善的社会保障计划,其实就是一种养老基金,由政府发起设立,并委任专人管理,要求公司和雇员向基金交纳养老金,并投资于政府证券,在雇员退休时,交纳者开始收到基金给付的收入。几乎全国所有的雇员都被包括在其中。由于社会保障计划的给付金额与参加者交纳的养老金数额不是紧密相关的,所以,通常退休的雇员的退休金是用在职员工交纳的养老金支付的。因此,使得社会保障计划的资金产生了巨大的缺口。并且随着人口老龄化,这个问题会更加严重。我国由于社会养老基金建立的时间还很短,资金积累严重不足,所以也存在着同样的问题。私人养老基金通常是由公司发起的,或者是由雇员通过工会发起的。许多小规模的养老基金由银行的信托部门管理,或者由人寿保险公司管理;规模大些的,通常由发起人自己管理。

养老基金一般都规定了雇员享受养老金给付前必须参加养老金计划的最少年数。例如某养老基金规定,雇员在享受养老金给付前必须为其公司工作5年以上,如果该雇员未满5年就离开公司,无论是主动辞职还是被辞退,都会失去享受养老金给付的权利。

我国目前已经基本上建立起了地方性的养老基金,使退休人员的收入得到了基本保障。但由于我国的养老基金历史还很短,积累起来的资金也很有限,在资产和负债的管

理方面还有待完善。

六、基金管理公司

基金管理公司是指依照法律法规的规定,经监管机构审资批准设立,从事基金的发起设立、投资管理、基金销售等业务的专业金融机构。主要职责就是按照基金契约或章程的规定,制定基金资产投资组合策略,选择具体投资对象,决定投资时机、价格和数量,运用基金资产进行有价证券的投资,谋求基金资产不断增值,实现基金投资人利益的最大化。

从基金管理公司的商业赢利模式来看,基金管理公司的主营业务不是直接运用公司资产获取利润,而是通过聘用专业的基金管理团队管理基金资产,以收取管理费和业绩报酬,获取投资回报。基金管理公司成功运作并获取较高利润回报的关键是聘用专业的管理团队,并建立有效的激励约束机制,发挥其投资理财的专业才能。

基金管理公司在不同的国家和地区有着不同的称谓,英国称其为"投资管理公司",美国称其为"投资顾问公司"或"资产管理公司",日本称其为"投资信托公司"或"证券投资信托委托公司",中国台湾地区称为"证券投资信托公司"。

七、典当行

典当行又称当铺,是一种以收取出典人实物作为抵押而进行借贷的金融性中介组织,在典当合同中处于承典人地位。典当行的业务活动主要是两项:一是发放借款即典金;二是收取出典人为借款而交出的实物抵押品并加以妥善保管。

典当行必须具备以下几个基本条件:(1)典当行必须具有与其自身业务量相适应的自有资金。典当行经营的是借款业务,没有资金无法经营,资金数量主要由经营具体典当业务决定,主要经营日常消费品抵押的,资金可少些;而要经营房地产、生产资料、贵重商品的,则资金必须雄厚。一般来说,按目前经济状况应不少于20万元。这些资金应当是自有资金,能够自由支配,不能依靠银行透支,也不能主要依靠贷款来获取经营资金。(2)典当行必须有固定的经营场所和安全可靠的存放物品的设施。(3)具有一定数量能够担当评估、保管物品的合格的专业管理人员。典当是一项业务性很强的商业活动。典金的支付多寡要以物品的实际价值为依据,而要能准确评估抵押品的实际价值,必须掌握多方面的才能,如能鉴定物品真伪、新旧程度、市场价值及今后涨跌可能。只有如此,才能确定符合实际的典金,保障双方利益。具有广泛专业知识的专业评估管理人员是典当行的基础。(4)具有良好的信用、职业道德,能自觉遵守国家法律和政策。

典当行有两种类型,一种是专营典当,称为"××典当行";另一种是经营典当,同时兼营拍卖、寄售,称为"××典当拍卖行"或"××典当寄售行"。在典当业务量大的大城市,一般应专营典当,把典当行与拍卖行分开;在典当业务量小的中小城市,典当行与拍卖行一般合在一起。

八、财务公司

财务公司也称金融公司，是面向个人或厂商，专门办理耐用消费品、机器、设备等贷款或分期付款销货业务的公司。1716 年，法国创设的通用银行可以算是最早的财务公司。19 世纪以后，英、美等西方国家也相继设立财务公司。目前，包括我国在内的许多国家均设有此类机构。

一般来说，财务公司可分为三种：消费型财务公司、销售型财务公司和商业财务公司。

消费型财务公司主要经营个人或家庭小额贷款业务，贷款以分期付款方式偿还，期限由几个月到一年不等，用途主要是购买耐用消费品。一般来说，对个人或家庭的贷款，风险比较高，所以，财务公司分期付款、贷款的利率也比较高。

销售型财务公司是由一些大型零售商或制造商建立的、旨在以提供消费信贷的方式来促进企业产品销售的公司。美国许多大公司都设有此类金融公司，以便推销商品。如著名的通用汽车公司设立的通用汽车承兑公司，为购买汽车的顾客向通用汽车的零售商购入存货提供贷款。

商业财务公司是对需要流动资本或长期资本的企业提供融资的财务公司。流动资本一般用于购买商业中的存货、工业或制造业原材料，同时，工商业也经常需要长期资本以添置机器、厂房、运输工具及办公设备。

第四节　金融监管机构

金融监管是金融监督和金融管理的总称。金融监管是指政府通过特定的机构（如中央银行）对金融交易行为主体进行的某种限制或规定。金融监管本质上是一种具有特定内涵和特征的政府规制行为。综观世界各国，凡是实行市场经济体制的国家，无不客观地存在着政府对金融体系的管制。

从词义上讲，金融监督是指金融主管当局对金融机构实施的全面性、经常性的检查和督促，并以此促进金融机构依法稳健地经营和发展。金融管理是指金融主管当局依法对金融机构及其经营活动实施的领导、组织、协调和控制等一系列活动。

而金融监管机构便是政府指定对金融交易行为主体进行监督和管理的重要机构。

世界各国的金融监管机构设置不尽相同。美国由美联储负责监管混业经营的金融控股公司，而银行、证券、保险分别由其他监管部门监管；英国、日本、瑞典、澳大利亚等国，则将银行、证券、保险统一于非中央银行的单一的金融监管机构；韩国由中央银行同时负责货币政策和银行、证券、保险的监管；多数欧元区国家则将银行、证券、保险的监管从中央银行中分离出去。我国则选择了从中央银行中分离出银行监管职能、单独成立银监会的方式来加强银行监管。

自20世纪80年代改革开放以来,我国的金融监管体系逐渐由单一全能型的监管结构走向多重机构的分业监管。1992年以前,中国人民银行作为全国唯一的监管机构,在国务院领导下承担对全国所有银行和非银行金融机构的监管职能。1992年10月,国务院证券委员会(证券委)和中国证券监督管理委员会(证监会)同时成立,证券委由国务院14个部委的负责人组成,是中国证券业监管的最高领导机构,而证监会则是证券委的监督管理执行机构,从而拉开了我国金融业分业监管的序幕。

1998年,确定中国人民银行负责监管商业银行、信托投资公司、信用社和财务公司,同时,国务院确定证监会为直属国务院的正部级机构,是全国证券期货业的主管部门。1998年11月,中国保险监督管理委员会(保监会)同时成立,保监会也是直属于国务院的正部级单位,是全国保险业的主管机关,依法统一监督和管理保险市场。2003年,为了进一步加强金融监管,确保金融机构安全、稳健、高效运行,提高防范和化解金融风险的能力,十届全国人大一次会议通过了关于国务院机构改革方案的决定,国务院决定设立银监会,其行使原由中国人民银行行使的监管职能,对银行、金融资产管理公司、信托投资公司及其他存款类金融机构实施监督管理。2003年4月29日,银监会的成立使我国金融业分业经营、分业监管的局面正式形成。我国金融业实行分别由银监会、证监会、保监会监管银行、证券、保险的金融监管制度。

深度链接6-1:次贷危机中投资银行巨大损失的根源

席卷全球金融市场的美国次贷危机,导致欧美投资银行出现巨大损失,多家投资银行破产或面临破产。为什么欧美投资银行备受推崇的业务模式和风险控制却未能避免危机发生? 导致它们巨大损失的机制和根源是什么?

投资银行在危机中扮演了CDO(抵押债务证券,Collateralized Debt Obligations)等次贷证券的发起、承销和做市、直接投资、杠杆融资等多种重要角色,促进了次贷证券市场空前膨胀。投资银行从中获得了高额利润,在危机爆发时也遭受了严重损失。

1. 次贷证券的发起、承销和二级市场做市

投资银行通过发起和承销次贷证券获得了丰厚佣金。首先,投资银行直接购买按揭贷款或ABS(资产支持证券,Asset - Backed Securities)等资产,或向CDO管理人提供融资,购买资产组合,设立特殊投资实体(SPV),构建CDO资产池。其次,设计CDO结构,如优先级和权益级的比例及规模、确定对应担保资产、测试各等级资产质量、联系信用评级机构获得信用评级等。最后,确定不同等级CDO的利率,并将CDO销售给不同风险偏好的投资者。为了二级市场做市,投资银行通常也会持有部分优先级或中间级按揭证券。例如,雷曼兄弟年报披露,2007年11月底持有的294亿美元按揭贷款证券中,就包括资产证券化时持有的87亿美元个人按揭证券和24亿美元商业按揭证券,这在危机爆发后造成了重大损失。

2. 投资银行对次贷证券的直接投资

次贷证券的高额回报，吸引了投资银行固定收益部门大量投资，并通过财务杠杆放大投资规模。例如，雷曼兄弟 2007 年 11 月底持有 772 亿美元按揭资产，其中包括 294 亿美元按揭贷款证券。2007 年，雷曼兄弟的按揭资产减记损失已经高达 68 亿美元。

投资银行对按揭证券估值存在很大缺陷，一般采用市价法估值，根据市场价格信息，参考信用评级，使用其内部模型对按揭证券进行估值。然而，由于按揭证券缺乏二级市场流动性，成交稀少，价格信息不能反映资产真实价值，可能出现价值高估，导致投资银行低估当期损失。因此，随着按揭贷款违约率上升，投资银行不断面临巨大的资产减记。2008 年 7 月，美林宣布将持有的 306 亿美元 CDO 资产仅按面值的 22% 打折出售，其资产减记总额合计高达 504 亿美元。

3. 为次贷证券投资提供抵押融资

许多对冲基金以 CDO 资产为抵押，向银行进行融资再投资于次贷证券，放大投资规模和收益。然而，住房市场疲软和按揭贷款违约率上升，导致 CDO 等抵押资产价格下跌，对冲基金面临银行追加保证金的通知，否则银行将对抵押资产强行平仓。由于次贷证券流动性很差，如果对冲基金不能追加保证金，平仓交易将导致价格大幅下跌，触发更多追加保证金的通知，从而使金融市场陷入螺旋式危机。那些向对冲基金提供抵押融资的投资银行，将因此遭受重大损失。

2008 年初，凯雷资本（高杠杆投资 CDO 的对冲基金）由于抵押的房利美公司债券价格下跌，又难以满足银行追加保证金要求，最后只能宣布破产，对持有的 166 亿美元按揭证券进行清算。凯雷资本的借款银行包括瑞银、美林、雷曼兄弟等几乎所有顶级投资银行，它们因此遭受重大损失。例如，2007 年 6 月贝尔斯登的对冲基金破产时，美林持有其 8.5 亿美元 ABS 等抵押资产，最后只以 1 亿美元拍卖成交。

4. 投资 CDS 和保险合约，对冲次贷资产的风险

许多投资银行大量参与 CDS 交易，一方面通过卖出 CDS 合约，以获得 CDS 期权费净收入。然而如果按揭贷款违约率上升，投资银行将面临巨额损失。另一方面，投资银行通过购买 CDS 对冲次贷资产风险，但由于“交易对手方风险”（即 CDS 卖方出现 CDS 巨额损失，导致 CDS 合约不能兑现），投资银行仍可能面临次贷损失。例如，雷曼兄弟 2007 年 11 月第三级衍生品合约（没有二级市场交易）净头寸约 25 亿美元，2008 年 5 月底实现损失 1.37 亿美元，未实现收益为 3.56 亿美元。

此外，投资银行也向保险公司购买保险，以对冲次贷资产的风险，然而次贷危机发生后，许多保险公司也出现较大损失，这些保险合约可能难以履行，导致投资银行损失。2008 年 7 月，美林宣布结束与 XL 保险公司的 CDO 资产保险合约，合约账面价值为 10 亿美元，美林只收回 5 亿美元。同时，美林还与 MBIA 公司和其他保险公司讨论解除类似担保合约，并预计可能最多再损失 8 亿美元。

5. 为对冲基金的次贷损失提供财务救助

危机爆发之后,许多投资次贷证券的对冲基金遭受了巨大损失。为了公司声誉,投资银行往往对旗下对冲基金提供财务救助,从而导致损失。2007 年 6 月,贝尔斯登两只高杠杆投资于 CDO 的对冲基金出现巨额亏损,贝尔斯登宣布向其中一只基金提供 32 亿美元的抵押借款,但是这两只基金仍然由于巨大亏损而关闭,资产净值几乎为零。

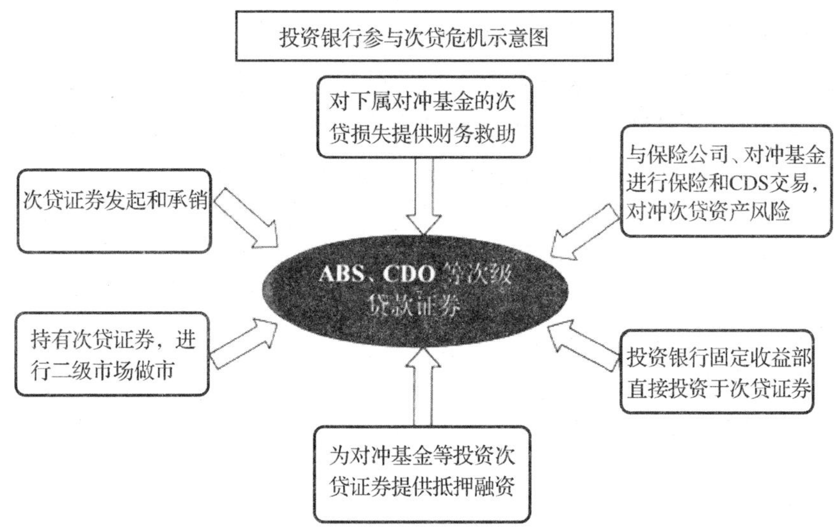

资料节选:冯晶:《次贷危机中投资银行巨亏的根源》,载《西南金融》,2008 年第 10 期。

深度链接 6-2:各国政策性银行的比较及我国政策性银行的改革

一、德、日、韩、中四国政策性银行比较

1. 德国复兴信贷银行

二战后,为配合欧洲复兴计划的实施,德国政府依照《德国复兴信贷银行法》于 1948 年 11 月成立了德国复兴信贷银行,主要目的是协助政府重建战后的德国经济。《德国复兴信贷银行法》规定,德国复兴信贷银行是依法设立的法人团体。由于德国复兴信贷银行是根据专门法设立的政府银行,因此,《德国银行法》和德国有关的商业法典不适合它。

德国复兴信贷银行成立初期,资金来源主要是政府的欧洲复兴计划特别基金。德国复兴信贷银行注册资本金为 10 亿马克,德国政府给予将利润转入特殊准备金、免交所得税、不给股东分红的政策。据统计,德国复兴信贷银行的赢利非常乐观,1998 年净收入达到 4.52 亿马克;日本政策投资银行在 1998 年底,总资产赢利率为 9.24%,自由资本的赢利率为 2.91%。

2. 日本政策投资银行

《日本政策投资银行法》是日本国会于 1999 年 6 月 6 日正式通过的,日本政策投资银行依此法而成立。由于日本政策投资银行是根据专门法成立的,因而其法律地位较为特殊。《日本政策投资银行法》规定该银行是一个法人,但实际上它首先是一家政府的银行。它由政府全资拥有,贯彻政府政策,不受《银行法》约束,自主经营,不以赢利为目的,但必须保证不亏损,不与商业性金融机构竞争。日本政策投资银行主要依靠财政投融资计划获得资金来源,资金绝大部分来源于邮政储蓄,仅仅有很小一部分来源于海外资本市场发行债券,而且海外发债也是由政府担保的。

3. 韩国产业银行

韩国产业银行于1954年4月依据《韩国产业银行法》成立,在第一章的总则中指出,韩国产业银行是独立法人,应遵守该法案以及行规,任何对韩国产业银行规章制度的修改都必须先由董事会通过,并征得财政经济部的同意。同时,韩国银行法和银行法不适用于韩国产业银行,从而明确了适用于该银行的法律文件。

韩国产业银行作为韩国最大的银行,1954年成立到1962年的8年期间基本依靠财政融资,但到1999年政府借款仅占3%左右,其余资金都靠在国内外资本市场发行债券或借款筹资。1999年,韩国产业银行的总资本为55亿美元,总资产为703亿美元,赢利为2120亿韩元,净利润为1.84亿美元。

4. 我国政策性银行

在我国国务院《关于金融体制改革的决定》中,只规定说明了设立政策性银行的目的、经营方式等,并没有明确政策性银行的法律地位,导致我国政策性银行由于法律地位不明确,受政府不当干预比较多。

我国政策性银行的基本特征和运行模式是以信贷融资为基础,政策性金融债券的主要发行银行是国家开发银行和中国进出口银行。政策性金融债券是国家开发银行的主要资金来源,90%以上的贷款以债券资金发放。我国政策性银行的融资模式和资金来源与我国政策性银行的商业化改革有着密切的联系。商业化改革的政策性银行,由于要与商业银行处于同等竞争地位,所以政策性银行资金来源是否利用国家的担保而取得优惠等问题,需要在商业化改革之时区分清楚,以便为国内银行业的竞争创造良好的环境。

近年来,虽然我国政策性银行经营状况有了一定的好转,但是赢利水平比较低。

二、我国政策性银行改革

目前,我国政策性银行正在计划商业化改革,将政策性银行推向市场,参与市场竞争,打破政府政策壁垒。2008年初,我国政策性银行的改革方案定为:按照四大国有银行的改革思路,国家开发银行、中国进出口银行、农业发展银行三家政策性银行将根据各自条件,按照一行一策的方针进行商业化改革,实现自主经营、自负盈亏、自担风险。可见我国政策性银行的改革方向更明确为商业性,目的在于提高政策性银行的抗风险能力和赢利水平。

目前,我国政策性银行只是提出了商业化改革的总体方案,具体改革的步骤和措施并未出台。政策性银行改革中,最重要的是处理好政府的补贴、享受国家优惠待遇的资金来源与市场化的资金来源的区别、处理好改革前的政策性业务与改革后的商业化业务的区别、处理好改革中的政策性银行与商业银行的区别等等。总的来说,政策性银行建立市场竞争机制,并妥善解决好政策性功能和商业化竞争之间的关系,避免再次出现打政策牌进行不公平竞争。

资料选编:陈雁媛,钟贤君:《德日韩政策性银行的比较研究——对我国政策性银行商业化改革的借鉴意义》,载《科技经济市场》,2008年第6期。

习　题

1. 解释下列概念:投资银行　证券做市商　储蓄银行　抵押银行　合作银行　清算银行　证券公司　证券交易所　保险公司　中小企业信贷银行　住宅抵押银行　政策性银行　开发性银行　农业性银行　进出口银行　基金管理公司　典当行　财务公司
2. 政策性银行的作用是什么?
3. 简述我国的政策性银行?
4. 简述投资银行的功能?
5. 简述投资银行在项目融资中的作用?
6. 简述保险公司基本业务运作的流程?
7. 简述租赁公司的特征?
8. 谈谈信托投资机构的职能?
9. 简述我国的金融监管机构?
10. 你如何看待典当行?

第七章　中央银行

学习目标

各国的中央银行或类似中央银行的机构均处于金融体系的核心地位，是统管全国货币金融的最高机构，它独享货币发行权，充当最后贷款者，制定和执行国家金融政策，担负着国家管理金融机构和金融市场的责任，统筹管理全国的金融活动，调节和控制全国货币流通和信用活动。通过本章的学习，要求掌握中央银行建立的历史背景、产生的客观必然性及其产生发展历程、中央银行的制度类型和性质；了解中央银行的职能和中央银行的资产负债表与主要业务；理解中央银行独立性的有关问题。

第一节　中央银行的产生与发展

一、中央银行产生的历史背景和客观必然性

(一)中央银行产生的历史背景

1. 商品经济和社会生产力的快速发展

从社会发展史上看，欧洲的封建社会解体较早，从12世纪开始，就逐步兴起了“生产力革命”，科学技术得到较大发展，使其商品经济在十三四世纪得到初步发展。十五六世纪欧洲资本主义制度初步形成，促使社会生产加速转向商品化。到17世纪，西欧的商品经济已比较发达，按照资本主义生产方式组织起来的工商企业和新式农业已占据社会生产的主导地位，科学发明和技术革新极大地促进了生产力的发展，为资本主义制度的最终确立奠定了基础，并为十八九世纪的西方工业革命开辟了道路。经济发展水平的提高，使货币经营业愈发普遍，且有利可图，这是中央银行产生和发展的历史背景之一。

2. 银行业的普遍设立

商品经济和社会生产力的快速发展，不仅带来实物经济规模的不断扩大，也为银行业提供了难得的发展机遇。银行业的产生有两条渠道，一是由在此之前的货币兑换商和银钱业发展而来；二是直接设立新银行。银行业的最初形成是在十三四世纪，最先出现在经济贸易比较发达的欧洲。到14世纪末期，一些以“银行”命名的信用机构开始出现，

如1397年成立的麦迪西银行(Medici Bank)便是较早用“银行”命名的信用机构之一。16世纪以后,伴随着工业革命及其带来的工商业的空前发展,银行的设立和发展也出现了一个高潮,意大利、法国、德国、英国等国家涌现了一大批新式银行。同时,这一时期的银行业在业务上也比先前的银行前进了一大步。发行银行券、为企业开立账户、办理转账结算、为新兴行业融资并提供服务等,使银行真正具有了现代银行的性质。银行的普遍设立和业务发展,极大地促进了资本主义生产方式的确立和商品经济的发展,这是中央银行产生的历史背景之一。

3. 货币关系和信用关系的普遍发展

商品经济的迅猛发展和银行的普遍设立,促进了货币、信用与经济的融合。银行的业务创新使货币和信用活动与贸易和新兴工商业的发展紧密结合,使资本主义社会资本积累的形式加速发展。银行一方面为企业的资本联合和社会筹资提供便利,另一方面还直接提供银行贷款扩大企业资金,并通过对商业票据办理承兑、贴现、抵押贷款等方式把商业信用转化为银行信用,使信用范围和规模大大扩展,从而为社会化大生产和商品经济的蓬勃发展提供了条件。

4. 经济发展中新矛盾的出现

伴随资本主义的空前发展,信用制度和银行体系已成为当时商品经济运行体系的重要支撑。但这时的信用制度特别是银行体系还比较脆弱,银行的设立毫无入门限制,业务活动的创新以及信用规模的扩大缺乏有效的、稳定的制度保证。缺少统一协调的银行体系遇到了严重挑战,新的矛盾不断产生和积累。自由竞争导致大量银行破产倒闭,信用体系和经济运行受到冲击,金融秩序也经常出现紊乱。面对这种状况,资产阶级政府开始从货币制度上寻找原因,试图建立一种有效的制度以稳定信用制度和银行体系,避免频繁发生的经济运行受阻和金融秩序混乱。

(二)中央银行产生的客观必然性

1. 满足政府融资的需要

从19世纪末之前的中央银行的建立目的来看,几乎都是为了解决政府融资问题的。国家机器的不断强化,战争的频频爆发,再加上自然灾害,使得政府财政入不敷出的现象日益严重。为了弥补财政亏空,政府逐渐成了银行的常客。由于政府对资金需求过大,而当时银行的规模较小,再加上高利贷盛行,大量借款后利息负担过重,难以承受,这就在客观上要求政府建立受其直接控制的银行,以便为自己服务。

17世纪末英王威廉三世从政时,由于英法战争(1689—1697年)导致国家财政陷入困境,亏空严重,常靠大量举债来维持财政支出。在这种情况下,英国国会于1694年通过法案组建英格兰银行,授予其在不超过资本总额的限度内发行银行券,并代理国库的特权,作为交换条件,由英格兰银行向政府提供120万英镑的贷款。从此,英格兰银行成了历史上第一家“政府的银行”。

2. 统一银行券发行的需要

银行券是在商业票据流通的基础上产生的,用以代替商业票据的银行票据。它是在商品经济发展规模不断扩大,金属货币的数量远远不能满足生产和交换的需要的背景下产生的。早期的银行券可以随时用来向发行银行兑换金属货币,所以它是作为金属货币的代用品进入流通的。在中央银行制度确立之前,各银行都有权发行自己的银行券,因此市场上就有众多银行券在流通。伴随着货币信用业务的迅速发展,众多银行分散发行银行券显现出很多弊端。

随着银行数量的不断增加,竞争的加剧,银行因经营不善而无法保证自己所发行银行券及时兑现的情况时有发生,再加上不断出现的银行破产倒闭,使得银行券的信誉大大受损,造成的连锁反应危害极大,给社会经济发展带来混乱。众多银行各自独立发行的银行券由于其发行银行的实力、资信状况、经营状况和分支机构设立状况的不同,其被接受程度和使用范围是不同的。一些中小银行发行的银行券只能在当地和较近地区流通,这与蓬勃发展的社会化大生产很不适应。大量不同种类的银行券同时在市场上流通,给银行、企业间的交易与支付带来困难,使得债权债务关系复杂化。

这些问题的存在,客观上要求银行券的发行权应该走向集中统一,由信誉卓著、资金雄厚并且有权威的银行发行能够在全社会流通的银行券。于是,国家遂以法令形式限制或取消一般银行的银行券发行权,而发行权集中于几家以至最终集中到一家大银行,其最终成为独占银行券发行权的中央银行。

3. 统一票据交换及清算的需要

商业银行在其发展初期,银行间的票据结算往往是由各家银行单独分散进行的。随着商品经济的发展,银行业务的不断扩展,银行每天收授票据的数量激增,银行之间的债权债务关系更加错综复杂,由各个银行自行轧差进行当日结算已发生困难。这种情况,不仅在异地结算业务中表现突出,在同城结算中也存在。票据的交换及清算问题若不能得到及时、合理的处置,就会阻碍经济的顺畅运行。因此,客观上要求建立一个全国统一的、有权威的、公正的清算中心,而这个中心只能由中央银行来承担。

4. 充当最后贷款人的需要

商业银行在经济发展过程中,必然会遇到某些临时性资金不足的情况,有时则因支付能力不足而破产。银行缺乏稳固性,不利于经济的发展,也不利于社会的稳定。商业银行仅仅依靠自身吸收存款来发放贷款,远远不能满足经济发展之需要。若将吸收的存款过多地放贷,又会削弱其清偿能力。特别是在发生金融恐慌时,一家银行的支付危机会波及到其他银行,甚至会危及整个金融业的稳定。因而,客观上需要一个统一的金融机构作为其他众多银行的后盾,适当集中各家银行的一部分现金准备,在银行出现难以克服的支付困难时,为它们提供资金支持充当银行的“最后贷款人”。

5. 对金融业进行监督管理的需要

金融业是一个较为特殊的行业,它存在着严重的信息不对称和很高的风险,它的稳定运行直接关系到一国经济的健康发展。因此,金融的稳定运行需要一个公平、健全的规则和机制。而政府对金融业进行监督管理,必须依靠专门机构来实现。由于金融业的监督管理技术性很强,这个专门从事金融业管理、监督及协调的职能机构要有一定的技术能力和操作手段,还要在业务上与银行建立密切联系,以便于制定的各项政策和规定能够通过业务活动得到贯彻实施。这一监督使命由中央银行承担最合适。

上述提出的几个方面的客观需要直接推动了中央银行的产生。但这些客观需要并非是同时提出的,中央银行也经历了从产生到发展的过程。

二、中央银行的创立和发展

中央银行从最初创立到现在,大致经历三次大的演进:初创时期、普遍推进时期、强化发展时期。

(一)初创时期的中央银行

中央银行产生于17世纪后半叶。如果从1656年瑞典银行算起,到1943年美国联邦储备体系建立为止,中央银行的初创时期经历了大约257年的时间。这一时期世界上设立的中央银行主要有:瑞典国家银行(1656)、英格兰银行(1694)、法兰西银行(1800)、荷兰国家银行(1814)、奥地利国民银行(1817)、比利时国民银行(1850)、西班牙银行(1856)、俄罗斯银行(1860)、德国国家银行(1875)、日本银行(1882)、美国联邦储备银行(1913)等。

在中央银行的初创时期,具有典型代表意义的是瑞典国家银行、英格兰银行以及美国联邦储备银行,下面就这三家银行的产生历史分别作一介绍。

1. 瑞典国家银行

瑞典银行成立于1656年,是由私人创建的欧洲第一家享有银行券发行权和办理证券抵押贷款业务的银行。1668年,由政府出面将其改组为国家银行,收归国家所有,并对国会负责。早期的瑞典国家银行兼营商业银行业务,1830年后,同时有28家银行获得了银行券的发行权,直到1897年,瑞典政府才通过法案将货币发行权集中于瑞典银行,使其独占了货币发行权,完成了向中央银行转变的关键一步。与之相比,真正最早全面发挥中央银行职能的是英格兰银行,尽管它成立较瑞典银行晚。

2. 英格兰银行

英格兰银行成立晚于瑞典银行38年,而从法律赋予中央银行货币发行特权看,英格兰银行早于瑞典银行64年,从履行中央银行的全部职能看,英格兰银行也比瑞典银行早得多。因此,英格兰银行被誉为现代中央银行的“鼻祖”。英格兰银行起初以私人合股公司的方式出现,它的建立是基于政府融资的需要。因此,为政府筹资、接受政府存款和向政府提供贷款是该行成立之初最主要的业务之一。同时,政府也给英格兰银行一些特权,如成立时就获准其具有不超过其资本总额数量的银行券发行权,代理国库,股东负有限责任等。1826年英国议会通过法案,准许其他股份银行成立,也可发行银行券,但限制在伦敦65英里之外,以示有别于英格兰银行。1833年,英国议会又通过一项法案,规定只有英格兰银行发行的银行券具有无限法偿资格,使其走出了成为中央银行的决定性一步。1844年的《英格兰银行条例》(亦称"皮尔条例")给了英格兰银行更大的特权:赋予其基本垄断货币发行的权力。即增加了设有金银准备作保证的银行券发行限额,同时限制或减少其他银行的银行券发行量;集中其他商业银行的一部分存款准备金。因为其他商业银行需要银行券时只有从英格兰银行提取,所以必须在英格兰银行存款,使英格兰银行逐渐具备了作为中央银行的基础。1854年,英格兰银行发展成为英国银行业的票据交换和清算中心。

英国资本主义商品经济起步中,也就不可避免地最先受到经济危机的袭击。在1825年、1837年的两次危机中,英格兰银行曾对陷入困境的商业银行提供了贷款支持,即充当"最后贷款人"。后来,英国国会批准英格兰银行的货币发行可适时突破"皮尔条例"的限制,以便支持一般商业银行渡过难关。这样,在1872年,英格兰银行成了银行的银行。由此可见,英格兰银行不仅发展较快,而且较早具备了中央银行的主要职能,对世界其他国家中央银行制度的建立产生了重大影响,为现代中央银行理论与实务的形成奠定了基础。

3. 美国联邦储备体系

1913年美国国会通过《联邦储备法》,1914年建立美国联邦储备体系,它的形成经历了一个长期的摸索过程。

1791年,经国会批准,设立了美国历史上第一家国家银行——美国第一国民银行,总部设在费城,共有8个分行,总股本为1000万美元,其中私人股占80%,联邦政府持股20%,经营年限为20年。该行创建的动机是为了解决联邦政府的财政供给问题,实际在执行着某些中央银行的职能,如代理国库,独占货币发行权,向联邦政府提供贷款等。1811年该行注册期满,因担心集权过大而中止经营。第一国民银行关闭后,货币发行、代理国库的业务由各州立银行承担。由于州立银行迅猛发展,数量从1811年的88家猛增至1816年的246家,导致货币发行量急剧膨胀,结果造成货币发行混乱,银行纷纷倒闭的局面,美国联邦政府于1816年批准设立第二国民银行,试图以此来控制货币信用活动。

第二国民银行的规模比第一国民银行大,在全国有25家分支机构,总股本为3500万美元,其中联邦政府持股20%,以公债支付,其余80%的股份则由个人、公司和州政府认购,经营期限也是20年。第二国民银行在许多方面类似于第一国民银行,但并没有真正起到中央银行的作用,如未能真正行使代理国库的权力,也没有集中货币发行权。因此,第二国民银行于1836年注册期满时撤销。第二国民银行停业后,美国进入自由银行时期。由于缺乏集中、统一的管理,银行数量迅速增加,银行券的发行量和以支票形式存在的货币数量变动剧烈,准备金普遍不足,许多银行无力随时偿付债务,纷纷破产倒闭,全国金融陷入一片混乱之中。在这种不健全的银行制度下,美国每隔数年就发生一次金融恐慌。鉴于此,美国国会认识到成立中央银行的必要性,于是1908年美国国会成立了全国货币委员会，1913 年 12 月国会通过《联邦储备银行法》，1914 年 11 月美国联邦储备银行体系正式成立，标志着美国中央银行制度的正式形成，同时也标志着中央银行初创阶段的基本结束。

在中央银行制度形成的初期，绝大部分中央银行产生在欧洲国家，这是因为当时欧洲的经济、金融发展比其他地区要早得多，也发达得多。另外，从中央银行产生的形式看，除个别例外，各国基本上是通过法律赋予普通银行集中货币发行权和对其他银行提供清算服务及资金支持的权力，而逐步将普通银行演进为中央银行的。

（二）中央银行的普遍推行时期和强化发展时期

中央银行制度在经历了初创时期后，其发展又大致可以分为两个阶段：一是从第一次世界大战开始到第二次世界大战结束止，可称作中央银行制度的普遍建立时期；二是从第二次世界大战结束至今，可视为中央银行的进一步发展完善时期。

1. 中央银行制度的普遍推行

第一次世界大战爆发后，许多国家经济与金融发生了剧烈波动，面对世界性金融危机和当时严重的通货膨胀，各国政府和金融界人士都感到只有强化中央银行的地位才能对信用货币加以控制。于是，1920 年在比利时首都布鲁塞尔召开了国际金融会议，要求尚未成立中央银行的国家要尽快建立中央银行，以共同维持国际货币体系和经济稳定。1922 年在瑞士日内瓦召开的国际金融会议上，又再次强调了布鲁塞尔会议形成的决议，由此推动了中央银行在更多国家的建立。

从 1921 年至 1944 年，世界各国改组或设立的中央银行约有 43 家。由于有老的中央银行设立和发展的宝贵经验可资借鉴，所以上述许多银行都是运用政府力量直接设计成为法律上具有明确权责的特定金融机构。在 30 年代大危机后，新、老央行均开始建立准备金制度，并以管理其他金融机构为己任。中央银行作为发行的银行、银行的银行和国家的银行的职能在这段时期迅速扩展并逐渐趋于完善。

2. 中央银行制度的强化

第二次世界大战结束后，各国政治经济形势发生了重大变化，国家对央行的控制加强，中央银行对国家宏观经济的调节职能得到进一步的强化和完善，各国中央银行制度也发生了深刻的变化。主要表现在：第一，中央银行国有化趋势加强。早期中央银行虽是作为政府的银行存在，但它们的股本大多是私人持有，如英格兰银行基本上为私人股份银行。战后，一些已建立中央银行的国家逐渐实行国有化政策，全部资本收归国有，如英格兰银行于 1946 年被收归国有。此外，法国、荷兰、印度、印尼、南斯拉夫、罗马尼亚等国中央银行也相继变为国有。有些新建的中央银行一开始就由政府出资，即使继续维持私有或公私合营的中央银行，也都通过规定诸如私人持股者只能按规定获取股息，没有决策权和经营管理权等以加强国家的控制。这样做的主要原因是使中央银行真正做到以社会的利益为己任，来实现一国经济、金融的稳定与发展。第二，中央银行的独立性加强。首先，独占货币发行权。初创时期的中央银行与普通银行没有严格的区别，随着中央银行国有化趋势的加强,中央银行开始独占货币发行权,目前各国货币发行基本上都由中央银行集中发行。其次,专门行使中央银行职能。战后,随着各国政府当局对中央银行独立性认识的深化,中央银行逐渐放弃了对企业的信用关系,改变为主要和商业银行及政府发生信用关系,专心致志地做银行的银行和政府的银行。这样不仅使中央银行的业务更加具有独立性和超脱性,而且还有利于中央银行专门行使调控职能,成为整个金融体系的中心。第三,中央银行调控经济的能力增强。战后,自由资本主义向垄断资本主义过渡,国家在社会经济中的作用日益加强,各国政府干预和调节经济的目标逐步扩大到稳定物价、充分就业、经济增长和国际收支平衡。而实施这些目标的主要手段是财政政策和货币政策。战后至 20 世纪 60 年代中期以财政政策为主,货币政策为辅。20 世纪 60 年代末以后,资本主义经济进入滞胀阶段,货币学派兴起强调货币政策的重要性,认为财政政策也只有通过货币政策才能起作用。于是货币政策成了各国中央银行调节货币供应量、积极干预宏观经济的主要手段。现代中央银行普遍运用法定存款准备率、再贴现率和公开市场业务操作来影响货币供应量,开创了运用间接手段调节货币供应的先河。随着中央银行干预和调节宏观经济的范围和力度的不断加大,各国中央银行又创造了一些选择性的工具,如信用分配、特别存款制、道义劝告和窗口指导等,使中央银行的货币政策针对性更强、弹性更大,调节经济的能力也不断增强。第四,中央银行国际合作的进一步加强。第二次世界大战以后,金本位制的彻底崩溃,使各国之间的货币关系失去了统一的价值标准和基础,引起国际贸易与结算的混乱。为了重建统一的国际金融体系,1944 年 7 月 1 日,在英美两国的倡议下,44 个国家的代表在美国新罕布什尔州布雷顿森林旅馆召开了国际金融会议,通过了《国际货币基金协定》。据此会议精神,于 1945 年 12 月 27 日成立了国际货币基金组织,并于 1947 年 3 月 1 日正式启动,这就是著名的"布雷顿森林体系"。建立统一的国际货币金融体系是为了加强各国中央银行间的合作,以利于国际贸易的发展和国际收支的平衡,稳定国际汇兑,避免各国货币的竞争性贬值,消除外汇管制,通过贷款调整成员国国际收支的暂时性失衡。国际货币基金组织较好地协调了各国间的贸易和货币金融往来,加强了各国中央银行之间的合作,有力地促进了战后经济的恢复与发展。

第二节 中央银行的性质与职能

一、中央银行的性质

中央银行的性质是指中央银行自身所具有的特有属性。它是由其业务活动的特点和所能发挥的作用决定的。概括起来,可从以下几个方面分析:

(一)业务的特殊性

一方面,中央银行的主要业务活动具有银行固有的办理"存、贷、汇"业务的特征;另一方面,它的业务活动又与普通金融机构有所不同,主要表现在不以营利为目的,其业务对象不是一般的工商客户和居民个人,而是商业银行等金融机构。同时,国家还赋予中央银行一系列特有业务的权利,如垄断货币发行、集中存款准备金、维护支付清算系统的正常运行、代理国库等。

(二)地位的特殊性

中央银行通过国家特殊授权,承担着监督管理普通金融机构和金融市场的重要使命。同时,由于中央银行处于整个社会资金运动的中心环节,是国民经济运行的枢纽,是货币供给的提供者和信用活动的调节者。因此,中央银行对金融业的监督管理和对货币、信用的调控对宏观经济运行具有直接的重要影响。

(三)管理的特殊性

随着国家对金融和经济干预或调控的加强,中央银行的国家机关性质也趋于强化。中央银行作为管理机关,并不同于一般国家行政管理机构。除特定的金融行政管理职责采取通常的行政管理方式外,其主要管理职责都是寓于金融业务的经营过程中,那就是以其所能调控的经济力量,如货币供给量、利率和贷款量等,对金融领域乃至整个经济领域的活动进行管理、控制和调节,较少带强制性。

总之,中央银行既是为商业银行等普通金融机构和政府提供金融服务的特殊金融机构,又是制定和实施货币政策、监督和管理金融业、规范与维护金融秩序、调控金融和经济运行的宏观管理部门。

二、中央银行的职能

中央银行的职能是中央银行的性质在其业务活动中的具体体现,尽管各国的政治与经济制度、社会历史背景、商品经济与信用制度的发展水平各不相同,但其中央银行的基本职能差不多是一致的。对于中央银行的职能有多种归纳方法,一般传统方法归纳为:发行的银行、银行的银行、政府的银行三大职能;按其业务活动的性质划分可归纳为调节职能、服务职能、管理职能、金融稳定职能等。下面按前一种分类方法进行分析。

(一)发行的银行

所谓发行的银行是指国家赋予中央银行集中与垄断货币发行的特权,是国家唯一的货币发行机构。目前,世界上几乎所有国家的现钞都由中央银行发行。一般辅币的铸造、发行,有的国家由中央银行经管,有的国家发行收归财政,然后由中央银行投入流通。

这一职能主要体现在以下几个方面:

1. 中央银行必须根据经济发展和商品流通扩大的需要,保证及时供应货币。

2. 中央银行必须根据经济运行状况,合理调节货币数量。

3. 中央银行要加强货币流通管理,保证货币流通的正常秩序。

(二)银行的银行

中央银行是银行的银行,是指中央银行的业务对象不是一般企业和个人,而是商业银行和其他金融机构及特定的政府部门；中央银行与其业务对象之间的往来仍具有银行固有的办理“存、贷、汇”业务的特征；中央银行作为金融机构的管理者，也主要是通过这一职能对 商业银行和其他金融机构提供支持、服务，并施以有效影响的。

这一职能主要体现在以下三个方面：

1. 集中存款准备金

商业银行在日常经营管理活动中，必须留有一定的资金余额以应付客户提存的需要，否则就会出现流动性困难甚至挤兑现象，引发清偿力危机。在中央银行成立以前，各商业银行大都依据过去的经验和对客户未来提存的估计保留一部分准备金。中央银行成立后，各国一般都通过法律规定，商业银行及其他金融机构必须按存款的一定比例向中央银行缴存一定的存款准备金。中央银行有权根据宏观调节的需要，调整存款准备金的上缴比例。其目的在于保证存款机构的支付和清偿能力，从而保障存款人的资金安全及合法权益，保障商业银行等金融机构自身营运的安全。同时，央行通过存款准备金比率的调节可以调节信用规模和控制货币供应量，利用货币乘数的作用，使全社会货币供应量产生多倍的扩张或收缩，并且能够带来宣示效应，表明中央银行的政策意图，进而对全社会信用规模亦产生相应作用。

2. 最后贷款人

在商业银行发生资金困难而无法从其他银行或金融市场筹措资金时，中央银行为其提供资金支持，从而承担起最后贷款人的角色，以免发生金融恐慌。中央银行主要通过向商业银行或其他金融机构办理票据再贴现、再抵押的方式融通资金，在特别情况下，也可采取直接提供贷款的方式。中央银行作为最后贷款人向商业银行和其他金融机构提供资金融通，一方面可以增强整个货币供应的弹性，提高商业银行和其他金融机构的资金流动性；另一方面也可以通过调整再贴现率，起到调控货币供应量和信用规模的作用。充当最后贷款人是中央银行极其重要的职能之一，也确立了中央银行在整个金融体系中的核心地位。

3. 组织、参与和管理全国的清算

该职能始于19世纪中期的英国，随着银行业务的扩大，银行每天收授票据的数量日趋增加，各银行之间的债权债务关系日趋紧密。1854年，英格兰银行采取了对各银行之间每日清算差额进行结算的做法，后来其他国家也相继效仿。在存款准备金制度建立之后，各商业银行都在中央银行设立了存款账户，这给中央银行负责全国的资金清算带来了极大便利，各金融机构之间的清算通过其在中央银行的存款账户进行转账、轧差，并直接增减存款准备金，便可顺利完成。这样做一方面简化了金融机构资金清算程序，减少了清算费用，节约了资金占用；另一方面也便于中央银行利用清算系统强化对整个金融体系的监管和控制。目前，大多数国家的中央银行都已成为全国资金清算中心，随着经济全球化趋势的加强，中央银行的清算职能甚至超越了国界，借助庞大的计算机网络系统，成为全球资金清算中心的一员，让其所拥有的清算资金在全世界各地流动，使中央银行的清算功能发展到了近乎极限的程度。

（三）政府的银行

政府的银行是指中央银行代表国家贯彻执行财政金融政策，代为管理政府财政收支以及为政府提供各种金融服务。这一职能主要体现在以下方面：

1. 代理国库。财政收支一般不另设机构，而交由中央银行代理。财政部在中央银行开立各种账户，专门办理政府的收入与支出。中央银行充当国库的总出纳，为政府管理资金提供服务。具体包括接受国库存款、为国库办理支付和清算、为国库代收税款等。

2. 代理政府债券的发行。当今世界各国均广泛利用发行国家债券的形式来弥补开支的不足或筹集资金用于经济建设。中央银行通常代理政府债券的发行以及办理债券到期时的还本付息事宜。

3. 向政府提供信用。在政府财政出现收不抵支的情况下，中央银行一般负有向政府提供信贷支持的义务。主要方式有两种：

（1）直接向政府提供贷款。多用于解决政府财政先支后收等暂时性矛盾。除特殊情况，各国中央银行一般不向财政提供长期贷款或透支，以避免中央银行成为弥补财政赤字的简单货币供给者，损害货币的正常供给及金融稳定。

（2）购买政府债券。中央银行在一级市场上购进政府债券，则意味着资金间接流向财政。无论哪种情况，从中央银行某一时点的资产负债来看，只要持有政府债券，就表明是对政府的一种融资。

4. 保管外汇和黄金储备，进行外汇、黄金的买卖和管理。一国的黄金外汇储备一般都是由中央银行持有并进行管理。中央银行根据国内国际情况，对这些储备资产的总量、结构进行调整，并负责储备资产的保值及经营收益，维护国际收支平衡和汇率基本稳定。

5. 制定和实施货币政策。货币政策是政府对经济实行宏观调控的基本经济政策之一。世界各国一般都是通过法律赋予中央银行制定实施货币政策，并且它所制定的货币政策要与国家经济社会发展的根本利益和长远利益保持一致，通过货币政策的实施，达到稳定币值和物价，促进经济增长等目的。

6. 对金融业实施金融监督管理。政府对金融监督管理，一般都是由中央银行独自或与其他金融管理机构一道进行的。中央银行对金融业的监督管理包括：制定并监督执行有关金融法规、基本制度、业务活动准则等；监督管理金融机构的业务活动；管理、规范金融市场。

此外，中央银行还代表政府参加国际金融活动，出席各种国际性金融会议；充当政府经济金融政策顾问，向政府提供经济、金融情报和决策建议。总之，“发行的银行、银行的银行、政府的银行”体现了中央银行的三大基本职能。在具体内容和职能侧重点上，各国的中央银行会略有差别，并且在不同发展时期也会不断地变化。

第三节　中央银行的类型与结构

一、中央银行的类型

中央银行制度的类型主要取决于该国的国情和经济发展的实际需要,就目前各国的中央银行制度来看,大致可归纳为四种类型:复合式中央银行、单一式中央银行、准中央银行和跨国式中央银行。

(一)复合式中央银行制度

复合式中央银行制度是指在一国之内不设立专门的中央银行,而是由一家大银行来同时完成中央银行和商业银行两种职能。这种中央银行制度往往与国民经济的计划体制相联系。苏联以及1990年前的多数东欧国家都实行这种体制。我国在1983年以前也实行这种中央银行制度。

(二)单一式中央银行制度

单一式中央银行制度是指国家设立单独的中央银行机构,全面、纯粹地行使中央职能的制度。这是最主要、最典型的中央银行制度形式,这种类型又可分为两种情况:

1. 一元式

它是指一国由独家中央银行及其众多的分支机构来执行中央银行职能。中央银行的总行或总部通常都设在首都,根据客观经济需要和本国有关规定在全国范围内设立若干分支机构。这种由总分行构成的中央银行制度的特点是:权力集中、职能齐全、分支机构众多。世界上绝大多数国家如英国、法国、日本、意大利的中央银行都采取这种形式。我国自1984年之后也实行这种体制。

2. 二元式

它是指在一国内建立中央和地方两级相对独立的中央银行机构,中央级机构是最高权力和管理机构,地方级机构受中央级机构的监督管理,但是在它们各自的辖区内,对货币政策的具体实施、金融监管和中央银行有关业务的操作方面有较大的独立性。实行联邦制的国家多采取这种中央银行体制,如美国、德国等。

美国的中央银行称为联邦储备体系。在中央一级设立联邦储备理事会,并有若干职能部门专门为其服务;在地方一级设立联邦储备银行。联邦储备理事会设在华盛顿,负责管理联邦储备体系和全国的金融决策,对外代表美国中央银行。联邦储备体系将美国50个州和哥伦比亚特区划分12个联邦储备区,每一个区设立一家联邦储备银行,12个大区联储银行分布在波士顿、纽约、费城、克利夫兰、里士满、亚特兰大、芝加哥、圣—路易斯、明尼阿波利斯、堪萨斯城、达拉斯及旧金山,在各自辖区内履行中央银行职责。这12个联储银行共有25个分行分布在其他25个城市(图7-1)。

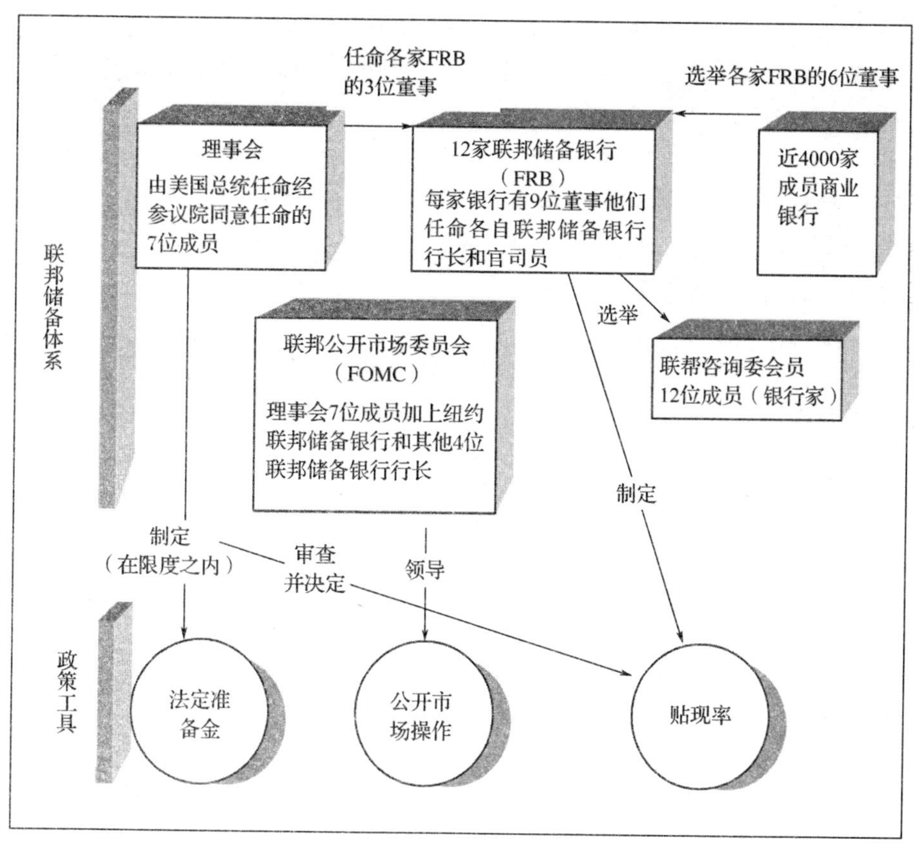

图 7－1　美国联邦储备体系的结构示意图

资料来源：引自[美]米什金：《货币金融学》，中国人民大学出版社。

（三）准中央银行制度

准中央银行制度是指某些国家或地区没有建立通常意义上的中央银行，而只设立类似中央银行的机构，或由政府授权某个或某几个商业银行行使部分中央银行职能的制度形式。采取这种体制的是地域较小而同时又有一家或几家银行在本国一直处于垄断地位的国家或地区，主要有新加坡、马尔代夫、斐济、沙特阿拉伯、塞舌尔等。如新加坡设有金融管理局、货币委员会、投资局和中央公积金局等政府机构，配合行使金融管理和中央银行职能。

我国香港地区的金融管理机制也属于准中央银行制度。20 世纪 60 年代以前，香港基本上没有金融监管，总体上以“业内自律”和市场约束为主。1964 年《银行行业条例》颁布后，金融监管的趋势有所加强。在货币制度方面，港币发行由渣打银行和汇丰银行负责，辅币则由港府自己发行，长期实行英镑汇兑本位，1972 年改行为与美元挂钩。1983 年 10 月开始实行与美元挂钩的联系汇率制度。在服务方面，渣打银行和汇丰银行是接受政府存款和保管其他公款的主要银行,充当“最后贷款人”。另外,汇丰银行独家管理票据交换所。在管理和监督方面,香港现行的金融监管机构体系主要由政府机构、咨询机构、同业公会三部分组成。该体系以政府机构为主,咨询机构和同业公会配合,各司其职,共同担负金融监管工作。1994 年 5 月 1 日起,中国银行香港分行成为香港的第三家发钞银行。票据结算仍由汇丰银行负责。1997 年回归祖国后,按照“一国两制”的原则和《中华人民共和国香港特别行政区基本法》的规定,香港仍然实行独立的货币与金融制度,其货币发行与金融管理自成体系。

(四)跨国型中央银行制度

跨国型中央银行制度是指两个以上的主权国家设立共同的中央银行。它一般是与一定的货币联盟联系在一起的。这种跨国中央银行在联盟内发行共同的货币,执行统一的货币金融政策,并对各国金融制度和金融市场实行监督。实行这种体制的有西非货币联盟所设的中央银行、中非货币联盟所设的中非国家银行、东加勒比海货币管理局以及 1998 年 7 月成立的由欧盟成员国设立的欧洲中央银行。

二、中央银行的所有制结构

中央银行的所有制结构是指作为中央银行营业基础的资本金是怎样形成的。概括起来,世界各国中央银行的所有制结构有五种形式。

(一)国家所有形式

目前,世界上大多数国家中央银行的资本为国家所有。这有两种情况:一是国家通过购买原为私有的股份而使全部股权收归国有;二是中央银行成立时,国家就拨付了全部资本金。前一种情况主要是那些历史悠久的,从原来的商业银行转变而成的中央银行。随着中央银行地位的上升和作用的增强,为了更好地行使中央银行职能,国家逐渐将中央银行收归国有,如法兰西银行、英格兰银行。后一种情况主要是 1920 年布鲁塞尔国际经济会议后新建的中央银行,许多都是由政府直接拨款建立的。特别是二战后,一些新独立的国家在筹建中央银行时正赶上欧洲的国有化浪潮,由政府拨款直接建立了资本国有的中央银行,这样更有利于中央银行为实现国家整体经济目标来规范自己的活动。

(二)私人所有形式

这类中央银行,国家不持有股份,全部资本由私人投资,由法律规定执行中央银行职能,主要有美国、意大利和瑞士等少数国家。美国联邦储备银行的股本全部由参加联邦储备体系的各个会员银行认购,而意大利中央银行的股份则由储蓄银行、全国性银行以及公营信贷机构等持有。瑞士中央银行的股本多数由州政府银行持有,少数由私人持有。

(三)公私混合所有形式

这种资本组成类型,资本金一部分为国家所有,所占比例在 50% 以上,另一部分由私人持有，股份低于一半，称为公私混合所有的中央银行，或称半国有化中央银行。如日本银行，政府拥有55%的股份，私人持股为45%。法律一般都对私股持有者的权利做了限制，如规定私股持有者对银行无经营决策权，未经银行同意不得任意转让手持股票等，以保证国家对中央银行的控制权。

（四）无资本金形式

无资本金是指中央银行建立之初，根本没有资本。中央银行运用的资金主要是各金融机构的存款和流通中的货币。属于这种类型的中央银行只有韩国中央银行——韩国银行。1950年韩国银行成立时，注册资本为15亿韩元，全部由政府出资。1962年《韩国银行法》的修改使其成为"无资本的特殊法人"。该行每年的净利润按规定留存之后，全部汇入政府的"总收入账户"。会计年度中如发生亏损，首先用提存的准备金弥补，不足部分由政府的支出账户划拨。

（五）多国所有形式

多国所有的资本类型主要存在于跨国中央银行制度中。共同组建中央银行的各成员国按照一定比例认缴中央银行资本，各国以认缴比例拥有对中央银行的所有权，如欧洲中央银行的资本是由所有欧元区成员国按其人口和国内生产总值的大小向欧洲中央银行认购的。

三、中央银行的权力结构

中央银行的权力结构主要是指最高权力的结构状况，它包括决策权、执行权和监督权这三个方面，其中决策权是权力的核心，执行权是权力的集中体，监督权是对决策权和执行权利的约束。决策权、执行权和监督权在不同国家的设置存在一定差异，大致可分为三种情况：

（一）决策权、执行权和监督权由一个机构统一行使

这种权力分配结构是由中央银行的董事会或理事会同时负责各项货币金融政策的制定、执行和监督。实行这种结构的国家主要有美国、英国、菲律宾等，如美国联邦储备体系将决策权、执行权和监督权集中于联邦储备理事会。

（二）决策权、执行权和监督权分别由不同机构承担

实行这种权力分配结构的国家主要有日本、德国、法国和瑞士等。不同机构行使不同权力，决策机构代表政府发布行政性命令，执行机构通过中央银行业务来掌握全国的金融情况，监督机构则是执行金融管理纪律的司法机构。这种机构设置体现了行政、业务、司法三个方面的配合。如日本银行的最高决策机构是日本银行政策委员会，由七人组成，主要决策范围是根据经济发展的要求，调节日本银行的业务，调节通货与信用，具体决定官定利率、公开市场业务、存款准备金率以及制定金融市场的运作与管理规则等。日本银行的最高执行机构是日本银行理事会，负责执行政策委员会的决定和研究处理日本银行的日常工作。另外，日本银行还设立监事会作为行使监督权的机构，负责监督检

查日本银行的业务和政策执行情况。

(三)决策权、执行权和监督权由不同机构交叉承担

这种权力分配结构的设置,中央银行的监督机构和执行机构也有一定的决策权。比较典型的是瑞士国家银行,它除股东大会以外,还有参事会、联邦银行委员会和理事会。参事会是瑞士国家银行的监督机构,同时具有决策权;理事会是瑞士国家银行的最高执行机构。

四、中央银行的内部机构和分支机构的设置

(一)中央银行内部组织机构的设置

中央银行内部机构的设置,是指中央银行总行或总部机关的职能划分及分工。它们大都出于中央银行进行宏观经济管理操作、业务经营及金融监管以及自身内部管理的需要而设置。尽管各国中央银行的内部机构设置数量不等,名称各异,但总体来看,大都包括以下几类:

1. 行政办公机构。主要负责中央银行的日常行政管理、秘书、人事、后勤等方面的工作。

2. 业务操作机构。主要负责办理货币发行、与金融机构的业务往来、货币政策操作、组织清算等业务操作工作。

3. 金融管理监督机构。主要负责对金融机构、金融市场的管理,对金融业务的监督。

4. 经济金融调研机构。主要负责为中央银行行使职能提供咨询、调研和分析,向金融决策部门提出建议。

(二)中央银行分支机构的设置

中央银行的分支机构是中央银行全面行使职能和履行规定职责所必需的组织保证。一般是根据一国经济体制的要求以及中央银行自身发挥作用的要求而设置,主要有三种方式:

1. 按经济区划设置分支机构

即将全国划分为若干与行政区划不同的经济区,在每个经济区设中央银行分行,并可设下属分支机构。经济区域的划分主要考虑区划间的经济、金融联系的密切程度、历史传统、地域关系、业务量等因素,以有利于中央银行各项方针政策的贯彻执行和货币政策的集中统一操作,受地方政府干预也较少。如美国联邦储备银行将全国50个州和1个经济特区按经济发展需要划分为12个联邦储备区,在每个区的中心城市设立一个联邦储备银行,多数联邦储备银行又根据业务经营需要,在区内设立分行。英格兰银行的分支机构也是按经济区域设置的,在5个中心城市设立了区域分行,在3个城市设立了代表处。

2. 按行政区域设置分支机构

即中央银行的分支机构设置与国家的行政区域划分相一致,逐级设置分支机构。分

支机构的大小与其所在行政区域的级别有关，与业务量的关系不大。这种模式一般与计划经济体制相适应。苏联、东欧国家基本上采取此种模式。我国中央银行 1988 年以前也属这种方式。

3. 以经济区划为主，兼顾行政区划设置分支机构

这种方式一般是按经济区域设置分行，而分行之下的机构设的置则考虑行政区划并尽量与行政区划相一致。采用这种方式的主要有日本、意大利等国的中央银行。如日本银行把全国 47 个都、通、府、县划分为 33 个业务区，每区设立一个分行，分行以下的机构设置则更多地考虑按行政区划。我国的中央银行 1988 年以后也属这种方式。

第四节　中央银行的独立性问题

一、中央银行的独立性的含义

在西方国家，特别是美国和联邦德国，中央银行的独立性体现在直接向议会负责而不隶属于总统或内阁，以便独立行使货币政策。但是，对于什么是中央银行的独立性，除了《马斯特里赫特条约》外，各国的中央银行法并没有对"独立性"给予明确的界定，理论界对此也有不同的观点。

《马斯特里赫特条约》第 105 条规定，欧洲中央银行体系的首要目标是保持物价稳定；第 107 条规定，欧洲中央银行、各成员国中央银行和决策机构的任何成员在行使权力和履行本条约和 ESCB(European System of Central Banks)法令赋予的任务和职责时，皆不得寻求或接受共同体机构、任何成员国政府或其他任何机构的指导。共同体机构、团体和各成员国政府应遵循本原则，在欧洲中央银行决策机构的成员或成员国中央银行的成员履行其任务时不得试图对其施加影响。

1990 年 1 月，在北京举行的国际中央银行研讨会指出："中央银行的独立性的具体体现是，它必须独享货币发行权；发行货币根据经济的客观需要而不受政府财政透支的干扰；能独立解决严重的通货膨胀而无需向财政部报告自己的工作；重大决策不由某一部门或个人决定，而由中央银行理事会决定；享有充分的对金融系统进行监督和管理的权力；拥有资金来源与运用的支配权而不依赖财政拨款，等等"①。

国际货币基金组织公布的文献规定，中央银行的独立性是指中央银行在公布通货膨胀率、汇率或货币政策目标以及根据自己的操作决定货币供应量和利率水平时不受政府的干预，在解决与政府间的矛盾时存在公开和透明的程序，并且中央银行的管理和财务是独立的。

概括地说，中央银行独立性是指中央银行履行自身职责时法律赋予或实际拥有的权

① 郭洪俊. 欧洲中央银行的独立性问题[J]. 国际金融研究，1998，(8)：13－14，15－16.

力,决策与行动的自主程度。它有两层含义:一是中央银行应对政府保持一定的独立性;二是中央银行对政府的独立性是相对的。

首先,为了保证中央银行独立地制定和实施货币政策,不受政府过多的干预,必须保证中央银行具有一定的独立性。这是因为:(1)中央银行与政府关心问题的重点存在差异。政府虽然也关注物价稳定,但更关注就业、社会稳定、扶贫救灾等问题。这样,政府就容易偏重通过扩张性政策来刺激需求,拉动经济增长,增加就业,这种做法往往造成通货膨胀。中央银行则更关心币值稳定,维护正常的金融状况和秩序,遏制过高的通货膨胀。(2)由于中央银行可能被用来通过购买政府债券从而为弥补财政赤字提供方便,因此,中央银行需保持独立以抵制财政要求中央银行帮助摆脱困境的压力。(3)中央银行制定和实施货币政策,实施金融监管,都要求较强的专业性和技术性,把这些事情交给政治家们去做不太合适。(4)中央银行的独立性有利于有效、及时、统一地实施货币政策,避免来自各级政府的干预,维护整个金融体系的健康运行,防止政府为地方的局部利益而破坏整个经济生活的大局。

其次,中央银行作为国家的金融管理当局,是政府实施宏观调控的重要部门,中央银行不可能完全独立于政府或凌驾于政府之上。中央银行要接受政府的管理和监督,在国家总体经济政策指导之下履行自己的职责。因此,中央银行的独立性只能是相对的。这是因为:(1)中央银行的政策目标不能背离国家总体经济发展目标。中央银行作为金融系统的核心和金融管理者,应当服从于经济社会大系统的运转,服从于国家的根本利益。(2)货币政策是整个国家宏观经济政策的一部分,其实施应与财政政策相配合,才能达到预期效果。(3)中央银行的业务活动和监管都是在国家授权下进行的,有些国家中央银行直接就是政府的组成部门。因此,中央银行职责的履行需要政府其他部门的协作与配合,不能完全脱离政府。

二、中央银行的独立性的类型

中央银行的独立性大致可分为三种类型:

(一)独立性较强的中央银行

其主要特点是:中央银行直接对国会负责,政府不得对其发布命令和指示。中央银行在制定和实施货币政策时享有较强的独立性,当中央银行与政府发生矛盾时,要通过协商解决。中央银行的独立地位在法律上有明确规定。美国、德国的中央银行属此类型,如美国联邦储备体系,是一个独立于政府以外的机构,根据《美国联邦储备法案》,联邦储备委员会有权独立地制定和执行货币政策,未经总统批准,不能对其发布指令。美联储的12个联邦储备银行只向国会申领营业执照,并吸收私营银行的代表参与管理,以防止政府的干预和控制。美联储业务经费独立,无需财政拨款。美联储也没有义务向政府提供长期融资,财政融资只能通过公开市场发行债券。只有在特殊情况下才可提供规定限额内的短期融资,并且需以财政部发行的特别债券做担保。

（二）表面上独立性较弱，但实际上较强的居中型中央银行

其主要特点是：中央银行名义上隶属于政府，但实际上保持相当大的独立性，仍可相对独立地制定执行货币政策和采取措施。英国、日本等国的中央银行属于此种类型，如英国的中央银行——英格兰银行隶属于财政部，理事会是最高决策机构，其成员由政府推荐，国王任命。财政部有权对英格兰银行发布行政命令，但事实上财政部从未使用过这一权力。政府充分尊重英格兰银行的意见，以及它在管理金融事务方面的特殊地位和作用，不干预其货币政策的制定，也不参加最高决策机构的会议与表决。因此，英格兰银行的实际独立性并不弱。

（三）独立性较弱的中央银行

这类中央银行不论在名义上还是实际上都服从于政府的指令，其货币政策的制定以及相应措施的实行要经过政府批准，政府有权否决或推迟中央银行决议的执行。意大利、法国等国属于此种类型，如意大利中央银行——意大利银行，是西方发达国家中央银行相对独立性较弱的典型。其受财政部统辖，银行总裁由理事会提名，总统任命。其货币政策的实施要事先征得政府当局的批准后方可实行，银行与政府意见不符时，政府有权命令银行实施某种政策，同时向议会报告。

三、央行独立性的影响因素

影响中央银行独立性的因素可以从以下几方面分析：

（一）中央银行的隶属关系

中央银行作为一国金融体系的核心，同时又具有如此特殊的性质，各国法律普遍都对其法律地位做出了规定。中央银行的隶属关系，是指通过法律形式规定的中央银行在国家机构体系中的地位，主要是指中央银行与国会、政府和财政的关系。中央银行的隶属如何，直接关系到中央银行在制定和执行金融货币政策、开展业务中应该享有多大权力或有多大的独立性的问题。一般而言，中央银行隶属于国会，则独立性较强；隶属于政府或财政部，则独立性较弱。

1. 中央银行直接对国会、议会负责

德国、美国等最为典型。《德意志联邦银行法》规定，德意志联邦银行是公法意义上的联邦直接法人单位（第 2 条），联邦银行的中央银行理事会和执行理事会，享有最高联邦政府职能机构地位（第 29 条），并明确规定联邦银行与联邦政府的关系，在对其职责的执行不受侵犯的条件下，德意志联邦银行必须支持联邦政府总的经济政策，在行使本法律赋予的权力时，联邦银行可以不按联邦政府的指示（第 12 条）。依据 1913 年《联邦储备法》建立的联邦储备系统作为与政府并列机构直接向国会负责，除个别情况下总统可对其发号施令外，任何机构或部门均无权干涉。此外，美联储享有资金和财务独立权，并且独立自主地制定和执行货币政策，进行金融监管，具有极大的权威性，而且因为货币政策制定的技术性和不透明性，美联储实际拥有不受国会约束的自由裁量权，从而成为立

法、司法、行政之外的"第四部门",其总裁亦被称为"第二总统"①。

2. 直接受控于政府

这一类型国家的中央银行,无论在组织管理的隶属关系上,还是在政策制定和执行上,都受到政府的很大影响,甚至听命于政府的指示。货币政策的制定和执行需经政府的批准。政府有权停止、延续中央银行的决议。

具体来看,在隶属于政府的前提下,根据与财政的关系,又可以分成两种情形:(1)中央银行与财政部同是政府内阁成员,接受政府的直接领导。比如我国的中国人民银行,就是一个在国务院领导之下的部级单位,与财政部平级。(2)中央银行隶属于财政部,在组织人事及政策制定方面要接受财政部领导。实行这一制度的国家有日本、比利时等。英国的英格兰银行属于此类型,《英格兰银行法》规定,财政部为了公共利益,在认为必要时,经与英格兰银行总裁磋商后,有权向英格兰银行发布命令,对英格兰银行负最后的责任。但是,根据政府的授权,英格兰银行在货币金融政策方面享有相当大的灵活性和独立性,在其业务活动中一般也不给政府垫款。财政部事实上也从未向英格兰银行发布过指示。所以英格兰银行实际具有的独立性比法律规定大得多。

(二)中央银行总裁和理事由谁任命、任期长短

一般来说,最高权力机构的成员构成越广泛,越有代表性,就越有利于独立制定并执行正确的货币政策。相反,单一的成员构成,或多或少地反映出政府并不希望中央银行独立性太强。另外,中央银行最高权力机构的任期也与政府对中央银行的制约程度有关。一般来说,任期越短,中央银行的政策导向就越有可能代表任命它的当局的意图。这种短任期对于中央银行不适当的独立性是一种内在制约,但也可能导致中央银行与其长期职责相背离。

(三)中央银行理事会是否有政府代表参与

各国中央银行虽都拥有一定的独立性,但政府为了确保中央银行的货币政策与国家宏观经济政策及财政政策的相协调,往往在中央银行最高权力机构派有自己的代表参加会议,阐述政府的立场和原则。各国政府向其中央银行派驻代表的具体做法不尽相同,有些国家的政府代表拥有发言权和表决权,但有些国家的政府代表虽能参加最高权力机构的会议,但没有表决权。政府在中央银行派有代表并具有一定的权力,无疑对中央银行独立地行使权力起了限制作用。但政府代表的存在,不仅能够充分阐释政府的立场和政策,加强政府与中央银行之间的沟通,而且还能及时提醒中央银行注意当前整个社会对金融政策的迫切要求,避免中央银行因过分注重技术细节而忽视社会政治问题倾向。

除了法律规定和制度安排外,政府还可以通过与中央银行进行定期或非正式的人员往来,影响中央银行的行为和政策导向。中央银行的货币政策与政府的经济政策的总体上虽然一致,但在政策力度、时期、侧重面、步骤等方面可能会出现不协调的现象。这些

① 张忠军. 金融监管法论——以银行法为中心的研究[M]. 法律出版社,1998.

问题仅靠刚性的法律和制度安排很难解决。因此，政府可以通过与中央银行定期或非正式的人员往来协调双方的政策，这比单纯靠法令和制度协调更为有效。尽管中央银行享有制定和执行货币政策的独立自主权，且各国中央银行的独立程度也越来越高，但政府对中央银行仍拥有最终的权威。即使是像美国那样中央银行独立性很强的国家，其中央银行每一个时期的金融政策也无不打上政府政策意图的烙印。

第五节　中央银行的主要业务与资产负债表

一、中央银行业务活动的一般原则

中央银行的业务原则与一般商业银行和其他金融机构相比，其业务活动不仅拥有特定的权力、特定的业务范围和限制，而且在业务活动中的经营原则也不相同。目前，各国中央银行的业务活动原则大同小异。首先，从总体上说，最基本的业务活动原则是必须服从于履行职责的需要。因为中央银行的全部业务活动都是为其履行职责服务的，是其行使特定职权的必要手段，中央银行的各种业务活动必须围绕各项法定职责展开，必须以有利于履行职责为最高原则。其次，在具体的业务经营活动中，中央银行一般奉行非营利性、流动性、主动性、公开性四个原则。

（一）非营利性指中央银行的一切业务活动均不以赢利为目的

由于中央银行特殊的地位和作用，决定了中央银行以调控宏观经济、稳定货币、稳定金融、为银行和政府服务为己任，是宏观金融管理机构而非营业性金融机构。由此决定了中央银行的一切业务活动都要以此为目的，不能以追求赢利为目标。只要是宏观金融管理所必需的，即使不赢利甚至亏损的业务也要去做。因此，在中央银行的日常业务活动中，赢利与否不是其追逐和考虑的。当然，中央银行的业务活动不以赢利为目的，并不意味着不讲经济效益，在同等或可能的情况下，中央银行的业务活动应该获得应有的收益，尽量避免或减少亏损，以降低宏观金融管理的成本。在实际业务活动中，中央银行以其特殊的地位、政策和权力开展经营，其结果也往往能获得一定的利润，但这只是一种客观的经营结果，并不是中央银行主观追逐的业务活动目的。

（二）流动性指中央银行的资产业务需要保持流动性

中央银行在充当金融机构的最后贷款人、进行货币政策操作和宏观经济调控时，必须拥有相当数量的可用资金，才能及时满足其调节货币供求、稳定币值和汇率、调节经济运行的需要。为了保证中央银行资金可以灵活调度，及时运用，中央银行必须使自己的资产保持最大的流动性，不能形成不易变现的资产。以保持流动性为原则从事资产业务，就必须注意对金融机构融资的期限性，一般不发放长期贷款。许多国家的中央银行法明确规定贷款期限就是为了确保资产的流动性，如《中国人民银行法》第 2 条规定，“中国人民银行根据执行货币政策的需要，可以决定对商业银行贷款的数额、期限、利率和方式,但贷款的期限不得超过一年”。同时,在公开市场买卖有价证券时,也要尽量避免购买期限长、流动性低的证券。

(三)主动性指资产负债业务需要保持主动性

由于中央银行的资产负债业务直接与货币供应相联系,如货币发行业务直接形成流通货币;存款准备金业务不仅导致基础货币的变化;还会引起货币乘数的变化;再贴现、公开市场业务是提供基础货币的主要渠道等。因此,中央银行必须使其资产负债业务保持主动性,这样才能根据履行职责的需要,通过资产负债业务实施货币政策和金融监管,有效控制货币供应量和信用总量。

(四)公开性指中央银行的业务状况公开化,定期向社会公布业务与财务状况,并向社会提供有关的金融统计资料

中央银行的业务活动保持公开性:一是可以使中央银行的业务活动置于社会公众监督之下,有利于中央银行依法规范其业务活动,确保其业务活动的公平合理性,保持中央银行的信誉和权威;二是可以增强中央银行业务活动的透明度,使国内外有关方面及时了解中央银行的政策、意图及其操作力度,有利于增强实施货币政策的告示效应;三是可以准确地向社会提供必要的金融信息,有利于各界分析研究金融和经济形势,也便于他们进行合理预期,调整经济决策和行为。正因为如此,目前各国大多以法律形式规定中央银行必须定期公布其业务财务状况和金融统计资料,中央银行在业务活动中也必须保持公开性,不能隐藏或欺瞒。总之,中央银行的业务活动是运用法律赋予的特权在法定范围内展开的,各国中央银行的业务活动都是以服从履行职责的需要为基本原则,坚持业务活动的非营利性、流动性、主动性和公开性,确保中央银行职责的顺利履行。

二、中央银行的资产负债表

中央银行的资产负债表是其银行性业务中资产负债业务的综合会计记录。中央银行资产负债业务的种类、规模和结构,都综合地反映在一定时期的资产负债表上。

(一)中央银行资产负债表的构成

由于各国中央银行所处的金融制度、信用制度以及政策环境各不相同,其资产负债表所包含的内容并不一致,但各国中央银行的资产负债表也有相似之处。为使各国之间相互了解彼此的金融运行,便于各国之间金融状况的比较分析,国际货币基金组织(IMF)在定期编印的《国际金融统计》中,以相对统一的口径向人们提供了各成员国的主要金融、经济数据。中央银行的资产负债表就是其中之一,称作“货币当局资产负债表”。我国中央银行从1994年起,根据国际货币基金组织规定的统一格式编制资产负债表并定期向社会公布(如表7-1)。

表7-1　中国人民银行货币当局资产负债表(2008年1月)
Balance Sheet of Monetary Authority

单位:亿元人民币

报表项目 Items	2008.01
国外资产 Foreign Assets	130850.14
外汇 Foreign Exchange	120743.12
货币黄金 Monetary Gold	337.24
其他国外资产 Other Foreign Assets	9769.78
对政府债权 Claims on Government	16317.71
其中:中央政府 Of which:Central Government	16317.71
对其他存款性公司债权 Claims on Other Depository Corporations	7075.11
对其他金融性公司债权 Claims on Other Financial Corporations	12291.84
对非金融性公司债权 Claims on Non-financial Corporations	44.12
其他资产 Other Assets	7883.95
总资产 Total Assets	174462.87
储备货币 Reserve Money	109477.69
货币发行 Currency Issue	40052.01
金融性公司存款 Deposits of Financial Corporations	69425.68
其他存款性公司 Other Depository Corporations	69329.71
其他金融性公司 Other Financial Corporations	95.97
不计入储备货币的金融性公司存款 Deposits of financial corporations excluded from Reserve Money	526.08
发行债券 Bond Issue	32306.69
国外负债 Foreign Liabilities	946.86
政府存款 Deposits of Government	20056.58
自有资金 Own Capital	219.75
其他负债 Other Liabilities	10929.22
总负债 Total Liabilities	174462.87

(二)资产负债表中各主要项目之间的关系

从资产负债表的构成中可见,表内资产方的项目主要有三项:国外资产、对金融机构债权、对政府债权;负债方的主要项目有四项:储备货币、对金融机构负债、政府存款及其他存款和自有资本。根据会计原理,资产、负债必然相等,这样,对资产负债表主要项目关系的分析可以从以下两方面进行:

1.资产负债的基本关系

在中央银行的资产负债表中,由于自有资本作为资金来源,虽然列入了负债方,但其

作用不同于一般的负债。因此,若把自有资本从负债中分列出来,资产与负债的基本关系可用三个公式表示:

资产 = 负债 + 自有资本 (1)

负债 = 资产 - 自有资本 (2)

自有资本 = 资产 - 负债 (3)

上述三个公式表明了中央银行未清偿的负债总额、资本总额、资产总额之间的基本的等式关系。(1)式表明中央银行的资产持有额的增减,在自有资本一定的情况下,如果资产总额增加,则必须创造或增加其自身的负债或资本金;反之则收缩或减少。(2)式表明中央银行的负债的多少取决于其资产与自有资本之差。(3)式表明,在中央银行负债不变时,自有资本增减,可以使其资产相应增减。三个公式的政策意义主要表现为:中央银行的资产业务对货币供应有决定性作用;由中央银行自有资本增加而相应扩大的资产业务,不会导致货币发行的增加。

2. 资产负债各主要项目之间的对应关系

(1)对金融机构债权和对金融机构负债的关系。这两种项目反映了中央银行对金融系统资金来源与运用的对应关系,也是一国信贷收支的一部分。当中央银行对金融机构债权与负债总额相等时,不影响资产负债表内的其他项目;当债权总额大于负债总额时,若其他对应项目不变,其差额部分通常用货币发行来弥补;反之,当债权总额小于负债总额时,则会相应减少货币发行量。由于中央银行对金融机构的债权比负债更具主动性和可控性,因此,中央银行对金融机构的资产业务对于货币供应有决定性作用。

(2)对政府债权和对政府存款的关系。它反映了中央银行对政府的资金来源与运用的对应关系。当这两种对应项目总额相等时,对货币供应影响不大;但在其他项目不变的情况下,若因财政赤字过大而增加的中央银行对政府债权大于政府存款时,会出现财政性的货币发行;反之,若政府存款大于对政府的债权,则将消除来自财政方面的通货膨胀压力,并为货币稳定提供支持。

(3)国外资产和其他存款及自有资本的关系。当上述两个对应关系不变时,若中央银行国外资产的增加与其他存款及自有资本的增加相对应,不会影响国内基础货币的变化;反之则将导致国内基础货币的净增加。因此,中央银行国外资产业务是有条件限制的,对基础货币有重要影响。

三、中央银行主要业务

根据中央银行的资产负债表主要项目,对中央银行的具体业务内容介绍如下:

(一)中央银行的负债业务

中央银行的负债是指金融机构、政府、个人和其他部门持有的对中央银行的债权。中央银行的负债业务是由存款业务、货币发行业务、其他负债业务和资本业务构成的。

1. 中央银行的存款业务

收存存款是中央银行的主要负债业务之一。中央银行的存款一般可分为商业银行等金融机构的准备金存款、政府存款、非银行金融机构存款、外国存款、特定存款和私人部门存款等几种。中央银行的存款业务有其特定的目的与特点，不同的存款种类在业务操作上是不同的。中央银行的存款业务与其职能作用的发挥密切相关。

2. 货币发行业务

统一货币发行权是中央银行制度形成的最基本动因之一，现代各国的中央银行均在立法的基础上垄断着本国的货币发行权。因此，货币发行是中央银行最重要的业务特权，也是最重要的负债业务。货币发行有两重含义：一是指货币从中央银行的发行库通过各家商业银行的业务库流到社会；二是指货币从中央银行流出的数量大于从流通中回笼的数量。这二者通常都被称为货币发行。货币发行业务是中央银行的主要负债业务，流通中的现金都是通过货币发行业务流出中央银行的，货币发行是基础货币的主要构成部分。一方面中央银行通过货币发行业务来满足社会商品流通扩大和商品经济发展对货币的客观需要；另一方面是筹集资金，满足履行中央银行各项职能的需要。

3. 其他负债业务

中央银行的负债业务除了存款、货币发行等主要业务以外，还有一些业务也可能成为中央银行的资金来源，并引起中央银行资产负债表负债方的变化，如发行中央银行债券、对外负债和资本业务等。发行中央银行债券是中央银行的一种主动负债业务。中央银行债券发行的对象主要是国内金融机构，通常是在商业银行或其他非银行金融机构的超额储备过多，而中央银行不便采用其他政策工具进行调节的情况下发行的。中央银行的对外负债业务主要包括从国外银行借款、对外国中央银行的负债、国际金融机构的贷款、在国外发行中央银行债券等。各国中央银行对外负债的目的一般有几个：平衡国际收支，维持本币汇率的既定水平，应付货币危机或金融危机等。中央银行的资本业务实际上就是筹集、维持和补充自有资本的业务。中央银行自有资本的形成主要有三个途径，即政府出资、地方政府出资或国有机构出资、私人银行或部门出资。由于中央银行拥有特殊的地位和法律特权，其资本金的作用实际上比一般金融机构要小得多，有的国家中央银行甚至没有资本金，因此中央银行资本业务的重要性不能与一般金融机构相提并论。

（二）中央银行的资产业务

中央银行的资产是指中央银行在一定时点上所拥有的各种债权。中央银行的资产业务主要包括再贴现业务、贷款业务、证券买卖业务、黄金外汇储备业务及其他一些资产业务。

1. 再贴现业务和贷款业务

再贴现和贷款是中央银行对商业银行等金融机构提供融资的两种主要方式。中央银行与商业银行等金融机构的主要资金往来，一方面是收存后者的存款，在中央银行资产负债表中负债一方，是储备货币的重要组成内容；另一方面是向后者提供资金融通，在中央银行资产负债表中表现在资产一方，是中央银行投放基础货币的重要途径。通过再贴现和贷款业务,中央银行对商业银行等金融机构提供资金融通和支付保证,是履行最后贷款人职能的具体手段,同时也是中央银行提供基础货币的重要渠道。

2. 证券买卖业务

中央银行买卖证券的意义在于调节和控制货币供应量。中央银行在公开市场上买入证券就是直接投放了基础货币,而卖出证券则是直接回笼了基础货币。尽管中央银行在证券的买卖过程中会获得一些价差收益,但就中央银行自身的行为而言,目的在于通过对货币量的调节,以影响整个宏观经济,而不是为了赢利。在公开市场上买卖有价证券,是中央银行调控货币供应量的三大基本工具之一。此项业务操作在调控货币供应量的同时,也为中央银行调整自己的资本结构提供了手段。

3. 黄金外汇储备业务

由于黄金和外汇是国际间进行清算的支付手段,各国都把它们作为储备资产,由中央银行保管和经营,以便在国际收支发生逆差时用来清偿债务。而中央银行保管和经营黄金外汇储备的目的就在于稳定币值、稳定汇价和调节国际收支。

(三)中央银行体制下的支付清算体系

随着转账结算在社会结算体系中的地位越来越重要,同业银行之间会产生债权债务的清偿和资金的划转。为此,需要通过一定的清算组织和支付系统,进行支付指令的发送与接收、对账与确认、收付数额的统计轧差、全额或净额清偿等一系列程序,即所谓的清算。尽管银行之间可以通过建立双边清算机制实现相互间的资金清算,但在一个复杂的、拥有许多参与者的金融体系中,单纯依靠银行的双边清算机制实现巨额资金清算,不仅效率低下,而且也会造成物质及人力资源的巨大浪费。为了顺利实现金融机构之间的清算,除需要借助清算机构、支付系统及支付工具以外,还需要中央银行在支付清算中发挥重要作用。

中央银行在支付体系中的作用可以归纳为四个方面:(1)作为支付体系的使用者。通过支付体系清算公开市场操作,以实施货币政策;进行政府债券的支付结算(包括发行和兑付)。(2)作为支付体系的成员。中央银行可以代表自己的客户(如政府部门)和其他国家的中央银行进行收付。(3)作为支付服务的提供者。这些服务包括:为商业银行在支付体系的运作提供结算账户;单独或与其他商业银行、金融机构一起为支付体系提供系统硬件、软件、操作程序或通信网络。(4)作为公共利益的保护人。这个作用包含的内容更为广泛:支付体系管理者;支付体系的成员的监督者;为支付体系提供管理和计划;仲裁争议和处理赔偿、提供技术标准。另外,中央银行还可以作为结算的担保人。

深度链接 7-1:竞争性货币制度 VS 中央银行制度

一、竞争性货币制度的倡导者

哈耶克(Hayek, Friedrich August, 1899—1992)是奥地利裔英国经济学家,新自由主义的代表人物。1974 年他与瑞典经济学家缪达尔共同获得诺贝尔经济学奖。著有《货币理论和经济周期理论》、《物价与生产》、《资本纯理论》、《通向奴役的道路》、《法律、立法与自由》、《货币的非国家化:共存货币理论与实践的分析》等。

《货币的非国家化——对多元货币的理论与实践的分析》是哈耶克晚年最后一本经济学专著。他在书中颠覆了正统的货币制度观念:既然在一般商品、服务市场上自由竞争最有效率,那为什么不能在货币领域引入自由竞争?哈耶克提出了一个革命性建议:废除中央银行制度,允许私人发行货币,并自由竞争,这个竞争过程将会发现最好的货币。本书出版后在西方引起强烈反响。现时期,信用卡的超支能力和代金券的消费功能使得信用卡和代金券具备了商业发行货币的特征,它们游离于中央银行货币发行之外,是私人发行货币的雏形。

二、货币制度之争——竞争性货币制度与中央银行制度

自由银行制指的是一种完美竞争的金融体系,在这种体系中,私人银行可以在没有重大法律限制的情况下,竞争性发行通货,而不是由国家设置的中央银行来垄断发行。历史上长期出现过由私人发行货币的情况,比如在美国南北战争以前就曾经有过一段繁荣而漫长的自由竞争的国民银行时期。在中央银行制大行其道的今天,人们先入为主地认为货币由中央银行来发行是天经地义的事情,然而,自由金融理论在逻辑分析和理论架构上却更胜一筹,这意味两者之争不会轻易走向终结。虽然辩论没有激烈到惊天动地,然而,在时间跨度上势必旷日持久。

中央银行制度的捍卫者们认为,不受管制的银行体系,特别是在没有存款保险的情况下,存在内生的脆弱性,易于遭受挤兑和恐慌的打击。如果一家银行陷入挤兑的局面,就会导致该银行的准备金不足以同时支付所有的要求权而产生违约,而一家银行的挤兑往往会产生大范围恐慌而使得其他银行也难以避免再受"传染",从而引发金融危机。此外,他们还认为,让政府发行通货是有效率的,因为与自由银行制的竞争条件下发行通货相比,消费者将面临相同的持有通货的价格——零利率,政府可以通过垄断货币发行权获得收入且不会带来与其他税收相关的相对价格扭曲或者福利损失;而在自由银行制下,私人银行为争取市场份额,吸引潜在客户会被迫进行非竞争价格——花费资源来力求产品差异性,从而造成成本上升,竞争的最终结果是通货发行的收入完全浪费在竞争中,造成效率损失。

对于上述观点,金融自由主义学者大不以为然。英国自由主义金融学家凯文·多德(Kevin Dowd)针锋相对地指出:"普遍存在于西方国家的某些类型的政府干预——存款保险、资本充足率的规定,甚至中央银行本身——根本就是荒谬的。"美国货币经济学家、圣路易斯大学哈耶克经济史讲席教授劳伦斯·H. 怀特(Lawrence H. White)对自由银行体系的维护更是滴水不漏,他在自己的代表性学术专著《货币制度理论》一书中,以分析货币制度的演化过程为起点,讨论了货币经济学的几乎所有重要主题,旨在构建一种系统性的理论来为自由银行制辩护。

怀特教授指出,银行挤兑说的假设前提过于严格,以至于得出的主要结论可能不适用于现实世界中的银行。同时,银行间的"传染效应"最可能会出现在相似资产组合的银

行之间,而在自由竞争中,银行为保持与众不同的名声而有强烈的动机去避免盲从一致的行为也在很大程度上降低了发生恐慌引致"传染效应"的可能性。怀特在竞争经济的框架下论证了他的观点:虽然竞争使得行业利润下降,却能提高整体经济效益,同时非价格竞争能够通过提高产品差异性来增加消费者效用。因此,自由银行制是有效率的。

在《货币制度理论》中,怀特教授着力解释了现代不兑现货币的出现以及与其相关的机构和政策操作。通过检验货币的公共产品特性和银行业的产业特征,怀特教授反对政府垄断货币发行和干预银行业。此外,怀特教授还讨论了有关不兑现货币制度运行的几个重大问题及其相关理论——铸币税、中央银行的官僚机构性质、政治性经济周期和相机抉择及其带来的动态不一致性。

资料节选:中国经济学教育科研网(http://www.cenet.org.cn)。

深度链接 7-2:美国联邦储备体系

在世界各国众多的中央银行中,美联储无疑是最有影响力的。由于美国经济及其货币政策走向对世界经济有着举足轻重的影响,以及美元承担着世界货币的角色,美联储的一举一动都牵动着世界经济乃至政治格局的神经。甚至有人认为,美联储就是世界的中央银行。

然而,我们实际上对这个世界上最有影响力的中央银行"知之甚少"。比如,美联储的性质、主要职能、决策程序等决定美联储行为的重要因素,在我们脑海中并不清晰。时至今日,关于美联储的性质——是一家股份公司还是一个政府机构——还存在着极大的争议。最初引起我们对美联储性质的关注的是一篇题为《你所不知道的美联储》的网络文章,该文认为美国中央银行是一家注册在特拉华州(Delaware)的私人企业(Private Company),它和美国联邦政府机构根本不是一回事。尽管美联储的主席是由总统任命,国会核准,但它仍然是一家私营性质的公司,其基本特点就是金融寡头们的行业协会。《货币战争》一书的编著者甚至认为,"直到今天,中国可能也没有几个经济学家知道美联储其实是私有的中央银行"①。而对这一挑战至今也很少看到能够给予有力支持或者反对的文献。可能也正因为如此,美联储本身也就成为一个"迷人"的研究课题。

资料来源:崔清友,张驰:《美联储及其政治经济学》,载《中国图书评论》,2008 年第 2 期。

深度链接 7-3:中国人民银行分支机构设置

2003 年,货币政策职能与银行监管职能分离后,中国人民银行的内部机构设置也相应发生了变化。根据中央编制委员会的决定,目前中国人民银行内设 18 个职能司(局、厅),分别是:办公厅(党委办公室)、条法司、货币政策司、金融市场司、金融稳定局、调查统计司、会计财务司、支付结算司、科技司、货币金银局(国务院反假货币联席工作会议办

---

① 宋鸿兵.货币战争[M].中信出版社,2007 年版.

公室)、国库局、国际司、内审司、人事司(党委组织部)、研究局、征信管理局、反洗钱局(保卫局)、党委宣传部和机关党委。

2008 年 8 月,根据国务院批准的《中国人民银行主要职责内设机构和人员编制规定》(即人民银行“三定”规定),人民银行将在原有 18 个内设职能司(局、厅)的基础上,新设汇率司,由此内设机构将增加为 19 个。

汇率司将“盯紧”国际资本流动。根据人民银行“三定”规定,汇率司的主要职责包括拟订人民币汇率政策并组织实施;研究、制订并实施外汇市场调控方案,调控境内外汇市场供求;根据人民币国际化的进程发展人民币离岸市场;协助有关方面提出资本项目兑换政策建议;跟踪监测全球金融市场汇率变化;研究、监测国际资本流动,并提出政策建议。央行被赋予重大金融问题协调职责。

人民银行职责调整包括:人民银行要进一步健全货币政策体系,完善人民币汇率形成机制,加强与金融监管部门的统筹协调,防范和化解金融风险,维护国家金融安全;加强综合协调并推进金融业改革和发展,研究、协调解决金融运行中重大问题的职责;将区域金融形势研究、区域金融稳定评估和区域金融协调职责交给人民银行分行;将地方中小法人机构差别存款准备金率的实施、存贷款基准利率、浮动利率执行的监测以及地方国库集中收付代理银行资格的认定等职责交给人民银行分支机构;取消已由国务院公布取消的行政审批事项。

人民银行“三定”规定中格外强化了建立健全宏观调控协调机制和金融监管协调机制。根据人民银行“三定”规定,国家发展改革委、财政部、人民银行等部门建立健全协调机制,各司其职,相互配合,发挥国家发展规划、计划、产业政策在宏观调控中的导向作用,综合运用财税、货币政策,形成更加完善的宏观调控体系,提高宏观调控水平。

按照要求,在国务院领导下,人民银行将会同银监会、证监会、保监会建立金融监管协调机制,以部际联席会议制度的形式,加强货币政策与监管政策之间以及监管政策、法规之间的协调,建立金融信息共享制度,防范、化解金融风险,维护国家金融安全,重大问题提交国务院决定。

资料来源:新华网,2008 - 08 - 15。

深度链接 7 - 4:中国人民银行分支机构设置

1998 年底,央行为了增强独立性,减少地方政府对央行各分支机构执行货币政策及银行监管方面的干预,对管理体制进行重大改革。根据地域关联性、经济金融总量和金融监管的需要,参照了美联储 13 个大区行的模式,撤销 31 个央行省级分行,成立九大区行,作为央行的派出机构。

当时成立的九大区行为:天津分行(管辖天津、河北、山西、内蒙古)、沈阳分行(管辖辽宁、吉林、黑龙江)、上海分行(管辖上海、浙江、福建)、南京分行(管辖江苏、安徽)、济南分行(管辖山东、河南)、武汉分行(管辖湖北、湖南、江西)、广州分行(管辖广东、广西、海南)、成都分行(管辖四川、贵州、云南、西藏)、西安分行(管辖陕西、甘肃、青海、宁夏、新疆)以及北京、重庆两家营业管理部,分行行长的行政级别是正局级。

2003 年 4 月银监会成立后,央行的监管职能又分离到地方银监局。大区行的职责则主要是辖区内的货币政策执行,而货币政策由央行总行指定,中国的各区域经济中心并不存在差异性的货币政策。实际上,大区行除具有人事权,与省会中心支行相比并无更多的职能。

2004 年 5 月,央行明确规定,货币信贷职能也由大区管理改为由省会中心城市支行负责,并直接向总行负责。其间,还将杭州、福州、石家庄、郑州、深圳五个中心支行升格,由总行直接管辖,其管辖区域也由一个市扩大到全省,实则是恢复了省分行职能。这五家中心支行也由副局级提升为正局级,与九大区行的级别相同。这标志着实行十年的"大区行体制"正面临着尴尬的境地,似乎已名存实亡。

资料来源:新华网,2008-08-08。

习　题

1. 解释下列概念:发行的银行　银行的银行　政府的银行　复合式中央银行制度　单一式中央银行制度　一元式中央银行　二元式中央银行　准中央银行制度　跨国中央银行制度　央行独立性
2. 试述中央银行产生的历史背景?
3. 试述中央银行的发展演进过程?
4. 中央银行有哪些职能?
5. 中央银行制度有哪几种类型?
6. 中央银行有哪些资产负债业务?
7. 影响中央银行独立性的因素有哪些?
8. 对我国中央银行的独立性进行评价,你认为应通过什么样的改革增强其独立性?
9. 谈谈你对我国中央银行分支机构设置现状的了解,对其未来发展提提你的建议?
10. 以欧洲中央银行为例,谈谈跨国中央银行对各成员国的利弊。

第八章　货币政策

学习目标

货币政策的构成要素包括货币政策的最终目标，实现政策目标所运用的政策工具，实现监测和控制目标的各种操作目标和中介目标，货币政策的作用过程的传导机制，以及货币政策的有效性分析等。货币政策是国家宏观经济政策的重要组成部分，其制定和实施直接关系到整个国民经济的运行和发展。通过本章的学习，要求熟练掌握货币政策含义、特征及构成要素；了解货币政策目标体系，货币政策工具和货币政策传导机制；理解货币政策效果的评价等问题。

第一节　中央银行货币政策目标体系

所谓货币政策，简单地说，就是中央银行通过控制货币与信贷总量，调节利率水平和汇率水平等，以期影响社会总需求和总供给水平，从而促进宏观经济目标实现的方针和措施的总称。一般说来，货币政策有以下几个特征：第一，一项总量经济政策和宏观经济政策；第二，是调节社会总需求的政策；第三，调节机制的间接性；第四，目标的长期性。

货币政策的目标，一般包括两个层次的内容：一是它的最终目标；另一个是中间性的目标，包括货币政策的操作目标和中介目标。

一、货币政策最终目标

货币政策的最终目标，又称为终极目标。它是中央银行组织和调节货币流通的出发点和归宿，必须服务于国家宏观经济政策的总体目标，这也就决定了货币政策最终目标与宏观经济政策目标之间的一致性。对大多数国家来说，其货币政策的最终目标主要包括物价稳定、充分就业、经济增长和国际收支平衡。

（一）物价稳定

对于中央银行来说，物价稳定就是币值稳定。所谓物价稳定是指一般物价水平在短期内没有显著的或急剧的波动，保持在一定的限度内。

物价水平高低的衡量标准使用的是物价指数。主要指标有三种：一是国民生产总值平减指数。它以构成国民生产总值的最终产品和劳务为对象，反映最终产品和劳务的价格变化情况。平减指数实际上是指按当年价格计算的国民生产总值与按固定价格(或基期价格)计算的国民生产总值的比率。二是消费物价指数。它以消费者的日常生活支出的"一篮子"商品和劳务为对象,考察和反映其消费物价水平的变化情况。三是批发物价指数。它以批发交易商品为对象,反映大宗批发商品的价格变动情况。由于所包含的商品种类不同,三种指标具有不同的作用。国民生产总值平减指数范围最广,反映整体物价变化情况。消费物价指数与消费者关系最为密切,可以反映消费者对物价上涨的承受能力。批发物价指数更多地反映厂商的生产成本变动情况,成为监控厂商对物价变动承受能力的指标,并成为经济形势变化的先行指标。三种指标结合在一起,加上一些特殊的指标,构成一个体系来综合反映物价水平的变动情况。

从变动趋势来看,物价不稳定有两种形式:一种是通货膨胀,即物价总水平的持续上涨;另一种是通货紧缩,即物价总水平的持续下降。由于通货膨胀和通货紧缩都会对经济运行构成较大的负面影响,所以,中央银行货币政策的一个传统目标便是维持价格水平的稳定。而且许多国家的中央银行是以价格水平保护者的姿态出现的,这也从一个侧面反映了物价稳定对整个宏观经济运行的重要意义。

(二)充分就业

所谓充分就业是指凡有劳动能力并愿意参加工作者,都可以在较合理的条件下,随时找到适当的工作。因此,充分就业实际上是指将失业率维持在一个较低的合理的限度之内。

衡量充分就业的指标是失业率,也就是一个社会劳动力中处于失业状态的人数与全社会劳动力人数的比率。这一指标要注意以下几个问题:第一,界定有能力并愿意参加工作劳动力人数。它要求有年龄限制,如16岁以下和60岁以上的人为无劳动能力的人。伤残病人或丧失劳动能力的人应排除在外,但具体的标准有较大的争论。第二,失业指标如何统计。这要求区分失业的时间段,有一个全日制工作和部分时间工作的统计标准问题。第三,失业率目标的确定。由于社会不可能实现100%的就业,那么,维持什么样的失业率可以称之为充分就业呢?西方学者提出自然失业率的概念,即在不必刺激当前的通货膨胀率的情况下,可以维持的最低失业率。但究竟是多少,也有争论。20世纪60年代,美国多数经济学家认为自然失业率为4%,但可能由于这一水平偏低,最终诱发了快速的通货膨胀,于是调高了自然失业率的水平。目前一般认为,维持在5%~6%的自然失业率,就可以认为是达到了充分就业。从中我们可以看出,充分就业目标的衡量只能根据不同的社会经济条件和发展状况来确定。

(三)经济增长

所谓经济增长,是指一国在一定时期内所生产的商品和劳务总量的增长,也可以用人均国民生产总值的增加来衡量。

理解经济增长,不仅要考察经济增长的数量指标,如国民生产净增长率、人均国民生产增长率等,还要考察经济增长的质量,即人们常说的经济发展问题。只追求国民经济的数量增长,但同时带来的空气污染、水资源污染等问题,却恶化了人们的生存环境,降低了人们的生活质量和福利水平,构成经济增长的负面影响。因此,我们追求的经济增长目的应该是包括生活质量和福利提高的经济增长。

经济增长通常用国民生产总值或国民收入的增长率来衡量。有时为了剔除人口增长因素的影响,也使用人均国民生产总值或人均国民收入的增长率来衡量。但无论使用哪一种指标,都必须是指它的实际变量,而不能使用名义增长率。也就是说,要剔除物价因素变动对实际变量的影响。当然,具体增长率的确定,也应根据不同的经济发展状况来确定。

(四)国际收支平衡

国际收支平衡则是指一个国家在一定时期内对其他国家全部货币收入和全部货币支出相抵后基本平衡,即略有顺差或略有逆差。维持国际收支平衡是因为过多的顺差和逆差都会对一国经济造成不利影响。

按照复式记账原则进行国际收支平衡表的编制,国际收支平衡借贷双方永远都是相等的。通过国际收支平衡表的借贷关系无法判断是否平衡。因此,衡量国际收支平衡与否,一般是根据国际经济交易的性质来判断的。根据国际经济交易的性质,国际收支平衡表中记录的交易一般可以分为自主性交易和调节性交易两类。自主性交易又称为事前交易,是经济主体或行为主体出于自主的经济动机或其他动机而进行的交易,比如商品和劳务的输出输入等。调节性交易也称为事后交易,是指为调节自主性交易所造成的差额而进行的交易,比如官方外汇储备的变动净额、长期资本流动等。国际收支是否平衡主要是根据自主性交易的结果来判定的。自主性交易出现逆差,必须依靠调节性交易来弥补。无论采用哪种调节性交易,都是国际收支逆差的表现。否则,则是顺差的表现。除此之外,国际收支平衡与否的判断也依照国际收支的大项:经常项目、资本项目、遗漏与误差之间的关系来进行。

(五)其他目标

随着经济金融的发展,一些国家赋予了货币政策其他的目标,如随着经济一体化进程的加快和金融的自由化、金融创新浪潮的冲击,资金的全球流动规模越来越大,也越来越频繁,国际金融市场动荡对一国经济的影响力加大。对此,货币政策便开始关注汇率的稳定和外汇市场的变化。随着经济金融化的发展,金融市场对经济运行产生很大的影响。于是,货币政策也开始关注利率的稳定和金融市场的稳定。这些都反映着货币政策的目标将会随着经济和金融的发展而变化。

(六)中央银行货币政策最终目标的相互关系

货币政策目标之间存在着一定的一致性,如维持稳定的物价可以为长期的经济增长创造良好的条件,经济增长了,充分就业的程度就越高,失业率就越低。但它们也存在着许多不一致。中央银行利用货币政策,同时实现几个目标是十分困难的。下面我们择其重点,对其相互关系进行分析。

1. 物价稳定与充分就业

稳定物价与充分就业之间的矛盾并不是靠理论给予准确的解释的,实际上它是根据一条经验曲线得出的存在于失业率与通货膨胀之间的关系。

通货膨胀率与失业率之间呈负斜率的著名的菲利浦斯曲线可以说明失业率与物价变动率之间存在非此即彼的关系。如果要使失业率降低,通货膨胀率就会增加,物价就会以更快的速度上涨;如果要控制通货膨胀,使物价上涨率下降,必须承受较高的失业率。菲利浦斯曲线一方面反映了物价稳定与充分就业之间的冲突;另一方面也成为中央银行确定失业率和通货膨胀的控制目标,并利用货币政策为实行"相机抉择"奠定了基础。

2. 物价稳定与经济增长

从长期来看,物价稳定与经济增长之间具有一致性。稳定的物价,可以减少市场的不确定性,充分发挥市场的功能,维持经济的长期增长;而经济的持续增长又有利于生产充足的商品,保持物价的稳定。二者之间是互相促进的。

从短期来看,对物价稳定与经济增长的关系,理论界有不同的看法。一种观点认为,工资调整的滞后和相对价格变动的不一致性,可以利用轻微的物价上涨,发挥通货膨胀对经济的刺激作用,促进经济增长,如凯恩斯主义者。与此观点不同,理性预期学派否认短期内通货膨胀与经济增长之间的关系。他们认为,经济主体拥有理性预期,会在政府增加货币供应量的同时,调整自己的行为。这样,政府为刺激经济增加的货币供应量和需求,就会马上表现在商品价格的上涨上,形成通货膨胀。货币主义者居其中,他们认为在短期内,政府对经济的刺激可能促进生产和收入的增长,但长期内货币供应量的增长并不会影响生产和收入的增加,而全部转化为通货膨胀。

3. 物价稳定与国际收支平衡

物价稳定与国际收支平衡分属于货币政策的内部目的与外部目的。由于影响国内经济因素与影响国际经济关系的因素各不相同,而且更为复杂,中央银行同时实现其内部目标和外部目标更为困难。

物价处于稳定状态,此时,如果存在国际收支的顺差,为了解决顺差,将会使外汇储备减少,影响到基础货币和货币供应量的减少,这样就会造成经济的紧缩和物价的下跌。如果此时存在国际收支的逆差,平衡国际收支的扩大出口、减少进口政策,会造成外汇储备的增加,起到扩张基础货币和货币供应量的作用,形成通货膨胀的压力和物价的上涨,从而影响物价的稳定。当本国出现通货膨胀时,本币对内贬值与国外未出现通货膨胀的货币相比,外国的商品价格显得更为低廉,出现汇率高估现象,有利于外国商品的进口而不利于本国商品的出口,结果是出现逆差,导致国际收支失衡。

4. 经济增长与国际收支平衡

二者之间有一致的因素,也有冲突的因素。这些关系主要表现为:第一,在正常情况下,一国经济增长,将有利于提高本国商品在世界市场上的竞争力,有利于提高自己的出口能力。第二,促进经济发展,往往会提高国民收入和人们对商品的需求及购买能力。由于进口一般是国内国民收入的递增函数,这样就会导致进口的增加。第三,为了促进经济增长,必须增加投资,不仅要动员国内的储蓄,而且要利用一切手段吸引外资,加强对外资的利用。其结果可能带来资本项目的逆差。由于上述三者的作用力不同,带来了经济增长与平衡国际收支之间协调的困难。如要解决国际收支的逆差,往往需要压缩国内总需求,减少对进口的依赖,但压缩国内总需求又会影响国内经济增长,形成“鱼与熊掌”不可兼得的局面。

5. 经济增长与充分就业

货币政策目标中比较一致的应该是经济增长和充分就业。一般来说,经济增长自然会扩大对劳动力的需求,从而有利于实现充分就业。美国经济学家阿瑟·奥肯曾对产出与失业之间的关系进行研究,并得出它们之间关系的“奥肯法则”。奥肯认为,在失业率与自然失业率之差和实际国民收入与潜在国民收入之差之间存在一种负相关关系,即

$$\mu = \mu^* - a\left(\frac{x - x^*}{x^*}\right)$$

其中,μ 是实际失业率,μ^* 是自然失业率,x 是实际国民收入(剔除价格因素的实际入),x^* 是潜在的真实国民收入,a 为一估计参数(奥肯根据美国的资料,得参数 a 为 0.3)。这说明,实际经济增长越接近潜在的国民收入增长率,失业率便接近自然失业率。经济增长缓慢,失业率就增大。如果使失业率维持在自然失业率之下,经济增长必须维持在潜在的国民收入增长率之上。这种现象短期内可能出现,长期内必然形成通货膨胀的压力。

(七)各国货币政策最终目标的选择

货币政策目标之间存在着不一致性和冲突性,各个国家所选择的货币政策目标是不一样的。即使在同一国家,在不同的社会经济发展阶段,货币政策目标的侧重点也有所不同。即使是实行多重货币政策目标的国家,无论是采取相机抉择政策,或者是根据失业率与通货膨胀率的可能承受限度的临界点选择政策,或者是轮番突击选择货币政策目标的国家,都在不同的经济社会发展阶段,根据经济发展的需要,选择适合于本国当时经济发展情况的货币政策目标。美国 30 年代货币政策的主要目标是充分就业,40 年代至 50 年代,加上了稳定物价的目标,60 年代又增加了经济增长和平衡国际收支的目标。日本由于第二次世界大战后的恶性通货膨胀和生产极度衰退,首先提出的货币政策目标是稳定通货,促进经济复兴。50 年代以后,由于经常的国际收支逆差影响和阻碍了经济的发展,便将国际收支平衡列为货币政策的第三大目标。德国历史上有两次严重的通货膨胀的教训,第二次世界大战后一直坚持将稳定币值的“保卫马克”作为中央银行的唯一目标。这些都说明,货币政策目标的选择必须融入整个经济社会发展的进程加以把握。

二、货币政策中间目标

货币政策的中间目标,是指中央银行在货币政策实施中为考察货币政策的作用,在

货币政策操作目标和最终目标之间设立的一些过渡性指标。这些过渡性指标的预期实现值,一般称为货币政策的中间目标。

(一)确立货币政策中间目标的必要性

为什么要设立货币政策的中间目标呢?主要是出于以下三个方面的原因:

第一,货币当局要想实现货币政策的最终目标,必须首先掌握有关最终目标的信息资料,以便据此相机抉择,变动和操纵相应的货币政策工具。但是,有关最终目标的信息资料,需要较长时间才能收集、整理和加工完毕。因此,货币当局在短时间内不可能详尽地掌握这些信息资料。在这种情况下,货币当局为了能够经常掌握经济形势的发展和变化,必须在较短时间内利用一些能够反映经济形势的发展变化的金融变量,作为考察货币政策工具最终目标的实施过程和效果的信号。这些金融变量,如利率、货币供应量等,就是所谓货币政策的中间目标。

第二,货币政策的最终目标是通过货币政策工具的操作而实现的。为了考察和比较各种货币政策工具对实现最终目标的作用和效果,必须首先确定用以检测和比较的标准。货币政策的指标,如货币供应量的多少、利率水平的高低,就是货币当局用以比较各种货币政策工具对最终目标的影响程度的尺度。有了这种比较标准和衡量尺度,货币当局就可以根据最终目标的实现情况,在各种政策工具之间进行权衡,相机抉择。

第三,货币政策工具最终目标的实现,除了受货币政策工具的影响之外,也要受货币政策工具以外的因素,即外生因素的影响。换言之,中间目标可以达到货币当局的某一预期水平,并非全是由实施某项政策工具以后得到的结果,有一部分可能是因政策工具以外的因素变动的结果。在这种情况下,即使货币当局已经达到预期的中介目标,也并不意味着货币当局已经达到预期的最终目标。例如,在以利率作为中介目标的场合,除了政策工具以外,资本的生产率、企业部门的预期等政策工具以外的其他因素,也可能影响利率的变动。在这种情况下,必须利用货币政策指标,以显示政策工具因素和政策工具以外的因素究竟对中介目标发生了何种程度的影响,从而把政策工具因素变动效果与政策工具以外的因素变动效果区分开来。

(二)货币政策中间目标的选择原则

选择什么样的指标充当货币政策中间目标,对制定货币政策有重要的影响。尽管货币政策中间目标本身不是中央银行调节的最终目标,但它的选择正确与否关系到货币政策最终目标能否最终实现。因为不同目标反映的情况不同,可能导致中央银行采用完全不同的行动,所以货币政策中间目标的选择是制定货币政策的关键。

适宜的货币政策中间目标一般要符合可控性、可测性、相关性、抗干扰性和适应性五个原则。

1. 可控性

可控性就是中央银行通过运用货币政策工具,可以直接和间接地控制和影响其目标变动状况和趋势。或者说,货币政策标的对货币政策工具具有灵敏的反应。可控性表明：第一，货币政策标的本身必须受货币政策的影响，从而中央银行对货币政策标的具有足够的控制力。并且，货币政策标的受货币政策影响的速度比货币政策最终目标的变动要快。第二，中央银行本身必须有相应的机会来完成货币政策标的的预期值，而且达到预期值的过程必须相对顺利，不会遇到很多的困难和障碍。

2. 可测性

可测性就是指货币政策标的有明确而合理的内涵和外延，能迅速收集有关数据进行定量分析。可测性有两层含义：一是中央银行能够迅速获得货币政策标的的准确完整的数据资料；二是中央银行能够对这些资料数据进行有效的分析和作出相应的判断。

3. 相关性

相关性就是选定的货币政策标的的预期值——货币政策的中介目标与最终目标之间有稳定、较高的统计相关度，货币政策标的的变动和趋势能够影响最终目标的变动和趋势。

4. 抗干扰性

抗干扰性就是选定的货币政策标的在中央银行运用货币政策调节过程中，受其他非货币政策因素的干扰度较低，只有这样才能准确地显示货币政策的作用状况，从而正确引导货币政策顺利实现其目标。

5. 适应性

适应性就是选定的货币政策标的要适应本国的社会经济、金融体制和当时的金融市场、金融产品等实际情况。

（三）近期目标——货币政策操作目标

1. 准备金

准备金是中央银行通过各种货币政策工具影响中介目标的主要传递目标。通过法定存款准备金率的变动，公开市场业务可以改变商业银行非借入储备再影响中介目标等等。准备金有不同的统计口径，如准备金总额、法定准备金、超额准备金、借入储备、非借入储备等。

2. 基础货币

基础货币与稳定币值的货币政策目标之间具有较高的相关性。中央银行改变基础货币数量，就会直接改变借款主体的金融资产总量及其结构，致使货币供应总量发生波动，从而影响市场利率、企业部门和家庭的预期及社会总供给与总需求之间的关系，拉动物价水平上升或抑制物价水平下降，从而把物价水平稳定在货币政策目标的均衡值域以内。

基础货币由流通中现金和银行准备金（法定准备金 + 超额准备金）组成，银行准备金存款可以从中央银行资产负债表中随时查到。流通中现金是指银行体系以外的社会公众持有的现金。它表现为中央银行的现钞发行净额减去商业银行的库存现金（商业银行库存现金一般视为银行准备金）。因此，基础货币具有可测性。

基础货币作为中央银行负债项目，影响它的因素主要是中央银行资产负债表上各项目的变动。这些项目主要有资产方的中央银行对财政借款、中央银行对商业银行贷款和黄金外汇占款三大项，以及负债方的中央财政金库存款、邮政储蓄存款等项目。关于向商业银行的贷款，这部分基本上是由中央银行通过再贷款、再贴现等贷放出去的。因此，中央银行对于这部分贷款是可以直接自主控制的。关于向财政的借款，在市场经济条件下，一般来说，也是由中央银行自行决定的。其他因素虽不为中央银行直接控制，但其变化一般可以进行较准确的预测。对其变化中央银行可以采取相应措施，从而达到对基础货币的控制。

（四）远期目标——货币政策中介目标

1. 利率

自20世纪30年代开始，英、美等经济发达国家，经济的货币化程度较高，金融机制较为完善，在运用货币政策时，都采取盯住利率的办法，即把利率作为货币政策的标的。一般地说，作为货币政策中介目标的利率是指短期贷款利率。在实行盯住利率的国家，短期利率主要是指国库券利率。对短期利率另一个有代表意义的金融变量是再贴现率。

中央银行在任何时候都可以观察到货币市场上的利率水平及其结构，况且再贴现率、国库券利率以及美国的联邦基金利率等本身就是中央银行自主决定的，因此，利率的可测性极好。就可控性而言，再贴现率、国库券利率以及联邦基金利率等自不必说，中央银行对市场利率也有相当大的控制力。因为中央银行可以通过公开市场业务等各种货币政策工具调节市场资金的松紧和供求状况，或者通过再贴现率等的变化表明其货币政策方向和意图，从而影响市场利率的走向，实现对市场利率的间接控制。利率作为经济运行的一个内在因素，总是随着社会经济的发展而变化，通过调整利率可以影响货币供求关系，从而实现稳定币值的目标，即提高利率以抑制过度的货币需求，从而抑制通货膨胀；降低利率以刺激货币需求，抑制通货紧缩。因此，利率的相关性也较好。

当然，利率作为货币政策标的也有不足之处。首先是因为在货币政策调节之外，资本收益率、企业部门和居民的行为预期，甚至某些重大政治事件都有可能成为市场利率变动的重要因素，所以，往往使人们在宏观金融政策调节方向和调节力度变动时难以准确地区分宏观金融政策的实际效果和偶然性的外生效果。其次是在存在通货膨胀的条件下，决定借款主体行为的根本因素是实际资本损益，而不是名义利率变动带给他们的那些表面上的影响。因为实际利率取决于预期物价变动水平，中央银行能够观察和控制的是名义利率，而不是实际利率。由于影响实际利率变化的因素太多，各种因素可能相互制约、相互抵消，这就降低了利率作为观测指标的实用价值。因此，利率作为货币政策标的的局限性必然要采用其他标的加以补充。

2. 货币供应量

从货币供应量的相关性、可测性和可控性等方面来看，把货币供应量作为货币政策标的是可行的。这是因为，首先，在现代信用社会，社会经济活动可以抽象为两个相互对立、相互依存的过程,即实物运动过程和货币运动过程。实物运动过程主要取决于社会生产力发展水平,货币运动过程主要取决于参加交换的实物数量、价格水平及货币的流通速度。当货币供应量持续大幅度超过实际货币需求量(即均衡货币供求)时,就会出现严重的通货膨胀;当货币供应量低于货币需求量,商品和劳务追逐货币,资金严重短缺时,就会对经济运行产生抑制和破坏作用。其次,货币供应量有明确的含义和层次划分,构成货币供应量各层次的金融变量都分别反映在中央银行及商业银行的资产负债表中,随时可以进行测算和分析。第三,货币供应量作为货币政策标的较易操作,中央银行可以通过各种政策工具对货币供应量进行调控。货币供应量具有一定的可控性。

然而,作为货币政策标的,货币供应量也存在一些问题,比如,货币供应量与物价水平之间的对应关系是非线性的,其变动方向和数量关系在大多数情况下是不稳定、不一致的。因此,按照货币主义的"单一规则"的货币政策,并不能保证经济增长率按某一稳定比例同方向变动;不同层次货币的流动性、功能强弱存在很大差异,货币供应结构的变动客观上对经济活动的总量和结构产生不同的影响。因此,如何准确地把握货币供应结构变动对经济总量及结构的影响,是目前为止各国中央银行所面临的最大难题。

3. 汇率

汇率作为本国货币与外国货币的兑换比率,不仅是国内供求均衡的关键因素,也是决定社会产出水平与物价的关键因素。小国开放型经济的货币当局,通常把本国货币与某一强国(一般选择最主要的贸易伙伴)货币挂钩,并以维持汇率稳定为基本目标。这样做的好处有:一是从强国给本国货币输入"信誉",从而维持国民对本国货币的信心;二是从强国给本国货币输入"稳定性",从而为国民经济的运行和对外贸易的发展创造稳定的货币环境。从可测性来看,汇率的可测性明显是很强的。在可控性方面,由于这种情况下实际上是采取了固定汇率制度,这就要求货币当局有丰富的外汇储备,外汇供求比较稳定,以及没有国内外宏观经济的冲击和金融市场的过度投机等等诸多条件。因此,汇率的可控性从理论上讲是很弱的。不仅如此,以汇率为货币政策的中介目标,还容易使本国丧失货币政策的独立性,即国内货币政策的步调和力度必须与挂钩货币的国家保持一致,根据利率平价原理,本币利率也必须随挂钩货币国的利率变动。如此,很难避免输入型的通货膨胀和经济震荡。

第二节　中央银行货币政策工具

中央银行为了调控宏观经济,采取一系列调节货币信用的措施,以达到这一目的。这些调节货币信用的措施,通常称为货币政策工具。它大致包括一般性货币政策工具、选择性货币政策工具和其他货币政策工具三大类。

一、一般性货币政策工具

一般性货币政策工具也称为货币政策的总量调节工具。它的特点是使用这些工具,通过调节货币和信贷的供给总量,对于经济活动的各个方面都产生影响,而不仅仅作用于某些方面和部门。它主要包括存款准备金制度、再贴现政策和公开市场业务,俗称中央银行的“三大法宝”。

(一)法定存款准备金政策

1. 法定存款准备金制度的由来

存款准备金制度起源于美国的苏弗克制度。苏弗克制度是19世纪20年代设在波士顿的苏弗克银行采取的一项金融制度改革。当时美国各家银行都可以发行自己的银行券。但乡村银行信誉低,其银行券要打折流通,而城市银行信誉高,其银行券十足流通。劣币驱逐良币,人们多使用乡村银行的银行券来支付款项,而储存城市银行的银行券用以兑换黄金,这对城市银行十分不利。于是,以苏弗克银行为首的城市银行同乡村银行签订协议,要求乡村银行在城市银行存入足额存款,城市银行则按面值收兑乡村银行的银行券,维持其按面额十足流通。不存款的乡村银行,苏弗克银行与城市银行一道收兑他们的银行券,集中兑换黄金,迫使其就范。这一利己主义的行为,控制了该地区银行券的滥发状况,并维持了银行体系的稳定,该地区成为当时美国货币制度最好的地区。

基于这一原因,1863年,当美国实行国民银行体制时,就规定在全国范围内实行存款准备金制度,并成为1913年美国实行《联邦储备法》中法定存款准备金制度的基础。在大萧条之后,美国国会授予联邦储备体系在一定限度内的调整法定存款准备金比率的权力,改变原来存款准备金率由法律硬性规定、不可更改的规定。同时,存款准备金制度的目的便转为控制信贷和货币供应量。至此,存款准备金制度成为货币政策的一个主要工具。

2. 存款准备金制度的基本内容

各国中央银行对存款准备金制度的各项内容都有不同的具体规定。但总体来说,它包括下列基本内容:(1)确定存款准备金制度的适用对象。(2)规定存款准备金比率。(3)规定存款准备金的构成。(4)规定存款准备金的计提基础。(5)规定存款准备金的付息标准。(6)规定存款准备金持有期的考核办法。

3. 法定存款准备金政策的作用机制

存款准备金政策对信贷和货币供应量的控制是通过调整法定存款准备金率而实现的。首先,调整法定存款准备金会形成货币乘数的改变,在基础货币不变的情况下,就会引起货币供应量的改变。比如,中央银行调低法定存款准备金比率,那么,就使得一部分存款准备金由法定存款准备金转变为超额存款准备金。超额存款准备金的增加,增大了商业银行发放贷款和投资的能力。通过派生存款机制,这部分超额存款准备金就会产生出多倍的派生存款,使得货币供应量增加。用公式表示:

$$M = m \cdot B$$

$$m = \frac{1 + c}{c + r_t + r_e}$$

其中,M表示货币供应量,B表示基础货币,m表示货币乘数,c表示现金漏损率或流通中现金与存款的比率，r_t 表示法定存款准备金比率，r_e 表示超额存款准备金比率。从公式中可以看出，降低法定存款准备金比率，将使货币乘数扩大，从而引起货币供应量的扩张。反之，提高法定存款准备金比率，就会缩小货币供应量。其次，在中央银行基础货币不变的情况下，中央银行改变法定存款准备金比率，将影响商业银行对准备金的需求。如提高法定存款准备金比率，会使商业银行系统感到准备金不足，造成同业拆借或美国联邦基金市场利率的上升。这样，通过改变法定存款准备金比率影响到利率提高，迫使社会投资和支出都缩减，从而达到紧缩目的。再次，法定存款准备金经率的变化具有直接的宣示效果。如果调高法定存款资金准备金比率，说明中央银行将执行坚定紧缩性货币政策，商业银行和社会公众根据这一预期，便会自动地调整自己对信用的需求，反之亦然。

4. 法定存款准备金政策的政策效果评价

存款准备金制度作为一项货币政策工具，具有明显的优点：第一，作用速度快而有力。作为法定存款准备金比率，它具有法律的强制力。中央银行一经作出提高或降低法定存款准备金比率，许多银行和金融机构便会立即面临法定存款准备金改变的状况，导致其经营行为迅速改变。第二，对所有存款货币机构的影响平等。与其他货币政策工具相比，存款准备制度对所有的存款机构都一视同仁，改变法定存款准备金比率对所有的银行和金融机构都产生相同的影响。第三，存款准备金制度强化了中央银行的资金实力和监管金融机构的能力，可以为其他货币政策工具的顺利运行创造有利条件。

存款准备金制度也有一些不利之处：第一，作用效果过于猛烈。相对于现在过于庞大的存款货币，法定存款准备金比率的微小变动，就会造成法定准备金的较大波动，对经济造成强烈影响。以至于有人将存款准备金制度比喻为外科医生使用斧头做手术，其灵活性自然受到影响。第二，易于受到商业银行和金融机构的反对。由于法定存款准备金一般不付利息，按着对商业银行和金融机构无偿占用资金的多少。有人将此称为“准备金比率税”，它的变动直接影响到商业银行和金融机构的利益，增加了银行资金流动性管理的难度。第三，受到中央银行维持银行体系目的的制约。如果中央银行提高法定存款准备金比率，由于它的作用范围具有普遍性——基本涉及所有的银行和金融机构，会在短期内造成银行体系的流动性不足，触发银行的流动性问题，并危及银行体系资金的正常清算和稳定。

（二）再贴现政策

1. 再贴现政策的由来

再贴现是随着中央银行的产生而发展起来的。中央银行通过再贴现业务发挥其最后贷款人功能并维持银行体系储备供给的弹性制度。英格兰银行曾在 19 世纪上半叶利用再贴现业务向票据经纪人进行短期资金的融通，并利用再贴现业务逐渐完成了其作为最后贷款人的职能，完成了其向中央银行的自然演化过程。此后，再贴现政策便成为英格兰银行的货币政策工具。美国联邦储备体系成立后，会员银行在发生准备金不足时，可以利用合格票据直接向它所属的联邦储备银行借入所需资金。至20世纪30年代,再贴现政策一直是美国联邦储备体系货币政策的基本工具。此后,许多国家的中央银行都将再贴现业务作为其主要的货币政策工具。

2. 再贴现政策的内容

再贴现政策是指中央银行通过制定调整再贴现利率和再贴现业务来干预、影响市场利率和货币供应量的政策措施。它的主要内容包括以下几点:(1)规定再贴现的对象。(2)规定再贴现票据的条件。(3)制定再贴现率。

3. 再贴现政策的作用机制

再贴现政策发挥作用的途径有三条:一是对基础货币的影响;二是对借款成本,即利率的影响;三是通过告示作用发挥效果。

再贴现业务是中央银行投放基础货币的一个渠道。这样,使得再贴现业务直接影响中央银行的基础货币供应。再贴现作为中央银行资产业务中的一项,在其他条件不变的情况下,它的增加会增加商业银行在中央银行的存款,即商业银行储备增加,基础货币随之增加。反之,它的减少就会造成基础货币的减少。当中央银行提高贴现率时,市场利率与贴现率之间的利差缩小,一些银行会认为从贴现窗口归还它们欠中央银行的债务是有利可图的。这样,减少贴现,归还贷款,将使基础货币减少,进而影响到货币供应量的减少。如果中央银行降低再贴现率,就会增大市场利率和再贴现率之间的差额,商业银行认为有利可图,受利益驱动便会增加贴现窗口的贴现,从而使基础货币和货币供应量都增加。

再贴现政策对经济产生影响的第二条途径是再贴现率对利率和各种资产收益率的影响。如果中央银行提高再贴现率,筹资成本上升,对中央银行有负债业务的银行就会通过出售债券、收回贷款、增加对其他银行的借款等方式来筹资归还向中央银行的借款。多数银行的这些活动就会推动货币市场利率的上升和银行放款利率的上升。同时,再贴现率的提高,迫使商业银行持有更多的储备资金,放款行为更为谨慎,整个社会资金供应紧张,也会迫使利率上升。利率恰好起到抑制总需求,对过热的经济产生紧缩的作用。

再贴现政策也具有告示作用。通过再贴现率的改变表明中央银行货币政策的改变,从而影响社会经济主体对未来经济运行状况的预期。如中央银行提高再贴现率,商业银行就会意识到未来的银根将紧缩。于是,就会对放款采取谨慎态度,放慢信贷扩张的速度。债券、股票等有价证券持有者预期到未来利率要上升,就会抛售手中的有价证券,导致有价证券价格下跌,提高有价证券的收益率,增加企业利用证券市场融资的成本,起到紧缩经济的作用。这恰好是中央银行提高再贴现率的政策目标之所在。因此,告示作用成为再贴现政策发挥作用的第三条途径。

4. 再贴现政策的政策效果评价

再贴现政策作为货币政策工具,其优势在于:第一,有利于中央银行发挥最后贷款人作用。利用再贴现政策可以提供整个银行系统流动性的“弹性”创造功能,有利于中央银行维持银行体系的稳定。第二,再贴现政策通过对贴现对象的选择和对贴现票据的规定,可以起到一定的结构调整作用。第三,再贴现政策作用效果缓和并避免了经济的巨大波动。

当然,再贴现政策也存在着一些不足:第一,再贴现政策具有顺周期特征。当经济处于扩张阶段、贷款的需求增大,迫使市场利率上升。此时,市场利率与再贴现率之间的差额扩大,如果中央银行无法迅速调整再贴现率,阻止商业银行的再贴现套利行为,再贴现业务就会对经济提供基础货币和货币供应量,进一步刺激经济的扩张。相反,在经济萧条时期,再贴现数量也呈下降趋势,进一步加大了萧条的影响。第二,中央银行使用再贴现政策具有被动性。中央银行可以规定再贴现率,但究竟贴现与否,是由商业银行自身决定的,是商业银行考虑诸多因素后的选择,中央银行无法强迫商业银行贴现。第三,再贴现政策的告示作用是相对的。中央银行调整再贴现率有两方面的原因:一是代表货币政策方向的基本改变,是中央银行主动调整再贴现率以适应货币政策的需要。二是被动调整。它是为了防止商业银行利用贴现窗口的套利行为,在市场利率改变的情况下,为了保持原有利率结构的均衡,调整再贴现率,以使它与市场利率基本保持一致。但究竟是什么原因导致中央银行改变再贴现率,社会经济主体很难区分清楚,会形成错误的和模糊的宣示效果。

(三)公开市场业务

1. 公开市场业务的由来

利用买卖政府债券调控经济是20世纪20年代美国联邦储备体系的偶然发现。美国联邦储备体系创建后,主要依靠再贴现政策作为货币政策工具,通过再贴现和对商业银行放款向银行体系注入基础货币,并获取利息收入,构成美国联邦储备银行的主要营业收入。但是,20年代的严重经济危机影响了再贴现和对商业银行的放款,影响了美国联邦储备银行的收入和向银行体系的基础货币注入。为了改变这一状况,美国联邦储备银行开始购买美国政府债券,通过这一操作,意识到可以使得利率下降和信用扩张。这样,一个新的货币政策工具产生了。此后,许多国家利用持有政府债券的有利条件,开始利用公开市场业务调控经济,公开市场业务成了中央银行最重要的货币政策工具。

2. 公开市场业务的作用机制

公开市场业务是指中央银行通过在金融市场上公开买卖有价证券影响货币供应量和市场利率的行为。它通过影响基础货币进而影响货币供应量。当中央银行在金融市场上购入有价证券,如政府债券时,如果售出者是商业银行,则中央银行必须通过贷记商业银行准备金账户进行支付。此时,商业银行持有的资产项目中有价证券减少,超额准备金增加。如果售出者是社会公众,他会得到中央银行签发的支票,将其存入商业银行。商业银行与中央银行清算后,贷记商业银行的准备金账户。此时,商业银行吸收的存款增加,在中央银行的超额存款准备金增加,资产与负债同时增加。无论中央银行向商业银行还是向社会公众购进证券,都会使商业银行的超额准备金增加,即基础货币增加,通过存款派生过程,使货币供应量增加。相反,当中央银行在金融市场上出售证券时,就会吸纳相应的银行准备金,使基础货币和货币供应量都减少。其次,公开市场业务通过影响利率水平和利率结构来达到调控经济的目的。如果中央银行在证券市场上购入有价证券,基础货币的投放使货币供应量增加,有利于利率水平下降,这是一种间接的影响。同时,中央银行的购买行为增加了有价证券市场上的需求量,有可能推动有价证券价格上涨,使有价证券收益率下降,市场利率下降,这是一种直接的影响。此外,中央银行甚至希望通过同时买卖期限不同的证券,影响不同期限证券的供求结构和收益率,从而使利率结构受到影响。这是其他货币政策工具所不具备的。

3. 公开市场业务的操作对象和类型

(1)操作对象。从技术上讲,中央银行公开市场业务的操作对象可以是公司债券、普通股票等有价证券,而不仅仅局限于政府债券等范围之内。对所有有价证券的买卖,都可以影响商业银行准备金的变动,而且对中央银行和商业银行资产负债表的影响基本上是一致的。但实际上,多数银行都将公开市场业务操作对象限制在政府债券范围内。之所以如此,一方面是避免中央银行持有普通股票及公司债券对特殊利益所形成的不公平影响;另一方面是政府债券所具有的广度和深度,有助于中央银行吞吐大量资金而不致引起市场价格波动。如果交易对象市场容量过小,中央银行的入市操作就会带来价格的巨大波动,造成市场的不稳定。

(2)操作类型。公开市场业务按其操作目的分为两类:防御型和主动型。防御型操作是指中央银行利用公开市场操作抵消中央银行无法控制的因素对银行体系准备金和基础货币所产生的影响。主动型操作是指中央银行根据经济发展情况,积极采取公开市场操作银行体系的准备金,以使其符合中央银行货币政策的目标。

公开市场业务按其业务形式主要有两类:一类是现券交易;另一类是定有回购协议的购买及配售。

4. 公开市场业务的政策效果评价

公开市场业务作为最重要的货币政策工具,受到各国中央银行的普遍重视。与其他货币政策工具相比,其主要优点在于:

第一,微调性。公开市场业务买卖规模大小皆宜,并且中央银行可以通过买卖政府债券准确而有力地控制银行准备金和基础货币,提高中央银行货币政策的精确性。

第二,灵活性。中央银行可以利用公开市场业务进行经常的、连续的、日常的货币政策操作。它不太明显的宣丞效果,使得中央银行进行迅速的调转方向的操作都是完全可行的。

第三,主动性。可以根据不同的经济形势,采取相应的对策。

公开市场业务虽然有许多优点,但也不可避免地存在一些局限性。

第一,公开市场业务的开展需要有一个发达的金融市场,特别是发达的国债市场,使中央银行能够利用这一市场迅速吞吐所需的银行资金。

第二,对技术性要求较高。

第三,必须有其他政策工具的配合。

二、选择性货币政策工具和其他工具

除了一般的货币政策工具之外,中央银行还拥有选择性的货币政策工具。选择性货币政策工具也称为货币政策的结构性调节工具。它是针对商业银行或金融机构特殊的资金运用而采用的工具,是一般性货币政策工具必要的补充。选择性货币政策工具主要包括证券市场信用控制、消费者信用控制、不动产信用控制。

(一)选择性货币政策工具

1. 证券市场信用控制

证券市场信用控制是指中央银行为了活跃证券市场的交易活动,通过规定信用交易、期货期权等交易方式的保证金,控制信贷资金流入证券市场的规模,进而平抑证券市场的供求,实现对证券市场进行调控。它是美国对 20 世纪 30 年代大萧条中证券市场调控的产物,此后便作为货币政策工具一直加以使用。

信用交易也称为垫头交易或保证金交易。它是指客户以自己的信誉,只交付一定数额的保证金,取得证券经纪人的信用后,委托经纪人买进或卖出证券的交易方式。信用交易的特点是交易者可以超出自己的资金实力或拥有的证券进行交易,提高了证券市场的流动性。同时,也会造成证券市场的虚假需求和供给,人为地造成市场波动。期货交易是证券交易双方成交后,按契约规定的价格、数量,在远期进行交割的交易方式。期权交易则是指预先支付一定费用之后,便可以取得在一定期限内买进或卖出规定数量的证券的权利。作为衍生金融工具,期货期权交易都具有放大交易额的功能。期货交易在成交时只交付一定比例的交易额作为保证金。期权交易的期权费也只是整个交易金额的极小部分,更容易用较少的资金,支撑起证券市场的虚假繁荣。

从证券交易方式可以看出,当控制信用交易的保证金时,就会影响流入证券市场的资金数量。当规定保证金为 30% 时,交易者只需提供 30 万元的资金,就可通过贷款获取 70 万元的资金,完成 100 万元的交易。若提高保证金为 60%,就要求交易者必须筹集 60 万元的资金,贷款融资只能提供 40 万元,然后完成 100 万元的交易。若交易商只有 30 万元的资金,则他只能通过贷款融资 20 万元,仅完成 50 万元的交易。这样,通过提高保证金比率,限制融资比例,控制最高放款额度,有利于把股票投机抑制下来。相反,通过降低保证金比率,有利于促进股票市场、证券市场的繁荣。

通过证券市场信用控制,中央银行在不影响整个社会贷款和货币供应量的情况下,控制资金的流向和结构,达到调控证券市场、合理配置资金的目的。

2. 消费者信用控制

消费者信用控制是指中央银行通过对各种耐用消费品规定分期付款的最低付现额和分期付款的最长偿还期限,对消费者购买耐用消费品的能力施加影响的管理措施。

对耐用消费品支出影响较大的是消费信用,住宅、汽车和主要家电产品等耐用消费品多以信用方式购买。当中央银行提高分期付款的最低付现额和缩短分期付款的偿还期限时,就会限制消费者通过消费信贷取得耐用消费品的购买能力,减少对耐用消费品的需求。反之,当中央银行降低分期付款的付现额和延长分期付款的偿还期时,减轻了消费者的现金约束,可增加对耐用消费品的需求。这样,就可达到中央银行的调控目的。

中央银行利用消费信用控制实现其政策目标的效果,受到许多现实因素的制约,特别是当中央银行利用提高分期付款的付现额和缩短分期付款的偿还期限来降低对耐用消费品的需求时,情况更是这样。提供消费信贷的厂商为了促进商品销售,并没有执行中央银行消费信贷的激励机制。消费者作为消费信贷的受惠者,也不愿意遵循中央银行较严格的消费信贷规定。这些因素都会影响政策工具效力的发挥。

3. 不动产信用控制

不动产信用控制是指中央银行对金融机构办理不动产抵押贷款的管理措施。中央银行通过规定贷款的最高限额、贷款的最长期限以及第一次付款时的最低金额等对不动产信用施加控制,从而对房地产市场和民用建筑市场进行调控,确保经济资源的合理使用。

4. 优惠利率

优惠利率是中央银行对国家重点发展的经济部门或产业采取的优惠措施。优惠利率是国家产业政策在金融领域的具体化,不仅被发展中国家广泛采用,而且也被发达国家普遍采用。

5. 预缴进口保证金

预缴进口保证金是指中央银行要求进口商预缴相当于进口商品总值一定比例的存款,以抑制进口的快速增长。预缴进口保证金多为国际收支,经常出现逆差。

(二)其他货币政策工具

1. 直接信用控制

直接信用控制是中央银行以行政命令或其他方式直接对商业银行及其他金融机构的信用活动进行控制。它的特点是依靠行政干预,而不是借助于市场机制。其形式有信用分配、直接干预、流动性比率、利率最高限额和特种存款等。

(1)信用分配。它是指中央银行根据金融市场状况和客观经济需要,对金融机构的贷款进行分配和限制的各项措施。

(2)直接干预。它是指中央银行直接对商业银行和金融机构的业务范围、信贷政策、信贷规模等信贷业务进行干预。

(3)流动性比率。它是指金融机构的流动资产对存款的比率。

(4)利率最高限额。中央银行运用利率最高限额主要是为了限制商业银行及金融机构之间为争夺存款而进行的利率竞争,限制金融业内部的过度竞争,保证金融机构的稳健经营。

(5)特种存款。它是指中央银行为了控制银行体系利用过剩的超额准备金扩张信用,利用行政手段要求商业银行将超额准备金缴存中央银行的措施。

2. 间接信用控制

(1)道义劝说。道义劝说是中央银行利用其在金融体系中特殊的地位和影响,通过向商业银行和金融机构说明自己的政策意图,希望利用道义上的劝说力量影响商业银行的贷款数量和贷款方向,从而达到货币政策的目标。道义劝说可以是中央银行制定的业务指导,可以是中央银行发表的政策评论,也可以是中央银行提出的非正式的政策要求。无论形式如何,它的特点是不具有强制性的约束力,商业银行和金融机构在法律上并不承担按货币当局所发出的政策意图行事的责任。但由于中央银行所拥有的再贴现业务、优惠利率以及管理金融机构和金融业务的权力,将这些业务同号召对道义劝说的自愿合作,使得中央银行的道义劝说具有一定的分量,商业银行和金融机构一般都会遵从道义劝说,从而实现货币政策的总量调节或者结构调节的目标。

(2)窗口指导。窗口指导是中央银行根据产业行情、物价趋势和金融市场动向,规定商业银行每季度贷款增减额,并要求其执行。它是利用指导性计划达到货币政策目的的辅助性政策工具。

第三节　中央银行货币政策传导机制

中央银行之所以能够运用货币政策工具对宏观经济目标进行调节,是由于货币政策工具的操作能够对经济活动者的行为产生影响,从而通过中间目标达到政府的最终目标。货币政策传导机制就是运用货币政策工具,通过中介目标达到最终目标所经过的途径和过程(见图 8－1)。

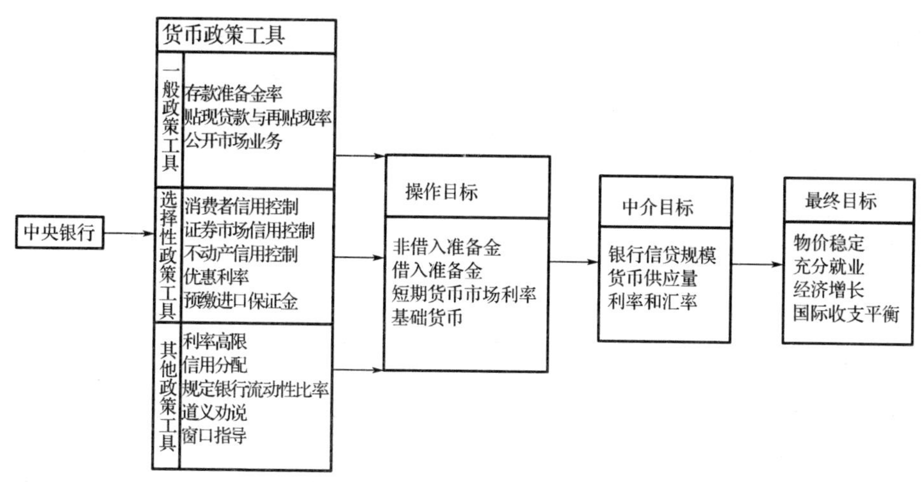

图 8－1　中央银行货币政策传导机制

一、凯恩斯学派的货币政策传导机制理论

凯恩斯学派的货币政策传导机制理论最初的思路可归结为：通过货币供给 M 的增减影响利率 r，利率的变化则通过资本边际效益的影响使投资 I 以乘数方式增减，从而投资的增减会进而影响总收入 Y。用符号表示：

$$M \to r \to I \to Y$$

在这个传导机制发挥作用的过程中，主要环节是利率，货币供应量的调整首先影响利率的升降，然后才使投资乃至总支出发生变化。

上述分析，在初级阶段，凯恩斯学派称之为局部均衡分析，只显示了货币市场对商品市场的初始影响，而没有能反映它们之间循环往复的作用。考虑到货币市场与商品市场的相互作用并进一步分析，凯恩斯学派称之为一般均衡分析。其过程为：第一，假定货币供给增加，如果产出水平不变，利率会相应下降；下降的利率刺激投资，并引起总支出增加，总需求增加并推动产量上升。这与原来分析一样。第二，产出量上升，提出了较原来更大的货币需求。如果没有新的货币供给投入经济生活，货币供求的对比就会使下降的利率回升。这是商品市场对货币市场的作用。第三，利率的回升，又会使总需求减少，产量下降；产量下降，货币需求下降，利率又会回落。这是往复不断的过程。第四，最终会逼近一个均衡点，这个点同时满足货币供求和商品供求两方面的均衡要求。在这个点上，可能利息率较原来的均衡水平低，而产出量较原来均衡水平高。

对于这些传导机制的分析，凯恩斯学派还不断增添一些新的内容，主要集中在货币供给到利率之间和利率到投资之间更具体的传导机制及一些约束。从总的情况来看，虽然凯恩斯提出了货币政策必须通过利率来加以传导，货币政策的中介目标应该是利率。实际上西方国家货币政策在长期实践中也正是以利率作为中央银行的控制对象。但是，凯恩斯认为货币政策的作用是间接的，它必须有两个中间环节，如果这两个中间环节的一个出现问题，则货币政策无效。例如，当一国经济出现"流动性陷阱"，即当利率水平低到所有人都认为它肯定上升时，货币的投机性需求就可能变得无穷大，任何新增货币都会被人们持有，而不增加对债券的需求时，货币供应量的增加就不会使利率下降，于是，货币政策将无效。又如，在利率下降后，如果投资者对利率的下降不敏感，即投资的利率缺乏弹性，则货币政策也将无效。所以，凯恩斯学派强调财政政策的有效性，而认为货币政策是不可靠的。

二、货币学派的货币政策传导机制理论

货币学派的货币政策传导机制理论是在批评凯恩斯理论的过程中提出来的，因此，它与凯恩斯学派的上述理论存在着重大分歧。货币学派没有描述货币供应影响总支出的具体途径，而是观察支出变动是否与货币供应高度相关，由此来诊断货币对经济活动的影响。货币学派认为，利率在货币传导机制中不起重要作用，而更强调货币供应量在

整个传导机制上的直接效果。货币学派的货币政策传导机制可表现为:

M→ [?] →Y

即中央银行通过货币政策操作只能控制货币供应量,而不能控制利率;货币供应量的变动,将直接导致名义收入的变动。对于货币学派的这一货币政策传导机制,许多人提出疑问,认为这一传导机制似乎存在一个"黑匣子",对货币供应量如何引起名义收入增加这一具体过程缺乏说明。实际上,这是一种误解。因为:第一,根据货币主义的观点,货币需求有其内在的稳定性,不会发生大幅度的位移。第二,货币需求函数不包含任何货币供给因素,因而货币供给的变动不会直接引起货币需求的变化;至于货币供给,货币主义把它视为外生变量,它并不由经济因素,如收入、储蓄、投资、消费等因素决定,而由货币当局决定。第三,作为外生变量,货币供给增加,由于货币需求不变,公众手持货币量会超过他们愿持有的货币量,从而支出增加。这些支出又必然形成他人的收入,而他人的收入增加后也会增加支出。因此,随着人们纷纷增加支出,整个经济的名义收入将随之增加。

名义收入 Y 是价格和实际产出的乘积。由于 M 作用于支出,导致资产结构调整,并最终引起 Y 的变动,这一变动究竟在多大程度上反映在实际产量变动和价格水平上?货币主义认为,货币供给的变化短期内对实际产量和物价两方面产生影响,使两方面均发生变化;就长期来说,则只会影响物价水平。因为,在短期内,货币供应量增加之所以引起实际产出的增加,是因为人们在短期内还来不及调整其通货膨胀预期,从而预期通货膨胀率低于实际通货膨胀率,正是这一未预期到的通货膨胀,才可能引起实际产出的暂时增加。但是,从长期看,随着人们对通货膨胀预期的调整,短期内未预期到的通货膨胀总要被人们所预期到的,当人们不存在幻觉时,货币供应量增加不会引起实际产出增加,而只能导致物价水平上涨。

三、货币政策传导机制的新探索

货币学派关于货币重要性及对货币政策传导机制广泛和自由的探索融入凯恩斯学派的结构模型分析框架中,揭示了货币对经济活动强烈的影响,使两个学派对货币重要性的认识趋于一致。在此基础上,许多经济学家开始探索货币影响经济活动的其他途径。这一传导机制一般可归成三类:第一类通过投资支出发生作用;第二类通过消费支出发生作用;第三类通过国际贸易发生作用。

(一)投资支出

由于凯恩斯强调投资在经济波动中的作用,因而有关货币传导机制的早期研究首先集中在投资支出上。

1. 托宾的 q 理论

经济学家发现,货币政策通过影响股票价格而影响投资支出。在托宾以前,关于货币如何影响股票价格存在两种不同观点。一种是凯恩斯的观点,认为货币供给增加会降低债券利率,使股票较债券对投资者更具吸引力,从而导致股票需求增加,价格上升。另一种观点认为,当货币供给增加时,公众发现其持有货币量大于需要量,于是就通过扩大支出花掉这些货币。购买股票就是花掉这些货币的方式之一。随着公众股票需求的增加,股票价格上升。总之,不管哪种观点,都说明了货币政策会影响股票价格,货币供给增加,股票价格上涨。

对于股票价格会如何影响投资支出问题的研究,托宾发展了一种关于股票价格与投资支出相关联的理论,即托宾的 q 理论。托宾把 q 定义为企业的市场价值除以资本的重置成本。当 $q>1$ 时,企业的市场价值高于资本的重置成本,因而新厂房、新设备的资本低于企业的市场价值。这时企业必然选择发行股票以扩大新的投资,投资增加,经济呈景气态势。当 $q<1$ 时,由于企业的市场价值低于资本成本,企业与其投资新项目,还不如在市场上收购现在企业进行扩张,相应投资活动会减少,投资萎缩,产出下降。

托宾的 q 理论为美国经济大萧条时期投资支出率低到极点的现象做出了很好的解释。股票价格越高,托宾 q 越大,反之亦然。大萧条时期,股票价格暴跌,1933 年的股票价格只有 1929 年后期的十分之一,托宾 q 降到了空前的低水平,而投资支出率也低到了极点。

综上所述,托宾 q 理论的货币政策传导机制可描述为:货币供应 M 增加,股票价格 P_s 上升,托宾 q 增大,投资支出 I 增加,总支出 Y 增加。用图表示:

$$M\uparrow \rightarrow P_s\uparrow \rightarrow q\uparrow \rightarrow I\uparrow — Y\uparrow$$

2. 信贷观点

中央银行在公开市场上购买债券,增加了银行贷款的供应量。由于银行是企业外源融资的重要来源,银行贷款对经济活动具有特殊作用,因此,银行贷款的增加将引起投资支出的增加,从而导致总支出的增加。这就得出了信贷观点的货币政策传导机制的另一个重要含义,即货币政策对小企业的影响要大于对大企业的影响,因为小企业更依赖银行贷款,而大企业可通过股票市场和债券市场直接融资。

公开市场购买→M↑→银行贷款↑→I↑—Y↑

3. 非对称信息效应

由于金融市场交易双方掌握信息不对称,交易一方清楚,但另一方并不了解,从而导致了交易前的逆向选择和交易后的道德风险。一般而言,企业净值越高,逆向选择和道德风险越小。因为:第一,企业较高的净值意味着借款人的借款实际上有较多的担保,借款者从事高风险活动的可能性小。第二,企业净资产的增加减轻了逆向选择问题,从而鼓励了对投资支出的贷款。第三,企业净资产较高意味着所有者投入了较多的股本,并使之从自身剩余索取权角度慎重进行投资决策、减少在职消费,从而降低道德风险。因此,企业净值的增加将引起贷款增长,投资支出增加。

随着货币供应量的增加,企业股票价格上升,提高了企业净值,并且因为逆向选择和道德风险问题减轻,导致较高的投资支出。非对称信息分析的货币传导机制为:

$$M\uparrow — P_s\uparrow\rightarrow\text{企业净值}\uparrow\rightarrow\begin{matrix}\text{逆向选择}\\\text{道德风险}\end{matrix}\downarrow\rightarrow\text{贷款增加}\uparrow\rightarrow I\uparrow\rightarrow Y\uparrow$$

（二）消费支出

货币学派认为，货币政策和消费支出之间可能有更直接的关联。由于消费支出可分为两部分，一部分表现为耐用消费品支出，例如，消费者购买汽车、冰箱、电视机、家具等，这类消费品支出常常靠借贷筹措；另一部分表现为非耐用消费品支出，这部分支出往往靠财富支持。因此，关于货币政策与消费支出之间关系的研究工作，首先集中在利率对耐用消费的支出可能发生的影响研究上，后来发展到考察消费者资产负债表对消费支出决策的影响，提出了货币政策的财富效应，专门研究货币政策与非耐用消费品之间的关系。研究者们还发现，由于耐用消费品流动性差，股票流动性强，因此，股票市场对耐用消费品支出也有影响，从而提出货币政策的流动效应。

1. 利率对耐用消费品支出的影响

消费品支出常常靠借款来筹措，利率的变化对其必然产生影响。当利率降低时，随着借款成本降低，消费者会增加借款来购买耐用消费品，从而增加了耐用消费品支出。由此形成的货币供应变动影响总支出变动的途径为：

$$M\uparrow\rightarrow i\downarrow\rightarrow\text{耐用消费品支出}\uparrow\rightarrow Y\uparrow$$

从理论上讲，这一机制也适用于住宅支出，因为住宅支出同耐用消费品支出一样，主要靠借款支持。随着利率下降，借款成本减少，消费者利用房地产抵押贷款购买新住宅的愿望增加，住宅消费支出增加。但是，实际上这种影响很小。比如，我国近几年来多次降低利率，但居民储蓄存款仍然持续增加，耐用消费品支出和住宅支出并没有较大的提高，显然解释货币政策对消费支出的影响，还必须考虑其他一些因素和途径。

2. 财富效应

莫迪格莱尼在货币政策传导机制上补充了货币供给对个人消费品支出的影响，他在《货币政策与消费》中利用他的消费生命周期理论假设，对消费者的资产负债如何影响消费者支出决策问题进行了考察。莫迪格莱尼理论的基本前提是，假定消费者按时间均匀地安排他们的消费，则消费支出（主要是非耐用消费品支出）的决定因素是消费者毕生的资财，而不仅仅是当前的收支。消费者毕生资产的一个重要组成部分是金融财富，而金融财富的一个主要部分是普通股份。当股票价格上升，金融财富价值增大，消费者的毕生资财也相应增加，非耐用消费的消费随之增加。其货币政策传导机制表现为：

$$M\uparrow\rightarrow P_s\uparrow\rightarrow\text{财富}\uparrow\rightarrow\text{毕生资财}\uparrow\rightarrow\text{非耐用消费品支出}\uparrow\rightarrow Y\uparrow$$

显然，莫迪格莱尼的货币政策传导机制比凯恩斯只注意投资的货币政策传导机制多了一个消费途径，提高了货币政策在影响收入方面的作用，使货币政策的效力大为增加。

3. 流动性效应

股票市场不仅对非耐用消费品支出产生影响，而且对耐用消费品也产生影响。耐用消费品不具备流动性，被迫出售其价值无法全部收回。相反，持有金融资产（如银行存款、股票和债券等)则很容易按其市场价值迅速变现。由于金融资产的高流动性和耐用消费品的不流动性,消费者预计未来财务上将出现困难时,总是愿意持有流动性很强的金融资产,而减少耐用消费品支出。而且预计发生财务困难的可能性越大,对耐用消费品的支出就越少。这种随财务困难可能性降低耐用消费品支出增加的现象就叫流动性效应。

导致消费者财务困难变化的原因与消费者的资产负债情况相关。消费者持有的金融资产与其债务之比越高,则发生财务困难的可能性越低,耐用消费品支出会越多。而金融资产的价值与股票市场行情密切相关。当股票价格上升时,金融资产的价值也会提高,消费者持有的金融资产价值相对于所负债务也相应增加,从而发生财务困难的可能性降低,耐用消费品支出增加。这一过程被米什金描述为:

$M\uparrow \rightarrow P_s\uparrow \rightarrow$ 金融资产价值 $\uparrow \rightarrow$ 财务困难的可能性 $\uparrow \rightarrow$ 耐用消费品支出 $\uparrow \rightarrow Y\uparrow$

以上分析也适用于住宅支出,住宅属于不动产,也不具有流动性。股票价格上升,改变了消费者的资产负债状况,降低了消费者出现财务困难的可能性,使其购买新住宅的愿望增加,住宅支出增加。

(三)国际贸易

随着经济国际化和浮动汇率制度的实行,汇率对净出口的影响已成为一个重要的货币政策传导机制。当国内利率下降时(假定通货膨胀率不变),本币存款相对于外币存款的收益降低,外币供不应求、汇率(e)上升、本币贬值。本币贬值又使国内商品较国外更便宜,从而导致出口增加、进口减少,即净出口 NX 增加,总产出 Y 随净出口的增加也相应增加。这样,国际贸易的货币传导机制可表述为:

$M\uparrow \rightarrow i\downarrow \rightarrow e\uparrow \rightarrow NX\uparrow \rightarrow Y\uparrow$

本币贬值、外汇汇率上升导致净出口增加是有条件的,它要求本国的进出口需求价格弹性之和大于 1,而且国内资源没有被充分利用。

第四节 货币政策效应

货币政策效应是指货币政策的实施对社会经济生活产生的影响,是货币政策经过传导过程之后的必然结果。制定和实施货币政策的目的是为了实现调节经济的政策目标,而目标能否实现以及能够在多大程度上实现,即货币政策效应如何,既是货币政策制定者十分关心的问题,也是经济理论界长期争论的问题。概括而言,有两种基本对立的观点:一是认为货币政策是无效的;二是认为货币政策在某种程度上是有效的。这两种观点的争论实际上是与经济自由主义和政府干预主义两大经济思潮的交替起伏相伴而生的。正如当今世界上市场经济再发达的国家,也不能完全抛弃政府干预一样,人们更普遍地接受第二种观点,即货币政策既不是万能的,也不是完全多余和无效的。货币政策在制定、实施以及传导的过程中由于受到种种因素的影响,其效果可能会打折扣,政策制定者只有充分了解货币政策的这些局限,才能更好地行使自己的职能。

一、影响货币政策效应的主要因素

影响货币政策效应的因素有多种,除了主观因素,如货币政策目标的确定、货币政策工具的选择、施行货币政策的时机、货币政策执行过程中的偏差等等,还存在许多客观因素:政策时滞、货币流通速度、微观主体预期、体制性因素等等。

(一)政策时滞

任何政策从制定到获得主要的或全部的效果,必须经过一段时间,这段时间即称为时滞。判断货币政策作用的时滞对于研究货币政策的有效性问题有着十分重要的意义。假设货币政策的时间长度有限,并且非常均匀,可以进行较为准确的预测,那么货币政策自然能够发挥应有的作用。但假设货币政策有长期且不稳定的时间差,由于时间差难以预测,货币政策或者将在错误的时间内发生作用,或者将使经济形势更加恶化,那么相机抉择的货币政策自然不能信赖。因此,货币政策的时间差及其可测性与货币政策的有效性有着密切关系。

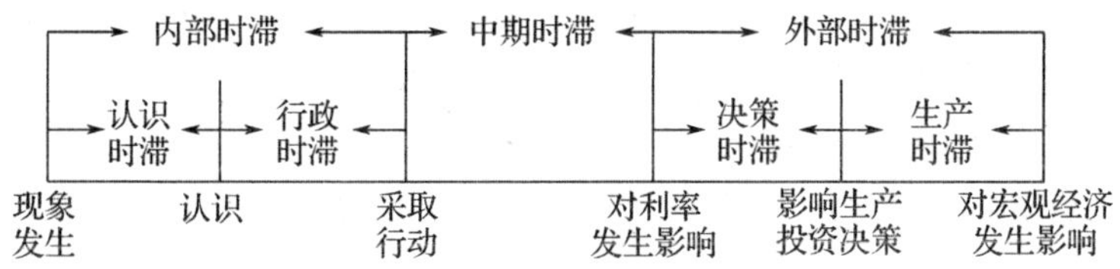

图 8-2　货币政策时滞的分类

关于时滞可以分两部分来了解,第一是时滞的性质,第二是时滞的长度及其变异程度。先就时滞的性质来说,因为货币政策作用过程比较复杂,所以只能区别若干可能发生的时滞现象,作简单的讨论(如图 8-2 所示),货币政策时滞可区分为三大类:内部时滞、中期时滞、外部时滞。

内部时滞是指自经济现象发生变化,需要采取对策加以矫正开始,直至中央银行实施货币政策工具为止的时间过程。这一过程又可分为两部分:第一,认识时滞,即当经济现象发生变化时,有些中央银行由于经济资料缺乏或决策者反应较慢,不能明确判断此种经济形势变化的意义及其可能产生的影响,直到经过若干时间后,中央银行才能获取准确资料,取得明确认识,决定开始研究对策。这段时间就是认识时滞。第二,行政时滞,即中央银行明确经济形势变化的性质及其将产生的影响后,将立即对此种经济形势研究可行的对策,但研究与行动都需要耗费时间,在决定实施何种政策工具之前的时间过程叫作行政时滞。

整个内在时滞所需时间长度决定于中央银行收集资料、研究形势及采取行动的效率。但是也决定于当时的政治和经济的目标。特别是当所希望实现的目标较多,必须对其优先顺序有所选择时,更需要花费较多时间去取舍某种政策。

中期时滞,严格地说,中期时滞属于广义的外在时滞的一部分,由于其情况较特殊,所以单独提出进行讨论。简单地说,所谓中期时滞,是指自中央银行采取行动以致对金融机构发生影响,使金融机构改变其利率或其他信用情况,以便对整个社会产生影响力的时间过程,所以有时也称之为信用市场时滞。这段时间的长度决定于商业银行及其他金融机构的反应以及金融市场的敏感程度。这一时间过程已不是中央银行当局能够操纵的了。

外部时滞,是指自金融机构改变其利率和信用供给量开始,直至对实质经济产生影响的时间过程,叫作外部时滞。这段过程又可分成两个部分:第一,利率和信用条件改变后,个人与厂商面对新形势,改变自己的投资决策或支出决策,在采取行动之前,这段时间称为决策时滞。第二,个人和厂商决定其支出意向后,对整个社会的生产和就业将产生影响,这段影响过程所需要的时间称为生产时滞。

外部时滞因为经济结构及行为因素都不是稳定而可预测的,所以时间长度变异很大,我们已经知道,各经济部门对货币政策的反应不一,所受影响有很大差异,所以外部时滞是整个货币政策的时滞中最为复杂的问题。

自20世纪60年代以来,经济学家们对货币政策时滞有很多的实证研究,由于研究方法不同,各国的具体情况也不同,得出的结果相差很大,基本情况是:第一,货币政策的中期时滞比较稳定,是可测的,一般认为在2个月左右;第二,内在时滞长度较小,但不同经济学家得出的结果相差却很大,一般在2~6个月之间;第三,外在时滞最长,一般在4~20个月之间。

假定货币政策的时滞只是平均时间过程较长的问题,那么对货币政策的有效性不会产生致命的影响。因为不论时间长度如何,只要有确定的范围,中央银行便能根据预期时滞的间隔,预先采取影响将来某一时期经济状况的货币政策。但是遗憾的是,货币政策的时滞有很大的变异性,最短的为半年左右,最长的达到20个月,因而使得中央银行相机抉择政策常常不能实现预期目标,甚至会出现与目标背道而驰的结果。因此,弗里德曼主张放弃相机抉择的货币政策,代之以"简单规则",主张消极地维持一定的货币供应量增长率,以避免由于人为的错误加剧经济波动。但另一些经济学家则认为货币政策时滞尽管变异性很大,但是可以把货币政策与财政政策混合使用,这样可以弥补时滞不稳定的问题。

(二)货币流通速度

对货币政策有效性的另一主要限制因素是货币流通速度。对于货币流通速度一个相当小的变动,如果政策制定者未能预料到或在估算这个变动幅度时出现小的差错,都可能使货币政策效果受到严重影响,甚至有可能使本来正确的政策走向反面。假设在预测的年度GNP将增长20%,再假设根据以前一些年份有关数据的实证分析,只要包括货币流通速度在内的其他条件不变,货币供给等比增加即可满足GNP增长对货币的追加需求。如果货币流通速度在预测的期间加快了10%,不考虑其他条件的变化,货币供给则只需增加9.1%即可。要是货币当局没有预见到货币流通速度的变化，而是按流通速度没有多大变化的考虑决定增加货币供给20%，那么新增的货币供给量必将成为助长经济过热的因素。但是，在实际生活中，对货币流通速度变动的估算，很难做到不发生误差，因为影响它发生变动的因素太多。这当然也就限制了货币政策的有效性。

（三）微观主体预期

对货币政策有效性或效应高低构成挑战的另外一个因素是微观主体的预期。当一项货币政策提出时，各种微观经济主体，立即会根据可能获得的各种信息预测政策的后果，从而很快地形成对策，而且极少有时滞。货币当局推出的政策面对微观主体广泛实施的抵消其作用的对策，政策可能归于无效。例如，政府拟采取长期的扩张政策，人们通过各种信息预期社会总需求会增加，物价会上涨，在这种情况下，工人会通过工会与雇主谈判提高工资，企业因预期工资成本的增大而不愿扩展经营，最后的结果只有物价的上涨而没有产出的增长。鉴于微观主体的预期，似乎只有在货币政策的取向和力度没有或没有完全为公众知晓的情况下才能生效或达到预期效果。但是这样的可能性不大，货币当局不可能长期不让社会知道它所要采取的政策。即使采取非常规的货币政策，不久之后也会落在人们的预期之内。假如货币当局长期采取非常规的货币政策，则将导致微观经济主体作出错误判断，并会使经济陷入混乱之中。但实际的情况是，公众的预期即使是非常准确的，要实施对策也要有个过程。这就是说，货币政策仍可奏效，但公众的预期行为会使其效应打很大的折扣。

（四）其他因素

除上述合理预期对货币政策的有效性产生影响之外，体制因素、政治性经济周期因素和其他一些政治性因素也会对货币政策效果产生影响。

1. 体制因素

（1）政治体制。一般来讲，高经济增长和低失业会给执政党带来不少选票，所以，执政党在大选之前都力图刺激经济，而新政府一般在大选后便及时采取收缩政策，使国民经济平稳下来，这叫作“政治性经济周期”。但由于大多数西方国家中央银行理事会成员任期与政府首脑不一致。因此，在大选之前往往出现货币政策与财政政策大相径庭的局面。总统力图刺激国民经济，降低失业率，中央银行力图稳定国民经济，抑制通货膨胀率。所以，政治性经济周期的存在会在一定程度上影响货币政策的效果。

（2）经济体制。一国的经济体制特别是金融体制的状况也会对货币政策效果产生影响。比如，发展中国家的货币金融制度都不同程度地存在着“货币化”程度低、现代部门与传统部门同时并存的“二元金融结构”、金融体系发展不平衡和效率低下等特征，政府对经济金融进行不适当干预，再加上发展中国家通常存在的资金短缺现象，利率和金融资产的价格不能正确反映资金的供求状况。货币政策和传导机制严重扭曲，从而难以发挥预期的效应。

2. 金融创新

金融创新的蓬勃发展对世界范围的金融业都产生了全面而深刻的影响，使货币政策的工具、中介指标、传导机制都发生了明显的变化，因此也极大地影响着货币政策效应，这主要表现在：金融创新使各层次货币定义与计量更加困难；金融市场的创新与发展，削弱了中央银行对本国货币的控制能力；金融创新使得各类金融机构之间的界限日益模糊，削弱了中央银行的货币控制能力；金融创新使中央银行控制货币供给的政策工具效力发生变化；金融创新对货币政策传导机制也产生了明显的影响。

3. 全球经济金融一体化

全球经济一体化主要表现为市场一体化、生产一体化和金融一体化。金融一体化的过程一方面使发达国家自身的金融结构发生变化；另一方面也使发达国家高层次的金融结构逐渐渗透到发展中国家。金融结构的变化必然影响货币政策工具的作用过程，也使国内的货币政策因跨国金融机构的大量存在而削弱了效果，因为跨国金融机构有条件在国际市场的范围内调节资产负债表，而不一定按一国中央银行的政策意图来改变贷款规模。

由于全球经济金融一体化导致资本跨国流动更加方便和自由，从而通过利率—汇率机制的作用，使一国的货币政策越来越受到国际资本流动的影响，或者受到其他国家货币政策的影响，也就是说，一方面货币政策在国内的效果可能会被外部的影响削弱，另一方面货币政策的效果也可能延伸到国外。

二、货币政策效应的衡量

在假定其他宏观政策为中立的条件下，货币政策调节方向和力度的选择是否适当，要靠经济运行的结果来检验。货币政策效应的衡量，实际上就是对实施的货币政策所取得的效果与预期所要达到的目标之间是否一致进行估价。

宏观调节的最终目的是通过政策变量的操作，使目标变量尽可能接近预期的理想水平。从中央银行货币调节的实施顺序看，是用工具变量影响中介指标，再通过中介目标影响最终目标。从我国目前看，货币政策的最终目标是稳定物价并促进经济增长。

根据一般规律，经济增长与稳定物价之间总是存在一定矛盾的。政策目标之间的冲突使当局在进行政策调节目标优先次序排列时必须花费某种代价。例如，如果将物价稳定作为首要目标，在一定条件下，就必须牺牲经济高速增长。如果将经济增长作为货币政策的第一调节目标，那么，在追求经济高速增长过程中就不能不付出一定的通货膨胀代价。因此，在评价货币政策效果时，应该看是否以较小的代价达到了首要的调节目标。

以评估扩张政策为例，如果社会总需求小于社会总供给，货币政策以纠正供求失衡为目标，那么这项扩张政策效应的大小，就可以从以下方面加以考察：

第一，如果通过货币政策的实施，增加了货币供给，并抑制了经济增长速度的下滑，或者促进了经济回升，同时又没有引起物价的上涨，那么可以说这项扩张性货币政策的有效性最大。

第二,如果通过货币供应量的增加在抑制经济增长速度下滑或促进经济回升的同时,也导致了物价水平的上升,那么扩张性货币政策有效性的大小,则要视产出变动率与价格水平变动率的对比而定。若产出数量的增加大于价格水平的上升,扩张性货币政策的有效性较大;反之则较小。

第三,如果扩张性货币政策无力遏制经济衰退或促使经济回升,并使物价水平不断上涨,则可以说扩张性货币政策无效。

其他类型的货币政策效应,也可从此思路出发加以衡量。

深度链接 8－1:我国的城镇就业压力与劳动力市场的结构性矛盾

中国目前仍然面临着较大的城镇就业压力,压力主要来自两个方面,一是农村劳动力向城镇地区转移的就业压力;二是劳动力市场新进入者的就业压力。由于农村青年人越来越不选择在农村就业,上述两个方面的压力实际上正逐渐汇集为一种压力——新进入劳动力市场者的就业压力。

笔者根据各级各类学校毕业生数量推算,今后若干年内每年新进入劳动力市场的数量都将维持在 1700 ~1800 万左右,其中高中以下毕业生主要来自农村(张车伟,王忠,2005)。另一方面,城镇仍然存在着数量较大的失业人口,笔者根据调查失业率测算,1998 至 2006 年,城镇失业人口平均每年有 1660 万。这样算来,即使每年能创造 2000 万个左右的就业机会,劳动力市场上仍然会有相当数量的人无法找到工作,扩大就业仍然是经济社会发展中必须优先解决的问题。

与此同时,劳动供需之间的不匹配现象日益突出,结构性失业问题不断加剧,表现为“短缺”与“过剩”并存,“短缺”体现为企业“招工难”,“过剩”表现为大学生“就业难”。

“招工难”或者说“农民工短缺”是一种典型的结构性矛盾。造成这一矛盾的原因首先是劳动供求在地域间存在着不匹配。农民工供给主要在农村和中西部地区,而需求发生在城镇和东部沿海发达地区。其次,农民工素质和技能与需求的不匹配也是造成“招工难”的重要原因。目前农村转移劳动力中,大约 16% 只有小学以下教育程度,大约 83% 只受过初中及初中以下教育,受过正规职业培训的比例仅有 1% 左右。教育程度不足和缺乏技能使得很多企业即使出高价也难以招到合格的工人。

大学生就业难也是劳动力市场结构性矛盾的反映。过去 10 年来,我国高等教育实现了跨越式发展,大学毛入学率从 20 世纪 90 年代末的不足 10% 增加到现在的 22%,高等教育进入了大众化阶段。但与发达国家相比,我国的差距就更加巨大。发达国家的大学毛入学率一般都在 50% 以上。例如,法国为 56%、日本为 55%、英国 59%、美国为 82%、韩国更是高达 91%(WoldBank,2006)。即使以每年一个百分点的速度增加,中国要想赶上发达国家平均 67% 的大学毛入学率水平,还需要 40 多年的时间。中国的高等教育不仅需要质量的提高,而且仍然需要数量规模的继续扩张。与我国经济社会飞速发展的要求相比,中国大学生数量并没有过剩。造成大学生就业难的原因,简单说来,就是大学生教育体系与劳动力市场之间存在严重脱节。市场已经在我国劳动力资源配置中发挥主导作用,但大学生供给体系改革严重滞后,大学教育计划经济特征明显,高等教育层次单一,课程内容和设置僵化,与市场多样化的需求相比,高等学校提供的毕业生同质性强、就业能力差。高等教育改革确实给了更多人接受高等教育的机会,但并没有带来同样多的市场需要的人才。

资料来源:张车伟:《中国30年经济增长与就业:构建灵活安全的劳动力市场》,载《中国工业经济》,2009年第1期

深度链接8-2:近年来我国对法定存款准备金率的调整

次数	时间	调整前	调整后	调整幅度(单位:百分点)
29	2008年12月5日	(大型金融机构)16.00%	15.00%	-1
		(中小金融机构)16.00%	14.00%	-2
28	2008年10月15日	16.50%	16.00%	-0.5
27	2008年9月25日	17.50%	16.50%	-1
26	2008年6月7日	16.50%	17.50%	1
25	2008年5月20日	16%	16.50%	0.50
24	2008年4月25日	15.50%	16%	0.50
23	2008年3月18日	15%	15.50%	0.50
22	2008年1月25日	14.50%	15%	0.50
21	2007年12月25日	13.50%	14.50%	1
20	2007年11月26日	13%	13.50%	0.50
19	2007年10月25日	12.50%	13%	0.50
18	2007年9月25日	12%	12.50%	0.50
17	2007年8月15日	11.50%	12%	0.50
16	2007年6月5日	11%	11.50%	0.50
15	2007年5月15日	10.50%	11%	0.50
14	2007年4月16日	10%	10.50%	0.50
13	2007年2月25日	9.50%	10%	0.50
12	2007年1月15日	9%	9.50%	0.50
11	2006年11月15日	8.50%	9%	0.50

续表

次数	时间	调整前	调整后	调整幅度(单位:百分点)
10	2006 年 8 月 15 日	8%	8.50%	0.50
9	2006 年 7 月 5 日	7.50%	8%	0.50
8	2004 年 4 月 25 日	7%	7.50%	0.50
7	2003 年 9 月 21 日	6%	7%	1
6	1999 年 11 月 21 日	8%	6%	-2
5	1998 年 3 月 21 日	13%	8%	-5
29	2008 年 12 月 5 日	(大型金融机构)16.00%	15.00%	-1
		(中小金融机构)16.00%	14.00%	-2
4	1988 年 9 月	12%	13%	1
3	1987 年	10%	12%	2
2	1985 年	央行将法定存款准备金率统一调整为 10%	—	—
1	1984 年	央行按存款种类规定法定存款准备金率,企业存款 20%,农村存款 25%,储蓄存款 40%	—	—

资料来源:http://www.sina.com.cn,2008 年 11 月 26 日,新浪财经。

阅读资料 8-3:近年来发达国家中央银行货币政策工具使用的新变化

公开市场操作、贴现窗口及法定存款准备金率被誉为中央银行货币政策工具的三大法宝。20 世纪 90 年代以来,由于公开市场操作具有主动性强、市场化程度高等特点,成为发达国家的首选货币政策工具,贴现窗口和法定存款准备金率工具则很少被使用。为防止次贷危机进一步蔓延,缓解金融市场流动性不足问题,主要发达国家央行于 2007 年下半年空前一致地采取行动向金融体系注入巨额流动性,美联储不仅重新开放贴现窗口,而且还引入了短期贷款拍卖(Term Auction Facilitr,TAF)这个新的货币政策工具。新兴市场国家针对流动性过剩的状况,不断拓展收回流动性的工具组合,一度被市场称为"洪水猛兽"的法定存款准备金率工具重新登上历史舞台;一些国家央行进一步创新公开市场操作工具,以央行发行债券方式收回流动性;也有一些国家央行则通过代理发行国债达到收回流动性的目的。

资料来源:张翠微:《中央银行货币政策工具变化评析》,载《国际金融研究》,2008 年第 4 期。

习　题

1. 解释下列概念:货币政策　货币政策最终目标　物价稳定　经济增长　充分就业　国际收支平衡　奥肯法则　货币政策中间目标　一般性货币政策工具　法定存款准备金率政策　再贴现政策　公开市场操作　选择性货币政策工具　证券市场信用控制　消费者市场控制　不动产市场控制　优惠利率　预缴进口保证金　直接信用控制　信用分配　直接干预　流动比率　利率最高限额　特种存款　道义劝告　窗口指导　货币政策传导机制　内部时滞　认识时滞　行政时滞　中期时滞　外部时滞　决策时滞　市场时滞

2. 货币政策的最终目标有哪些,其具体含义与衡量指标是什么?

3. 简要解释货币政策最终目标之间的矛盾?

4. 选择货币政策中间目标的原则是什么?

5. 比较三种一般性货币政策工具的优缺点?

6. 阐述凯恩斯货币政策传导机制理论的内容。

7. 什么是货币政策时滞?它由哪几部分组成?

8. 谈谈近年来我国对选择性货币政策工具的使用情况?

9. 你认为在我国最重要的货币政策传导机制是什么?为什么?

10. 造成我国货币政策时滞的最主要原因是什么?为什么?

第九章　货币需求

学习目标

本章以货币需求问题为起点，重点研究货币需求的基本含义、影响和决定货币需求的因素及主要的西方货币需求理论。通过对货币需求的学习，要求学生掌握货币需求、货币需求量的相关内容，了解货币需求的影响因素；掌握西方货币需求理论，如传统货币数量论，凯恩斯的流动偏好理论，现代凯恩斯理论——鲍莫尔的存货模型，因素分析及货币需求函数等，了解西方货币需求理论的共同特点，并能够结合现实说明当前我国货币需求理论的研究及应用。

第一节　货币需求的含义

一、货币需求

在经济学中，需求的概念是一种“有效需求”，即有支付能力的需求，它不是纯粹主观的占有欲望，而是能力与欲望的统一体。由于货币是一般财富的代表，人们对货币占有的欲望是无限的，远远大于对其他物品的占有欲望。因此，货币需求也是一种有效需求的概念，对它的理解必须同时考虑两个因素，一是持有货币的欲望；二是持有货币的能力。如果仅仅考虑人们是否需要持有货币，而不考虑是否有能力持有货币，所谓货币需求的概念便毫无意义。

从有效需求的角度出发，同时考虑到货币需求在经济中的决定因素及其具有的量的特征，可以将货币需求的含义表述如下：货币需求是在一定的时间内，在一定的经济和技术条件制约下，社会经济主体需要并有能力持有多少货币来执行交易媒介、支付手段和价值储藏等相关职能。

二、货币需求的几个相关概念

从不同的侧面考察，货币需求可以分为名义货币需求和实际货币需求、微观货币需求和宏观货币需求，下面介绍这几个货币需求的相关概念。

(一)名义货币需求与实际货币需求

在现实经济运行中,经常出现通货膨胀的情况,因此有必要将价格波动纳入货币需求的研究中,考察名义货币需求与实际货币需求。

名义货币需求(Nominal Money Demand)是指在不考虑价格变动因素的条件下,各经济单位或整个社会对货币的需求量。名义货币需求是按现行的价格水平计算的、直接以名义货币表示的货币量,它与物价水平的变动成正比,物价水平的上涨会引起经济主体对名义货币需求的增加。

实际货币需求(Real Money Demand)是指在剔除了价格变动因素后,各经济单位或整个社会对货币的实际需求量。实际货币需求是用货币所能购买到的商品和劳务来表示的货币量,与物价水平的变动无关。

名义货币需求与实际货币需求联系密切。如果将名义货币需求(M_d)用某一具有代表性的物价指数P进行平减,就可以得到真实的货币需求(M_d/P)。由于名义货币需求包含价格因素在内,不能准确地反映经济主体对货币的真实需求,所以应更注重考察实际货币需求,货币主义代表人物弗里德曼的理论就着重强调了实际货币需求。

(二)微观货币需求与宏观货币需求

微观货币需求是个人、家庭或企业等微观经济主体在一定的收入水平、利率水平和其他经济条件下,出于生活和生产等持币动机所需要持有的货币量。微观货币需求反映了微观经济主体在实现机会成本最小、收益最大的前提下的最佳货币持有量,是西方货币需求理论的主要研究对象。

宏观货币需求是一国在一定时期内的经济发展与商品流通所必需的货币量,这种货币量既要满足社会经济的各种需要,又要保持物价水平的稳定,不至于引发通货膨胀。这种货币需求是从宏观经济角度分析的,因此称为宏观货币需求。微观货币需求与宏观货币需求之间存在一定的联系。微观货币需求理论认为,宏观货币需求等于微观货币需求的总和,即将个人、家庭和企业等经济主体的货币需求加起来,就是宏观货币需求。在现代信用制度下,这种说法不尽准确,因为流通中的货币量,除了社会公众所持有的货币以外,还应包括商业银行为组织货币流通所必须持有的银行准备金。因此,不能简单地把微观货币需求总和与宏观货币需求等同起来。

第二节 决定货币需求的主要因素

货币需求是人们以货币形式持有财富的行为,这种行为受到各种因素的影响,主要有以下几个方面。

一、收入状况

收入状况是影响和决定货币需求的最主要因素,它对货币需求的影响具体表现在以下两个方面：

(一)收入水平的高低

在其他条件不变的情况下，收入水平的高低与货币需求成正向变动，即收入水平越高，货币需求越多；反之，收入水平越低，货币需求越少。这是因为，经济生活中微观经济主体的收入大多以货币的形式获得，其支出也是以货币的形式支付，收入水平的高低直接决定了经济主体的财富规模和支出能力。一方面，货币是人们持有财富的一种形式，收入水平决定了财富的规模和增长速度，也就决定了人们持有货币的多少；另一方面，收入水平决定和影响着支出水平，通常，收入越多，支出越多，要求持有的货币量也就越多。随着收入水平的变化，货币需求往往会以更快的速度发生相应的变动。例如，根据美国经济学家弗里德曼和施瓦茨对美国货币史的实证研究，货币需求的收入弹性高达1.8以上，也就是说，当收入增加1%时，货币需求的增加超过1.8%。

(二)取得收入的时间间隔

当收入水平一定时，人们取得收入的时间间隔与货币需求成正比，也就是说，人们取得收入的时间间隔越长，货币需求就越多；反之，人们取得收入的时间间隔越短，货币需求也就越少。这是由收入与支出的不同时间特征决定的。通常，收入的取得是定期的、一次性的，而支出的支付则是经常的、连续性的。因此，收入与支出的发生并不在同一时间点上，两次收入的取得中间会出现一个时间间隔，人们必须在此间隔内持有一定数量的货币，以应付这段间隔的支付所需。而且，这个时间间隔越长，要求的平均货币持有额就越多。我们假设一个人的月工资收入为2000元，并全部用于当期支出，如果他的支出是均匀的，那么，在每月支付一次工资的情况下，他的平均货币持有额是其月工资的一半，即1000元；而在每半个月支付一次工资的情况下，虽然其月工资仍为2000元，但每次支付的工资只有1000元，因而他的平均货币持有额也只有1000元的一半，即500元。可见，对收入水平一定的人来说，取得收入的时间间隔长短也会对其货币需求产生显著影响。

二、市场利率水平

市场利率是一定时期内货币资金的价格，对货币需求的影响主要表现在两个方面：一是市场利率决定了人们持有货币的机会成本；二是市场利率影响了人们对未来利率变动的预期，从而影响人们对资产持有形式的选择。通常，市场利率水平上升，会引起货币需求减少；反之，市场利率水平下降，会引起货币需求增加。下面具体来分析市场利率水平对货币需求的作用。

(一)市场利率水平决定人们持有货币的机会成本

现代经济中人们持有金融资产的形式多种多样，除了货币资产以外，还有许多非货币金融资产形式。比较而言，货币资产具有最高的安全性和流动性，但不会给持有者带来任何收益；而非货币金融资产则或高或低地具有一定的收益性。对于金融资产的持有者来说，持有货币资金而放弃非货币金融资产的收益，就是持有货币的机会成本。因此，市场利率水平的变化直接决定了人们持有货币的机会成本，从而影响货币需求。当市场利率上升时，非货币金融资产的收益率提高，也就意味着持有货币的机会成本增加，人们会减少货币需求；反之，当市场利率下降时，非货币金融资产的收益率也下降，人们持有货币的机会成本减少，就会增加货币需求。

（二）市场利率水平影响人们对资产形式的选择

通常，市场利率水平与有价证券的价格成反比，当市场利率上升时，有价证券价格下跌；市场利率下降时，有价证券价格则上涨。同时，根据市场周期性变化的规律，市场利率上升到一定高度时将回跌；反之，市场利率下降到一定水平时又将回升。因此，市场利率的变动将影响人们对未来利率水平的预期，并相应调整所持有的资产形式，从而影响货币需求。例如，当利率水平较高时，人们往往预期利率将下降，而有价证券价格将上升，于是人们会减少货币持有量而增加有价证券的持有量，以期日后取得资本溢价收入，货币需求减少；反之，当利率水平较低时，人们则预期利率会回升，而有价证券价格将下跌，为避免资本损失，人们将减少有价证券的持有量，相应地增加货币的持有量，并准备在有价证券价格下跌后再买进有价证券以获利，此时，货币需求增加。

三、信用的发达程度

一个经济社会的信用发达程度与货币需求密切相关。一般情况下，信用的发达程度与货币需求成反向变动关系。一个信用制度健全、信用较发达的经济社会，货币需求量相对较少；反之，货币需求量则较多。这一方面是由于在信用比较发达的经济中，相当一部分交易可以通过债权债务的相互抵消来进行结算，减少了货币需求量；另一方面，信用发达的经济社会中金融市场也必然比较完善，人们在有货币需求时能够比较容易地获取现金或贷款，因此就可将收入中暂时不用的部分先用来投资于非货币金融资产，以获得投资收益，待需要使用货币时，再将金融资产变现，这样，货币需求量就比较少。

四、消费倾向

消费倾向是消费在收入中所占的比重，是反映人们消费程度的指标。通常，消费倾向与货币需求成正比例变化关系，即消费倾向越大，货币需求越大；消费倾向越小，货币需求越少。这是因为，人们为实现消费，必须以货币作为购买手段，一定时期内人们计划消费的越多，需要持有的货币就越多，货币需求量就越大。

五、货币流通速度、社会商品可供量和物价水平

马克思的货币流通规律（流通中货币必要量规律）可以解释这三个因素对货币需求的影响。

$$M=\frac{PQ}{V}$$

其中,M 代表货币需求量,P 代表物价水平,Q 代表社会商品可供量,V 代表货币流通速度。货币流通规律表明,货币需求与物价水平和社会商品可供量成正比,而与货币流通速度成反比。可见,在其他条件不变的情况下,如果流通中货币量不能满足公式中的货币必要量,就会影响社会商品劳务的流通;相反,如果流通中的货币量过多,则有可能引起物价上涨,造成通货膨胀。

六、心理预期

上述的货币需求影响因素主要是客观因素,在现实的经济生活中,货币需求还受到人们主观意识的影响,即人们的心理预期因素。影响人们货币需求的心理预期主要有两类,一类是前文我们提到过的对市场利率变动的预期,在此不再赘述;另一类则是人们对未来利润和物价水平的预期。如果企业预期未来利润将上升,就会增加投资、扩大生产,对货币的需求量将上升;如果人们预期物价将上涨,即未来通货膨胀较高,人们就会担心货币贬值,不愿再持有货币而去购买商品或其他资产,因此对货币的需求将减少。相反的情况也可以依此类推。

第三节　西方货币需求理论

一、古典学派的货币数量论

货币数量论(The Quantity Theory of Money)是一种古老的经济理论,主要研究商品价格同货币数量之间的关系,其基本观点是:货币数量决定货币价值和物价水平,货币价值与货币数量成反比,物价水平与货币数量成正比。在西方经济理论进程中,通常将凯恩斯以前的经济学家统称为“古典学派”。在古典学派的货币数量论中,最有代表性的是现金交易数量说和现金余额数量说。

(一)现金交易数量说

现金交易数量说研究了货币数量与物价水平之间的关系,认为货币数量增加,必然导致物价水平的上升和货币价值的下降;反之亦然。1911 年美国经济学家、耶鲁大学教授欧文・费雪(Irving Fisher, 1867—1947)在《货币的购买力》一书中,对古典的货币数量论进行了总结和概括,创立了现金交易数量说,并提出了著名的交易方程式(Equation of Exchange)。

1. 交易方程式——费雪方程式

费雪利用货币供给总量与整个经济生产出来的最终产品和劳务支出总量之间的联系,创立了交易方程式,即

$$MV = PT \qquad (9-1)$$

也称为“费雪方程式”。式中:M 为一定时期内流通中的货币数量;V 为货币的流通

速度;P 为一般物价水平,T 为该时期内商品和劳务的总交易量。费雪认为,货币的唯一功能是充当交易媒介,货币并不能直接满足人们的欲望,人们对货币的需求仅仅是因为货币具有购买力,可以用来交换商品和劳务。交易方程式是一个恒等式,它描述了一个事实:一定时期内社会所需要的货币总额 MV 必定等于同期内参加交易的各种商品和价值总和 PT。

假设在某一年份中,平均货币余额为 1000 亿元,而平均每元钱又被花费了 8 次,那么,在这一年中发生的货币支付总额就是 8000 亿元。显然,这 8000 亿元也就是这一年内利用货币进行交易的商品劳务的总价值。反过来,若某一年的交易总价值达 8000 亿元,并且都利用货币进行,而平均的货币余额又只有 1000 亿元,那一定意味着每一元货币平均周转了 8 次。

式(9-1)中,一定时期内所有商品和劳务的总交易量 T 资料很难获得,同时,经济研究更关注一国的国民收入指标,而非总交易量,因此,可以将交易方程式写成下面的形式:

$$MV = PY \tag{9-2}$$

其中:M 为一定时期内流通中的货币数量;V 为货币的流通速度;P 为一般物价水平;Y 代表一国总产出。这样 PY 即用当前价格水平衡量的名义国民收入或名义 GDP。

费雪认为货币流通速度 V 和总产出 Y 在短期内部具有相当的稳定性。一方面,由于货币流通速度 V 是由制度因素决定的,取决于人们的支付习惯、社会信用制度、运输与通讯条件以及人口密度等因素,这些因素在短期内很难发生变化,即使在长期内变动也是相对缓慢的,在短期内可以将货币流通速度 V 视为常数。另一方面,通过工资和物价的灵活变动,经济会保持在充分就业的水平上,从而商品和劳务的总交易量 T 或总产出 Y 在短期内也将保持不变。因此,货币供应量 M 的变化将完全体现在价格水平 P 的变化上,即货币供应量的变化将引起一般物价水平的同比例变化。以(9-2)式为例,将等式两边同时除以 V,可以得到:

$$M = \frac{PY}{V} \tag{9-3}$$

在实现货币市场均衡的情况下,货币存量 M 就等于货币需求 M^d,即

$$M^d = \frac{PY}{V} \tag{9-4}$$

式(9-4)就是根据交易方程式导出的货币需求函数,可见,货币需求取决于货币流通速度和名义国民收入,而由于短期内的货币流通速度可视为常数,货币需求仅取决于名义国民收入。

2. 现金交易数量说的基本观点

现金交易数量论者从交易方程式出发,得出名义收入和物价水平都取决于货币供给量的结论。

第一,名义收入完全取决于货币数量,它与货币数量成正比。这是因为交易方程式

$PY = MV$，而货币流通速度 V 在短期内基本保持不变，PY 与 M 之间成正比。

第二，物价水平完全取决于货币数量，与货币数量成正比。从短期均衡的角度来看，国民总产出 Y 与货币流通速度 V 基本不变，均可视为常数，因此根据交易方程式，可以得出，M 的变动必然引起物价水平的同方向、同比例变动，即

$$\frac{\Delta M}{M} = \frac{\Delta P}{P}$$

第三，货币需求仅取决于名义国民收入，利率对货币需求没有影响。由于费雪认为货币的唯一功能是交易媒介，人们的货币需求只是出于交易目的。从交易方程式出发，根据式(9－4)，货币需求取决于名义国民收入和货币流通速度，与利率无关。

3. 对现金交易数量说的简要评价

现金交易数量说对货币需求进行了研究，通过建立交易方程式，揭示了既定收入情况下的货币需要量，描述了货币需求与物价水平之间的关系。但这种货币需求学说存在着很大的缺陷。首先，片面地把货币只看做是交易媒介，把交易看做是货币需求的唯一原因，忽视了货币的其他职能，尤其是忽视了货币的资产功能，忽视了货币与利率的关系，因此排除了货币对经济可能产生的实际影响；其次，它把影响货币流通速度的因素归结为技术条件和交易制度，认为货币无一例外地都进入流通过程，从而得出货币流通速度不变的结论，而现实中货币流通速度由于受到价值储藏的影响，是在不断变化的；第三，现金交易数量说在商品运动与货币运动的关系问题上，把货币运动放在第一位，片面强调货币运动的主导作用和推动作用，用货币量的变动来解释经济的循环变动，从而引申出货币需求仅仅取决于名义国民收入的结论，显然这是颠倒主次的，在现实生活中，总是先有商品运动，才有货币运动的。

（二）现金余额数量说

现金余额数量说是古典学派货币数量论的另一个重要组成部分，讨论了在某一时点上，人们基于交易和安全动机而保留在手边的现金余额，主要着眼于货币的贮藏手段职能，强调货币的资产功能和货币需求因素的分析。现金余额数量说由英国剑桥大学教授、剑桥学派创始人、著名经济学家马歇尔所倡导，后经其弟子庇古、罗伯逊等经济学家加以充实和发展，对货币数量论进行了重新解释。

1. 现金余额方程式——剑桥方程式

以马歇尔、庇古等为代表的古典经济学家，直接从货币需求量或货币持有量的角度来分析货币数量，提出了现金余额数量说。马歇尔认为，货币需求就是人们基于交易和安全动机保留在手边的现金余额，人们持有货币的多少，取决于人们对持有货币所得的收益（流动性）与购买消费品所得的享受以及投资于生产所得的收益相比较，受安全动机、个人的财富水平、利率、持有和获得货币的便利程度等多重因素的影响和制约。而物价变动主要是因为人们希望持有的货币余额发生变动。这一余额的大小、留存时间的长短都直接影响整个社会的货币数量。当人们手边保留的现金余额增加时，整个社会的货币需求就会增加，货币流通速度就会减慢，物价就会下跌，币值就会上升；反之，当货币需

求减少时,货币流通速度就会加快,物价就会上涨,币值就会下跌。在其他条件不变的情况下,对每个人来讲,其名义货币需求与名义收入之间存在一个比较稳定的比例关系,由此推及,对整个社会来讲也是如此。为了更直观地表述这种现金余额数量说,庇古在1917年发表的《货币的价值》论文中提出了如下方程式:

$$P = \frac{KR}{M} \tag{9-5}$$

式(9-5)中:P代表每一货币的单位价值;K代表整个社会以货币形态保持的财富占总财富的比例;R代表一定时期内以实物计算的社会总收入;M代表货币数量。庇古认为,货币的价值由单位货币的交换价值决定,其大小可由一定数量的商品来表示,即:式中KR表示用货币形态所保持的财富,KR/M则表示每一单位货币的价值。

如果将P定义为物价水平,式(9-5)则变为:

$$P = \frac{M}{KR} \tag{9-6}$$

式(9-6)中,由于R代表一定时期内以实物计算的社会总收入,P代表一般物价水平,那么PR就是不考虑实物因素、以货币表示的社会总收入,即名义国民收入,可以用PY来表示(以Y代表国民总产出,即实际国民收入,P代表物价水平)。据此,罗伯逊对庇古的方程式进行修正,得到:

$$M = KPY \tag{9-7}$$

这就是现金余额方程式的最一般表达形式。其中,M代表货币供给量;K代表整个社会以货币形态保持的财富占总财富的比例;P代表一般物价水平;Y代表一定时期内按不变价格计算的商品和劳务的总价值;PY代表名义国民收入。剑桥学派的经济学家假定,货币供给M和货币需求M^d会很快自动趋于均衡,因此:

$$M^d = M = KPY \tag{9-8}$$

由于该方程式是由马歇尔、庇古和罗伯逊等剑桥学派经济学家提出的,因而又称为"剑桥方程式"。它所表达的基本含义是:一国大众对名义货币的需求取决于影响K、Y、P的各种因素。

现金余额占全部财富的比例K,主要有三个重要的影响因素:第一,持有货币所得的便利和所能避免的风险,持有货币所带来的便利越大或所避免的风险越大,K值就越大;第二,将持有的用于投资所能获得的收益水平,投资收益越小,K值越大;第三,把货币用于消费所能得到的满足程度,消费满足程度越大,K值越大。可见,影响K值大小的因素代表了社会财富的三个去向:货币、投资和消费。而这三种因素在短期内不容易发生变化,因此K值是稳定的。国民总产出Y,主要是由人类所能控制的经济资源数、生产技术水平与生产要素供给等外生要素决定的,因而在短期内Y也是稳定的。最后,剩下了货币需求量与价格的关系。尽管剑桥方程式用不同的方法对货币需求进行分析,但是在货币数量和价格水平的关系上,最终还是得到了与现金交易数量说一致的结论。

2. 与现金交易数量说的比较

现金余额数量说通过剑桥方程式揭示了货币需求数量的决定因素:现金余额占全部财富的比例 K、一般物价水平 P 和社会总产出 Y。如果假设 K 是个常数,则可以得出与现金交易数量论一样的结论:货币需求与名义国民收入成正比例。虽然现金交易数量说与现金余额数量说最终得出的结论从表面上看是一样的,但从本质上看,现金余额说比现金交易说在理论上确实有进步之处,两者的论述过程和政策意义是完全不同的。具体来说:

(1)两者对货币需求的动机分析侧重不同。现金交易数量说片面地把货币只看做是交易媒介,把交易看做是货币需求的唯一动机,忽视了货币的其他职能;现金余额数量说则重视货币的资产功能,认为人们持有货币不仅是为了满足当前交易的需要,同时也是为了预防未来不测,把货币当作资产储藏,兼顾了货币的贮藏职能,认为货币需求是人们进行资产选择的结果。

(2)两个方程式的常数含义不同。虽然剑桥方程式中的系数 K 与费雪方程式中的货币流通速度 V 的倒数在数值上相等,但两者的含义是完全不同的。货币流通速度 V 只是货币作为交易媒介职能的反映,是从现实交易的买与卖的瞬间发生的交易需要来说明对货币的需求;而剑桥方程式中的系数 K 是以货币形态持有的财产在全部财产中所占的比例,体现了人们持有货币的动机,是从买与卖的间歇持有货币的需要说明对货币的需求,人们持有货币不仅是为了满足当前交易的需要,而且为了预防未来不测,留作不时之需,以保证一定的安全性。

(3)两者的研究方法不同。现金交易数量说是从宏观上分析货币数量,将货币需求诉诸制度因素,重视货币支出的数量和速度,因而认为利率对货币需求没有影响。而现金余额理论却是从微观上分析货币数量,强调货币的方便性,着重于把货币需求作为一种资产、一种价值储藏的需要来分析,不仅仅局限于交易需要,还要满足投资的需要,因而没有排除利率对货币需求的影响。在马歇尔和庇古的理论中,尽管并没有在剑桥方程式中明确体现利率与货币数量之间的关系,但其理论隐含了利率对货币需求的作用。以后,凯恩斯更强调了利率的作用,进一步发展了货币需求理论。

二、凯恩斯的货币需求理论

约翰·梅纳德·凯恩斯(J. M. Keynes)是马歇尔的学生,早期也是剑桥学派的重要代表人物。直到 1936 年,凯恩斯发表了著作《就业、利息和货币通论》,在该书中提出了有别于传统货币数量论的货币需求理论——流动性偏好理论,自立一派,形成了凯恩斯学派的货币需求理论。

(一)流动性偏好理论

凯恩斯的货币需求理论又称为"流动性偏好理论"。这里的流动性偏好是指人们在金融资产的结构安排中更愿意选择流动性较强的资产。现金和活期存款是流动性最强的金融资产，却不能给资产持有者带来任何收益；相反，股票、债券等金融资产能给持有者带来投资收益，却由于不易变现而流动性较差。凯恩斯提出了构成货币需求的三种动机——交易动机、预防动机和投机动机，其中前两个动机是他从剑桥学派承袭过来的，投机动机则是他的独创。正是以投机动机为出发点，凯恩斯创立了与传统货币数量说迥然不同的货币需求理论。

凯恩斯的流动性偏好理论将人们的货币需求分成上述三个部分，即交易性货币需求、预防性货币需求和投机性货币需求。其中，交易性货币需求和预防性货币需求对利率的反应不敏感，主要取决于收入水平，并与收入水平同方向变动，可以将这两类货币需求表示为收入水平的函数，即

$$M_1 = L_1(Y) \tag{9-9}$$

式中，M_1 表示交易性货币需求与预防性货币需求的总和；Y 表示收入水平；L_1 表示 M_1 与 Y 的函数关系。反映在图中，由于 M_1 与利率无关，所以是一条与货币需求横轴垂直的直线（如图 9－1 所示）。

投机性货币需求是当前利率的函数，并与当前利率反向变动，因此，可以将投机性货币需求表示为当前利率的函数，即

$$M_2 = L_2(r) \tag{9-10}$$

式中，M_2 表示投机性货币需求，r 表示利率，L_2 表示 M_2 与 r 的函数关系。反映在图中，M_2 应该是一条向下倾斜的曲线（如图 9－1 所示）。

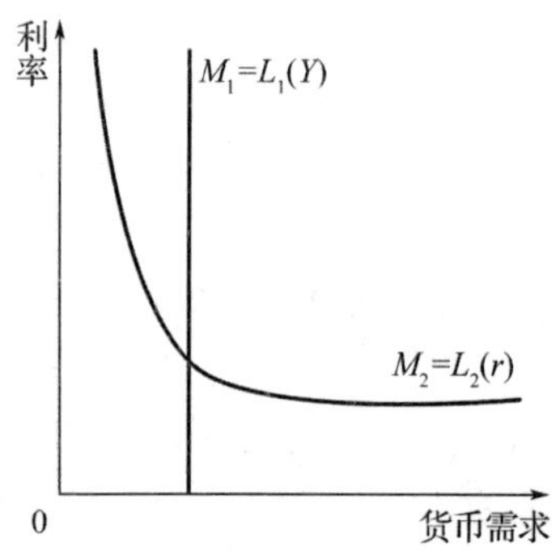

图 9－1　货币需求与利率的关系

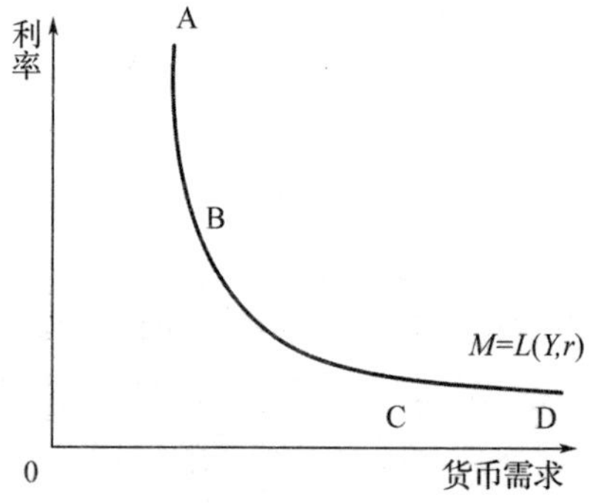

图 9－2　货币总需求与利率的关系

这样，货币需求总值 M 就可以表示为：

$$M = M_1 + M_2 = L_1(Y) + L_2(r) = L(Y, r) \tag{9-11}$$

其中，M 表示货币需求，L 表示货币需求与收入 Y 和利率 r 之间的函数关系。反映在图中即如图 9－2 所示。式（9－11）表明，货币需求与收入水平是同向变动的关系，与利率则是反向变动的关系。

根据凯恩斯的观点，收入水平在短期内不会发生大的变化，这样利率就成为影响和决定货币需求的主要因素。在此基础上，凯恩斯针对一种极端的情况提出了“流动性陷

阱”理论。当利率降至某一个很低的水平时，所有人都预期利率将会上升，此时持有债券将遭受很大损失，因此人人都希望持有货币，这时货币供给无论增加多少，都会被人们的货币需求所吸收，货币需求成为完全弹性（即图9－2中的CD段），人们的流动性偏好无限大，这就是所谓的“流动性陷阱”。这时，中央银行企图通过增加货币供给、降低利率来刺激投资的政策将完全失效。与此相反的是图9－2中的AB段，当利率高达某一水平时，人们普遍预期利率将下降，债券的价格将上升，人人都逃避货币，希望更多地持有债券，此时，货币的投机性需求为零，货币需求成为完全无弹性，除非利率有所改变，否则货币供给对货币需求的影响也将非常困难。图9－2中的BC段则是一般比较常见的情况，货币供给增加，利率下跌，引起货币需求增加。

（二）凯恩斯货币需求理论的简要评价

凯恩斯的货币需求理论继承和发展了古典剑桥学派的货币理论，对现实的经济活动具有更强的政策指导作用，具体来看，凯恩斯的货币需求理论主要有以下几方面特点。

1. 强调了货币的贮藏手段的职能。凯恩斯货币需求理论的前提是肯定了货币在经济活动中的价值贮藏职能，认为货币不仅仅是一种交易手段，它本身作为资产也会引起投机性需求。这是凯恩斯对剑桥学派货币理论的继承和扩展。

2. 得出利率是货币需求决定性因素的基本结论。凯恩斯的货币需求理论继承了传统货币数量说关于收入对货币需求的决定性作用，同时也提出了利率与货币需求之间具有密切联系的观点，将利率明确地视为货币需求函数中与收入具有同等意义的自变量，并且指出，在短期内的收入水平往往比较稳定，此时，利率就成了影响和决定货币需求的最重要因素。确立利率在货币需求决定中的地位，是凯恩斯货币需求理论区别于传统货币数量说的最显著特征。

3. 强调了市场利率的不确定性和货币需求函数的不确定性。凯恩斯指出，由于市场利率的波动性，传统货币数量说中的V（货币流通速度）与K（现金余额占全部财富的比例）都会受到影响，并不是相对固定的，因此，所得出的物价与货币量同比例变动的结论也是不确切的。而且，凯恩斯认为市场经济并不能保证充分就业，利率和收入的变动使货币需求函数也处于不稳定的状态。

4. 为解决失业问题的政策措施提供理论依据。凯恩斯将货币通过利息率同投资、就业和国民收入等实际因素联系起来。利息率是由货币的供给和需求共同决定的，其中，货币供给取决于中央银行，货币需求则取决于人们心理上的流动性偏好。在流动性偏好一定的情况下，中央银行增加货币供给使利息率下降。凯恩斯得出结论，如果中央银行通过增加货币供给量、降低利息率就会刺激投资的增加，并通过投资乘数的作用，提高有效需求，使就业量与国民收入成倍增长。

5. 发现了“流动性陷阱”的极端情况。凯恩斯考虑到利率水平变化的极端情况，发现了货币需求无限大的可能性，指出在一国利率下降到一定程度以后，中央银行增加货币供给刺激投资的政策将会失效，不能成为实现充分就业的有效工具。解决的办法是采取财政政策,即由政府扩大财政支出,直接进行投资,以刺激有效需求的增长,从而使就业和国民收入增加,即只有财政政策才能促成充分就业。正是在这个基础上,凯恩斯主张,为医治失业和经济危机,国家必须对经济进行直接的调节和干预,这就是凯恩斯整个经济理论的基本论点。

6. 存在理论的局限性。凯恩斯流动性偏好理论对金融资产形式的假定过于简单,假设人们只能在货币和债券这两种资产间选择其财富的持有形式,非货币即债券,这与实际的情况不相符,更不符合投资分散风险的基本原理。而且其货币的概念仅仅指现金,抹杀了各种存款货币的作用;同时,凯恩斯认为,交易性货币需求与预防性货币需求只是收入的函数,与利率无关,这也是该理论的缺陷之一。事实上,即使是这两类货币需求,也对利率相当敏感。

正因为凯恩斯货币需求理论的局限性,经济学家们在此基础上对流动性偏好理论进行扩大和修正,取得了凯恩斯学派货币需求理论的新进展。

三、凯恩斯学派对货币需求理论的发展

20 世纪 50 年代以后,凯恩斯学派的经济学家在深入研究和扩展凯恩斯货币理论的基础上,对凯恩斯学派的货币需求理论进行了丰富和充实,成为西方货币需求理论中重要的组成部分,其中最著名的是鲍莫尔模型和托宾的资产选择理论。

(一)鲍莫尔模型

根据凯恩斯的货币需求理论,交易性货币需求和预防性货币需求取决于收入,而同利率无关。但是以鲍莫尔、托宾为首的凯恩斯学派的经济学家发现,即使是交易需求,也对利率相当敏感,而且就交易本身而言,无论个人、家庭还是企业,都有节省货币交易需求的动机,以使持有货币的机会成本降到最低点。

美国经济学家鲍莫尔(William Baumol)认为,现金没有任何利息收入,持有现金就意味着负担相当该笔资金可投资于有价证券或其他资产而获得利息收入的机会成本。因此,人们在保证正常交易需要的情况下,会尽量减少用作交易媒介的现金余额。鲍莫尔将管理科学中最优存货控制理论,运用于对货币需求的研究。根据存货理论,企业持有存货是要耗费成本的,因此,企业必然在不妨碍生产及交易的前提下降低存货量。人们为获得最大收益,必然会将暂时不用的货币转化为生息资本,以获得利息收益,然后在需用货币时再将生息资本变现。但是,要将生息资本变现,需要一定的手续费,即交易成本。因此,有理性的经济主体必须在利息收益和交易成本之间作个比较再做出决策。

假设人们的交易活动在一定时期内是可以预见的,并且收支规律稳定。那么人们就可以将闲散资金投资于有价证券获取利息收益,然后每隔一段时间卖出一部分有价证券变现,以满足日常交易需要。我们假定某一特定时期的预计交易支出为 T,每次出售证券变现而获得的货币量均为 C,如果所有交易支出均需使用货币,那么变现次数为 T/C。设每次出售证券变现的手续费支出为 b,则整个时期的总交易手续费为 Tb/C。同时,假设

支出是连续和均匀的，即每次证券变现获得货币后，以固定的比例和平均的速度支出，则经济主体手中平均持有的货币余额为C/2。若市场利率为i，则其间持有货币所丧失的利息收入（即机会成本）为iC/2。以X来表示持有现金余额的总成本，则：

$$X=\frac{Tb}{C}+\frac{iC}{2} \tag{9-12}$$

作为理性的经济主体，必定希望将总成本X控制在最低的水平，因此可以求出令X取值最小的C值。对式(9-12)求关于C的一阶导数，该导数函数为零时，X取最小值。

$$\frac{dX}{dC}=-\frac{Tb}{C^2}+\frac{i}{2}=0 \tag{9-13}$$

解得：

$$C=\sqrt{\frac{2Tb}{i}} \tag{9-14}$$

因此，令总成本最小的持有货币平均余额为：

$$M=\frac{C}{2}=\sqrt{\frac{Tb}{2i}} \tag{9-15}$$

这就是著名的鲍莫尔模型，也称"平方根公式"。它表明，最适度的平均现金余额并不与交易总量以同一比例变化，而是与交易总量的平方根成正比例关系，与利率的平方根成反比例关系。可见，出于交易动机和预防动机的货币需求也会受到利率因素的影响，这就补充和发展了凯恩斯的货币需求理论。

（二）托宾的资产选择理论（The Theory of Portfolio）

按照凯恩斯的假设，人们对货币和债券这两种财富持有形式的选择，仅仅取决于它们的预期报酬率，那么除非货币和债券的预期报酬率相等，否则人们就会只选择其中预期报酬率更高的那种形式来持有财富，即人们不会既持有货币，又持有债券。这显然不符合实际。为弥补这一缺陷，美国著名经济学家、1981年诺贝尔经济学奖获得者詹姆斯·托宾将资产选择理论引入了投机性货币需求的分析，从而进一步丰富了凯恩斯学派的货币需求理论。

任何一种资产都具有风险和收益的两重性，且收益与风险是正相关的。一般来说，收益的增加意味着投资者效用的增加，风险的增加则意味着投资者效用的减少。资产组合的选择需要同时兼顾收益和风险的因素，考虑二者的替代效应，以预期效用最大化作为资产选择的原则。

托宾的模型中仍然只有两种资产形式：货币和债券。但托宾认为，现实生活中人们的资产选择大多数情况下是既有货币，又有债券，变动的只是两者的比例。人们可以选择货币和债券的不同组合——资产组合——来持有其财富。在存在许多不确定因素的情况下，既要考虑持有债券能够获得的利息收入，也要考虑债券价格下跌的风险。持有债券的比重增加，预期利息收益也会增加，但同时也意味着风险增大，从而遭受损失的可能性也相应加大。这就需要权衡利弊，找出持有货币和持有债券的最佳比例关系。

托宾将投资者分为三种类型。

1. 风险中立者,他们只根据预期收益的大小来决定其资产组合,而不考虑风险因素。对风险中立者来说,风险的增加不会对预期效用产生影响。图 9－3－a 和图 9－3－b 分别描述了风险中立者的效用曲线和无差异曲线。

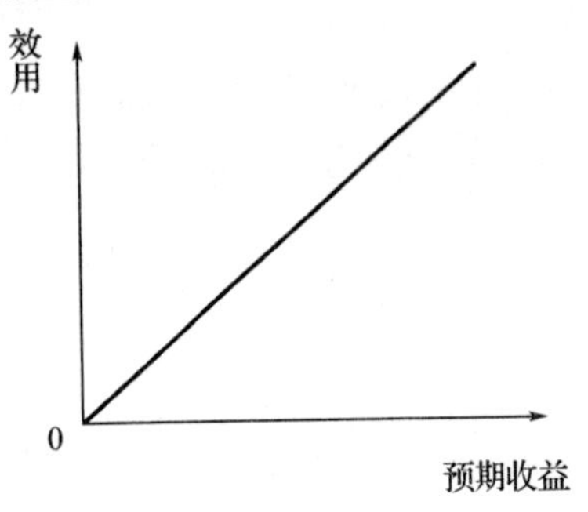

图 9－3－a　风险中立者的效用曲线

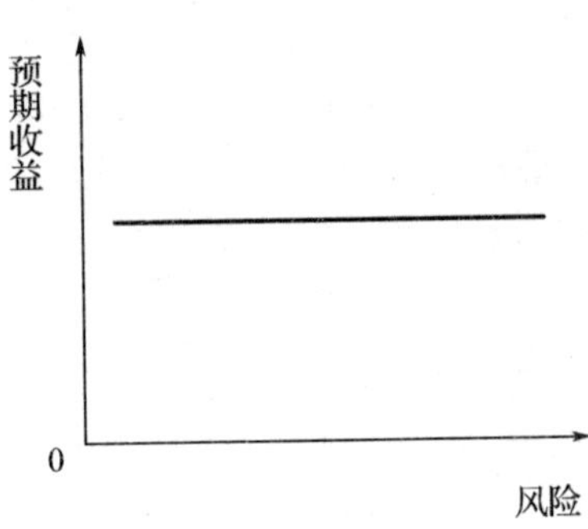

图 9－3－b　风险中立者的无差异曲线

图 9－3－a 是一条斜线,表明风险中立者预期收益的边际效用不变,即效用增加的幅度等于与预期收益增加的幅度。图 9－3－b 是一条水平线,表明风险中立者的预期效用不受风险变动的影响,完全取决于预期收益的大小。

2. 风险偏好者,他们宁愿承担较大风险,也不愿放弃获得较多收益的机会。对风险偏好者来说,风险的增加意味着预期效用的增加。图 9－4－a 和图 9－4－b 分别描述了风险偏好者的效用曲线和无差异曲线。

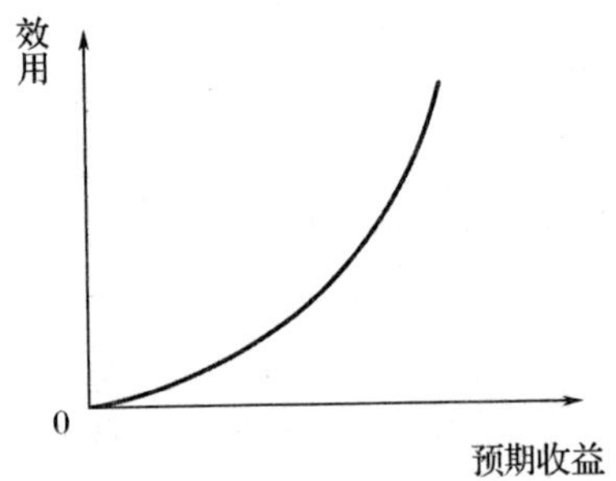

图 9－4－a　风险偏好者的效用曲线

图 9－4－b　风险偏好者的无差异曲线

图 9－4－a 是一条斜率递增的曲线,表明风险偏好者预期收益的边际效用递增,即效用增加的幅度大于预期收益增加的幅度。图 9－4－b 是一条无差异曲线,斜率小于零,表明风险偏好者甘愿接受较低的预期收益,以期有机会获得由较大风险带来的更多的资本收益,预期效用不变。

3. 风险回避者,他们宁愿放弃获取较多收益的机会,也不愿承担较大风险。对风险回避者来说,风险的增加意味着预期效用的减少。图 9－5－a 和图 9－5－b 分别描述了风险回避者的效用曲线和无差异曲线。

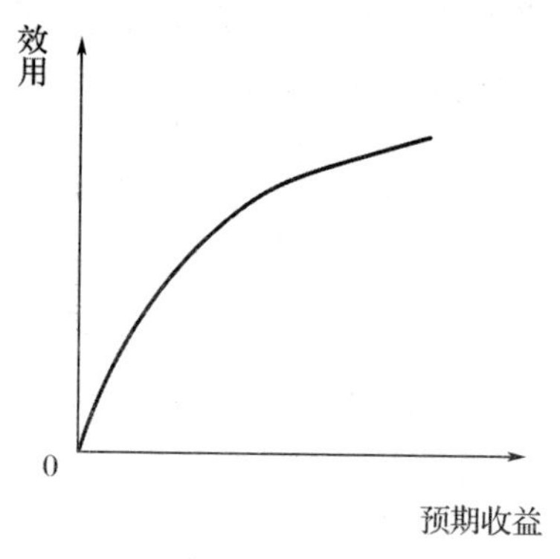

图 9－5－a　风险回避者的效用曲线

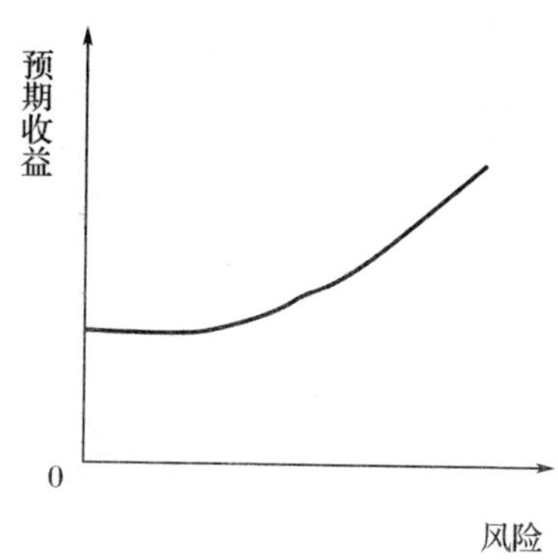

图 9－5－b　风险回避者的无差异曲线

图 9－5－a 是一条斜率递减的曲线,表明风险回避者预期收益的边际效用递减,即效用增加的幅度小于预期收益增加的幅度。图 9－5－b 是一条无差异曲线,斜率大于零,表明只有当预期收益的增加速度快于风险的增加速度时,预期效用才能保持不变,即风险回避者不会接受较大的风险,除非预期将获得更多的收益。

托宾认为,绝大多数投资者都是风险回避者,都希望在既定预期收益率下实现风险最小化或在既定风险下实现预期收益最大化。假定资产组合中只有货币和债券两种形式,那么对风险回避者来说,如果增加债券持有的边际效用(预期收益增加)大于其边际负效用(风险增加),他就会把一部分货币换成债券,直到新增加的债券给投资者带来的边际效用不再超过它所带来的边际负效用为止;反之,如果减少债券持有的边际效用(风险减少)大于其边际负效用(预期收益减少),他就会把债券变现,直到最后减少债券给投资者带来的边际效用等于它所带来的边际负效用为止。至此,投资者的总效用实现最大化。

我们用直观的图形(如图 9－6)来解释投资者的资产选择过程。首先,根据投资者的资产总量以及债券投资的预期收益与风险水平,我们可以得到投资者资产组合的可选择集合,表示在风险——收益率坐标中,即机会曲线 OC_1(或 OC_2)。机会曲线反映了各种投资组合可能的风险——收益水平。如果投资者以货币形式持有全部资产,那么风险和预期收益均为 0,即点 O;如果以债券形式持有全部资产,风险和预期收益最大,即点 C_1(或 C_2)。而 O 和 C_1(或 C_2)之间的点,就代表投资者持有不同货币、债券组合所面临的预期收益和风险。可见,机会曲线的斜率取决于债券投资的预期收益和风险的比例关系。在风险一定的情况下,债券预期收益率越高,机会曲线斜率越大;在

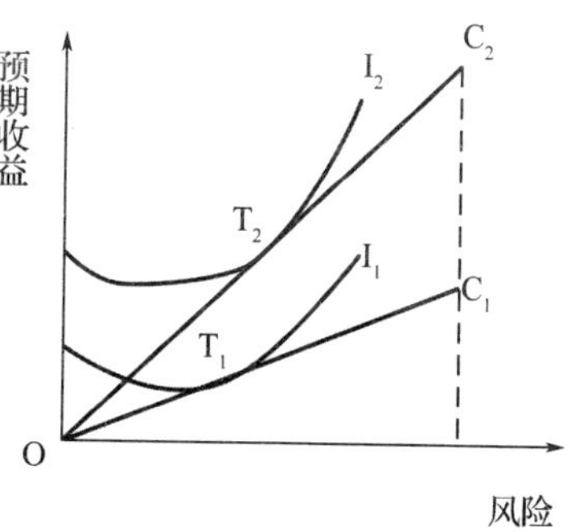

图 9－6　风险回避者的资产选择

预期收益一定的情况下，风险越大，机会曲线斜率越小。

图9－6中的I_1曲线代表了风险回避者的效用无差异曲线，它与机会曲线C_1的交点T_1所表示的货币和债券的持有比例就是该机会曲线下的最佳投资组合。托宾利用该图还解释了投机动机的货币需求与利率的关系，当利率上升时，债券的投资收益增加，而持有债券的风险却不变，机会曲线从OC_1移至OC_2，与无差异曲线I_2交至T_2，与T_1相比，投资者增加了债券持有量，而减少了货币需求，相反的情况依此类推，即投机动机的货币需求与利率成反向变动的关系。

尽管资产选择理论只建立在两种资产的基础上，但托宾明确指出，现实生活中的投资者必须利用分散投资来分摊风险，不能将选择的范围仅仅局限在货币和债券上。他将避免风险的思想引入对货币需求的研究中，突破了传统学说只考察资产收益的局限，对西方货币理论的发展和货币政策的运用影响深远，资产选择的货币需求理论也称为西方货币需求理论的重要组成部分。

四、弗里德曼的货币需求理论

1956年，著名经济学家、美国芝加哥大学经济学教授米尔顿·弗里德曼（Milton Friedman）发表了《货币数量说的重新表述》一文，发展了西方货币需求理论，创立了现代货币数量学说。作为货币主义学派的代表人物，弗里德曼继承并吸取了凯恩斯及剑桥学派的核心思想，对古典货币数量说进行了重新表述。

弗里德曼指出货币数量说应该是货币需求的理论，是确定货币需求决定因素的学说，而不是关于产出、货币收入或物价水平的学说。因此，现代货币数量学说的重点就在于阐述货币需求的决定性因素，并探讨货币供给量变动在经济中所起的支配作用。根据弗里德曼的观点，货币同其他物品和劳务一样，都为人们提供了一定的效用，人们对货币的需求与对其他物品和劳务的需求并没有本质上的区别。他认为，影响和决定货币需求的主要因素有三个：

1. 总财富。通常人们所能持有的货币量以其总财富为限。总财富是各种资产的总和，但由于实证研究中很难获得总财富的估计数，因此弗里德曼把“恒常收入”当作是总财富的代表。所谓恒常收入，是指可预期的较长时期内的稳定收入，具有向上调整的趋势，一般用过去和现在收入的加权平均数来表示，而且权数的大小会随时间的推移而调低，稳定性较强。采用恒常收入作为总财富的代表，使货币需求在很大程度上不会受到经济周期的影响，不会随产业波动而波动。这是因为，经济繁荣时期的收入增加是临时性的，恒常收入的增加比收入的增加小；经济衰退时期的收入减少也是暂时的，恒常收入的减少比收入减少也小。因此，从长期来看，恒常收入保持在一个稳定的水平，总财富也可以保持在一个比较稳定的水平。

2. 总财富的构成比例。总财富包括人力财富和非人力财富两类。其中，人力财富是指个人未来获得收入的能力，非人力财富是指物质财富，包括生产资料和其他物质资本。

两者最大的区别在于，人力财富不能像非人力财富那样随时可在市场上买卖以转换成收入或其他资产，会受到劳动力市场供求状况等因素的影响。因此，在人力财富向非人力财富转化的过程中，人们需要经常持有一定数量的货币以维持日常支出。总财富的构成比例就是人力财富和非人力财富的构成比例，如果总财富中人力财富所占比例较大，人们为了对社会人力财富需求不足时的情况做好准备，也为了应付紧急需要，就会持有较多的货币；反之，则只需持有较少的货币。即人力财富占总财富的比例越大，所需准备的货币就越多。

3. 货币及其他资产的预期收益率。人们持有货币和其他资产的预期收益率也是货币需求的决定性因素。弗里德曼理论中的货币包括现金和存款，因此持有货币的预期收益主要取决于货币的通货膨胀情况和存款的利息收入，货币需求与货币的预期收益成正比。其他资产是指债券、股票等能带来投资收益的资产，其预期收益包含利息收益和资产价格变动带来的收益或损失，取决于市场利率和市场供求状况等。当其他资产的预期收益率高于货币的预期收益率时，货币需求就会减少，反之，货币需求就会增加。

4. 对货币效用产生影响的其他因素。除了上述诸如恒久收入、价格水平等因素以外，人们持有货币所得到的效用还会受到其他各种因素的影响，如人们的主观偏好、技术与制度等因素，也应该作为影响货币需求的因素加以考虑。

弗里德曼在分析和讨论货币需求决定因素的基础上，提出了他的货币需求函数：

$$M = f(P, Y_P, \gamma_m, \gamma_b, \gamma_e, \frac{1}{p}\frac{dp}{dt}, \omega, u) \tag{9-16}$$

式中：M 代表名义货币需求量；P 代表一般价格水平；Y_P 代表恒常收入，用来体现总财富；r_m 代表货币的预期收益率；r_b 代表债券的预期收益率；r_e 代表股票的预期收益率；$\frac{1}{p}\frac{dp}{dt}$代表价格水平的预期变动率；ω 代表非人力财富占总财富的比例；u 代表影响货币需求的其他相关因素。由于各种资产的实际收益取决于物价水平，在名义货币需求基础上剔除物价水平的变动因素，可以得到实际货币需求函数：

$$\frac{M}{P} = f(Y_P, \gamma_m, \gamma_b, \gamma_e, \frac{1}{p}\frac{dp}{dt}, \omega, u) \tag{9-17}$$

其中，Y_P、r_m 与货币需求成正向变动的关系，r_b、r_e、ω 和$\frac{1}{p}\frac{dp}{dt}$四个因素与货币需求成反向变动的关系。

弗里德曼的货币需求理论继承和发展了古典货币数量说和凯恩斯学派货币理论的合理内涵，同时在研究方法和内容上都体现了创新之处。

第一，与凯恩斯学派的研究类似，弗里德曼也是从资产选择的角度来讨论货币需求的，但其资产选择的范围不仅局限于货币和债券，也包括其他有价证券和不动产等实物资产，并将货币的预期报酬率视为随其他资产预期报酬率的变化而变化的量。

第二，弗里德曼认为货币需求对利率并不敏感，这是因为利率的变动通常与货币等资产的预期收益率变动同向，当市场利率上升时，金融领域的存款利率、贷款利率以及债券利息等都会相应提高，而影响货币需求的是货币与其他资产之间的相对收益率。所以当货币的预期收益率与其他资产的预期收益率同方向变化时，货币需求不会发生显著变化，即利率变动对货币需求的影响不大。

第三，现代货币数量说认为货币需求函数和货币流通速度都是稳定的。根据弗里德曼的观点，影响货币需求的主要因素实际上只有恒常收入，而恒常收入在长期内的变化缓慢，不会出现经常性的波动，这样，货币需求函数也是稳定的。同时，根据交易方程式，可得货币流通速度取决于名义国民收入和货币需求，因此，货币流通速度也是稳定并可以预测的。弗里德曼通过分析1867至1960年近百年间美国货币流通速度的变动，论证了货币流通速度长期是十分稳定的，从而进一步证明货币函数的稳定性。因此，货币供求失衡的根源在于货币供给波动，要实现经济的稳定增长，必须将货币供应作为唯一的政策工具，并制定货币增长的数量规则，使货币增长率同预期的经济增长率保持一致。这也正是弗里德曼货币需求理论的政策意义所在。

深度链接9-1：近年来我国货币需求状况分析

一般来说，分析货币需求时主要考虑的因素有：一是经济总量因素。包括国内生产总值、国民总收入、居民收入等。二是机会成本因素。持有货币的机会成本是指同一时期持有等值其他资产可以获得的最大收入。货币的机会成本主要源于利率以及预期通货膨胀率等。利率的变动会改变其他资产收益率与货币收益率的对比关系，预期通货膨胀率则直接关系到货币的真实收益率。从理论上讲，预期通胀率会影响交易性、投机性和预防性货币需求，它同货币需求是反向关系。三是制度因素。制度因素包括体制变动、政策规定、行政干预和财务限制等。制度因素对货币需求的影响作用一部分传递到利率和收入上，另一部分作用涉及到货币的定义、持币动机等。

1. 货币与经济总量

1992年以来，货币需求与国内生产总值基本保持了向上的增势，其中狭义货币与GDP趋势轨迹比较接近。1998年之前狭义货币与GDP趋势基本一致，从1998年之后狭义货币增速开始加快，与GDP趋势线之间的差距逐渐拉大。从绝对数来看，1992年至1997年间，名义狭义货币增长了2.08倍，平均每年增长25.2%，实际年均增长10.4%，同期实际GDP增长了0.72倍，年均增长11.4%；1998年至2005年间，名义狭义货币增长了1.75倍，平均每年增长15.6%，实际年均增长14.5%，同期实际GDP增长了0.84倍，年均增长9.1%。1992年至1997年间，名义广义货币增长了2.17倍，平均每年增长26%，实际年均增长14.2%；1998年至2005年间，广义货币增长了1.86倍，平均每年增长16.2%，实际年均增长15.1%。从增长率来看，1998年后，狭义和广义货币名义增长基本在15%和17%的水平上下波动，实际值则均围绕15%的水平波动，狭义货币的波幅要明显大于广义货币。从2005年一季度起，狭义货币同比增长速度低于广义货币增速约5个百分点,狭义货币增长趋势与GDP走势之间没有进一步明显拉大,而广义货币波动曲线与GDP走势的差距加速扩大。这些似乎说明尽管1992年以来我国基本上实行的是从紧——稳健——适度稳健的偏紧缩性货币政策,但是在取得了控制狭义货币增速的同时,一部分矛盾转移到了广义货币上,表现为控制基础货币的能力较弱,广义货币仍然增长过快。从2005年开始,我国政府逐渐加大货币政策调控力度,目的在于处理流动性过剩问题,但是由于前期广义货币增长较快,因此仍有大量过剩资金支撑着狭义货币的上升势头,表现为广义货币增速下降,狭义货币增速持续提高,二者增幅差距逐步缩小。

2. 货币与价格指数

1992年至1996年底,消费价格指数大幅上升,期间狭义货币和广义货币名义增长率总体呈向下趋势,这里一方面是由当时的紧缩性货币政策造成;另一方面也因为预期通胀上升引发居民倾向于持有更多的实物资产。1997年到2003年之间,消费价格呈平稳态势,2004年之后,价格开始小幅上升,但这一期间,狭义货币和广义货币只是围绕在大约15%和17%的增长速度上波动,并未对价格变动做出明确反应,主要是由于这一时期是低通胀阶段,对资产收益率影响不显著。

3. 货币与利率

从一年期存款利率与各层次货币增速变动关系看,1996年中到1999年中,存款利率连续下调,从10.98%下降到2.25%,多达8.73个百分点,实际利率也下降了约3.5个百分点。对此,货币需求的反应仅仅是狭义货币实际增速有所回升,但也仅持续到1997年二季度,此后增速连续下滑。1998年第三季度,经历了几次利率下调举措之后,狭义货币增速才逐步提高,但此后形成了一种较大幅度波动的态势,狭义货币季度增速最高和最低值之间相差超过10个百分点,广义货币增速的峰谷值也相差有8个百分点。我们从货币增速与利率的变动关系中可以看出,2002年一季度的利率下调取得了较好效果,而2004年底的利率调整并未取得显著成效,货币增速的变动是与政策预期效果相背离的。需要说明的是,货币变动还受其他因素干扰,例如,与提高利率同样性质的贷款紧缩政策的作用明显更强,这会从正向辅助利率政策。另外,1997年开始的亚洲金融危机则是一个逆向作用因素,抵消了一部分利率政策效力。此外,有管理的浮动汇率制度和强制结售汇制度则在多数情况下具有扩张效果。

资料来源:王彤:国务院发展研究信息网,载《近年来我国货币需求状况分析》。

深度链接9-2:中国“货币之谜”

所谓“货币之谜”,是指市场经济国家在经济发展过程中所出现的高比率的M_2/GDP(也称为货币化指数)、超额货币以及货币流动速度下降的问题。按照传统的货币数量理论,货币供应量与价格的关系满足费雪交易方程式:MV = PQ,对方程两边同时微分并分别除以MV、PQ得:

$$\frac{\dot{M}}{M}+\frac{\dot{V}}{V}=\frac{\dot{P}}{P}+\frac{\dot{Q}}{Q}$$

一般认为货币流动速度是不变的，即

$$I\frac{\dot{V}}{V}=0$$

因此，

$$\frac{\dot{M}}{M}=\frac{\dot{P}}{P}+\frac{\dot{M}}{Q}$$

该式表示货币供给增长率等于通货膨胀率和 GDP 增长率之和。但是市场经济国家却普遍出现货币供给增长率大于通货膨胀率和 GDP 增长率之和的现象，该现象也被称为“现代市场经济之谜”。

对于我国而言，这个问题表现得尤为突出，我国的 M_2/GDP 的比值远远高于其他市场经济国家。一般来说 M_2/GDP 的比值将经历“倒 U”过程，西方国家的 M_2/GDP 在 1946 年出现拐点，拐点处的货币化指数为 0.9。尽管此后一些国家（如意大利 1969—1979 年和日本 1972 年以后）的 M_2/GDP 有过接近甚至超越 0.9 或者 1 的记录，西方主要国家的货币化指数自 20 世纪 50 年代后期开始也经历了一个缓慢上升的过程，但平均来看，都未曾超过 1946 年的拐点值。美国最近 30 年的 M_2/GDP 的值都在 0.5 左右，我国开放初期的 1978 年，也不过 0.32。可是，随着改革的继续推进，中国的货币化指数在随后的将近 30 年中迅速攀升。1992 年超越西方国家的货币化路径拐点值 0.9；此后，货币化指数以更快的速度上升，2006 年高达 1.63，远高于西方市场经济国家，这种特有的现象被称为“中国之谜”。

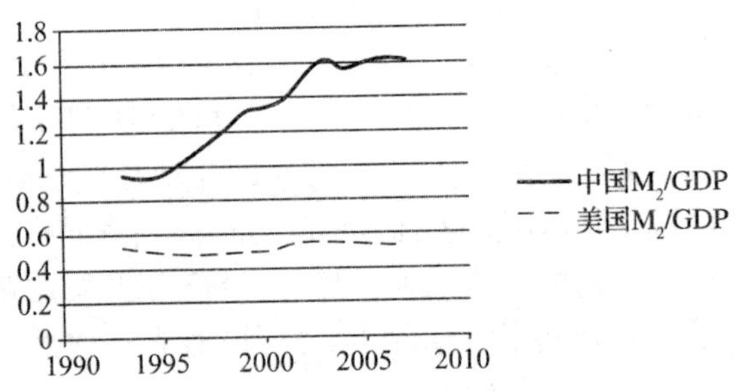

中美 M_2/GDP 比较示意图

资料节选：郭宝，喻心：《从货币需求的结构性角度看我国的“货币之谜”》，《金融理论与实践》，2009 年第 2 期。

深度链接 9－3：一代巨匠：米尔顿·弗里德曼

米尔顿·弗里德曼（Milton Friedman，1912 年 7 月 31 日—2006 年 11 月 16 日）是美国经济学家，以研究宏观经济学、微观经济学、经济史、统计学及主张自由放任资本主义而闻名。1976 年获得诺贝尔经济学奖，以表扬他在消费分析、货币供应理论及历史和稳定政策复杂性等范畴的贡献。

弗里德曼生于纽约市一个工人阶级的犹太人家庭，是家中第四个孩子，也是唯一的男孩。他16岁前完成高中，凭奖学金入读罗格斯大学。原打算成为精算师的弗里德曼最初修读数学，但成绩平平，1932年取得文学学士，翌年他到芝加哥大学修读硕士，1933年芝加哥大学硕士毕业。毕业后，他曾为罗斯福新政工作以求糊口，批准了许多早期的新政措施以解决当时面临的艰难经济情况，尤其是新政的许多公共建设计划。辗转间他到哥伦比亚继续修读经济学，研究计量、制度及实践经济学。返回芝加哥后，获 Henry Schultz 聘任为研究助理，协助完成《需求理求及计算》论文。

1941至1943年，他出任美国财政部顾问，研究战时税务政策，曾支持凯恩斯主义的税赋政策，并且也确实协助推广了预扣所得税制度。1943至1945年在哥伦比亚大学参与 Harold Hotelling 及 W. Allen Wallis 的研究小组，为武器设计、战略及冶金实验分析数据。1945年，他与后来的诺贝尔经济学奖得主 George Stigler 到明尼苏达大学任职，1946年获哥伦比亚大学博士学位，随后回到芝加哥大学教授经济理论，期间再为国家经济研究局研究货币在商业周期的角色。这是他学术上的重大分水岭。

在自传中，弗里德曼曾描述1941至1943年为罗斯福新政工作时，“当时我是一个彻底的凯恩斯主义者”。随着时间过去，弗里德曼对于经济政策的看法也逐渐转变，他在芝大成立货币及银行研究小组，在经济史论家 Anna Schwartz 的协助下，发表《美国货币历史》。当时他挑战主张凯恩斯主义的著名经济学家的观点，抨击他们忽略货币供应、金融政策对经济周期及通胀的重要性。他任职芝加哥大学经济系教授逾30年，力倡自由主义经济，并与徒弟徒孙打造出著名的“芝加哥学派”。

他通常反对政府干预的计划，尤其是对于市场价格的管制，他认为价格在市场机制里扮演着调度资源所不可或缺的信号功能。在《美国货币历史》一书中，他提出经济大萧条其实是政府对于货币供应管制不当所致。后来他在2006年说道：“你知道吗？很奇怪的是为何人们仍以为是罗斯福的政策让我们脱离了经济大萧条。当时的问题是，你有一堆失业的机器和失业的人民，你怎么能靠着成立产业垄断集团和提升价格及工资来解决他们的问题？”

他在芝加哥大学担任经济学教授直到1976年，在这30年里他将芝加哥大学的经济系塑造成一个紧密而完整的经济学派，被称为芝加哥经济学派。在弗里德曼的领导下，多名芝加哥学派的成员获得诺贝尔经济学奖。他在1953至1954年间以访问学者的身份前往英国剑桥大学任教。1977年开始弗里德曼加入了斯坦福大学的胡佛研究所。1988年取得了美国的国家科学奖章（National Medal of Science）。

1992年获诺贝尔经济奖的贝克尔形容，弗里德曼可能是全球最为人知的经济学家，“他能以最简单的语言表达最艰深的经济理论”。他亦是极出色的演说家，能随时即席演说，极富说服力。香港科技大学经济发展研究中心主任雷鼎鸣形容佛老思考快如闪电，据说辩论从未输过。“无人敢说辩赢了他，因与他辩论过已是无限光荣，没多少人能与他说上两分钟。”

弗里德曼是学术世家。他妻子罗丝是经济学家,其妻兄长 Aaron Director 是芝加哥大学声望显赫的法律学教授。弗里德曼育有两名子女,包括女儿珍尼·弗里德曼及大卫·弗里德曼,大卫本身是无政府资本主义学说的重要学者。大卫的儿子 Patri 毕业于斯坦福大学,2006 年时在 Google 任职。

他于 2006 年 11 月 16 日在旧金山三藩市家中因心脏病发引致衰竭逝世。

资料来源:百度百科,http://baike.baidu.com/view/476057.htm。

习 题

1. 解释下列概念:名义货币需求 实际货币需求 微观货币需求 宏观货币需求 费雪方程式 剑桥方程式 流动性陷阱 鲍莫尔模型 风险中立者 风险偏好者 风险回避者

2. 影响货币需求的主要经济因素有哪些?

3. 费雪方程式和剑桥方程式的理解和比较?

4. 凯恩斯流动性偏好理论的主要内容?

5. 凯恩斯的货币需求理论的基本思想及其评价?

6. 凯恩斯学派对货币需求理论作了哪些发展?

7. 鲍莫尔模型的主要内容?

8. 弗里德曼货币需求函数的内容?

9. 托宾的资产选择理论的主要内容。

10. 弗里德曼的现代货币数量学说与古典货币数量说和凯恩斯学派货币需求理论有哪些异同?

第十章　货币供给

学习目标

本章在介绍货币供给基本含义的基础上，分析了货币供给的机制，详细地揭示了信用货币的创造过程；介绍了弗里德曼－施瓦兹货币供给模型、卡甘的货币供给模型、乔顿的货币供给模型；分析了货币的内生性和外生性。通过本章学习，要求掌握货币供给的基本含义，重点把握信用货币创造过程；熟悉货币供给机制及其变量的影响；了解各种货币供给模型。

第一节　货币供给的基本含义

一、什么是货币供给

货币供给是与货币需求相对应的经济变量，通常是指货币供给主体向货币需求主体供给货币的经济行为，其中货币供给主体包括中央银行和商业银行。它表现为一定时点上经济活动中货币的存量，即由社会公众、企事业单位等持有的，由银行体系所供应的货币存量总额。

货币供给不同于货币发行。货币发行是货币供给的一种连续的行为，可以说，货币发行主要从数量上来把握货币供给行为，货币供给则主要从性质上来考察货币供给行为。

货币供给与货币流通也是有区别的。他们分别代表了不同的时间段。货币供给是从货币创造者创造货币开始，到货币持有者持有货币为止的过程。货币持有者在此之后的货币收付行为则属于货币流通的范畴。例如，中央银行发行货币的过程属于货币供给，而个人对其名义货币收入或存入银行，或购买证券，或保留手边，或购买商品等等，不能看做是货币供给，而是货币流通过程。

与货币需求存在名义货币需求和实际货币需求之分一样，货币供给也有名义货币供给（Nominal Money Supply）和实际货币供给（Real Money Supply）的区分。名义货币供给是指一定时点上不考虑物价因素影响的货币存量，它与物价水平的变动成正比，物价水平的上涨会引起名义货币供给的增加；实际货币供给则是指一定时点上剔除了物价变动影响之后的货币存量，与物价水平的变动无关。名义货币供给与实际货币供给联系密切。如果将名义货币供给(M_s)用某一具有代表性的物价指数P进行平减，就可以得到实际货币供给(M_s/P)。

通常，我们在实际生活中使用的货币供给概念都是名义货币供给的概念。例如某年度或某季度的货币量增长多少、增长率的高低变动，都是用该时期货币名义增加量与基期的货币存量相比较得出的。此时，往往一般物价水平比较稳定，以货币表示的商品、劳务的供给增长率既是名义增长率，又可大体视为实际增长率，名义货币供给和实际货币供给也没有明显的差别。但是，如果现实中的物价水平发生较大幅度的变化，则货币当局在进行决策时必须考察实际货币供给的变动，否则就可能导致错误的判断和政策选择。例如，一国流通中原有货币1000亿元，在一定时期内的商品、劳务产出增长率为零，如果物价水平比较稳定，那么货币供给可以保持不变；如果物价水平上涨了100%，在货币流通速度不变的情况下，原有的货币供给则不能满足商品劳务的交易所需，出现供给不足。事实上，虽然名义货币供给不变，但剔除掉物价变动的影响，实际货币供给减少了50%，这就需要货币当局做出货币政策的调整。

二、货币供给的计量

货币供给量是一国经济中的货币存量，其计量需要借助货币层次的划分来实现。在现代经济中，新的信用工具层出不穷，许多信用工具都不同程度地具有货币性，造成货币的形式多样化，因此，为便于货币供给量的统计和货币当局宏观调控的需要，各国中央银行均根据一定的标准将本国的货币划分为不同的层次。按照货币性资产的流动性强弱，可以将货币划分为M_0、M_1、M_2、M_3等层次。其中，

M_0 = 流通中现金(C)

M_1 = M_0 + 商业银行活期存款(D)

M_2 = M_1 + 商业银行定期存款 + 商业银行储蓄存款

M_3 = M_2 + 其他金融机构存款

货币供给量层次的划分即货币层次的划分。常用的货币供给量包括狭义货币供给量和广义货币供给量两个层次。狭义货币供给量即M_1，等于流通中现金(C)和活期存款(D)的总和；广义货币供给量是M_2，等于狭义货币供给量与定期存款及储蓄存款等准货币的总和。准货币的流动性稍弱于狭义货币，需要通过一定的业务手续才能够直接用于支付结算。

第二节 货币供给机制

货币供给是一国货币量的形成机制和控制机制的总和，要解决的是一国货币如何供应、货币总量如何形成、如何控制的问题。在现代经济中，货币供给的全过程，就是中央

银行供应基础货币，基础货币形成商业银行的原始存款，商业银行以基础货币为源泉产生派生存款，最终形成货币供给量的过程。因此，对货币供给机制的研究主要包括中央银行供应基础货币和商业银行进行派生存款创造两个过程。

一、货币供给主体

在不同的货币制度下，货币供给主体有很大差别。在银行体系没有发展起来之前的金属货币流通时期，国家统一规定了货币标准，并提供加工标准货币的造币厂或造币局，规定货币的自由铸造。因此，货币金属的持有者可以自由地将其持有的货币金属拿到国家造币厂按照标准铸造成本位币，然后投入流通使用，这样就形成了市场的货币供给；同时，货币持有者也可以根据需要自由地把手中的铸币拿到国家铸币厂要求熔化成金属块，然后将贵金属保存起来，这样就收缩了市场的货币供给。

当现代银行制度建立并逐步发展起来以后，不可兑现的银行券——银行钞票成为现实的流通手段和支付手段，成为货币。此时，银行信用就成了一种创造货币供给的机制。银行钞票的发行权集中于中央银行，后来演进为国家发行的纸币，成为由国家授权而发行和流通的法定货币。随着银行业的规模扩张和业务种类不断增加，出现了另一种现代货币形式——活期存款，客户可以根据需要利用银行账户的活期存款进行支付，不用转换为现金，同样可以承载货币的基本职能。活期存款与现钞的区别只在于它不是以货币的实体而是以银行账户上的数字记载而存在的货币。因此，银行活期存款账户金额的增减也反映了货币供给的增减。

可以说，现代经济社会的货币供给主体是货币发行机构——中央银行和经营活期存款业务的金融机构——商业银行。

第一，现金是由中央银行供给的。中央银行作为国家和政府的银行，拥有发行货币的特权，凡是从中央银行流出的现金，都是中央银行的负债，它构成了中央银行的资金来源。各国的中央银行都有一整套完备的现金发行的程序和制度，以对其进行有效的监督和控制。同时，尽管现金发行是由中央银行控制的，其实际发行量还要受到各经济单位对现金需求量的影响和制约。

第二，活期存款的货币供给是由商业银行和中央银行共同作用完成的。商业银行是经营货币信用业务的机构，其主要业务是吸收存款和发放贷款。当商业银行吸收存款、将流通中的现金转化为银行存款时，货币供给量并没有发生变化；当商业银行发放贷款时，贷款客户并不会将贷款资金以现金形式提走，而是形成一笔新的存款，并以转账的形式进行支付结算，这样，在整个银行体系内部就会创造出比原来吸收现金时的存款更多的存款货币，就是由原始存款形成了派生存款；反之，如果商业银行减少贷款，或客户以现金形式大量提取存款，银行系统新创造的存款货币也会成倍减少。在信用创造的过程中，中央银行也在发挥着基础性的作用，不但可以通过增发现金来增加商业银行原始存款的货币来源，还可以向商业银行提供贷款，从而增强其存款创造的能力。

二、中央银行与基础货币

中央银行在货币供给过程中处于核心地位,直接控制着基础货币的规模。中央银行对基础货币的调节和控制是货币供给机制的首要环节。

(一)基础货币的含义

基础货币是货币理论中一个非常重要的概念,是指中央银行投放并直接控制的货币,表现为中央银行的负债,由流通中的通货和商业银行的准备金组成,具有使货币供给总量倍数扩张或收缩能力。基础货币也称为高能货币或强力货币。

通常,用以下公式表示基础货币:

$$B = C + R \tag{10-1}$$

其中,B 为基础货币;C 为流通于银行体系外的现金;R 为商业银行的准备金,包括商业银行的库存现金和商业银行存放于中央银行的存款。可见,基础货币是中央银行能够直接控制的货币,包括控制现金的发行和商业银行的存款准备金。

存款准备金是指商业银行为了保证满足正常的贷款和提存的要求,防止挤兑,对所吸收存款所准备的一定比例的保证金,它包括商业银行持有的库存现金、法定存款准备金和超额存款准备金。而流通中的现金不能被商业银行直接用来创造存款,因为它并不直接掌握在商业银行的手中,只有当它流入商业银行转化为商业银行的库存现金和超额存款准备金时,才能成为商业银行信用扩张的基础。

(二)基础货币的调控渠道

由于基础货币表现为中央银行的负债,因此,可以根据中央银行的资产负债表来直观地考察基础货币的大小。

表 10-1 中央银行的资产负债表

资产	负债
黄金、外汇及特别提款权	流通中通货
政府债券	商业银行存款
对商业银行贷款、贴现	财政部存款
在途资金	外国存款
其他资产	其他负债及资本
合计	合计

根据会计恒等式,基础货币(即流通中的货币与商业银行存款的和)可以表示为总资产减去财政部存款、外国存款、其他负债和资本后的差值。具体的表达式如下:

基础货币 = 流通中的通货 + 商业银行存款

= (黄金、外汇及特别提款权 - 外国存款) + (政府债券 - 政府存款) + (其他资产 - 其他负债及资本) + 对商业银行贷款及贴现 + 在途资金

因此,中央银行对基础货币的调节和控制就是对相关资产净额的调节和控制,具体

来看主要有以下几个渠道：

1. 国内贷款，即中央银行对国内金融机构的放款。中央银行对商业银行和其他金融机构发放贷款后，这些银行或金融机构在中央银行的存款增加。当商业银行和其他金融机构对企业发放贷款时，企业存款相应增加。当企业使用这部分贷款时，上述银行或金融机构的存款就减少。在经过存款的一系列派生过程之后，一部分转化为金融机构的存款准备金，另一部分转化为流通中的现金、财政性存款等。在西方国家，中央银行向商业银行发放贷款有很大一部分是通过再贴现来实现的。

2. 公开市场操作。中央银行通过公开市场操作来调节基础货币。当中央银行购买国债时，不论中央银行是向商业银行或其他金融机构还是向公众购入，出售国债的单位或个人都将获得一笔等值的款项。因此，中央银行在购入国债的同时投放了等值的通货；相反，当中央银行出售国债时，则回笼货币。另外，中央银行的公开市场业务还可以抵消其他因素造成的基础货币的波动。例如，当中央银行为维持汇率的稳定，被迫在外汇市场买入外汇时，会扩大基础货币供应量，通过在公开市场卖出等额的债券，基础货币又回复到原来水平（这种操作方法被称为冲销）。

3. 买卖对外资产。中央银行在外汇市场上购买外汇时，便向流通中投放了等额本币，扩大了基础货币的供给量；相反，中央银行在外汇市场上出售外汇时，则回笼了本币，减少了基础货币的供应。

4. 买卖黄金。当中央银行购入黄金时，无论它是从本国购入还是从国外购入，出售黄金的人均将获得一笔等值的款项，因此，中央银行在收购黄金的同时，投放了等值的通货；相反，中央银行出售其黄金资产，则回笼货币，基础货币减少。

基础货币是商业银行借以创造存款货币的源泉，基础货币的改变对商业银行的信用规模的影响直接而且巨大，它直接决定了商业银行存款货币创造能力。从这个意义上说，它是基础货币。从实践上看，中央银行对全社会货币供给量的调控很大程度上都是通过调控基础货币来实现的。

（三）影响基础货币调控的主要因素

一般来讲，中央银行对基础货币的控制主要受以下因素的影响：

第一，政府财政收支状况。当政府财政出现赤字（即财政支出大于财政收入），并且通过向中央银行透支借款弥补赤字时，基础货币投放增加；反之，如果财政出现盈余（即财政支出小于财政收入）时，政府可以用盈余部分偿还中央银行借款，基础货币减少。

第二，金融机构的贴现行为。中央银行采取再贴现的方式，向金融机构注入资金，则基础货币投放增加；反之，则基础货币投放减少。应该注意的是，尽管中央银行可以通过调节再贴现率来影响金融机构的贴现行为，并具有发放贷款的决定权，但是否进行贴现活动，主动权在金融机构手中。

第三，中央银行的公开市场业务。中央银行在公开市场上买进证券，基础货币的投放增加；从公开市场上卖出证券，则基础货币投放减少。

第四,黄金存量的增减。当一国黄金增加时,不管这些黄金是本国开采的,还是从国外流入的,中央银行的黄金储备都会增加,同时,购买黄金的款项进入流通,使基础货币增加;当中央银行抛售黄金时,其黄金储备减少,基础货币回笼。

第五,国际收支状况。一国国际收支状况会直接影响外汇市场的汇率。当国际收支顺差时,本币有升值倾向,对本国出口不利,为避免本币升值,中央银行会在外汇市场上以本币购买外币,基础货币增加;当国际收支逆差时,本币有贬值倾向,不利于本国进口,为避免这种影响,中央银行会在外汇市场上以外币购买本币,基础货币减少。

三、商业银行与货币信用创造

在各种金融机构中,商业银行是唯一可以经营活期存款(支票存款)的金融中介机构,而活期存款是货币的重要组成部分。因此,商业银行区别于其他金融机构的最重要的特征就是,商业银行通过其经营活期存款的机制,创造出活期存款,从而创造了货币,影响货币供应量。

(一)原始存款与派生存款

原始存款与派生存款是与存款创造紧密相连的一对概念。原始存款,是指客户以现金或中央银行支票方式存入银行体系的直接存款;派生存款是银行体系在原始存款的基础上通过贷款、支票、贴现以及投资而衍生的出来的间接存款。商业银行具有创造派生存款的能力,并通过派生存款来扩张和收缩货币。例如,某个人存入某商业银行10000元现金,该银行则增加了10000元存款,这就是商业银行的原始存款。如果该银行又将这10000元全部贷给甲企业,并同时将这笔款项转入甲企业在银行所开设的活期存款账户内,此时,该银行的存款又增加了10000元,这是商业银行的派生存款。如果银行再把这10000元存款贷给乙企业,并将这笔款项转入乙企业在该银行的活期存款账户中,银行的存款又增加了10000元,这也是商业银行的派生存款。如果银行不停地把这10000元贷出,则会派生出无数笔10000元的存款。实质上,不管商业银行活期存款账户上有多少个10000元的款项,都是最初的那笔10000元存款带来的,也就是说,派生存款是从原始存款派生所得的。

实际上存款的无限派生是不可能,派生存款的创造不是无限制的。各国中央银行为了防止商业银行因流动性不足而引发倒闭,都对本国商业银行的存款准备金比例作了严格规定,并以法律的形式而定下来,这一比例就是通常所讲的法定准备金比例。另外,商业银行为应付存款人的随时提现,还会根据自身的具体情况,持有一定的现金和超额准备金。也就是说,商业银行不能将活期存款账户的所有金额都贷放出去,必须剔除掉一定比例的存款准备金。

(二)商业银行存款信用创造的前提

1. 部分准备金制度

部分准备金制度,又称法定存款准备金制度,指国家以法律形式规定存款机构的存款必须按一定比例，以现金和在中央银行存款形式留有准备的制度。部分准备金制度的建立，是银行信用创造能力的基础，对于吸收进来的存款，银行必须按一定比例提留存款准备，其余部分可以用于放款。若是在100%的全额准备制度下，则根本排斥银行用所吸收的存款去发放贷款的可能性，银行就没有创造派生存款的可能。

2. 非现金结算制度

非现金结算制度使人们能通过支票进行货币支付，银行之间的往来进行转账结算，无需用现金。如果不存在非现金结算，银行不能用转账方式去发放贷款，一切贷款都必须付现，则无从派生存款，银行就没有创造信用的可能。一般来讲，银行向某一借款人发放一笔贷款后，通常是把该笔资金划入该借款人在银行的活期存款账户内，借款人利用这笔贷款进行支付时，通常也是通过票据结算把它转到收款人的账户上。这样，不管收款人的账户和该借款人的存款账户是否在同一家银行，对于整个商业银行系统来讲，都会增加存款。当然，借款人也可以把贷款全部提出，用现金进行付款，但是收到现金的一方通常还是要把它全部或部分存入银行，真正以现金的形式游离在银行系统之外的只能是贷款的一部分。这样对整个商业银行系统来讲，仍存在存款创造的机会。现代银行采用非现金结算制度构成商业银行创造信用的基础，也是商业银行存款创造的前提条件。

（三）货币信用创造的过程

为清晰描述商业银行的信用创造过程，我们来举例说明。首先，我们通过假设条件的设定来考虑最简单的形式：第一，商业银行只开设活期存款账户，而不开设定期存款账户和储蓄存款账户；第二，商业银行客户不保留现金，将一切货币收入都存入银行体系，且所有交易均采用非现金结算；第三，各商业银行都只保留法定准备金而不持有超额准备，其余存款均用于贷款。

1. 存款货币的多倍扩张过程

设某客户甲将10000元存入商业银行A，A按照法定存款准备金的要求提取准备金1000元（$10000\times10\%=1000$）后，将剩余的9000元全部作为贷款发放给客户乙。此时，商业银行A的资产负债变动可以表示为：

资　产	负　债
库存现金 1000	活期存款 10000
贷款　　9000	

客户乙接受商业银行A贷款9000元后，将这笔贷款存入商业银行B，B的活期存款账户增加9000元，同时按照规定提取法定存款准备金900元（$9000\times10\%=900$），再将剩余的8100元全部贷给客户丙。商业银行B的资产负债变动可以表示为：

资　产	负　债
库存现金 900	活期存款 9000

贷款 8100	

客户丙再将8100元贷款存入商业银行C,这样C的活期存款账户增加8100元,同时按照规定提取法定存款准备金810元(8100×10% =810),再将剩余的7290元全部贷给客户丁。商业银行C的资产负债变动可以表示为

资 产	负 债
库存现金 810	活期存款 8100
贷款 7290	

此时,三家商业银行的活期存款账户已经由最初的10000元原始存款增加到27100元,这种存款的倍增还远未停止,依此类推,从银行A到银行B,再到银行C等等,持续不断地由存款到贷款,再由贷款到存款,整个商业银行体系的派生存款还会照此发展下去。我们用下表来反映商业银行的存款多倍扩张过程(假设法定存款准备金率为10%):

表10-2 商业银行的存款多倍扩张

商业银行	存款增加	派生存款增加	准备金增加	贷款增加
A	10 000	0	1 000	9 000
B	9 000	9 000	900	8 100
C	8 100	8 100	810	7 290
D	7 290	7 290	729	6 561
E	6 561	6 561	656.1	5 904.90
…	…	…	…	…
合计	100 000	90 000	10 000	90 000

可见,各个商业银行的存款增加额依次构成了一个无穷等比数列,首项是10000,即原始存款,公比是90%,即(1-10%)。因此,根据无穷等比数列的求和公式,可以计算出整个商业银行体系内部由原始存款带来的存款总额:

$$D = Y \times \frac{1}{1-(1-r_d)} = 10000 \times \frac{1}{1-(1-10\%)} = 100000$$

即 $$D = \frac{Y}{r_d} \qquad (10-2)$$

其中,D表示存款增加总额,Y表示原始存款,r_d表示法定存款准备金率。可见,此时的存款增加总额是在原始存款的基础上以$\frac{1}{r_d}$的倍数递增,即存款创造乘数m可以表示为

$$m = \frac{1}{r_d} \qquad (10-3)$$

如果用 P 来表示派生存款的增加额，那么

$$P = D - Y = Y \times (1 - \frac{1}{r_d}) \tag{10-4}$$

这样，派生存款就是 100000 - 10000 = 90000 元。

2. 存款货币的多倍收缩过程

从原始存款向派生存款的多倍扩张过程，也可以反向运动，形成多倍收缩的过程。这个过程是由原始存款的减少开始，最终造成整个银行体系存款的多倍减少。我们仍沿用上例的假设条件来说明存款货币的多倍收缩过程。

客户甲从商业银行 A 提取现金 10000 元，商业银行的活期存款账户金额减少 10000 元，但由于原有的 10000 元存款只有 1000 元的法定存款准备金，不足以支付这笔现金的提取，因此，商业银行 A 必须收回原有的一笔 9000 元的贷款，以满足现金支付的需求。此时，商业银行 A 的资产负债变动可以表示为：

资　产	负　债
库存现金 -1000 贷款　　-9000	活期存款 -10000

同时，商业银行 A9000 元贷款的收回是通过商业银行 B 活期存款账户金额的减少实现的，即商业银行 B 的活期存款减少 9000 元，但由于原有的 9000 元存款只提取了 900 元的法定存款准备金，不足以支付这笔活期存款的提取，因此，商业银行 B 必须收回原有的一笔 8100 元的贷款，以满足活期存款支付的需求。此时，商业银行 B 的资产负债变动可以表示为：

资　产	负　债
库存现金 -900 贷款　　-8100	活期存款 -9000

依此类推，商业银行 B 收回 8100 元贷款是通过其他商业银行活期存款账户金额的减少实现的。这个过程将持续进行下去，直到整个银行体系的活期存款多倍收缩。我们用下表来反映商业银行的存款多倍收缩过程（假设法定存款准备金率为 10%）：

表 10-3　商业银行的存款多倍收缩

商业银行	存款减少	派生存款减少	准备金减少	贷款减少
A	10 000	0	1 000	9 000
B	9 000	9 000	900	8 100
C	8 100	8 100	810	7 290

续表

商业银行	存款减少	派生存款减少	准备金减少	贷款减少
D	7 290	7 290	729	6 561
E	6 561	6 561	656.1	5 904.90
…	…	…	…	…
合计	100 000	90 000	10 000	90 000

可见,各个商业银行的存款减少额依次构成了一个无穷等比数列,整个银行体系的存款货币多倍收缩,与其多倍创造和扩张的过程是一致的,原理也是相同的。

3. 存款货币创造的复杂情形

由于前提假设的严格设定,上述存款货币的扩张和收缩过程都是最简单的存款创造,完全偏离了现实的经济条件。因此,我们放松相关假设来研究存款货币创造的复杂情形。

(1)考虑商业银行提取超额准备金的情况。为提高经营的安全性或应付意外之需,商业银行除了按监管规定保有法定存款准备金外,还要根据自身实际情况持有部分超额准备金。商业银行持有超额准备金会相应减少其多倍创造或收缩存款的能力。以前述情况为例,并假设超额准备金率为5%,则商业银行的存款创造过程可见下表:

表10-4 考虑超额准备金的存款创造

商业银行	存款增加	派生存款增加	法定准备金增加	超额准备金增加	贷款增加
A	10000	0	1000	500	8500
B	8500	8500	850	425	7225
C	7225	7225	722.5	361.25	6141.25
…	…	…	…	…	…
合计	66666.67	56666.67	6666.67	3333.33	56666.67

各个商业银行的存款增加额仍然是一个无穷等比数列,首项是10000,即原始存款,公比是85%,即(1-10%-5%)。因此,根据无穷等比数列的求和公式,可以计算出整个商业银行体系内部由原始存款带来的存款总额:

$$D=10000\times\frac{1}{1-85\%}=66666.67$$

派生存款增加 $P=66666.67-10000=56666.67$

可见,存款总额和派生存款的增加相对于不考虑超额准备金时都减少了,存款创造的效应变小了。存款创造乘数 $m=\frac{1}{10\%+5\%}=\frac{1}{15\%}$。

因此,当商业银行持有超额准备金时,存款创造乘数为:

$$m = \frac{1}{r_d + r_e} \tag{10-5}$$

其中，r_d 代表法定存款准备金率，r_e 代表超额准备金率，存款创造乘数等于法定存款准备金率和超额准备金率之和的倒数。

(2)考虑商业银行现金漏损的情况。

前面的最简单存款创造形式假设，商业银行客户不保留现金，将一切货币收入都存入银行体系，且所有交易均采用非现金结算。这种假设也是不现实的。在考察商业银行存款创造能力时，必须考虑到现金漏损情况。出现现金漏损时，银行系统的存款就会减少，从而减少了原始存款，使银行系统的存款创造能力受到抑制。一般将存款人从银行提取的现金占银行存款总额之比称为现金漏损率，又称提现率，用 K 来表示。根据上述的分析原理可以得到，考虑了现金漏损的存款创造效应进一步变小，存款创造乘数等于法定存款准备金率、超额准备金率和现金漏损率三者之和的倒数，即

$$m = \frac{1}{r_d + r_e + K} \tag{10-6}$$

(3)考虑商业银行存在其他存款业务的情况

除了活期存款以外，商业银行还有定期存款、储蓄存款等业务类型。这类存款账户在按照相应的准备金比率规定提取法定存款准备金后，剩余部分同活期存款一样，可以作为贷款发放来实现存款创造。唯一不同的是，定期存款的准备金比率比活期存款的要低，因而定期存款占存款总额的比例越高，商业银行能用于发放贷款的资金就越多，存款创造能力就越强。如果我们用 r_t 表示定期存款的法定存款准备金比率，用 t 表示活期存款中转化为定期存款部分的比重，那么，存款创造乘数就可以写成：

$$m = \frac{1}{r_d + r_e + K + r_t \times t} \tag{10-7}$$

这就是具有现实经济意义的存款创造乘数。利用这个乘数就可以计算出单位存款的增加或减少会给整个银行体系的存款带来多大的影响。

第三节　西方货币供给理论

一、货币供给理论的发展

货币供给理论的思想渊源一直可以追溯到 18 世纪由约翰·劳提出的信用创造说，他认为银行的功能在于为社会创造信用，银行能够超过它吸收的存款额进行放款，而且能够用放款的办法创造存款；银行通过信用创造，能为社会创造出新的资本，进而推动国民经济的发展。信用创造论从技术上描述了银行信用对货币流通的经济过程的影响，并且提出了信用制度下货币供应方式和货币倍数扩张的原理，这对中央银行制度的完善和对货币量的调控提供了理论依据，对后来的经济学家深入研究货币信用起到了很好的启

发作用。

1810至1840年,英国“通货主义学派”和“银行主义学派”展开了一场激烈的“通货论争”,为货币供给理论的最终形成创造了条件。20世纪20年代,菲利普斯第一次使用了原始存款和派生存款这两个重要的概念,为现代货币供给理论提供了理论雏形,但直到1952年,在米德运用货币供给方程系统研究货币供给量和银行体系后,现代货币供给理论才真正形成。此后,由于货币政策日益成为国家经济的主要政策手段,研究货币供给理论的热潮始终未减,并逐步引入了以复杂数学公式建立的货币供给模型。现代西方货币供给理论中比较有代表性的是弗里德曼-施瓦茨的货币供给理论、卡甘的货币供给理论和乔顿的货币供给理论。

二、弗里德曼-施瓦茨的货币供给理论

1963年,弗里德曼(Milton Friedman)与施瓦茨(Anna J. Schwartz)出版了《1867—1960年美国货币史》一书,对美国近百年货币史进行了实证研究,分析了各种因素对货币供给的影响,并提出了货币供给的决定模型。

根据弗里德曼和施瓦茨的观点,现代经济社会中的货币存量大致可以分为两部分:一是社会公众持有的通货,即货币当局的负债;二是银行存款,即银行的负债,包括活期存款,也包括定期存款和储蓄存款。以M表示货币存量,C来表示非银行公众持有的通货,D表示商业银行存款,则:

$$M = C + D \tag{10-8}$$

即货币存量为通货与银行存款的总和。整个货币存量并不是都在中央银行的控制之下的。弗里德曼和施瓦茨将中央银行能直接控制的货币存量部分称为高能货币(High Power Money),也就是前面提到的基础货币。它由两部分构成:一是社会公众持有的通货;二是商业银行准备金(包括库存现金和存在中央银行的准备金存款),即

$$H = C + R \tag{10-9}$$

式中,H表示高能货币,R表示商业银行的存款准备金,即高能货币为通货与商业银行存款准备金的总和。它们之所以被称为高能货币,是因为一定量的这类货币被银行作为准备金持有后可引致数倍的存款货币。弗里德曼和施瓦茨认为高能货币的一个典型特征就是能随时转化为(或被用作)存款准备金,不具备这一特征就不是高能货币。通常,高能货币也被称为强力货币。

为考察货币存量与基础货币之间的关系,我们用(10-8)式除以(10-9)式,可得:

$$\frac{M}{H} = \frac{C + D}{C + R}$$

然后将等式右边上下同乘以$\frac{D}{CR}$,可得

$$\frac{M}{H}=\frac{\frac{D}{R}\left(1+\frac{D}{C}\right)}{\frac{D}{R}+\frac{D}{C}}$$

则 $$M=H\cdot\frac{\frac{D}{R}\left(1+\frac{D}{C}\right)}{\frac{D}{R}+\frac{D}{C}} \qquad (10-10)$$

这就是弗里德曼和施瓦茨所推导出的货币供给模型。由于货币存量是基础货币与货币乘数的积，即 $M=m\cdot H$，则根据上式，货币乘数可以表示为

$$m=\frac{\frac{D}{R}\left(1+\frac{D}{C}\right)}{\frac{D}{R}+\frac{D}{C}} \qquad (10-11)$$

根据上述货币供给模型，我们可以看到，弗里德曼和施瓦茨的理论分析了决定货币供给的三个因素，即(1)高能货币(或基础货币)；(2)商业银行的存款与其准备金的比率D/R；(3)商业银行的存款与社会公众持有的通货的比率D/C。弗里德曼和施瓦茨称这三个因素为“货币存量的大致决定因素”。

弗里德曼和施瓦茨认为，上述三个因素是由三个不同的经济主体——货币当局、公众和商业银行分别决定的。第一，信用货币制度下的基础货币是由政府行为决定的，取决于政府发行多少信用货币来满足公众持币需要和银行保留准备金需要。第二，银行存款与其准备金的比率D/R决定于银行体系，银行体系并不能决定其存款和准备金的绝对量，因为它们受到基础货币量的限制，并与D/C有关。但一般来说，银行体系能通过改变其超额准备金的数量来调整银行存款与其准备金两者之比。当然，这一比率还受制于政府对银行存款准备金的规定并与经济形势直接相关。第三，银行存款与通货的比率D/C首先决定于公众的行为，尽管公众只能决定其存款与通货的比率，而无法决定各自的绝对值，同时这一比率还受到银行存款服务水平和利率的影响。

与其他两个因素相比，弗里德曼和施瓦茨更强调基础货币在决定货币供给机制中的作用。他们认为，中央银行决定强力货币，商业银行系统获取强力货币以充当存款准备金及其所希望的超额准备金，社会公众则从强力货币汲取通货以满足需要。显然，如果中央银行改变强力货币的供给，银行的准备金数额和社会公众持有的通货也会发生相应的变化，由此影响银行的存款准备金比率与社会的存款通货比率，从而改变社会的货币供给总量。同时，他们还认为，中央银行能绝对控制基础货币的数量，尽管其他经济主体和经济因素对H、D/C、D/R都有不同程度的影响，但中央银行可以预测并通过采取相应措施来抵消这些因素的影响作用。因此，他们得出的结论是，货币供给由中央银行的货币政策所决定，货币供给函数是稳定可测的，强调了货币供给的“外生性”与“可控性”。

在这个结论的基础上，弗里德曼主张的货币政策观点鲜明，在对宏观经济进行调控

的政策选择上，他不赞成采取货币数量不变的财政政策，而主张采用变动货币数量的金融政策。而最适于作金融政策指标的货币数量，不是货币需求量而是货币供给量。他认为货币需求量是非常稳定的，而影响产量、收入、物价使其发生变动的是货币供给量，因而怎样供给货币和供给多少货币是首要的问题。弗里德曼的政策主张对当代宏观经济调控的政策选择产生了强烈的影响，并于1976年获得诺贝尔经济学奖。

三、卡甘的货币供给理论

1965年，P.卡甘（Phillip Cagan）在对美国货币史进行了实证研究后，写出了《1875—1960年美国货币存量变化的决定及影响》一书，提出了一个形式及理论结构与弗里德曼和施瓦茨货币供给模型基本相似的货币供给决定方程式。

卡甘也将货币定义为社会公众手持有的通货及商业银行存款，也采用了与弗里德曼和施瓦茨相同的分析货币供给的框架，其基本观点和主要结论也基本相同，因此有：

$$M = C + D$$

式中M为货币存量，C为公众持有的通货，D为商业银行存款。将等式两边同时除以M，则

$$1 = \frac{C}{M} + \frac{D}{M}$$

即

$$\frac{D}{M} = 1 - \frac{C}{M} \qquad (10-12)$$

在式（10-12）两边同时乘以$\frac{R}{D}$，则

$$\frac{R}{M} = \frac{R}{D} \cdot \left(1 - \frac{C}{M}\right) \qquad (10-13)$$

由于基础货币B由公众持有通货C和商业银行准备金R构成，即

$$B = C + R$$

则根据式（10-13）可得：

$$\frac{B}{M} = \frac{C}{M} + \frac{R}{M} = \frac{C}{M} + \frac{R}{D} \cdot \left(1 - \frac{C}{M}\right) = \frac{C}{M} + \frac{R}{D} - \frac{R}{D} \cdot \frac{C}{M}$$

即

$$M = \frac{1}{\frac{C}{M} + \frac{R}{D} - \frac{R}{D} \cdot \frac{C}{M}} \times B \qquad (10-14)$$

式（10-14）就是卡甘的货币供给模型，可以看到，它与弗里德曼-施瓦茨的货币供给模型基本相似。但在卡甘的方程中体现出了其特点，他将货币乘数的两个决定因素作了不同的安排，即以通货比率（通货占货币存量的比率）C/M取代了存款与通货之比D/C，由准备金与存款之比R/D取代了存款与准备金之比D/R，从而他的供给方程得出的

货币乘数为

$$m=\frac{1}{\frac{C}{M}+\frac{R}{D}-\frac{R}{D}\cdot\frac{C}{M}} \tag{10-15}$$

与弗里德曼－施瓦茨的货币供给模型相比，卡甘的模型所得出的货币乘数有比较稳定的规则可循。这是因为，根据模型的方程式(10－15)，我们可以直观的分析出在其他条件不变时，C/M 或 R/D 这两个比率对货币乘数乃至货币存量的影响。在乘数的分母中，通货比率 C/M 与准备金存款比率 R/D 都小于 1，即 C/M 与 R/D 的乘积必然总是小于 C/M 与 R/D 中的任何一项。除基础货币数量增减变化会影响货币供给量的增减变化以外，通货比率与准备金存款比率的提高或降低，必然会带来货币收缩或货币扩张的效果，而且货币供给量的变化与基础货币数量的变动成正比，而与通货比率或准备金存款比率成反比。就这一点而言，卡甘的货币供给模型比弗里德曼－施瓦茨的货币供给模型更能说明货币存量 M 的决定因素。因为后者的模型中虽然找到了 D/R 和 D/C 影响货币供给的因素，但却忽略了它们的变动对乘数值的影响。

卡甘也强调了中央银行对基础货币的控制作用，并指出基础货币被公众持有和被银行持有的比例由社会公众和商业银行共同决定。如果基础货币不变，社会公众通过变持有通货为银行存款或变银行存款为持有通货来改变其基础货币的持有额，从而改变了通货比率 C/M；而商业银行体系则通过增加贷款和投资或收回贷款和投资，来改变它所持有的基础货币额，从而改变准备金存款比率 R/D。当社会公众减少通货持有额而相对增加商业银行存款时，银行准备金就增加了；如果此时准备金比率保持不变，则货币存量将增加；同样，当商业银行增加贷款时，如果存款不变，准备金就减少了，货币存量则增加了。也就是说，如果基础货币以及通货比率、准备金比率中的任一比率保持不变，另一比率上升或下降将使货币存量减少或增加，即货币存量同通货比率和准备金存款比率成负相关关系。

卡甘运用他的货币供给模型分析了决定货币供给量的各项因素，对 1875—1960 年美国近百年货币史进行了实证研究后发现，在货币存量的增长中，基础货币的影响比重为 73.4%；准备金比率的影响比重为 23.4%；通货比率的影响为 3.2%。由此，卡甘得出结论：长期和周期性的货币存量的变动取决于基础货币、通货比率和准备金比率这三个因素，且基础货币的增长是货币存量在长期中增长的主要原因。

卡甘的货币供给模型与弗里德曼－施瓦茨的货币供给模型在一定程度上具有相同的特征：首先，它们都以广义的货币即 M_2 为研究对象，货币定义包括公众持有的通货和银行的各类存款，如活期存款、定期存款和储蓄存款；其次，他们都认为货币供给是完全由中央银行决定的外生变量，并且都不区分不同类型的银行和其他金融机构对不同类型存款所实行的不同的准备金要求；最后，他们都非常重视实证研究，其基本观点的形成都是以美国货币发展历史的经验数据为依据的。

四、乔顿的货币供给理论

美国经济学家乔顿(Jerry L. Jordan)进一步研究了弗里德曼－施瓦茨和卡甘的货币供给模型,并于1969年10月在《圣·路易斯联邦储备银行评论》上发表了《决定货币存量的要素》一文,提出了较为复杂的货币乘数模型。在乔顿的模型中,采用了狭义的货币定义 M_1,即货币只包括通货和商业银行的活期存款,而且分析过程区别了联储成员银行和非联储成员银行,也区别了受制于不同法定准备率的不同类型的存款,这一点更接近美国银行体系的实际状况,弥补了弗里德曼－施瓦茨和卡甘货币供给模型的分析缺陷。

根据乔顿的观点,在美国,决定货币存量的因素更为复杂。具体来说,基础货币 B 包括社会公众持有的通货 C 和商业银行的存款准备金 R,中央银行对商业银行的活期存款 D 和定期存款 T 分别规定了不同的法定存款准备金比率 r_d 和 r_t,商业银行提取的超额准备金比率为 r_e(即超额准备金 E 与活期存款 D 的比率),定期存款 T 与活期存款 D 的比率为 t,通货 C 与活期存款 D 的比率为 K。

即 $r_e=\frac{E}{D},t=\frac{T}{D},K=\frac{C}{D}$

则

$$
\begin{aligned}
B&=R+C\\
&=r_d\cdot D+r_t\cdot T+E+C\\
&=r_d\cdot D+r_t\cdot t\cdot D+r_e\cdot D+K\cdot D\\
&=(r_d+r_t\cdot t+r_e+K)\cdot D
\end{aligned}
$$

由于 $M=C+D=(1+K)\cdot D$

且 $M=m\cdot B$

则 $$m=\frac{M}{B}=\frac{1+K}{r_d+r_t\cdot t+r_e+K} \qquad (10-16)$$

即 $$M=\frac{1+K}{r_d+r_t\cdot t+r_e+K}\cdot B \qquad (10-17)$$

式(10－17)就是著名的乔顿货币供给模型。可见,根据乔顿的理论,货币存量与基础货币正向变动,与活期存款的法定准备金率、定期存款的法定准备金率、定期存款与活期存款的比率以及商业银行的超额准备金率成反向变动关系。其中,基础货币、活期存款的法定准备金比率和定期存款的法定准备金比率可以由中央银行直接控制,超额准备金比率由各商业银行决定,定期存款与活期存款的比率和通货与活期存款的比率则由社会公众的资产选择行为决定。因此,由乔顿货币供给模型可知影响货币供给量的经济主体主要有三类,即中央银行、商业银行和社会公众。

乔顿指出,不同存款准备率的存在使各银行存款总额的增长或各银行存款结构的变化都呈现复杂的情况,这将影响各银行的准备金、贷款和投资,使银行信用扩张或紧缩,导致派生存款的变动,从而使货币存量发生变动。

乔顿的模型同前期货币模型相比，将通货比率 K 由全部存款与公众手持通货之比 D/C 修正为通货与活期存款之比，是货币乘数研究的一大进步。这是因为，客户把通货作为活期存款存入银行账户，就可以将获得的支票像通货一样流通。这样，一方面客户的货币余额没有减少；另一方面，银行所持有的货币却增加了，其存款派生能力提高，即公众手持通货与活期存款的比例越小，也就是通货转变成活期存款的数额越大，货币乘数越大。通货转成定期存款时的情况则不同，定期存款不能开出支票，即使银行体系的货币余额因此转变而增加，但公众所有的货币量却下降了，因此，有必要在全部存款中将活期存款与定期存款相分离。

另外，需要注意的是，虽然乔顿所定义的货币中并没有包括定期存款，但由于银行的定期存款也需要持有相应的准备金，故其货币供给模型中也要考虑定期存款的变化对银行体系存款创造能力的影响。

利用乔顿的货币供给模型，我们很容易就可以推导出广义货币 M_2 的货币供给模型。由于 $M_2 = C + D + T$（这里 D 代表商业银行活期存款，T 代表定期存款），故：

$$m_2 = \frac{C + D + T}{C + R} = \frac{1 + K + t}{r_d + r_t \cdot t + r_e + K}$$

因此：$M_2 = m_2 \cdot B = \dfrac{1 + K + t}{r_d + r_t \cdot t + r_e + K} \cdot B$

这样就可以将乔顿模型方便地用于各种特殊情况的分析。例如，如果我们假设不存在超额准备金，那么广义货币乘数 m_2 就可以表示为：

$$m_2 = \frac{1 + K + t}{r_d + r_t \cdot t + K}$$

进一步假设没有现金漏损，那么

$$m_2 = \frac{1 + t}{r_d + r_t \cdot t}$$

再假设没有定期存款的法定准备金的要求，则此时，

$$m_2 = \frac{1}{r_d}$$

可见，乔顿的货币供给模型具有前所未有的灵活性，因此在现代经济体系中，它被看做是货币供给决定的一般模型。

第四节　货币供给的内生性与外生性

一、内生变量与外生变量

货币供给究竟是内生变量还是外生变量，这是一个长期以来颇有争议的问题，也反映了人们对货币当局与货币供给关系的不同看法。何谓“内生变量”和“外生变量”呢?

内生变量又称非政策性变量，是指在经济体系内部由诸多纯粹经济因素影响而自行变化的变量，通常不为政策所左右，如市场经济中的价格、利率、汇率等变量。外生变量又称政策性变量，是指在经济机制中受外部因素影响，而非经济体系内部因素所决定的变量，这种变量通常能够由政策控制，并以之作为政府实现其政策目标的变量。

如果说货币供给是内生变量，那么决定货币供给不是由货币当局所决定的，影响其变动的因素是经济体系中实际变量及微观主体的经济行为；如果说货币供给是外生变量，那么货币供给的变动不是由经济体系中如收入、投资、储蓄、消费等内在因素决定的，而是货币当局的货币政策决定的。

货币供给的内生性与外生性问题，是货币理论研究中具有较强政策含义的一个问题。对其理解可从以下几方面把握：

1. 货币供给量首先是一个外生变量。这是因为，世界各国的中央银行体制都是独享货币发行权的体制，中央银行既是信用货币的发行者，又是货币供应数量的调节者，它能够以保证货币稳定并实现经济发展为目标，通过对社会信用活动扩张和收缩的调节来伸缩货币数量。因此，流通中货币数量及其结构在很大程度上受到中央银行货币政策的左右。20 世纪 60 年代以前，包括凯恩斯主义和新古典经济学在内的经济学家大都将货币供给视为可由中央银行完全控制的变量，他们不研究货币供给的决定过程，而只研究当中央银行改变货币供给量时经济所发生的变化。

2. 货币供给同时又是一个内生变量。货币供给量的变动又不完全受制于中央银行的货币政策，它还受制于客观经济过程，即受经济社会中其他经济主体的货币收付行为的影响。正如货币供给曲线是利率的函数，与利率具有正相关关系。

3. 货币供给的内生性增加了中央银行调控货币供给的难度。中央银行对货币供给的调节和控制受到经济体系中如收入、投资、储蓄、消费等内在因素的影响，变得更加复杂和困难。因此，货币供给理论的研究必须同时关注货币供给的内生性和外生性，既强调中央银行对货币供给的控制与调节作用，又重视政府、企业、个人等不同经济主体经济行为对货币供给的决定性影响，只有这样才能正确描述货币供给的决定机制，为货币供给实践奠定理论基础。

4. 货币供给在一个理论模型中不能同时作为内生变量和外生变量。如果要将货币供给的决定机制简化为一个理论模型，应当受排他定律的支配。要么认为货币供给是内生变量，要么认为货币供给是外生变量，而不能将其同时作为内生变量和外生变量。至于要说明问题本身的复杂性，就要考虑采用另外的表达方式。

二、关于货币内生性和外生性的早期论述

在近代货币金融理论发展史上，货币的内生性和外生性争论最早可以追溯到亚当·斯密时期，斯密在《国富论》中指出，“无论在哪一个国家，铸币量都受国内借铸币而流通的商品的价值支配；商品的价值增加了，立刻就会有一部分商品被送到有金银铸币的外

国，去购买为流通商品所必须增加的铸币量”。可见，斯密认为货币供给必须适应商品流通量，即主张货币内生。古典经济学家大卫李嘉图则是支持货币外生的主要代表人物，他认为商业流通的货币量是无法确定的，控制货币供给的唯一办法是中央银行必须恢复金本位制和银行券对金币的自由兑换，钉住金价和汇价，以调整银行券的发行量，将货币控制在均衡水平上。马克思则是一个典型的货币供给内生论者。按照马克思的观点，货币流通需要适应商品流通的客观要求，是商品流通决定货币流通，因此流通中的货币需要量必须遵循货币流通规律，即一定时期内执行流通手段的货币量与商品价格总额成正比，与货币流通速度成反比。另外，传统的货币数量论者在重点研究货币需求时，则将货币供给看成是外生的变量。

三、外生性货币供给论

货币供给外生论的主要代表是凯恩斯和货币主义学派的经济学家。

（一）凯恩斯的外生性货币供给论

凯恩斯在其代表作《就业、利息和货币通论》中肯定了货币供给的外生性，将货币供给完全当成是中央银行控制的外生变量，认为它的变化影响着社会经济活动，但它自身并不受经济因素的制约。

凯恩斯这一观点的形成同他关于货币特性的认识有关。他是一个典型的货币名目论者，认为货币只是一种价值符号，是观念上的货币，其发行和流通只有在国家法制强制的条件下才能顺利进行。在此基础上，凯恩斯分析了现代货币具有的三个特性：(1)货币的生产弹性等于零，由于纸币的生产发行都是由国家控制的，对于私人企业来说的货币生产弹性只能是零。(2)货币的替代弹性几乎等于零，货币的替代弹性是指当货币的交换价值上升时人们抛弃货币而用其他因素来代替货币的比率。货币作为一般购买力的代表，它可以换回任何其他商品，它的效用来自于交换价值。(3)货币具有周转灵活性且贮藏费用低的特征。由于货币具有这些特征，无论货币需求多大，或经济中其他变量的刺激多么强烈，货币供给不会受它们的影响而自行变化，货币供给的控制权由政府通过中央银行来掌握，中央银行则根据政府的决策和金融政策，按照经济形势变化的需要自行调节货币供给量。另外，凯恩斯还认为，公开市场业务是变动货币供给量的主要渠道。

（二）货币主义学派的外生性货币供给论

货币主义学派的主要代表人物弗里德曼也是一个典型的外生性货币供给论者。在他与施瓦茨合著的《1867—1960年的美国货币史》中，阐明了货币供给外生性的观点。正如前面我们所介绍的，弗里德曼－施瓦茨货币供给模型揭示了决定货币供给的三个变量——高能货币H、存款对准备金的比率D/R和存款对通货的比率D/C，它们各自又分别取决于货币当局、商业银行和社会公众的行为，但中央银行能直接决定高能货币，而高能货币的变动对银行的存款—准备金比率和存款—通货比率都有决定性的影响。因此，归根结底是货币当局，即中央银行在最终决定着整个社会的货币供给。

卡甘利用自己的货币供给模型也说明了货币供给的外生性问题。他指出决定货币乘数的各个因素在短期内是不会发生太大变化的,因此货币乘数是相对比较稳定的;这样决定货币供给的就主要是基础货币的因素了,由于中央银行可以完全操纵基础货币,从而也就成为货币供给的支配者了。

四、内生性货币供给论

货币供给内生论的代表主要是新剑桥学派和新古典综合学派的经济学家。

(一)新剑桥学派的内生性货币供给论

尽管从渊源上看,新剑桥学派是自称为"真正的凯恩斯主义"的学派,但他们并不完全赞成凯恩斯的外生性货币供给论。新剑桥学派的经济学家们认为,虽然从表面看,现有货币供给都是从中央银行渠道出去的,但在实际上供给量的多少并不完全由中央银行自主决定,在很大程度上是中央银行被动地适应公众货币需要的结果。这是因为,公众的货币需求经常并大量地表现为贷款需求,而银行贷款和货币供给量是紧密联系在一起的,也就是说,对现有货币供给量有决定性影响的主要是货币需求,而货币需求的大小又取决于经济的盛衰和人们的预期。比如,当经济前景看好时,企业将增加贷款需求,银行在无信用风险、有还款保证和获利的情况下,就会对理想的借款人放贷;银行的贷款即可转化为存款,每个存款的所有者都可以随意支付或提取现金。这样,银行贷款的增加实际上意味着扩大了货币供给量,中央银行只能被动地适应。同理,随着物价上涨和工资额的提高,银行贷款也会相应增加。只要经济活动增加,货币供给就会扩大;反之,贷款需求就会减少,银行也会主动收缩贷款,减少货币供给量。

在货币供给的控制问题上,新剑桥学派一方面赞同凯恩斯的中央银行能够控制货币供给的观点,另一方面又认为中央银行对货币供给的控制能力是有限的。这是因为:第一,当货币需求旺盛时,银行体系会尽力逃避中央银行的控制,主动增加贷款,扩大货币供给;第二,中央银行在货币供给的控制方面存在着遗漏,商业银行可以采取一些信用形式,如扩大票据流通、金融工具创新等,变相地增加货币供给。而且,中央银行对货币供给的控制能力存在着不对称性,即其增加货币供给的能力远远大于其减少货币供给的能力。

(二)新古典综合学派的内生性货币供给论

新古典综合学派在批判货币主义学派理论的基础上,形成了内生性货币供给论。它的基本思想是:货币供给量主要由银行和企业的行为所决定,银行和企业的行为又取决于经济体系内的许多变量,中央银行不可能有效地限制银行和企业的支出,更不可能支配它们的行动。因此,货币供给量主要是内生的,中央银行对货币供给的控制只能是相对的。

该学派的内生性货币供给理论由一系列"货币供给新理论"所组成。主要包括:

1. 拉德克利夫的观点。1959 年,以拉德克利夫(Redcliffe)为首的英国货币运行委员会提出了一份关于“货币体系之运行”的研究报告。报告中将货币定义为“流动性”，指出货币不仅包括传统意义上的货币供给，而且包括银行和非银行的金融机构所创造的所有的短期流动资产，同时说明流动性的最重要来源是大量的非银行金融中介机构。报告强调了现代金融制度基础结构的变化对货币政策的影响，非银行机构在全社会的信用扩张中扮演着非常重要的角色。因此，决定整个社会支出的是整个流动性状况，而不仅仅是货币供给，中央银行若试图控制总需求，需要控制的不是货币供给，而是包括非银行金融机构在内的信用规模。该报告的政策性意义在于指出把货币供给量作为货币政策控制目标的不恰当性，从本质上看，就是认为货币供给量是一个内生变量，不受中央银行的控制。

2. 格利和肖的观点。1960 年，格利（Hohn G. Curley）和肖（Edward S. Show）出版了《金融理论中的货币》一书，阐述了其货币供给的内生性观点。格利和肖认为，货币不是货币金融理论的唯一分析对象，货币金融理论应该面对多样化的金融资产。他们试图建立一个以研究多种金融资产、多样化的金融机构和完整的金融政策为基本内容的广义的货币金融理论，并明确提出了非银行金融机构的信用创造功能问题。他们认为，在金融机构中，商业银行是唯一有能力创造活期存款形式的货币机构，而其他金融机构却是能创造某种独特的金融债权凭证的机构，并通过放款和投资与商业银行分享着扩张信用的能力。因此，他们主张以更广义的货币定义（M_3 或 M_4）作为理解货币与总体经济之间关系的基础，以此来分析复杂的货币供给决定机制。总的来看，他们将非银行的金融中介机构与非货币的金融资产引进货币供给的决定机制中，分析非货币间接资产的需求与供给的决定因素，分析非货币中介机构活动影响货币需求的方式以及对货币控制的效率的影响。

3. 詹姆斯·托宾的观点。1963 年，托宾（J. Tobin）教授发表了《作为货币创造者的商业银行》一文，其中的主要观点是：由于商业银行与其他金融机构之间、货币与其他资产之间的区别日渐消失，货币越来越多地决定于经济过程的内部变动，即成为内生变量，从而使货币当局对货币供给的“外生”控制日渐失去其有效性。

托宾从分析银行与非银行金融机构在货币创造能力方面的趋同性入手，提出上述货币供给的“内生性”和“不可控性”。他认为，就货币创造能力而言，商业银行与非银行金融机构之间的程度上的差异，已没有本质上的区别，不再存在“货币创造者”和“非货币创造者”的严格区分。同时，托宾运用资产选择理论得出，金融机构的多样化与金融资产的多样化使货币的供给函数变得极为复杂，银行与其他非银行金融机构的资产负债规模以及社会大众对资产结构的选择，都会对社会的货币供给产生影响，因此，应将银行对准备金的需求行为函数与社会大众的货币需求行为函数引进货币乘数的计算。这样一来，利率、收入等影响资产结构调整的经济变量就通过对上述两种行为函数的影响而使货币乘数发生变动，进而导致货币供给量的变动过程变得极为复杂。总之，托宾认为，利率、收入和货币需求的因素对货币供给的影响显著，货币需求与货币供给之间互为因果关系。

值得注意的是,无论是货币供给外生论还是货币供给内生论,在他们强调各自主要观点的同时,并没有完全否定对方,承认货币供给的内生性,并不意味着否认中央银行对货币供给的控制能力;而强调货币供给外生性也没有否认实际经济活动对货币供给量的影响。因此,应该说对这个问题的争论是源于不同视角和层面的。而且,两者的理论观点都是为其货币政策主张服务的。从这一点来看,他们都具有一定的现实意义。

深度链接 10-1:电子货币的替代效应与交易性货币供给

从世界各国电子货币发展的历程看,在电子货币发展的初期阶段,电子货币与传统货币的流动性强弱呈正相关关系;也就是说,金融资产的流动性越强,电子货币对它的替代就越明显,反之亦然。这对电子货币发展还处于初期阶段的中国来说更是如此。

就中国而言,交易性货币主要是指流动性较强的现金和银行活期存款(M_1)。然而,电子货币对交易性货币的替代并非是简单的货币形式的替代。这种替代不仅改变了人们的生活方式和支付行为以及传统的商业零售模式,而且还改变了货币供给的结构。电子货币的存在模糊了各种金融资产之间流动性的差异,使货币层次的划分变得更加困难,这就弱化了以货币供应量作为货币政策中介目标的效果,从而影响货币政策的有效性。因此,对这一问题的研究具有重要的理论与现实意义。

从中国电子货币与交易性货币发展的情况来看,自从电子货币产生以来,交易性货币的增长速度已经有了明显放慢的趋势。这主要表现在交易性货币自身增长率的逐年下降,以及它在广义货币供应量 M_2 中的比重不断下降,并且这种趋势持续了多年并将长期存在。然而,这种现象的存在并非偶然,电子货币与交易性货币之间必然存在某种确定的关系,只是二者之间的相关程度大小而已。

资料节选:周光友,张炳达:《电子货币的替代效应与交易性货币供给:基于中国数据的实证分析》,载《当代财经》,2009 年第 3 期。

深度链接 10-2:从基础货币和货币乘数变动看信贷激增

控制基础货币和银行体系的超额准备金是央行控制贷款的两种主要途径,通过对基础货币和货币乘数的调控,央行可以控制银行信贷的变动。基础货币和货币乘数变动影响货币供应量,而货币供应量增加必然会反映到银行信贷的增加上。2008 年底,银行信贷增加主要是由于基础货币迅速增加,2009 年第一季度银行信贷激增,则主要是由于银行体系超额准备金下降。

从 2008 年 9 月开始,我国货币政策由“从紧”转向“适度宽松”,经过了短暂的调整后,11 月、12 月新增贷款开始快速增长。从基础货币和货币乘数的变动关系来看,从货币乘数变化来分析,去年年底银行信贷增加主要是由于我国基础货币迅速增加,2009 年第一季度银行信贷激增,则主要是由于银行体系超额准备金下降,货币乘数迅速上升的结果。根据央行公布的数据,2008 年 11 月我国基础货币为 119332.71 亿元,较 10 月增加了 3617.41 亿元;12 月基础货币达到了 129222.33 亿元,较 11 月又增加了 9889.62 亿元,基础货币增加大幅度上升。同时,货币供应量和新增贷款呈现大幅度回升态势。2008年11月广义货币供应量比10月增加了5512.34亿元,人民币贷款新增4769亿元;12月广义货币供应量增加到16521.94亿元,人民币贷款增加到7400亿元。而2008年10月我国广义货币供应量货币乘数为3.92,11月、12月分别下降为3.84和3.68。

从央行资产负债表负债方来看,我国的基础货币主要包括现金流通量、金融机构的法定准备金、金融机构的超额准备金等。除了储备货币以外,资产负债表的其他各项,在某种条件下都可以转化为基础货币。去年年底我国基础货币上升很快,主要由以下项目转换而来。

一是外汇占款增加。资产项目中的外汇占款主要是以外汇储备资产为主,当中央银行买卖外汇时,就要投放或回笼等值的本国货币,如中央银行出售外汇,则基础货币减少;中央银行买进外汇,基础货币增加。外汇占款和基础货币是同向变动的,外汇占款越多,基础货币增加会越快。长期以来,由于我国国际收支的双顺差,外汇占款一直持续增加,是基础货币增加的主要来源。去年11月,我国外汇占款增加了430.2亿美元;12月,外汇占款增幅为2591.89亿元。

二是央行票据下降。由于国际金融危机的冲击,为了促进经济增长,我国采取适度宽松的货币政策,逐步减少央票的发行。去年7月我国开始停发3年期央票,随后6个月期央票替代品种也只发行了两个月。2008年12月13日国务院公布的"国三十条"明确指出,停发3年期央行票据,降低1年期和3个月期央行票据发行频率。央票发行和基础货币是反向变化的,央票发行得越多,基础货币下降得越多;央票发行得越少,央行冻结的资金会减少,基础货币会增加。从去年11月起,我国央票存量已明显逐渐下降。

三是政府存款开始下降。通常,中央政府存款的增加,意味着基础货币的减少,中央政府存款的使用则使潜在的财政资金转化为现实的基础货币。我国自1994年停止了对财政的透支,取而代之的是中央政府税收或通过其他筹资方式如发行国债而获得的资金存于央行,中央政府的存款还包括政府未用或结余的财政资金。在我国全力保增长的经济形势下,中央政府不断加大投资支出的力度,于是从去年11月起政府存款开始下降,下降了1913.09亿元;12月下降了10445.47亿元,政府支出迅速增加,必将导致基础货币上升。但是,进入2009年,我国基础货币并没有大幅度增加,1月我国基础货币为只比去年12月增加了431.11亿元,2月基础货币反而比1月下降了4206.53亿元(3月份央行资产负债表还没有公布)。不过,从影响我国基础货币变动的这几个因素来看,基础货币仍有上升的动能,1月、2月份的外汇占款分别增加了1160.69亿元和1371.64亿元;央行票据存量继续下降,1月、2月份分别下降了2258.62亿元和1283.1亿元;财政存款变化不大,1月份增加了654.27亿元,2月份下降了518.8亿元。

为什么今年1月、2月的基础货币没有显著上升呢?主要是由于央行进行了较大幅度的资金回笼如通过质押式回购操作,央行资产负债表中其他负债增加较多的缘故。1、2月其他负债分别增加了2304.17亿元和7369.42亿元,遏制了基础货币的进一步上升。

虽然基础货币没有显著上升，但是货币供应量和新增贷款却大幅度上升。1月，我国广义货币供应量增加20968.7亿元，人民币贷款增加1.62万亿元；2月广义货币供应量增加10572.76亿元，人民币贷款增加1.07万亿元；3月广义货币供应量增加23918.64亿元，新增贷款为1.89万亿元。由此可知，在我国基础货币并没有大幅度增加的情况下，导致2009年第一季度货币供应量和信贷激增的主要因素是货币乘数。

2009年初，我国货币乘数开始反弹，1月货币乘数上升到3.83，2月进一步上升到4.04，货币乘数放大作用是货币供应量和信贷增加的主要推动力。这从央行副行长易纲上周四在央行网站发表文章中所引的数据可以得到验证：截至2009年3月末，金融机构超额准备金率为2.28%，较2008年底的5.11%大幅下降2.83个百分点。银行超额准备金下降，则货币乘数中的超额准备金率下降，货币乘数增加，货币供应量上升，银行信贷增加。

资料来源：陆前进：《上海证券报》，2009年4月28日。

深度链接10－3：我国央行改变基础货币的主要途径

近年来，央行改变基础货币的主要途径是通过买入外汇，以及发行债券。1994年实行强制结售汇后，外汇占款与基础货币之比也不断上升，1995年初为27.51%，至2005年10月份外汇占款已超过基础货币余额，2008年2季度末则高达11%，外汇占款逐渐上升成为基础货币增长的主渠道，已基本主导了基础货币形成。

在1994年至2002年期间，外汇占款与基础货币之比在50%以内，这期间央行尚可从容地通过削减再贷款来冲销外汇占款导致的基础货币增长。此后，由于国债市场不够发达，面对不断增长的外汇储备压力，央行票据2002年下半年进入债券市场，发行规模和品种迅速增加，央票对基础货币的比重一直快速增长（至2008年1季度已高达37.9%），已成为冲销外汇占款过高的主要手段。央票是一种较好的政策工具，对金融体制改革和宏观调控发挥了重大作用：央行获得了一种主动、灵活且可大规模操作的金融工具，通过对其发行和购买实现了在其资产规模不断扩大的条件下，通过对其自身负债结构的调整来调控货币供应量，在外部失衡背景下营造了一个相对平稳的国内货币环境；央票市场的发展推动了货币市场的发展和各类金融创新，为金融机构实施流动性管理和风险管理提供了有效工具；央票利率也事实上成为货币市场的基准利率，并推动了利率市场化进程。

普遍认为，国际收支大幅顺差导致被动投放了基础货币，是造成我国流动性一度过剩的主要原因。应当说，1994年以来，在"强制结汇"的制度约束下，外汇储备增长确实在一定程度上带来了基础货币的相应增长。不过，由于央行采取了冲销措施，基础货币与外汇占款增长并非同步。外汇占款2008年2季度时高达13.4万亿元，比2000年时增加了约12万亿元，但央行通过公开市场操作回笼约4.2万亿元，提高法定准备金率冻结商业银行的存款约7万亿元，基础货币净增加仅约8万亿元。因此，尽管外汇储备增长迅速，但央行通过大量发行票据及多次提高法定准备金率等方法，使基础货币增长率总体上呈下降趋势，并远低于外汇占款增长率，可认为基础货币的增长率已被基本控制住。

资料节选：黄昌利，王艳萍：《从超额存款准备金率看流动性过剩问题》，载《经济与金融》，2008 年第 8 期。

习　题

1. 解释下列概念：货币供给　基础货币　存款准备金　原始存款　派生存款　非现金结算制度　现金漏损率　货币内生性　货币外生性

2. 分析中央银行和商业银行在货币供给机制中各自的作用？

3. 推导存款货币创造的简单情形和复杂情形？

4. 论述西方货币供给理论的基本模型并进行比较分析？

5. 论述货币供给的内生性理论和外生性理论？

6. 假设 A 国基础货币 1000 亿元，银行法定存款准备金率 6%，现金漏损率 10%，超额准备金率为 8%，求 A 国的货币供给量？

7. B 国基础货币 1000 亿元，银行活期存款的法定准备金率为 10%，定期存款的准备金率为 6%，现金漏损率为 10%，超额准备金率为 8%，定期与活期存款之比为 200%，求 B 国的狭义货币乘数与狭义货币供给量？

8. C 国基础货币 1000 亿元，活期存款的法定准备金率为 10%，定期存款的准备金率为 8%，现金漏损率为 16%，银行超额准备金率为 6%，定期与活期存款之比为 200%，求 C 国的广义货币乘数与广义货币供给量？

9. 商业银行体系的活期存款为 100 亿元，定期存款为 400 亿元，流通于银行体系之外的现金为 10 亿元，商业银行向中央银行分别按照 8% 和 4% 的比例缴存活期存款和定期存款的存款准备金，且超额存款准备金率为 5%，计算此时的基础货币、货币乘数以及货币供给量分别是多少？

10. 假设商业银行体系的现金漏损率为 25%，定期存款与活期存款的比率为 300%，定期存款的法定存款准备金比率为 2%，活期存款的法定存款准备金率为 5%，超额准备金率为 4%，当有一笔 100 万元的现金由客户存入某家商业银行后，商业银行体系经过货币创造过程，计算最终会增加的存款是多少？

第十一章　货币均衡

学习目标

本章是对前两章内容的总结，本章在介绍货币的均衡和非均衡的含义基础上，分析了货币均衡与社会供求总均衡的关系，进而分析了非均衡的调整机制。通过本章学习，要求掌握货币均衡与非均衡的含义；熟悉货币均衡与社会供求总均衡的关系；了解非均衡的调整机制。

第一节　货币的均衡与非均衡

一、什么是货币均衡

货币均衡即货币供求均衡，是指从某一时期来看，货币供给量（M_s）与货币需求量（M_d）在动态上保持大体一致，处于相对稳定的状态。货币均衡通常表现为市场繁荣、物价稳定、社会再生产过程中的物质替换和价值补偿都能顺利实现。用公式表示，即：

$$M_s = M_d$$

此公式不是纯粹数学的概念，它表示了货币供给与货币需求的均衡关系。需要说明的是，这里的货币供给量为名义货币供给量，而货币需求量则为实际货币需求量。这是因为社会公众持有的货币名义数额与整个经济体系的货币存量是恒等的，而名义货币需求量并不是实际的货币需求量，只有当社会的实际货币需求量与名义货币供给量一致时，货币均衡才能真正实现。

理解货币均衡的内涵，需要从其动态性出发，即货币均衡是一个动态的过程，它并不要求在某一具体时间上货币供给与货币需求完全相等，它允许短期内货币供求间的不一致状态，但在长期内大体是一致的。具体来说：

首先，货币均衡是货币供求作用的一种状态，是货币供给与货币需求的大体一致，而非货币供给与货币需求在数量上完全相等。这种“大体一致”可以用“货币容纳量弹性”来说明。所谓货币容纳量弹性是指利用了货币资产、金融资产、实物资产间的相互替代效应和货币流通速度的自动调节功能，使货币供应量可以在一定幅度内偏离货币需求量，而不至于引起货币贬值、物价上涨的性质。例如，当 $M_s > M_d$ 时，首先会引起社会成员

(个人和企业等)的货币持有量增加,消费倾向上升,但由于商品供给量有限,不可能使大家的消费愿望都得到满足,于是,必然造成部分人持币待购或购买其他金融资产——股票、债券、存款等。前者会引起货币流通速度减慢,后者会使购买力分流,从而使名义货币供应量同实际货币需求量基本相适应,即在一定时期、一定幅度内,货币供给量偏离货币需要量不会影响物价的稳定和经济的发展。

其次,在短期内,货币供给量偏离货币需求量具有其必然性。其原因在于:经济运行中,货币供给的确定性与货币需求量的相对模糊性、货币需求量的相对稳定性与货币供给量的易变性,这两对相互作用的结果往往造成货币供给量在一定程度上常常偏离货币需求量,至少在短期内具有其必然性。

最后,从长期看,货币供给量具有收敛于货币需求量的客观必然性。其一,货币供给量收敛于货币需求量具有理论与现实上的必要性,货币供给量只能在一定幅度内偏离货币需求量,超过此幅度便会偏离货币运行的正常状态,危害经济发展;其二,货币供给量收敛于货币需求量具有可能性,由于货币需求量可大致地通过统计方法进行预测,只要中央银行把握好货币政策调控的力度,便可使货币供求大体一致;其三,货币供给量收敛于货币需求量具有其现实性,正因为货币供给量收敛于货币需求量不仅有其必要性,也具有可能性,使得各国的中央银行都在不断地进行调试货币供求大体一致的工作,这种反复的"试错"过程使得调试误差趋于减小,从而使供求收敛具有现实可行性。

二、货币非均衡的表现及成因

通过对货币均衡内涵的理解,我们可以得出,在现实的经济运行过程中,货币均衡只是一个长期的趋势,在短期内的货币非均衡却是常见的。所谓货币非均衡是同货币均衡相对应的概念,又称为货币供求的非均衡或货币失衡,是指货币供给与货币需求相互不一致和相互偏离,从而使二者之间不相适应的货币流通状态。其基本存在条件可以表示为:

$$M_s \neq M_d$$

一般来说,货币非均衡主要表现为数量性非均衡和结构性非均衡两大类。

(一)数量性货币非均衡

很显然,货币供给与货币需求在数量上的不一致会带来货币非均衡。这种不一致不外乎两种情况:

1. 货币供给小于货币需求的情况。货币供给少于社会货币需求,实际交易量大,而购买力或支付能力不足,不能满足社会公众的交易需要,通常会表现为商品滞销、出现过多的存货或其他的资源闲置。造成这种情况的原因主要有以下几个方面:

(1)在经济快速发展的情况下,商品生产和交换的规模扩张,而货币供给量并没有及时地增加,从而导致经济运行中货币紧缺。这种情况通常会出现在金属货币流通的条件下,因为金属货币流通下的货币供给一定程度上要受制于金属币材的开采。在纸币流通条件下，由于纸币的制币材料不受数量限制，作为货币当局的中央银行能够迅速并大规模地增加纸币供给，因此，这种情形出现的概率很小。

(2)在货币供给与货币需求大体一致的情况下，中央银行实施紧缩性的货币政策操作，减少货币供给，使货币供给量相对紧缩过大，从而导致流通中的货币紧缺，抑制国民经济的正常运行。

(3)在经济或政治危机阶段，由于信用链条的断裂，正常的信用关系遭到破坏，社会经济主体对货币的需求急剧增加，货币供给的增加却相对滞后于货币需求，从而导致了货币供求的失衡。如凯恩斯的流动性陷阱理论所描述的就是这种极端情况。

2. 货币供给大于货币需求的情况。货币供给多于社会货币需求总量，往往实际交易量小，而购买力或支付能力过多，通常则表现为商品短缺、物价上涨和强迫储蓄。造成这种不均衡的原因主要有：

(1)政府财政赤字而出现财政透支。在现代金融制度下，中央银行的一项主要职能是代理国库，政府财政收支若发生赤字，即政府支出大于收入，就会向中央银行进行透支。如果中央银行没有事先准备，财政透支就会迫使其增发货币，从而导致货币供给量增加过度，造成货币供求失衡。

(2)银行信贷规模过度扩张。在经济处于发展阶段时，政府实行的高速经济增长政策迫切地需要货币资金来支撑，此时就需要商业银行扩张信贷规模来满足货币资金需求，但如果形成了不适当的扩张，则会造成信贷收支逆差和货币资金过度扩张，导致货币供大于求的货币失衡现象产生。

(3)货币政策的过度调节。如果前期的货币供给量相对不足，造成商品滞销、产品积压和再生产过程受阻，政府为促使经济正常运行而实施扩张性的货币政策。但由于力度把握不适当，导致银根过度放松，货币供给量的增长速度超过了经济发展的客观需要，从而形成过多的货币供给，造成物价上涨，诱发高通货膨胀。

(4)为改善国际收支而采取的贬值政策。从开放经济看，在经济落后、结构刚性的发展中国家，货币条件的相对恶化和国际收支失衡使得国民经济运行仅靠进出口机制来弥补收支逆差极为困难，此时往往采用本币贬值政策以实现外部均衡，却造成本国货币供给量的急剧增长，货币供求失衡。

(二)结构性货币非均衡

货币供求的结构性失衡是指在货币供给与需求总量大体一致的总量均衡条件下，货币的供给结构及与此相对应的货币需求结构不相适应。结构性的货币非均衡往往表现为短缺与滞销并存，即经济运行中的部分商品和生产要素供过于求，另一部分商品和生产要素又供不应求。结构性非均衡比数量性非均衡更为复杂，造成这种货币失衡的原因主要在于社会经济结构的不合理及在此基础上形成的结构刚性。

需要注意的是，数量上的货币失衡与结构上的货币失衡并不是非此即彼的简单替代关系，客观现实往往是货币数量失衡与结构失衡相互交织、相互联系，以至于难以完全割裂。一般来说，在现代纸币制度下，经常出现的是货币供给量过多引起的货币失衡，这种失衡必然诱发通货膨胀。但到了20世纪90年代后期，世界性通货紧缩与结构性货币失衡的“滞胀”迹象愈来愈明显，并已引起各国货币当局的关注。因此，在货币政策操作中，货币供求均衡的控制应以总量均衡与结构合理为目标。

第二节 货币均衡与社会总供求均衡

货币均衡不是单纯的货币本身意义上的供求均衡，而是在整个经济均衡条件下的货币均衡问题。因此对货币均衡的研究还必须联系社会总供给与社会总需求，即经济均衡来进行。

一、社会总供给与社会总需求

社会总供给是指在一定时期内、一定价格水平下，一国实际提供的可供销售的生产成果（最终产品）的总和，它包括一国在一定时期内全部产品和劳务的价值以及市场其他金融资产的价值和。

社会总需求是指在一定时期内、一定价格水平下，一国社会各方面所愿意购买的产品和服务的总量，也就是该国实际发生的有支付能力的需求总和。在经济学中，社会总需求由以下四个部分构成：

$$AD = C + I + G + NX$$

式中，AD代表社会总需求；C代表消费需求，指国内居民对产品和服务的需求；I代表投资需求，指企业购买资本品的需求；G代表政府需求，指政府采购的需求；NX代表净出口需求，指国外购买本国产品和劳务的净需求。社会总需求的四个构成部分实际上也是社会总支出的四个组成部分。

社会总供求平衡将社会总需求与社会总供给两个概念紧密联系在一起，是指社会总供给与总需求的相互适应和平衡，是货币形态的、市场总体的、动态的平衡。第一，社会总供求平衡是货币形态的均衡，而不是实物形态的均衡，在社会总供求的平衡关系中，货币供求均衡占有极其重要的地位，货币形态的均衡是现代经济运行总体均衡的重要特征；第二，社会总供求平衡是现代经济运行中的市场总体均衡，社会总供给与总需求的平衡与否取决于现代经济中的商品市场与货币市场是否均衡，即社会总供求平衡是商品市场和货币市场的统一均衡；第三，社会总供求平衡是动态的平衡，是现实的社会总需求与短期内可能形成的总供给的平衡，允许在短期内社会总供给与总需求之间有可接受程度的偏离。

二、货币供给与社会总供给

（一）货币供给与社会总需求的关系

货币供给表现为商品购买力，因此成为社会总需求的载体。社会总需求是人们在一定收入水平约束下,对商品和劳务的需求。由于收入水平决定了人们的总需求,而货币供给又决定了人们的收入水平,所以货币供给和社会总需求的关系可以总结为:货币供给决定社会总需求,当货币供给增加时,名义国民收入增加,各部门的名义收入也增加,社会总需求增加。

具体来说,两者的关系表现在:

第一,货币供给是社会总需求实现的手段和载体。一定时期内的社会货币收支流量构成了相应时期的社会总需求,社会总需求是有货币支付能力的需求,任何需求都必须通过支付货币来实现。

第二,货币供给量与社会总需求是两个性质不同的概念。货币供给量是一个时点指标,而社会总需求是一个时期指标。在货币供给量中,既包含潜在货币,又含有流通性货币,而真正构成社会总需求的只能是流通性货币。

第三,社会总需求的变动通常来源于货币供给量的变动,但两者的变动在数量上和时间上都存在差异。一方面,社会总需求是由流通性货币及其流通速度所构成,而货币供给量则由流通性货币与潜在性货币所组成,因而一定数量的货币供给增加能在多大程度上引起社会总需求的变化,关键取决于货币流通速度的变化和货币供给的结构变化。另一方面,社会总需求的变化通常会滞后于货币供给量的变化,货币供给量变化以后,一般要经过 6 至 9 个月的时间方能引起社会总需求的变动,而引起实际经济的变动则需 18 个月左右。

(二)社会总供给与货币需求的关系

货币需求量是社会最终产品实现其价值时所需要的货币数量,在货币流通速度一定的条件下,社会最终产品的价格总额决定着货币需求量。流通中的社会最终产品的数量越多,需要的货币越多,社会最终产品的数量越少,需要的货币越少。而社会总供给就是由社会最终产品构成的,因此,社会总供给和货币需求之间的关系应该是:社会总供给决定货币需求。

从宏观角度看,经济体系是由商品市场和货币市场两方面构成的。货币市场的基本运行目标是满足商品市场正常运转的货币需求。换句话说,经济体系中究竟需要多少货币,归根结底取决于多少实际资源需要通过货币实现其流转并完成生产、交换、分配和消费的再生产流程,这是社会总供给决定货币需求的基本理论出发点。从微观角度看,经济主体的收入取决于社会总供给,而各个微观经济主体的收入水平是其货币需求函数的决定性自变量,因此从微观主体出发,社会总供给仍然直接决定着货币需求量。

(三)货币供求与社会总供求的关系

货币从本质上来说,是产生于商品交换的一种交易媒介,因此,应该是先有商品流通,然后才有货币流通,商品是第一性的,货币是第二性的;反过来,一旦货币融入商品经济社会,就会对商品市场运行产生巨大的反作用。因此,在货币供求和社会总供求之间存在着密切的联系。在上述分析的基础上,我们将这种联系具体描述为:

1. 社会总供给决定货币需求，但一定的社会总供给可能形成偏小或偏大的货币需求。

2. 货币需求引致货币供给，也有可能出现一定幅度内的偏离。

3. 货币供给构成社会总需求的载体，由于货币流通速度的影响，其形成的社会总需求也可能偏小或偏大。

4. 社会总需求引导社会总供给，有可能出现两者的不均衡。

如果用 AS 表示社会总供给，AD 表示社会总需求，M_d 表示货币需求，M_s 表示货币供给，那么我们可以把货币供求和社会总供求之间的这种环环相扣的关系用图 11－1 来直观体现。

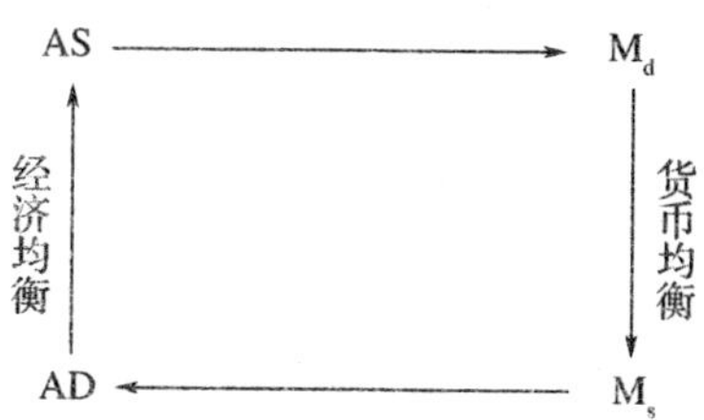

图 11－1　货币供求与社会总供求的关系

三、货币均衡与社会总供求均衡

社会总供求均衡意味着社会总需求和社会总供给在数量与结构上大体一致，这与货币均衡是类似的。但社会总供求均衡的情形要更复杂。这是因为，社会的总需求和总供给既包括整个社会对商品和劳务的需求和供给，又包括对各种金融资产的需求和供给。也就是说，社会总供求均衡的最终实现要求商品市场和货币市场的同时均衡。可见，社会总供求均衡是建立在货币均衡基础上的。从不同的角度出发，社会总供求均衡与货币均衡是互为前提的。

在商品市场上，商品的供给决定着一定时期的货币需求。这是因为流通中任何商品的价值都是通过货币来衡量的，商品的交换也必须通过货币这一媒介，这就表明，商品市场上的商品供给直接对应着相应的货币需求。从这个意义上看，只有当商品市场实现均衡、商品供给被决定时，才能决定货币需求，商品市场均衡成为货币市场均衡的前提。

在货币市场上，货币供给形成了对商品市场上商品的现实需求。由于商品市场中的需求必须是有效需求，这种有效需求只有通过货币与商品的交换才能最终实现。因此，在其他条件不变的情况下，一定时期的货币供给也就决定着当期的社会总需求。由于货币供给形成于货币均衡，这样，货币均衡反过来又成为商品市场均衡的前提。

总之，商品市场均衡与货币均衡是同一个经济体系内部的两个对立方面，两者互为前提。商品市场均衡是货币均衡的物质基础，货币均衡则是商品市场均衡的价值实现。货币供求失衡，必然会导致社会总供求失衡。例如，当货币供给增加时，货币供求均衡被打破，利率水平下降，此时，社会总需求上升，国民收入和物价上升，社会总供求均衡也就随之发生变动；反之，当货币供给减少时，货币供求均衡变动，利率上升，此时，社会总需求下降，国民收入和物价下降，社会总供求均衡也发生变动。

第三节 货币非均衡的调整机制

货币均衡与社会总供求均衡联系密切，任何形式的货币非均衡只要超过了一定幅度就会带来整个社会经济的不均衡，因此，如何调整货币非均衡，使之转向货币均衡具有重要的现实意义。根据调整机制是否由经济体系本身所衍生，我们将货币非均衡调整机制分为自动调整机制和人为调整机制两大类。

一、货币非均衡的自动调整机制

通常，经济体系内部存在着一些因素，会随着经济形势尤其是货币供求的变动而变动，进而影响货币供求，并最终调整货币供给和货币需求走向均衡，使货币非均衡实现自动调整。这种机制的作用会因不同的货币制度而有所区别。

（一）金属货币制度下货币非均衡的自动调整

在金属货币制度下，货币的铸造和流通是完全自由的，任何持有贵金属的人都可以根据自己的意愿将贵金属送至造币厂请求铸造成货币，并投入流通；任何货币的持有者也都可以将流通中的货币融化成金属并转入贮藏。在金属货币不断铸造和融化过程中，金属货币的供给与需求自动实现均衡。此时，货币均衡可以自动实现。

具体的调整过程是这样的：当经济状况发生变化时，各种影响货币供求的经济因素也在发生变化，货币供求出现非均衡。如果流通中的金属货币量增加，物价就会上涨，金属货币价值下降，即金属货币的价格会低于铸币金属的价格，人们则倾向于融化金银币后出售金银，结果，金属货币数量减少，物价下降，金属货币币值上升，人们又会将金银铸成货币，流通中货币量增加，结果又会造成物价上涨，币值下跌。这种反复一直会持续到铸币金属与金属货币的价格相等为止。

可见，金属货币制度下流通中的金属货币数量取决于社会对货币需要量的大小，此时的货币非均衡之所以能进行自动调整，是因为金属货币本身具有内在价值，可以履行价值贮藏手段的职能。

（二）纸币制度下货币非均衡的自动调整

在纸币制度下，货币只是一种价值符号，并没有十足的内在价值，但国家可以控制纸币的供需运行。此时的货币非均衡自动调整根据价格形成机制的不同，存在两种情形。

第一，价格完全放开条件下的自动调整。如果流通中纸币过多，会引起物价水平上涨，而价格的上涨又引起名义货币需求增加，货币需求的增加使流通中过多的货币成为必需，从而导致货币供求在更高的价格下达成新的均衡。

第二，价格管制条件下的自动调整。货币发行过多时，价格管制使多余的货币量不能通过物价上涨被流通领域吸收，此时，货币流通速度就会受到强制延缓以扩大货币需求量，从而实现货币供求的自动均衡。例如，某一经济体为适应经济增长要求而增加货币供给量，导致社会公众手中所持货币增加，过多的货币并不能在流通中找到对应的商品，而政府严格的价格管制又使物价无法上涨以维持平衡，这样的情况下，多增加的收入就会被保留在手中，货币流通速度放慢，货币需求量相应增加。可见，即使是价格受管制的条件下，货币非均衡也能够自动实现调整。

但是，现代经济社会的货币非均衡仅依靠自动机制来调整是远远不够的，这种调整的实现往往是以一定幅度的价格上涨为代价的，并强制性地延缓了正常的货币流通速度。因此，对货币非均衡的调整还要采取更有效的人为措施。

二、货币非均衡的人为调整机制

货币均衡对一国国民经济举足轻重，政府必须重视对货币非均衡的干预和调控，通过货币管理当局操作货币政策降低调控成本，实现货币均衡。在货币经济失衡的校正上，货币管理当局在准确预测货币需求量的基础上，合理控制货币供给量及货币供给量的适度增长，灵活地调节进入流通的货币供给量，为社会经济的正常运行提供一个良好的货币金融环境。

（一）逆向型调整

逆向型调整是指货币供给量大于货币需求量的货币失衡状态时，中央银行并不压缩货币供给量，而是通过增加货币供给量的途径来促进货币供需均衡。采用这种方式调整货币均衡需要经济中存在资源闲置，这样过多的货币供给才能动员这部分资源投入生产，以增加商品供给，从而实现货币供求的新均衡。

（二）供给型调整

供给型调整是指货币当局根据货币供求的数量对比关系，通过增加或减少货币供给量以实现货币供求均衡的调整方式。在货币供给量大于货币需求量时，从压缩货币供给量入手，使货币供给量适应货币需求量；反之，在货币供给量小于货币需求量时，政府则扩张货币供给量以使之适应货币需求量。实施供给型调整的具体手段有：第一，中央银行在金融市场上买卖有价证券，调节货币供给量；第二，调整存款准备金比率，影响商业银行的贷款扩张能力；第三，调整基础货币供给量，包括改变商业银行的贷款指标等；第四，调整政府收支，包括税收、财政拨款等，直接影响社会各单位和个人手中持有的货币量。

（三）需求型调整

需求型调整是指政府在面对货币非均衡状态时，保持货币供给量不变，通过改变货币需求量来实现货币供求的重新均衡。当货币供给量大于货币需求量时，从增加货币需求量入手而使之适应货币供给量；反之，当货币供给量小于货币需求量时，从减少货币需求量角度入手来使之与货币供给量相适应。由于货币需求量主要还是独立于银行之外的“内生变量”,因此对货币需求量的调节措施更多地还是在银行之外推行,主要有调整商品供给和价格水平两种手段。例如,当货币供给量小于货币需求量时,政府可以想办法减少市场上的商品供给,由商品供给引导商品需求,从而实现货币市场上对货币需求的减少;也可以降低商品的价格水平,通过货币需求量的减少来适应货币供给量,最终实现均衡。

(四)混合型调整

混合型调整是供给型调整和需求型调整的结合,就是在出现货币非均衡时,政府在货币供给和货币需求两方面同时操纵,既搞“供给型调整”,也搞“需求型调整”,二者双管齐下,以尽快收到货币均衡而又不至于给经济带来太大波动的效果。例如,当货币供给量大于货币需求量时,政府当局在采用供给型调整压缩货币供给量的同时,也采用需求型调整增大货币需要量,同时从两个方面入手,以尽快实现货币供求的均衡状态。

深度链接 11 -1:西方货币均衡理论综述

西方学者一般都是将他们关于货币均衡的思想隐含在其对货币供求的研究中。其实,不管是研究货币需求,还是研究货币供给,其最终的目的都是确立货币的均衡关系,然后将货币均衡与经济均衡联系在一起找出资源的最优配置状态。

最早对货币均衡进行分析的经济学家是威克赛尔,他在 1898 年的《利息与物价》和 1906 年的《政治经济学讲义》中阐述了他的货币均衡思想。他认为货币均衡是实现经济均衡的关键因素,而要实现货币均衡需要三个条件:第一,货币利率等于自然利率;第二,资本的供求相等,也就是储蓄等于投资;第三,商品的一般价格水平保持不变。威克赛尔认为第一个条件是决定性的条件,如果第一个条件不成立,储蓄和投资就不会相等。投资和储蓄不相等就会出现经济的周期性波动,因此需要政府进行宏观干预来消除经济的周期性波动,由此来实现货币均衡和经济均衡。威克赛尔是在经济充分就业的假定下来展开分析的,他的货币均衡思想是一种宏观均衡思想,在论述中同时考虑了实物和货币因素,并对货币均衡和经济均衡的关系以及货币与其他实体经济变量之间的关系进行了论述,为后来西方宏观经济学(尤其是凯恩斯学派)的诞生和发展产生了很大的影响。

瑞典学派的代表人物缪尔达尔对威克赛尔的理论进行了修正,他在 1919 年出版的《货币均衡论》中将威克赛尔的三个货币均衡条件修正如下:将第一个条件表述为货币利率与资本预期收益率相等; 将第二个条件表述为储蓄与总价值投资相等;对于第三个条件,他认为价格不是一直不变的,而是非均匀变动的。缪尔达尔的分析和威克赛尔的最大区别在于他将威克赛尔的静态均衡分析发展为一定时期的动态过程分析。

奥地利学派的代表哈耶克在其 1931 年的出版物《物价与生产》中提出了他的货币均衡思想——货币中立说。他认为保持货币中立的条件是货币供应的总流量不变,而不是威克赛尔提倡的货币利率与自然利率的相等。哈耶克认为,变动货币数量,不管一般物价水平是否变动,商品的相对价格水平必然会受到影响。他强调通过稳定货币的数量来保持货币均衡,也希望通过稳定货币来减少对经济的干扰,这一思想为后来弗里德曼理论的诞生奠定了基础。

凯恩斯主义及其后续学派对货币均衡理论的最大创新在于他们放弃了经济的充分就业假说,在经济失衡的角度中来探讨货币均衡,这与凯恩斯主义诞生的背景是分不开的。他们认为货币均衡是实现均衡利率的重要条件,利率是宏观经济政策传导中的重要变量,政府在失衡的经济中可以通过改变货币市场的均衡来调节均衡的利率水平,从而实现对实际经济的干预,由此实现经济的均衡。

弗里德曼对货币均衡理论的论述是以货币数量论为基础的。货币数量论的核心观点是货币量与物价水平同比例变化,因此他认为货币政策的首要目标是稳定物价。他反对政府对经济的频繁干预,认为经济中的货币需求是稳定的,物价波动的主要原因是货币供应量的波动,为了稳定物价,必须使货币供应量与货币需求同比率增长,由货币供应量与货币需求的均衡增长来实现经济的稳定。

资料节选:刘康,李佳:《近代西方金融均衡理论:进展与评述》,载《山西财政税务专科学校学报》,2008 年第 10 卷第 5 期。

习　题

1. 解释下列概念:货币均衡　数量性货币非均衡　结构性货币非均衡　社会总供给　社会总需求　逆向型调整　供给型调整　需求型调整　混合型调整
2. 货币非均衡的主要表现及形成的主要原因有哪些?
3. 论述货币均衡与社会总供求均衡的关系。
4. 不同货币制度下,货币非均衡的自动调整机制是如何作用的?
5. 论述货币非均衡的政府调整方式。

第十二章 通货膨胀与通货紧缩

学习目标

本章将着重阐述通货膨胀和通货紧缩的定义、类型、成因以及治理对策。通过本章的学习要求学生掌握通货膨胀与通货紧缩的定义与类型，了解通货膨胀与通货紧缩的一般成因，掌握通货膨胀和通货紧缩的治理方法和思路，并能够对我国通货膨胀与通货紧缩的情况作一定的简要分析。

第一节 通货膨胀的定义及类型

一、通货膨胀的定义

通货膨胀通常是指在纸币流通条件下，流通中的货币量超过实际需要所引起的货币贬值、物价持续上涨的经济现象。通货膨胀是一个被广泛使用的经济学范畴，虽然这一概念经常出现并被人广泛谈及，但迄今为止经济学家尚没有给出一个能够被普遍接受的明确定义，因此，我们要从众多学者的解释中深刻理解其内在含义。

凯恩斯之前，西方经济学家通常把通货膨胀定义为货币的过度发行，从而使单位货币购买力下降。这一时期流行的定义就是：太多的货币追逐太少的货物。

凯恩斯本人不同意早期货币数量论者关于货币数量直接决定物价的理论，他在《就业、利息与货币通论》中指出：通货膨胀为有效需求增加程度超过生产增加程度，而物品与劳务并未成比例地增加所发生的现象，亦即货币数量超过现有物品与劳务按市价计量的数量。凯恩斯之后，新古典综合派代表人物保罗·萨缪尔森认为："通货膨胀的意思是：物价和生产要素的价格普遍上升的时期——面包、汽车、理发价格上升；工资、租金等等也都上升"；新剑桥学派代表人物琼·罗宾逊也指出："通货膨胀就是物价上涨，其上涨归咎于货币而非货物，这是通常习惯说法。更广义来说，通货膨胀是物价总水平的持续上升"；新自由主义者哈耶克明确指出："通货膨胀一词的原意和真意是指货币数量的过度增长，这种增长会合乎规律地导致物价上涨"；货币学派代表人物弗里德曼说："通货膨胀在任何时空条件下都是一种货币现象"，并强调："只有当物价水平向上移动是一个持续过程时，这才是一种货币现象"。

从上述通货膨胀的各种定义中可以看出，经济学家们分别是从物价总水平或平均水平的上升、物价上升的持续性和普遍性、货币供应量的增长、工资成本的上升等方面来概括和描述通货膨胀的，反映出人们观察和认识通货膨胀的角度和切入点以及要揭示的主要问题等存在着差异。经济学家之所以对通货膨胀的定义颇多分歧，实际上涉及通货膨胀的成因及治理这两个更深层次的问题。我们认为通货膨胀应该包含以下四层含义：

1. 通货膨胀是指一般物价水平的持续上涨。所谓一般物价水平是指包括所有商品和劳务价格在内的总物价水平，而不是指个别物价或部分物价的上涨。

2. 通货膨胀所引起的物价上涨是一个持续的过程，要经过一定的时间才能被人们所认识，因此，季节性的、偶然的或暂时的物价上涨均不能称为真正的通货膨胀。

3. 在自由市场经济中，通货膨胀表现为一般物价水平的明显上涨，而轻微的物价上涨，则很难说是通货膨胀。当然，一般物价水平上升多大幅度才算通货膨胀，这取决于人们对通货膨胀的敏感程度，实际上是一个带有主观性的概念。而在非市场经济中，通货膨胀以一种隐性的形式存在，表现为商品短缺、凭票供应、持币待购以及强制储蓄等形式。

4. 高通货膨胀率只能在高货币增长率的情况下发生，即通货膨胀是一种货币现象。许多国家的实践表明：通货膨胀率很高的国家，货币增长率也很高。

二、通货膨胀的类型

按照不同的标准，通货膨胀可分为以下类型：

（一）按通货膨胀严重程度划分

实际上以物价总水平上涨多少来划定通货膨胀的类型，由于各国的实际情况不同，而所界定的标准也不同，需要根据一国出现通货膨胀的特殊背景和社会对通货膨胀的承受能力等综合考察。根据通货膨胀的严重程度分类，可分为：温和的通货膨胀、严重的通货膨胀和恶性的通货膨胀。

1. 温和的通货膨胀

温和的通货膨胀也称为“爬行的通货膨胀”，其特点是价格上涨缓慢且可以预测，我们可以简单地将其定义为年通货膨胀率为一位数的通货膨胀。对于温和的通货膨胀的界定我们通常关注两个数字，即如果每年的物价上涨率在3%以下，不能认为是发生了通货膨胀，或者可以叫做“不知不觉的通货膨胀”；如果每年的物价上涨在3%～5%，我们认为物价的上涨水平进入了通货膨胀的警戒区，应该引起政府当局的重视；而物价上涨一旦超过了5%，将进入了政府和人民所不能接受的区域，必须要采取有效地措施加以治理。一些经济学家认为，在经济发展过程中，搞一点温和的通货膨胀可以刺激经济的增长。因为提高物价可以使厂商多得一点利润，以刺激厂商投资的积极性，所以低水平的温和通货膨胀像润滑油一样刺激经济的发展。

2. 严重的通货膨胀

严重的通货膨胀也称为“疾驰的通货膨胀”、“急剧的通货膨胀”，它是一种不稳定的、迅速恶化的、加速的通货膨胀。在这种通货膨胀发生时，通货膨胀率较高，一般达到两位数以上，所以在这种通货膨胀发生时，人们对货币的信心产生动摇，经济社会产生动荡，所以这是一种较危险的通货膨胀。对于严重通货膨胀的界定我们通常认为10% ~5%的区间为严重的通货膨胀，这一程度的通货膨胀已经对经济和社会产生重大影响，甚至出现挤提银行存款、抢购商品等市场动荡，如果不坚决控制，就会导致物价进一步大幅度上升，酿成恶性通货膨胀的后果。这种严重的通货膨胀一旦出现并稳固下来，便会出现严重的经济扭曲，在这种形势下，货币贬值非常迅速，人们仅在手中保留最低限度的货币以应付日常交易所需。

3. 恶性的通货膨胀

恶性的通货膨胀也称为“脱缰的通货膨胀”、“极度的通货膨胀”，这种通货膨胀一旦发生，通货膨胀率非常高，一般达到三位数以上，而且完全失去控制，其结果是导致社会物价持续飞速上涨，货币大幅度贬值，人们对货币彻底失去信心。这时整个社会金融体系处于一片混乱之中，正常的社会经济关系遭到破坏，最后容易导致社会崩溃、政府垮台。这种通货膨胀在经济发展史上是很少见的，通常发生于战争或社会大动乱之后。虽然存在急剧通货膨胀的经济似乎还可以生存下去，但当恶性通货膨胀像癌症一般袭来的时候，这致命的第三种通货膨胀便会使整个经济窒息。如1923年的德国，当时第一次世界大战刚结束，德国的物价在一个月内上涨了2500%。1946年的匈牙利，第二次世界大战结束后，匈牙利的一个便哥价值迅速贬值。1945年的中国，伪法币的发行量增加了1445亿倍，许多商品物价1天之内能翻一倍。苏联解体后，俄罗斯国内出现恶性通货膨胀，卢布价值贬值超过万倍。

（二）按通货膨胀形成原因划分

通货膨胀形成的原因是多方面的，因而可以根据通货膨胀的原因划分为需求拉上型通货膨胀、成本推动型通货膨胀和结构型通货膨胀。

1. 需求拉上型通货膨胀

需求拉上型通货膨胀是指单纯从需求角度寻求通货膨胀的一种理论假说。具体是指由于社会总需求的过度增长超过了按现行价格可得到的社会总供给的增长，使太多的货币追逐太少的商品和劳务而引起的一般物价水平持续上涨的现象。需求拉上型通货膨胀可能通过两个途径产生：一是在货币需求量不变时货币供给增加过快；二是经济体系对货币的需求大大减少，即使在货币供给没有增加的条件下，原有的货币存量也会相对过多。

2. 成本推动型通货膨胀

成本推动型通货膨胀是指通货膨胀的根源在于总供给变化的一种理论假说。具体是指由于商品成本上升，即材料、工资上涨，为保持一定利润水平而使物价水平普遍持续上涨的一种货币经济现象。成本推动型通货膨胀可以归纳为两个原因：一是工会力量对工资提高的要求；二是垄断行为为追求利润制定的垄断价格。

3. 结构型通货膨胀

结构型通货膨胀即物价的上涨是由于对某些部门的产品需求过多，虽然经济的总需求并不过多，但最初由于某些经济部门的压力使物价和工资水平上升，之后使得需求跟不上那些部门的物价和工资额趋于上升的水平，于是便出现全面的通货膨胀。

（三）按通货膨胀表现形式划分

按表现形式划分可以分为公开型通货膨胀和隐蔽型通货膨胀

1. 公开型通货膨胀

公开型通货膨胀也称为开放型通货膨胀，是指政府对物价水平不加管制，价格随市场供求变化而自由涨落，只要出现通货膨胀，就表现为价格水平的明显上涨。

2. 隐蔽型通货膨胀

隐蔽型通货膨胀也称为压抑型通货膨胀，是指政府通过价格控制、定量配给以及其他的一些措施来抑制物价的上涨。表面上货币工资没有下降，物价总水平也没有上升，但居民实际消费水平却在下降。市场上商品供应紧张，黑市活跃，这类通货膨胀不能通过物价上涨表现出来，而只能以排队抢购、凭票购买、有价无货以及产品质量下降等形式表现出来。在排斥市场经济，实行单一行政计划管理体制时的苏联及东欧各国，在实施改革开放政策以前和改革初期实行“价格双轨制”时的中国，都不同程度地存在过隐蔽的通货膨胀。

三、通货膨胀的度量

对通货膨胀的度量没有单独性的度量方法，既然通货膨胀是一般物价水平的持续上涨现象，那么，通货膨胀的程度就可以用一般物价水平的上涨程度来表示。在实际经济分析中，一般物价水平的变动是通过物价指数来衡量的。物价指数是本期物价水平对基数物价水平的比率，常用的物价指数主要有：

（一）消费者价格指数（CPI）

消费者价格指数亦称为消费物价指数。它表示的是在不同时期为购买“一揽子”样本商品所支付的成本的价格指数，它是以消费者的日常生活支出为对象，反映消费品价格水平的变化情况。这种指数是由各国政府根据本国的主要食品、衣服和其他日用消费品的零售价格以及水、电、居住、交通、医疗、娱乐等服务费用加权平均计算出来的。由于消费物价指数能够灵活地反映居民日常生活成本的变化，而且资料容易收集，所以在衡量通货膨胀时被多数国家所采用。但是，消费物价指数也有其缺点，如无法考虑商品质量的改进、新产品对消费者福利的增进以及商品间的相互替代性。消费品仅仅是社会最终产品中的一部分，因而不能反映用于生产的资本品以及进出口商品和劳务的价格变动趋势。所以，仅用消费物价指数来度量通货膨胀就具有一定的局限性，需要结合其他指标一起使用。

（二）生产者价格指数（PPI）

生产者价格指数又称批发物价指数，是根据大宗商品包括最终商品、中间产品及进口商品的加权平均批发价格编制的物价指数。由于大宗商品的交易主要是指原材料、零部件等工业品的交易，所以该指数反映了企业经营成本的变动，为广大企业所广泛关注。同时，企业经营成本的上升在一定程度上预示着消费物价指数的变化。但该指数与居民生活没有直接联系，而且不包括劳务价格，不能准确反映总体物价水平的变动情况；而且大宗商品多为原材料或零部件，其价格波动幅度常常小于零售商品的价格波动幅度，未必能真正反映社会总供给与总需求的对比关系。

（三）国内生产总值价格平减指数（GDP Deflator）

国内生产总值价格平减指数是一个涵盖面更广的价格水平指标，反映了一国生产的各种最终产品（包括消费品、资本以及劳务）的价格变动情况。它是按当年价格计算的报告期的国内生产总值（即名义 GDP）与按基期价格计算的报告期的国内生产总值（即实际 GDP）的比率。国内生产总值价格平减指数的优点在于其涵盖的范围广，包括消费品和劳务、资本品以及进出口商品等，较全面地反映了一般物价水平的变动趋势。但是，编制国内生产总值价格平减指数所需资料的收集比较困难，一般一年只统计一次国内生产总值价格平减指数，因而不能迅速地反映通货膨胀的程度和趋势。

除了以上衡量通货膨胀程度的各种物价指数以外，我们还可以用生活费用指数、货币购买力指数、实际工资指数、利率等指标反映通货膨胀程度。

第二节　通货膨胀的成因

通货膨胀产生的原因和机理比较复杂，对此各国经济学家从不同角度出发做出了各种分析，提出了需求拉上说、成本推进说、供求混合推进说、结构性失衡说和预期说等不同的理论解释。

一、西方经济学对通货膨胀成因的解释

（一）需求拉上说

西方经济学家早期主要从需求方面分析通货膨胀的成因，认为当经济中需求扩张超出总供给增长时所出现的过度需求是拉动价格总水平上升、产生通货膨胀的主要原因。所谓需求拉上，是指经济体系中存在对产品和劳务的过度需求，即总需求超过总供给，在社会总供求不平衡的状态下，过多的需求拉动价格水平上涨。由于总需求是由有购买和支付能力的货币量构成，总供给则表现为市场上的商品和劳务。通俗的说法就是“太多的货币追逐太少的商品”，使得对商品和劳务的需求超出了在现行价格条件下可得到的供给，从而导致一般物价水平的上涨。具体分析见图 12－1：

图中 AS 表示总供给曲线，AD_0 表示总需求曲线的初值，二者的交点决定了在供求平

衡条件下的物价水平 P_0 和收入水平 Y_0。当总需求增加，曲线 AD_0 移动至 AD_1 时，会使收入水平提高至 Y_1，同时拉动物价水平上升至 P_1。由于经济离充分就业差距较大时，总供给曲线 AS 比较平坦，因此收入水平提高较快，而物价水平变动较小。当总需求继续增加，曲线 AD_1 移动至 AD_2 时，收入水平提高至 Y_2，同时拉动物价水平上升至 P_2。此时 AS 曲线倾斜度增大，物价水平提高加快，进入凯恩斯所说的“半通货膨胀”状况。经济愈是接近充分就业时的收入水平 Y_f，AS 曲线愈是陡峭，表示收入水平难以进一步增长，因此，当曲线从 AD_2 移至 AD_3 时，经济达到充分就业，AS 曲线几乎变为垂直，收入水平不再增长，总需求的增加几乎全部通过物价的上涨（提高至 P_3）反映出来，即进入凯恩斯所谓的“真正的通货膨胀”。

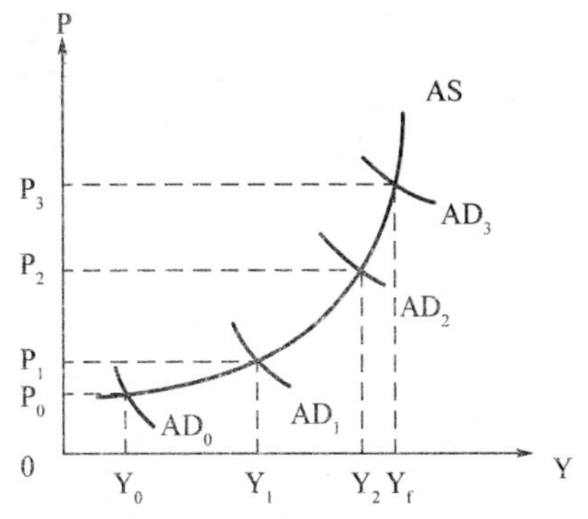

图 12－1　需求拉上型通货膨胀示意图

下面从实际因素和货币因素两个方面对总需求增加的结构进行深入的分析。从实际因素来看，总需求由消费支出、投资支出和政府支出构成，因此，总需求增加包括了消费需求增加、投资需求增加和政府需求增加。由于国民收入分配向消费倾斜，居民可支配收入增长速度快于国民收入增长速度，同时消费品供给不能满足消费需求而引起物价水平整体上涨，称为消费需求膨胀；由于政府过度支出而引起需求膨胀，则称为政府需求膨胀。从货币因素来看，需求拉上型通货膨胀主要产生于经济体系对货币的需求大大减少，即使货币供给不增长，也会导致总需求相对增大。货币供给过多造成需求膨胀与投资需求膨胀导致的物价上涨效果是相同的，但对利率的影响是不同的。投资需求膨胀会导致利率上升，而货币供给过多会造成利率下降。

在西方经济学中，凯恩斯学派偏重研究实际因素引起的需求膨胀，货币主义学派则强调货币因素对通货膨胀的决定作用，认为通货膨胀纯粹是一种货币现象。货币主义学派的代表弗里德曼指出，只要货币量的增加超过生产量的增加，则物价必然上涨。但无论实际因素或货币因素，需求拉上说都是强调总需求方面，而忽略了总供给方面的变动，尤其不能正确地解释通货膨胀与失业并存的现象。因此，从 20 世纪 50 年代后期起，经济学家的注意力开始转向总供给方面，提出了通货膨胀成因的成本推进说。

（二）成本推进说

成本推进说主要从总供给或成本方面分析通货膨胀的生成机理，认为通货膨胀的根源不在总需求的变化方面，而在于总供给的变化，是由于供给过程中的成本提高而导致了物价水平上升。至于成本上升的因素，则有许多方面，其中最主要的有：(1) 工资成本上升；(2) 垄断性企业利润要求提高，垄断产品价格提高；(3) 进口成本、间接成本等各种成本上升。成本推进说的理论分析可通过图 12－2 得以说明。

右图中 AD 表示总需求曲线，AS_0 表示总供给曲线的初值，并假定二者的交点为经济充分就业条件下的供求均衡点，由此得到初始时的价格水平 P_0 和收入水平 Y_f。当成本增加时，企业会在同等产出水平上提高价格，或在同等价格水平上只提供较少的产出，因而总供给曲线会由 AS_0 向上移动至 AS_1，甚至 AS_2。当总需求不变时，价格水平由 P_0 上升至 P_1，甚至 P_2，而收入水平则下降至 Y_1，甚至 Y_2。因此，成本推进说认为，正是由于成本的上升推动了物价水平的上涨，并导致了收入水平的下降。

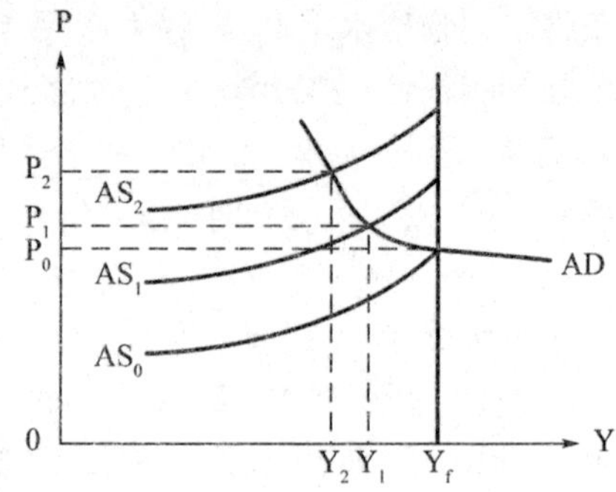

图 12－2　成本推进型通货膨胀示意图

成本推进说还进一步分析了促使产品成本上升的原因，指出在现代经济中有组织的工会和垄断性大公司对成本和价格具有操纵能力，是提高生产成本并进而提高价格水平的重要力量。工会要求企业提高工人工资，迫使工资的增长率超过劳动生产率的增长率，企业则会因人力成本的加大而提高产品价格以转嫁工资成本的上升，而在物价上涨后，工人又会要求提高工资，再度引起物价上涨，形成工资—物价的螺旋式上升，从而导致"工资成本推进型通货膨胀"。此外，汇率变动引起进出口产品和原材料成本上升以及石油危机、资源枯竭、环境保护政策不当等，造成原材料、能源生产成本的提高，也会引起成本提高，从而引起成本推进型通货膨胀。

需要指明的是，需求拉上型通货膨胀与成本推进型通货膨胀都是在供求的交替作用下产生的，而且都与较高的货币增长率相联系。因此，虽然我们在理论上可以将他们区分开来，但事实上这两者是很难区分的。我们只知道需求拉上型通货膨胀一般发生在经济达到充分就业之后，成本推进型通货膨胀则发生在经济达到充分就业之前。但即使这样划分也存在障碍，因为我们并不能确定充分就业率的确切数值。

（三）供求混合推进说

需求拉上说撇开供给来分析通货膨胀的成因，而成本推进说则以总需求给定为前提条件来解释通货膨胀，二者都具有一定的片面性和局限性。尽管理论上可以区分需求拉上型通货膨胀与成本推进型通货膨胀，但在现实经济生活中，需求拉上的作用与成本推进的作用常常是混合在一起的。因此，人们将这种总供给与总需求共同作用情况下的通货膨胀称为供求混合推进型通货膨胀。实际上，单纯的需求拉上

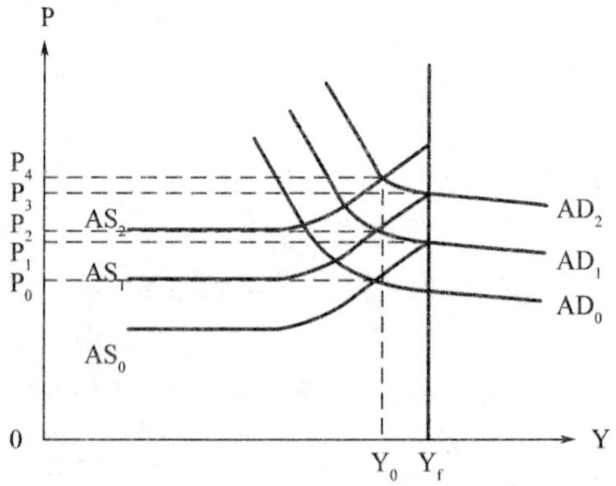

图 12－3　供求混合推进型通货膨胀示意图

或成本推进很难引起物价的持续上涨，只有在总需求和总供给的共同作用下，才会导致持续性的通货膨胀。供求混合推进型通货膨胀可从图 12－3 中得到说明。

图 12－3 中 AS_0 和 AD_0 的交点为经济的供求均衡点。但总需求增加时，其曲线由 AD_0 移至 AD_1，物价水平由初始点 P_0 上升至 P_1。物价的上涨导致生产成本的相应提高，必然会使总供给曲线由 AS_0 移至 AS_1，物价水平则上升至 P_2。为保持经济增长和充分就业，政府不得不增加支出，总需求再次增加，由 AD_1 移至 AD_2，相应地 AS_1 也移至 AS_2，物价水平则上升至 P_3 和 P_4，从而形成由需求冲击开始的物价螺旋式上涨的通货膨胀。与其相类似地也可能发生由供给冲击开始的通货膨胀。当发生一次性成本推进型的物价上涨时，如果需求并不增加，通货膨胀则不会持久。但如果供给的减少导致政府为避免经济下降和失业增加而扩大需求，则必然发生持续性的通货膨胀。

（四）结构性失衡说

一些经济学家从经济部门的结构方面来分析通货膨胀的成因，他们发现通货膨胀还可以在整个经济总供给与总需求大体均衡的情况下，由于经济结构因素的变化而引起。结构说的基本观点是，由于不同国家的经济部门结构的某些特点，当一些产业和部门在需求方面或成本方面发生变动时，往往会通过部门之间相互看齐的过程而影响到其他部门，从而导致一般物价水平的上升。这种结构型的通货膨胀又可分为三种情况：

1. 需求转移型通货膨胀

在总需求不变的情况下，由于社会对产品和服务的需求结构并不是一成不变的，总需求构成的变动会引起经济中某些部门处于扩张状态，而另一些部门处于收缩状态。这样，由于原有经济结构刚性的存在如能源、设备、劳动力及原有的地域分布、劳动力技术工种的特殊性等，使资源不能迅速适应总需求结构的变动而在各部门流动。处于扩张状态的部门资源缺乏，尤其是技术劳动力缺乏，而处于收缩状态的部门资源则相对过剩，资源缺乏的扩张部门会提高本部门的工资和原料价格，以吸引资源。但资源剩余的部门却由于工资和物价刚性的存在而没有相应地降低工资和物价，甚至会根据公平原则要求工资与扩张部门同比率上升，因此，全社会所有部门的成本实际上都在总需求结构变化之后增加了，物价总水平由此而上升。

2. 部门差异型通货膨胀

这是指经济部门（如产业部门和服务部门）之间由于劳动生产率、价格弹性、收入弹性等方面存在差异，但货币工资增长率却趋于一致，加上价格和工资的向上刚性，从而引起总体物价上涨。许多西方经济学家相信，工人对相对实际工资的关心要超过对绝对实际工资的关心。因此，货币工资的整体增长水平便与较先进部门一致，结果就是落后部门的生产成本上升，进而推动总体价格水平上升。还有一种情况是由“瓶颈”制约而引起的部门间的差异。如在有些国家，由于缺乏有效的资源配置机制，资源在各部门之间的配置严重失衡，有些行业生产能力过剩，而另一些行业如农业、能源、交通等部门却严重滞后，形成经济发展的“瓶颈”。当这些“瓶颈”部门的价格因供不应求而上涨时，便引起其他部门,包括生产过剩部门的价格上涨。严格意义上讲需求转移型通货膨胀与部门差异型通货膨胀的本质和传导机制是相同的,只是诱因有所差别。

3. 外部输入型通货膨胀

当一国经济分为开放部门和非开放部门时,国外通货膨胀会首先输入到开放部门,引起开放部门物价水平和工资增长率上升。之后,非开放部门在与开放部门的价格和工资攀齐过程中输入开放部门的通货膨胀,这样,便形成国内整个经济的通货膨胀。由于通货膨胀表现为由开放部门首先形成,而后向非开放部门传递的过程。因此从形成原因来看,主要决定于国内经济的两部门结构特征。尤其是对于对外经济依赖性较强的国家而言,外部通货膨胀会通过一系列机制传递到其开放性部门,使其通货膨胀率向世界通货膨胀率看齐,从而又会使其非开放性部门的价格和工资向开放性部门的价格和工资看齐,从而导致全面性通货膨胀。值得注意的是,结构型通货膨胀的发生仍然要以货币扩张为条件。这是因为,在货币总量不变的条件下,这些结构性的因素也只能导致相对价格的变化,而不是整体价格的上涨。

(五)预期说

通货膨胀预期说主要通过对通货膨胀预期心理作用的分析来解释通货膨胀的发生。该理论认为,在完全竞争的市场条件下,如果人们普遍预期一年后的价格将高于现在的价格,就会在出售和购买商品时将预期价格上涨的因素考虑进去,从而引起现行价格水平提高,直至其达到预期价格以上。这种在市场预期心理作用下发生的通货膨胀被称为“预期的通货膨胀”。预期心理引致或加快通货膨胀的表现体现在以下三个方面:

1. 加快货币流通速度

当人们产生对通货膨胀的预期后,会尽快购买实物资产,而不愿意持有货币,因此货币流通速度加快,相当于增加了货币流通数量,从而引起通货膨胀。

2. 提高名义利率

当储蓄者有了通货膨胀预期时,为了保证实际利息收入不变,会引起按照其预期通货膨胀的幅度提高名义利率,而商家和企业经营者则会提高商品价格,以转嫁因名义利率提高而增大的生产成本或维持利润水平,从而导致通货膨胀。

3. 提高对货币工资的要求

在通货膨胀预期心理的作用下,工人或企业经营者会要求提高工资和其他福利待遇,从而提高生产成本和产品价格。

西方经济学家对通货膨胀预期的形成有两种不同的观点:一种观点认为,人们在形成预期时是“向后看”的,即主要根据以往的经验来形成对未来的预期,这种观点被称为“适应性预期假说”;另一种观点则认为,人们在形成预期时是“向前看”的,即主要根据各方面的信息,分析有关变量发展变化的可能,从而形成对未来的预期,这种观点被称为“合理预期假说”。实际上,人们在形成通货膨胀预期时是二者兼而有之的。在物价持续上涨时期,一旦人们形成通货膨胀预期,就会在各种经济活动中将预期的通货膨胀率考虑进去,政府也会根据预期的通货膨胀率制订财政和货币政策,从而使通货膨胀产生惯性,这种由于预期的通货膨胀率而持续存在的通货膨胀被称为“惯性通货膨胀”。

二、我国理论界对通货膨胀成因的解释

我国对通货膨胀成因的研究主要是以马克思主义货币流通理论为指导,同时借鉴西方经济学中的需求拉上说、成本推进说、结构说、预期说等理论,并结合我国的具体情况从以下几个方面作出了进一步的解释。

(一)财政赤字说

由于财政收支会对货币供应量产生重要影响,因此,财政赤字往往是导致通货膨胀的直接原因。政府在发生财政赤字时通常采取增收节支、直接增发纸币或发行公债等措施弥补。在有些国家,政府拥有为弥补财政赤字而发行货币的法定权力,如果政府用发行货币的方式来支付其开支,在货币乘数的作用下,政府基础货币的增加会导致货币供应量的增加。但是,在美国等西方国家,政府并没有为弥补财政赤字而发行货币的权力,只能通过发行债券的方式来弥补开支。在这种情况下,如果新发行的债券不是被社会公众投资者所购买,而是由中央银行购买,其结果仍然相当于政府“印刷”了货币,从而导致货币供应量的增加。如果增发纸币或发行公债引起的货币供应量持续过度增长超过了实际经济增长的需要,就会导致通货膨胀。

(二)信用扩张说

信用扩张也称为“信用膨胀”,是指银行信用、商业信用、消费信用等信用活动过度扩张,超过了生产、流通的实际需要。通常说的信用扩张,主要指的是银行信贷的过度扩张。中央银行降低法定存款准备率、降低利息率,商业银行扩大工商业贷款和消费贷款规模、扩大投资规模等,都可以使银行信贷总量扩张。因为银行信贷具有创造货币的功能,信贷规模扩大可引起数倍的存款货币的增长,直接扩大了货币供应量;又因为在信用扩张下的信贷规模扩大是超过生产流通实际需要的,并没有相应的商品被创造出来投入到市场,因此,由银行信用扩张而增加的货币供应,是推动物价上涨的货币力量。此外,商业信用和消费信用的扩张,不仅增加了商品流转过程中买方的购买能力,刺激了有支付能力的市场需求,而且大大减少了流通对货币的需求量,从而导致通货膨胀的发生。

(三)国际收支顺差说

一般情况下,本币对外币贬值有刺激商品出口和限制商品进口的作用,有利于改善国际收支,所以有的国家会盲目追求顺差而采取本币贬值的策略。但是国际收支顺差尤其是货币顺差时,国内市场上商品的可供量因为出口超过进口而减少,而外汇市场则供过于求,国家不得不增加投放本币以收购结余外汇,由此而形成基础货币投放增加,并在乘数的作用下,使国内货币供应量增加,从而导致通货膨胀。本币贬值是诱发国内物价上涨的重要因素,因为,刺激出口和限制出口的结果会使国内市场商品供应减少,增加的外汇收入转换为本币后使国内市场货币流通量增加,从而导致国内市场供求失衡。再加

上,本币贬值或外汇汇率上升后,进口成本提高,进口商为了不减少利润,就会提高进口商品在国内的售价,由此会带动其他商品的价格上涨。本币贬值过度的结果会使国际收支出现大量顺差,黄金外汇储备迅速增加,在黄金外汇储备增加的过程中,中央银行要增加基础货币的投放,等于发行了无物质保证的本国货币。因此,大量的国际收支顺差,也是通货膨胀的重要成因之一。

(四)体制说

由于经济体制直接关系到社会有效供给的效率和对有效需求控制的水平,因而,其完善与否,直接关系到货币流通的稳定。一个不健全的经济体制,主要表现为企业制度不健全、投融资体制不完善、商品流通体制和价格体制不合理、市场的培育、发展及交易秩序不正常等等。在这样的体制下,作为创造市场有效供给的企业,由于产权关系不清,缺乏自我约束,不承担风险责任,因而往往只追求投资规模扩大,而不追求实际效益,甚至不归还银行贷款,使高投资形成的货币供应与产出量极不对称,从而诱发通货膨胀。中央银行因缺乏应有的独立性,对企业和地方政府存在过旺的投资需求难以抵制,从而导致货币和信贷失控,结果是有效供给的增加赶不上有效需求的增加,需求的过度积累最终推动了物价的上涨。

(五)摩擦说

在我国特定的所有者关系和特定的经济运行机制下,计划制订者追求的高速度经济增长及对应的经济结构与劳动者追求的高水平消费及对应的经济结构之间不适应而产生的矛盾和摩擦,必然会引起货币超发、消费需求膨胀和消费品价格上涨。

(六)混合说

混合说认为,我国的通货膨胀形成机理十分复杂,其成因既有机制性因素,也有政策性因素,还有一般因素,只不过在不同时期,起主导作用的因素是不一样的。体制性因素是指企业制度、价格双轨制、财政金融体制、外贸外汇体制等改革变化;政策性因素是指宏观经济政策对社会总供求的调控;一般因素则是指在体制性和政策性因素之外,经济发展本身存在的会引起物价水平持续上涨的因素。

第三节　通货膨胀的后果及治理对策

一、通货膨胀的效应

(一)通货膨胀的产出效应

通货膨胀的产出效应实际上就是通货膨胀对经济增长的影响,对于这个问题,经济学界存在着激烈的争论,主要观点可分为以下三种:通货膨胀可以促进经济发展的促进论;通货膨胀会损害经济发展的促退论;通货膨胀不影响经济发展的中性论。

1. 促进论

在社会存在尚未充分利用的资源时，采取通货膨胀政策，可以使闲置的资源得到利用，就业增加，生产和供给增加，所以部分学者认为温和的通货膨胀具有正的产出效应，可以促进经济的增长，新古典综合派的大多数学者都倾向于这种观点。他们认为通货膨胀能通过强制储蓄、扩大投资来实现增加就业和促进经济增长。但他们并不认为通货膨胀率越高越好。相反，他们对通货膨胀的"度"是十分重视和谨慎的。他们认为，通货膨胀只是在"究竟是降低失业率重要还是保持物价稳定重要"二者之间进行选择时，才认为以适度的通货膨胀来抑制失业率上升是可取的。因为相比之下，通货膨胀并不是可怕的魔鬼，适度的通货膨胀不仅可以降低失业率，其本身还对经济增长具有一定的促进作用。

2. 促退论

促退论认为无论是温和的、急剧的或恶性的通货膨胀都是一种病态的货币现象，必然会损害经济增长，所不同的仅仅是破坏程度而已。通货膨胀肯定阻碍经济增长和导致经济低效率。尤其是在充分就业点以后的情况，经济体系已经不再有可供利用的资源，不再有剩余的劳动力，工人要求按商品价格同比例提高货币工资，货币数量增加的成本弹性大于供给弹性，有效需求增加的同时产量不再增加，而只有价格的上升。

3. 中性论

中性论认为，出现通货膨胀时社会公众会通过各种信息做出对未来的预期，根据这种预期，他们就会对物价上涨做出合理的行为调整，这种行为调整将会使通货膨胀的各种影响均被相互抵消掉。所以，通货膨胀对经济增长既无正效应，也无负效应，它是中性的，从而对经济增长不产生作用。

（二）强制储蓄效应

这里所说的储蓄是指用于投资的货币积累，在正常情况下，家庭、企业和政府三部门的储蓄分别有各自的形成规律。家庭部门的储蓄为收入剔除消费支出后的剩余部分；企业部门的储蓄由用于扩张生产的利润和折旧基金构成；政府部门的储蓄来源则比较特殊，如果政府用增加税收的办法来筹集生产性投资，那么，这部分储蓄是从其他两部门的储蓄中挤出的，从而全社会的储蓄总量不变。如果政府通过向中央银行借款弥补财政赤字的办法形成储蓄，就会造成直接或间接增加货币发行，强制增加全社会的储蓄总量，由此引发的通货膨胀降低了家庭和企业所持有实际货币余额，而这部分失去的货币价值实际上转移到发行货币的政府部门，形成了所谓的"通货膨胀税"。这也就是说，政府通过增发货币引起通货膨胀获得超额收入，它以隐蔽的手段增加了政府的投资。只要政府的储蓄倾向高于各货币持有者的储蓄倾向，整个国家的平均储蓄水平就会提高，从而就有更多的投资资金。显然，通货膨胀这种"强制储蓄"效应是通过对社会流通中的货币量进行再分配而实现的。

（三）收入分配效应

在通货膨胀时期，人们的名义货币收入与实际货币收入之间会产生差距，只有剔除物价的影响,才能看出人们实际收入的变化。由于各社会成员收入增长幅度并不一致,因此,在物价总水平上涨时,有些人的实际收入水平会下降,有些人的实际水平反而会提高。这样,通货膨胀实际上在社会成员之间强制进行了一次国民收入再分配,这就是通货膨胀的收入分配效应。在通货膨胀期间,通常固定收入者的收入调整滞后物价水平,实际收入会因通货膨胀而减少,而非固定收入者能够及时调整其收入,从而可能从物价上涨中获益。比如,依赖工资收入的工薪阶层,工资调整总是落后于物价上涨,所以该阶层是通货膨胀的受害者。对于非固定收入的企业主而言,在通货膨胀初期,企业主因产品价格上涨、利润增加而获益。但当通货膨胀持续发生时,随着工资和原材料价格的调整,企业利润的相对收益就会消失。因此,通货膨胀的最大受益者是政府。在累进所得税制度下,名义收入的增长使纳税人所适用的边际税率提高,应纳税额的增长高于名义收入的增长,而且,政府往往是一个巨大的债务人,向公众发行了巨额的国债,价格水平的上涨使政府还本付息的负担相对减轻。正是从这个角度,有人说“政府具有诱发通货膨胀的利益动机”。

(四)财富再分配效应

财富再分配效应,亦称资产结构调整效应。当发生财富再分配效应时,社会财富的一部分会从债权人手中转移到债务人手中,即通货膨胀使债权人的部分财富流失,而使债务人的财富相应增加,从而形成了财富的再分配效应。这是因为通货膨胀使得货币的实际购买力下降,而债权人未来收回的本息之和不变,所以其实际收入下降,财富流失。同时债务人所偿还本息的名义价值不变,其实际负担减小,财富增加。在现实生活中,人们的财富并不仅仅由货币资产构成,还包括实物资产和负债,其财产净值为资产价值与负债价值之差。在通货膨胀环境下,实物资产的货币价值大体随通货膨胀的变动而相应升降,金融资产的价值变化则比较复杂。在通货膨胀中股票的行市可能会上升,但影响股票价值的因素是多样化的,所以股票绝非抵御通货膨胀的理想保值资产形式。至于以货币表示的债权债务,其共同特征是有确定的货币金额,其名义货币金额不会随着通货膨胀的存在与否而变化,物价上涨会使货币的实际余额减少。在居民、企业和政府三者当中,居民在总体上是货币多余者,处于净债权人地位,在通货膨胀条件下是受害者,而企业和政府两个部门总体上是货币不足者,处于净债务人地位,在通货膨胀条件下是受益者。

二、通货膨胀对经济的具体影响

(一)通货膨胀对生产和流通的影响

通货膨胀不利于生产的正常发展。通货膨胀初期,会对生产有一定的刺激作用,但这种刺激作用是递减的,随之而来的就是对生产的破坏性影响。在商品和劳务价格普遍上涨的情况下,能源、原材料价格上涨尤其迅速,生产成本提高,生产性投资风险加大,生产部门的资金,尤其是周期长、投资大的生产部门的资金会转向商业部门或进行金融投机，社会生产资本总量由此而缩小。由于投资风险加大，投资预期收益率下降，股息收入增长率低于利息率的上升，证券市场价格下跌，企业筹措资金困难，投资率下降。

通货膨胀不仅使生产总量削弱，还会破坏正常的产业结构和产品结构。通货膨胀较严重的时候，投机活动猖獗、价格信号扭曲，在生产领域，投资少、周期短、产品投放市场快的加工业受到很大刺激。由于货币流通速度加快，购买力强劲，市场商品供应相对短缺，企业生产单纯追求周期短、见效快，产品质量下降，最终结果是质次价高的加工业产品生产过剩，而基础产业受到冷落。另外，通货膨胀使货币的价值尺度功能受到破坏，成本、收入、利润等均无法准确核算，企业的经营管理尤其是财务管理陷入困境，严重影响再生产活动的正常进行。

通货膨胀打乱了正常的商品流通秩序。正常的商品流通秩序是，商品由生产企业制成后，经过必要的批发、零售环节，进入消费领域。在此过程中，生产企业和处于各流通环节的销售企业均获得正常合理的经营收入和利润，消费者也接受一个合理的价格水平。但是，在通货膨胀情况下，由于价格信号被严重扭曲，商品均朝着价格最高的方向流动，在投机利益的驱动下，商品会长期滞留在流通领域成为倒买倒卖的对象，迟迟不能进入消费领域。由于地区间的物价上涨不平衡，商品追踪价格上涨最快和水平最高的地区，导致跨地区盲目快速地流动，加大了运输成本，一些商品从产地流向销地后，甚至会又从销地重新流回产地。在通货膨胀情况下，人们重物轻钱，严重时出现商品抢购，更有一些投机商搞囤积居奇，进一步加剧市场的供需矛盾。

（二）通货膨胀对分配和消费的影响

国民收入经过物质生产部门内部的初次分配之后，会由于税收、信贷、利息、价格等经济杠杆的作用而发生再分配。由于各个社会成员的收入方式和收入水平不同，消费支出的负担不同，消费领域和消费层次也不尽相同。因此，在同样的通货膨胀总水平下，有的成员损失小，有的成员损失大，有的成员则是受益者。消费是生产的目的，消费水平是衡量社会成员生活质量的标准，消费的表现形式就是对商品使用价值或效用的直接占有和支配。但是，在商品货币经济条件下，人们对商品使用价值的占有和支配一般都要首先通过取得货币的方式，人们的收入首先表现为一定的货币数量，而由货币数量转换为真实的消费品还需要通过市场，因此，货币收入等于消费的前提是货币稳定。通货膨胀使币值下降，人们在分配中得到的货币收入因此而打了折扣，实际消费水平也就下降了。

（三）通货膨胀对金融秩序和经济、社会稳定的影响

通货膨胀使货币贬值，当名义利率低于通货膨胀率，实际利率为负值时，贷出货币得不偿失，常常会引发居民挤提存款，而企业争相贷款，将贷款所得资金用于囤积商品，赚取暴利。对经营信用业务的银行来讲，存贷款活动都承担着很大的风险，不如将资金抽回转向商业投机，因此，银行业出现危机。金融市场的融资活动也会由于通货膨胀使名义利率被迫上升，导致证券价格下降，陷于困境。由于通货膨胀使生产领域受到打击，生产性投资的预期收益率普遍低落，而流通领域则存在过度的投机，工商业股票市场也因

此处于不稳定和过度投机的状态。至于严重的通货膨胀,则会使社会公众失去对本位币的信心,人们大量抛出纸币,甚至会出现以物易物的排斥货币的现象。到了这种程度,一国的货币制度就会走向崩溃。通货膨胀引起的经济领域的混乱,会直接波及整个社会领域,突出地表现为由于社会各阶层的利益分配不公平而激化社会矛盾,政府威信下降,政局不稳定。

(四)通货膨胀的特殊后果——滞胀

所谓滞胀,是指经济生活中出现了生产停滞、失业增加和物价水平居高不下同时存在的现象。它是通货膨胀长期发展的结果。西方各国在战后的20世纪五六十年代,实施通货膨胀政策,对经济起到一定的促进作用。那时,通货膨胀一般表现为需求过多、商品供应不足、物价上涨,在需求的刺激下,经济增长和就业能保持一个较高的水平。但是,进入20世纪六七十年代以后,由于通货膨胀的刺激作用越来越减弱,而对经济的消极影响渐渐上升,终于出现了经济增长速度下降、失业率上升,但物价依然上涨的滞胀局面。对此,西方各经济学流派都做出种种理论上的解释。其中,以弗里德曼为代表的货币主义者直接批判凯恩斯主义的通货膨胀政策,认为滞胀是长期实施通货膨胀政策的必然结果,以增加有效需求的办法来刺激经济,实质上是过度的发行货币,经济中的自然失业率是无法通过货币发行来消除的。实际上,一国经济如果长期处在通货膨胀状态下,人们的收入增长速度慢于物价上涨,实际工资下降,社会购买力萎缩,必然出现需求不足、商品积压、生产下降;在国内物价水平高于国际市场水平时,来自国外的需求也在下降;由于大量生产性资本在通货膨胀情况下转向商品投机,实际生产投资减少。在生产下降,社会总供给减少的同时,由扩张性的财政金融政策导致的过多供应的货币却不会自动退出流通,而是以加快流通速度的态度给市场造成强大的通货膨胀压力,物价上升难以控制。在这种情况下,如果采取紧缩措施,则生产受到进一步削弱,市场商品供给进一步减少,而紧缩政策最终达到收缩货币供应量的目的,远不如刺激政策影响货币供应量增加那样快,滞胀则难以很快解决。许多国家的这种局面都持续了十余年,严重影响了经济和社会的正常发展。

三、通货膨胀的治理对策

由于通货膨胀严重影响了一国经济的正常发展,因此,各国政府都十分重视通货膨胀的控制与治理,经济学家们也将其作为宏观经济中的重大课题加以研究,形成了一系列治理通货膨胀的对策措施。

(一)抑制总需求的政策

通货膨胀往往是由于总需求过度膨胀引起的,如果能够肯定地判断这一成因,那么顺理成章的对策就是抑制总需求,这就是所谓需求管理政策的核心思想。抑制总需求的政策是迄今为止在治理通货膨胀中运用最多、也最为有效的政策措施,其主要内容包括紧缩性货币政策和紧缩性财政政策。

1. 紧缩性货币政策

紧缩性货币政策的实质可以归结为控制货币供应量。但这种控制通常并不是指货币存量的绝对减少,而只是减缓货币供应量的增长速度,以遏制总需求的急剧膨胀。即只有货币增长率最终下降到接近经济增长率的水平,物价才可能大体稳定下来,而降低货币增长率需要通过中央银行运用货币政策工具收紧银根来实现。

(1)减少货币供应量。其具体操作手段有:①中央银行提高法定存款准备率,使商业银行的超额准备金减少,贷款能力减弱,货币乘数降低,派生存款数量减少,达到收缩货币供应的目的。②中央银行减少基本货币投放。包括规定基础货币指标,如现金发行额指标,包括在公开市场出售政府债券,使流通中货币向中央银行回流,使商业银行超额准备金减少;还包括减少对商业银行的贴现和贷款,停止或减少对政府的透支、借款等。关于以控制货币供应量来消除通货膨胀这一点,货币主义的代表弗里德曼的主张最为典型,他认为,任何的通货膨胀终归是增加货币量的结果,只要控制住货币供应量,通货膨胀就可以消除,因此,他提出应当公开宣布并长期实施一个固定不变的货币供应增长率,包括通货和所有商业银行存款在内的货币供应量(M_2)的增长率应与经济增长率大体一致。

(2)提高利率。一方面,中央银行提高对商业银行的再贴现率、抵押贷款利率和信用贷款利率,使商业银行向中央银行的筹资成本提高。为了保证正常的利润水平,商业银行或者减少向中央银行的借款,宁愿收缩信贷规模,或者相应提高向客户发放贷款、办理贴现的利率,其结果是贷款减少、投资减少、货币供应量减少。在中央银行与商业银行的关系末理顺的体制下,中央银行不仅可以宣布调高中央银行利率,还可以直接宣布调高商业银行利率,这样,从提高利率到减少货币供应的传递过程就简单化了。目前中国的银行体制下就存在这种情况;另一方面,作为基准利率的中央银行利率提高后,存款利率、债券利率一般也相应提高,这对集中社会储蓄,将消费基金转化为生产基金起到刺激作用,有利于减轻物价上涨的压力。

2. 紧缩性财政政策

紧缩性财政政策主要是通过削减财政支出和增加税收的办法来治理通货膨胀。削减财政支出的内容包括生产性支出和非生产性支出。生产性支出主要是国家基本建设和投资支出;非生产性支出主要包括政府各部门的经费支出、国防支出、债券利息支出和社会福利支出等。在财政收入一定的条件下,削减财政支出可相应地减少财政赤字,从而减少货币发行量,并可减少总需求,对于抑制财政赤字和需求拉上引起的通货膨胀比较奏效。但财政支出的许多项目具有支出刚性,可调节的幅度有限,因此增加税收就成为另一种常用的紧缩性财政政策。提高个人所得税税率或增开其他税种,可使个人可支配收入减少,降低个人消费水平;而提高企业所得税税率和其他税率,则可降低企业的投资收益率,抑制投资支出,增加投资支出。增加税收除了可以降低消费支出和投资支出以外,还可以增加政府收入,减少因财政赤字引起的货币发行。

（二）紧缩性收入政策

紧缩的收入政策，是政府对工资和物价进行直接管制的政策，主要适用于治理成本推动型的通货膨胀。其理论根据是，物价上涨是因为工人要求提高工资和垄断组织抬高价格推上去的，而不是过度的市场需求拉上去的，简单地采取紧缩财政和紧缩货币的办法，并不能解决成本上升的问题，反而会导致经济的进一步衰退和失业增加。尤其是当成本推进引起菲利普斯曲线向右上方移动，工会或企业垄断力量导致市场出现无效状况时，传统的需求管理政策对通货膨胀将无能为力，必须采取强制性的收入紧缩政策。紧缩性收入政策的主要内容是采取强制性或非强制性的手段，限制提高工资和获取垄断利润，抑制成本推进的冲击，从而控制一般物价水平的上升。紧缩性收入政策的具体措施包括工资管制和利润管制两个方面。

1. 工资管制

工资管制是指政府以法令或政策形式对社会各部门和企业工资的上涨采取强制性的限制措施。工资管制可阻止工人借助工会力量提出过高的工资要求导致产品成本和价格的提高。工资管制的办法包括：第一，道义规劝和指导，即政府根据预计的全社会平均劳动生产率的增长趋势，估算出货币工资增长的最大限度，即工资—物价指导线。以此作为一定年份内允许货币工资总额增长的一个目标数值线来控制各部门的工资增长率。20 世纪 60 年代，美国的肯尼迪政府和约翰逊政府都相继实行过这种措施。但由于政府原则上只能规劝、建议和指导，不能直接干预，更不能以法律强制执行，因而该办法效果往往不是很理想；第二，协商解决，即在政府干预下使工会和企业就工资和价格问题达成协议，其效果取决于协议双方是否认可现有工资水平并愿意遵守协议规定；第三，冻结工资，即政府以法令或政策形式强制性地将全社会职工工资总额或增长率固定在一定的水平上。这种措施对经济影响较大，通常只用在通货膨胀严重恶化时期。第四，开征工资税，对增加工资过多的企业按工资增长超额比率征收特别税款。这种办法可使企业有所依靠，拒绝工会超额提高工资的要求，从而有可能与工会达成工资协议，降低工资增长率。

2. 利润管制

利润管制是指政府以强制手段对可获得暴力的企业利润率或利润额实行限制措施。通过对企业利润进行管制可限制大企业或垄断性企业任意提高产品价格，从而抑制通货膨胀。利润管制的办法包括两个方面：一方面是管制利润率，即政府对以成本加成方法定价的产品规定一个适当的利润率，或对商业企业规定其经营商品的进销差价。采用这种措施应注意使利润率反映出不同产业的风险差异，并应使其建立在企业的合理成本基础上。另一方面是对超额利润征收较高的所得税。这种措施可将企业不合理的利润纳入国库，对企业追求超额利润起到限制作用。但如果企业超额利润的获得是通过提高效率或降低成本实现的，则可能会打击企业的积极性。此外，一些国家还通过制定反托拉斯法限制垄断高价以及对公用事业和国有企业的产品和劳务实行直接价格管制。

（三）积极的供给政策

供给政策指以积极刺激生产的办法增加供给，同时压缩总需求来抑制通货膨胀的政策，其政策的核心是强调增加供给在治理通货膨胀中的作用。其主要理论观点是：通货膨胀问题的关键在于供给，在于生产率低下，供给不足；在不受干预的市场经济中，供给能自己创造需求；必须实行经济自由主义，因为，政府对企业的过度干预不利于企业积极性和首创精神的发挥，会降低生产率；为了刺激生产，必须减税。

因此，实施供给政策的主要措施，一是大幅度降低税率，尤其是降低个人所得税和公司所得税的边际税率；二是减少国家对经济的干预和对企业经营活动的限制；三是在采取上述刺激供给的措施的同时，也要减少政府支出，主要是减少福利支出，实施平衡预算，限制货币量增长率，通过这些来压缩总需求。供给学派的理论观点和政策主张在20世纪80年代初被里根政府所接受和采纳，在里根政府的"经济复兴计划"中，将减税、削减福利开支等刺激供给、降低需求的政府主张付诸实施。目前，人们在对供给政策的理解上，内容要广泛得多，所有的在不扩大或少扩大投资的前提下能促进供给增加的手段和措施，都可以被认为是治理通货膨胀所必需的，如降低生产成本、减少消耗、提高投入产出比例、提高产品质量、优化产业结构和产品结构等等。当然，无论采取哪些刺激供给的措施，一般都是有抑制需求的措施相配合的，不能将供给政策完全理解成单纯刺激供给的政策。

（四）货币改革

为治理通货膨胀而进行的货币改革，是指政府下令废除旧币，发行新币，变更钞票面值，对货币流通秩序采取一系列强硬的保障性措施等等，目的在于增强社会公众对本位币的信心，使银行信用得以恢复，存款增加，货币能够重新发挥正常的作用。这种强有力的货币改革措施，一般是针对恶性通货膨胀的。当物价上涨已经显示出不可抑制的状态，货币制度和银行体系已经濒临崩溃时，就会迫使政府进行货币改革。历史上，许多国家都曾实行过这种改革，但这种改革对社会震动较大，须慎重行事。

（五）其他措施

除了上述治理通货膨胀的一般主要措施外，还存在一些比较特殊的政策主张或做法，如推行指数化政策。所谓指数化，简单说就是收入指数化。它是将主要经济变量如工资收入、利率等与物价指数挂钩，当物价指数上升时，这些经济变量自动随之调整。其理由是，指数化可以消除通货膨胀对经济生活的各种消极影响。指数化减少了政府从通货膨胀中所获得的收益，增强了政府反通货膨胀的决心；指数化可以抵消或缓解物价波动对人们收入水平的影响，消除或减轻强制再分配带来的不公平；指数化还可以重新恢复微观经济主体正常行为，防止挤提银行存款、抢购商品等现象的出现。比利时等国就曾推行过这种指数化政策。又如，制定反托拉斯法限制垄断高价。不少发达的工业国家将其作为价格政策的基本内容。再如，一些人认为，货币当局不能有效控制货币增长率的原因是，在信用货币制度下货币内涵越来越广，界线越来越模糊，货币控制缺乏有效的依据。因此,理想的选择是废除信用货币制度,恢复金本位制。这种主张和设想,与当代经济生活的现实背离较大,因而赞同的人不多。总之,对于通货膨胀的治理,仁者见仁,智者见智。通货膨胀在不时地困扰着一国的经济生活,而治理通货膨胀的经验和方法也在不断地积累和成熟。

第四节 通货紧缩的定义及类型

一、通货紧缩的定义

在宏观经济理论中,把总需求小于总供给的经济形态解释为存在通货紧缩缺口。所谓通货紧缩缺口,是指实际总需求低于充分就业条件下的总需求所形成的差额,与这部分差额所对应的是名义国民收入的减少和价格水平的下降。欧文·费雪首次提出债务沉积—通货紧缩链,成功地指出经济波动的主要原因在于中央银行货币供应不足,造成了企业债务沉积,进而造成全社会的通货紧缩与经济危机。保罗·萨缪尔森的定义为价格和成本正在普遍下降即是通货紧缩。通常人们认为,通货紧缩是指货币供应量少于流通领域对货币的实际需求量而引起的货币升值,从而引起的商品和劳务的货币价格总水平的持续下跌现象。通货紧缩,包括物价水平、货币供应量和经济增长率三者同时持续下降。它是由市场上的货币减少,购买能力下降,影响物价之下跌所造成的。长期的货币紧缩会抑制投资与生产,导致失业率升高与经济衰退。

对这一概念的理解应注意以下几个要点:

1. 从本质上说通货紧缩是一种货币现象

实体经济中的总需求对总供给的偏离,或实际经济增长率对潜在经济增长率的偏离是产生通货紧缩的根本原因。当总需求持续小于总供给,或实际经济增长率持续低于潜在经济增长率时,则会出现通货紧缩现象。

2. 通货紧缩表现为物价水平的持续、普遍下降

个别商品和服务价格的下降,是由于某些商品或服务供大于求或技术进步、市场开放、生产效率提高降低了成本所致,反映了不同商品和服务之间比价的变化,不是通货紧缩;商品和服务价格的暂时或偶然下跌是受诸如消费心理变化、季节性因素等某些非货币因素影响而引起的价格变化,它们与货币本身没有必然联系,也不是通货紧缩。

3. 通货紧缩也是一种实体经济现象

它通常与经济衰退相伴,表现为投资的边际效益下降和投资机会相对减少,信贷增长乏力,消费和投资需求减少,企业普遍开工不足,非自愿失业增加,收入增加速度持续放慢,各个市场普遍低迷。

二、通货紧缩的分类

在实际经济中,判断某国经济是否出现了通货紧缩,一看通货膨胀率是否由正转变

为负;二看这种下降是否超过了一定的期望。这个期限有的国家以半年为界,有的国家则以一年为界。国际清算银行所确定的期限为两年。我国由于通货膨胀的潜在压力较大,一般以一年为界。

(一)按通货紧缩的程度不同,可将其分为轻度通货紧缩、中度通货紧缩和严重通货紧缩:

1. 轻度通货紧缩是指通货膨胀率持续下降,由正值变为负值的情况。

2. 通货膨胀率负增长超过一年且未出现转机的情况可视为中度通货紧缩。

3. 中度通货紧缩持续发展,持续时间达到两年左右,或物价降幅达到两位数,这种情况就是严重通货紧缩。

(二)按通货紧缩持续的时间分为:长期性通货紧缩和短期性通货紧缩。

(三)按通货紧缩和经济增长的关系分为:伴随经济增长率减缓的通货紧缩和伴随经济增长率上升的通货紧缩。

(四)按通货紧缩和货币政策的关系分为:货币紧缩政策情况下的通货紧缩、货币扩张政策情况下的通货紧缩和中性货币政策情况下的通货紧缩。

第五节　通货紧缩的成因

尽管不同国家不同时期的通货紧缩有着不同的原因,但从国内外经济学家们关于通货紧缩的理论分析中,仍可概括出引致通货紧缩发生的一般原因。

一、紧缩性的货币政策与财政政策

一国当局采取紧缩性的货币政策或财政政策,大量减少货币发行或削减政府开支以减少赤字,会直接导致货币供应不足,或加剧商品和劳务市场的供求失衡,使“太多的商品追逐太少的货币”,从而引起物价下跌,出现政策紧缩型通货紧缩。如我国 1993 年针对经济“过热”现象,为了抑制严重的通货膨胀,采取了适度从紧的货币财政政策,使得各类货币供应量的增长速度不断下降。同时又受亚洲金融危机的影响,我国的外汇占款减少,基础货币投放也大大减少。从 1993 年开始,我国的各类货币供应量增长速度不断下降:M_2 增长率由 1994 年的 35.5% 下降为 1998 年的 14.8%;M_1 增长率由 26.2% 下降为 11.9%;M_0 增长率由 24.3% 下降为 10.1%。这种双紧政策和政策的惯性作用促使了我国通货紧缩的形成。货币供给增长率下降是我国通货紧缩产生的直接原因。

二、经济周期的变化

经济周期达到繁荣的高峰阶段,生产能力大量过剩产生供过于求的现象,引起物价下跌,出现经济周期型通货紧缩。如我国改革开放以来经济得到了迅猛发展,供给能力空前地增长。前些年经济中由于出现了有效需求不足、实际产出水平下降的现象,造成了前所未有的生产能力过剩。到1995年，我国许多重要产品的生产利用率都徘徊在50%上下，有的甚至低于40%。如果考虑库存情况，我国的生产能力闲置情况就更为严重，有一半产品的生产能力利用率不足60%，最低的只有10%。生产能力过剩必然会导致市场供应大于市场需求，引起价格下降。生产者之间的过度竞争也会引起物价的进一步下降。因此，生产能力过剩是造成我国通货紧缩的内在原因。

三、生产力水平的提高和生产成本的降低

技术进步提高了生产力水平，放松管制和改进管理降低了生产成本，因而会导致产品价格下降，出现成本压低型通货紧缩。迈耶(1999年)认为，日益激烈的全球竞争和降低成本的科技创新导致生产率出现增长趋势，供给增加和物价下降是重要的结构性因素。同样，格林斯潘(1999年)也指出，由技术推动导致的劳动生产率的不断提高，尤其是信息技术的发展所引发的仍在进行的结构性变化，使价格的抑制过程在一定程度上得到自我加强，而近几年较低的通货膨胀也明显地改变了人们的心理预期。

四、投资和消费的有效需求不足

当预期实际利率进一步降低或经济走势不佳时，消费和投资会出现有效需求不足，导致物价下降，形成需求拉动型通货紧缩。金融体系的效率降低或信贷扩张过快导致出现大量不良资产和坏账时，金融机构"惜贷"或"慎贷"引起信用紧缩，也会减少社会总需求，导致通货紧缩。造成我国有效需求不足的原因非常复杂，至少包括以下三个方面：一是缺乏新的投资需求扩张机制，抑制了投资需求的增长。随着投融资体制改革的深入，金融机构出现了强烈的信贷紧缩趋势和信贷"硬约束"机制，使得重复建设的虚假投资需求和派生的消费需求得到抑制；二是居民家庭的预期心理抑制了消费需求的增长；三是农民收入水平偏低，农民需求萎缩。由于投资和消费的有效需求不足，加剧了供给的相对过剩，引起物价的持续下跌，这是我国通货紧缩产生的根本原因。

五、本币汇率高估和其他外部因素的冲击

一国实行盯住强币的汇率制度时，本币汇率高估，会减少出口，扩大进口，加剧国内企业经营困难，促使消费需求趋紧，导致物价持续下跌，出现外部冲击型的通货紧缩。国际市场的动荡也会引起国际收支逆差或资本外流，形成外部冲击性的通货紧缩压力。如1997年，东南亚金融危机爆发后，东南亚国家和地区的货币都大幅度贬值，出口商品价格下降，由于我国的出口结构和出口市场与这些国家比较接近，我国的出口受到较大影响。此外，日本经济衰退、欧洲经济发展缓慢、西方主要市场经济国家对各种初级产品的需求进行结构性的调整、亚洲新兴工业化国家受到了金融危机的打击，使得这些国家的进口需求减少，导致国外对我国产品的需求不足，进一步加剧了我国的通货紧缩。

六、体制和制度因素

体制和制度方面的因素也会加重通货紧缩，如企业制度由国有制向市场机制转轨时，精减下来的大量工人现期和预期收入减少，导致有效需求下降，还有住房、养老、医疗、保险、教育等方面的制度变迁和转型，都可能会影响到个人和家庭的收支和消费行为，引起有效需求不足，导致物价下降，形成体制转轨型通货紧缩。制度性调整是前期我国通货紧缩产生的主要原因。

七、供给结构不合理

如果由于前期经济中的盲目扩张和投资，造成了不合理的供给结构和过多的无效供给，当其积累到一定程度时必然会加剧供求之间的矛盾，一方面许多商品无法实现其价值会迫使价格下降；另一方面大量货币收入不能转变为消费和投资，减少了有效需求，就会导致结构型通货紧缩。

第六节　通货紧缩的效应及治理对策

一、通货紧缩的效应

（一）财富缩水效应

通货紧缩发生时，全社会总体物价水平下降，企业的产品价格自然也跟着下降，企业的利润随之减少。企业赢利能力的下降使得企业资产的市场价格也相应降低。而且，产品价格水平的下降使得单个企业的产品难以卖出，企业为了维持生产周转不得不增加负债，负债率的提高进一步使企业资产的价格下降。企业资产价格的下降意味着企业净值的下降和财富的减少。在通货紧缩的条件下，供给的相对过剩必然会使众多劳动者失业，此时劳动力市场供过于求的状况将使工人的工资降低，个人财富减少。即使工资不降低，失业人数的增多也使社会居民总体的收入减少，导致社会个体的财富缩水。

（二）经济衰退效应

通货紧缩导致的经济衰退效应表现在三个方面：一是物价的持续、普遍下降使得企业产品价格下降，企业利润减少甚至亏损，这将严重打击生产者的积极性，使生产者减少生产甚至停产，结果社会的积极增长受到抑制；二是物价的持续、普遍下跌使实际利率升高，这将有利于债权人而损害债务人的利益。而社会上的债务人大多是生产者和投资者，债务负担的加重无疑会影响他们的生产与投资活动，从而对经济增长带来负面影响；三是物价下跌引起的企业利润减少和生产积极性降低，将使失业率上升，实际就业率低于充分就业率，实际经济增长低于自然增长。

严重的通货紧缩往往伴随着经济衰退。20 世纪 30 年代，美国经济大萧条是最典型的例证。但是,不能据此认为只有出现经济衰退才可判定为通货紧缩。通货紧缩并不一定导致经济衰退,轻度的通货紧缩一般不会造成经济下滑,中度的通货紧缩可以引起经济下滑,如果得不到治理,发展成严重的通货紧缩,就可能导致经济衰退。但是,通货紧缩只是经济下滑或经济衰退的一个原因,而不是唯一的原因。我们可以用经济下滑或经济衰退来判断通货紧缩的严重程度和危害程度,但不能用经济是否下滑、是否衰退作为判断通货紧缩是否存在的依据。我国是一个发展中国家,属数量型经济,经济基数小,且经济增长中水分较大,在发生通货紧缩时期,我国的经济增长速度仍然维持在7%以上。因此,判断我国经济是否出现衰退,不能完全参照发达国家的增长率指标。

(三)财富分配效应

在通货紧缩条件下,由于名义利率的下降幅度小于物价的下降幅度,实际利率水平提高。在这种情况下,债务人实际偿还的金额增多,债务人的还款负担加重;同时,为了保持生产或生活的流动性,债务人不得不借入新的债务,由此陷入债务泥潭。正如费雪所说:"在通货紧缩条件下,负债人越是还债,他们的债就越多。"这种现象导致了社会财富从债务人向债权人转移的财富分配效应。

(四)失业效应

通货紧缩导致失业上升是显而易见的。一方面,通货紧缩意味着投资机会减少,就业机会减少;另一方面,通货紧缩抑制了生产者的积极性,企业减少甚至停产,失业人员自然增加。

二、通货紧缩的治理对策

通货紧缩对经济的危害同样是极大的,要保证经济的健康运行,不仅要抑制通货膨胀,也要治理通货紧缩。由于通货紧缩形成的原因比较复杂,并伴随着经济的下滑或衰退,因此,对通货紧缩的治理,其难度也非常之大。必须根据不同国家、不同时期的具体情况进行仔细的分析,才能采取针对性的措施加以治理。综观各国在治理通货紧缩时所采取的对策措施,概括起来主要有以下几个方面:

(一)扩大总需求的财政政策与货币政策

通货紧缩的一个重要原因是有效需求不足,因此治理通货紧缩应从增加需求着手,主要运用财政政策与货币政策两大需求管理政策。

1. 实行扩张性的财政政策

主要是扩大财政开支,兴办公共工程,增加财政赤字,减免税收。扩张性的财政政策常常被作为解决通货紧缩的处方。同货币政策相比,财政政策具有以下优点:(1)动作迅速。财政政策作为政府手中的工具,其决策程序相对简单,可以通过发行国债等手段迅速筹集资金。(2)作用直接。财政政策可以根据宏观经济调节需要指定投向,在短时间内转化为购买支出,直接消化行业过量库存或形成新的生产能力及设施建设。(3)以公益目的为主。以扩张为目的的财政性投资或财政支出转化的投资,并不需要进行长时间的论证或风险考虑，这使得财政政策在扩大财政总支出水平方面的作用难以替代。政府在治理通货紧缩扩张财政支出时，应同时降低税率，以此避免财政政策产生的“挤出效应”，真正发挥积极财政政策的作用。

2. 实行扩张性的货币政策

主要是通过调整法定存款准备金率、再贴现率、公开市场业务等手段，增加商业银行提供贷款的能力，扩大货币供应量。虽然按照货币政策工具的调控机理来说，货币政策可以在增加或减少货币供应量方面发挥重要作用，但更多的理论分析和各国的实践表明，以治理通货紧缩为目标的扩张性货币政策可能是无效的或者是乏力的。因此，在治理通货紧缩的对策中，货币政策主要是配合财政政策来运用的。

（二）引导预期行为

治理通货紧缩之所以困难，主要是因为预期心理发挥较大的作用。在通货紧缩初期，投资者预期价格进一步下降，价格下跌的压力较大。此时，经济活动中投资冲动很微弱，投资需求大幅下降。消费者预期收入下降，并相应减少消费支出，出现持币待购的倾向。其中，投资者和消费者对未来经济消极的预期心理起着重要作用。

治理通货紧缩，要努力促进社会消费需求和投资需求的回升，通过政策引导，调整人们对未来的预期行为。无论是采取宽松的货币政策还是采取贬值、财政转移支付等办法，不引起投资决策行为的变化是难以启动经济的。为此，政府公开宣布有关治理通货紧缩的政策措施，引导消费需求和投资需求，可以起到一定的导向作用。

（三）鼓励消费

通货紧缩从根本上来说，是由消费需求不足所产生。因此，要治理通货紧缩，就必须努力提高消费需求，其中个人收入和消费支出的稳定上升是防止物价持续下跌的重要条件。鼓励消费的政策应该是综合的，要充分利用各种政策组合，从财政政策、货币政策、产业政策等方面，创造增加社会消费的条件，引导社会消费的稳定增长。一方面要取消各种不利于增加消费的政策措施和制度约束；另一方面要在经济力量允许的情况下，使居民收入能够稳定增加，增强居民对未来收入的预期和信心，以增加居民的消费需求。

（四）改革汇率制度或实施汇率调节

通货紧缩可能由僵硬的汇率制度所导致，这种汇率制度容易使本币过高估值，产生输入型通货紧缩。如果是这样，就需要对汇率制度进行改革，采取灵活的汇率制度，使汇率自由浮动或扩大浮动范围，减轻外部冲击对通货紧缩的压力。

深度链接 12－1：改革开放以来我国的经济增长周期与通货膨胀周期

我们用经济增长率数据和 CPI 表示的通货膨胀率数据分析改革开放以来我国的经济增长周期和通货膨胀周期。

如图和表给出了 1979—2008 年经济增长率和通货膨胀率数据。

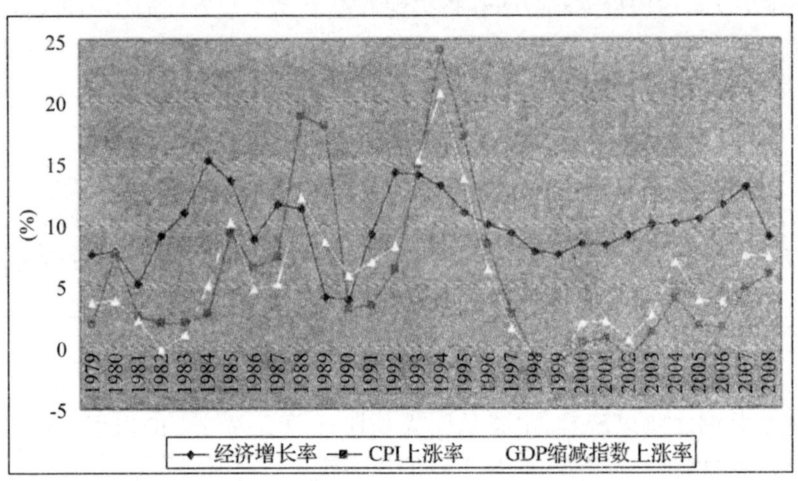

1979—2008 年经济增长率和通货膨胀率(%)

年　度	经济增长率	通货膨胀率	年　度	经济增长率	通货膨胀率
1679	7.6	1.9	1994	13.1	24.1
1980	7.8	7.5	1995	10.9	17.1
1981	5.2	2.5	1996	10.0	8.3
1982	9.1	2.0	1997	9.3	2.8
1983	10.9	2.0	1998	7.8	0.8
1984	15.2	2.7	1999	7.6	1.4
1985	13.5	9.3	2000	8.4	0.4
1986	8.8	6.5	2001	8.3	0.7
1987	11.6	7.3	2002	9.1	0.8
1988	11.3	18.8	2003	10.0	1.2
1989	1.1	18.0	2004	10.1	3.9
1990	3.8	3.1	2005	10.4	1.8
1991	9.2	3.4	2006	11.6	1.5
1992	14.2	6.4	2007	13.0	4.8
1993	14.0	14.7	2008	9.0	5.9

一、改革开放以来我国的经济增长周期

从历史数据看,改革开放以来我国的经济增长明显地表现为三个周期。1981—1990 年为第一轮周期:1981 年经济增长处于周期的波谷,谷值为 5.2%;1984 年达到周期的波峰,峰值为 15.2%,是改革开放以来经济增长率的最大值;1990 年回落到周期的波谷,谷值为3.8%，是改革开放以来经济增长率的最小值。1990—1999年为第二轮周期：这轮周期从1990年经济增长处于波谷开始；1992年达到周期的波峰，峰值为14.2%，是改革开放以来经济增长率的次最大值；1999年回落到周期的波谷，谷值为7.6%。1999年进入第三轮周期：这轮周期从1999年经济增长处于波谷开始；2007年达到周期的波峰，峰值为13.0%；2008年进入回落期，当年回落到9%，回落的幅度十分明显。到目前为止，这轮周期还没有结束。

第一轮周期经济增长从波谷到波峰只用了3年时间，从波峰回落到波谷用了6年时间；第二轮周期从波谷到波峰只用了2年时间，从波峰回落到波谷用了7年时间。这两个周期的经济增长都表现出陡起平落的特点。两轮周期的时间长度相同，都是9年。与前两轮周期不同，第三个周期经济增长从波谷达到波峰用了8年时间，从波峰回落到谷底，估计所用时间不会太长，这轮周期表现出平起陡落的特点。估计这轮周期的时间长度为10年，比前两个周期多一年。三轮经济增长周期，第一轮周期经济增长的波动性最大，最大值与最小值之间相差11.4个百分点；第二轮周期次之，最大值与最小值之间相差10.4个百分点；到目前为止，第三轮周期经济增长的稳定性最好，最大值与最小值之间只相差5.4个百分点。本轮周期经济增长率从峰值回落是多重因素共同作用的结果，其中既包括美国次贷危机引发的国际金融危机因素，也包括我国经济增长的周期性因素。但是，经济增长率回落的如此之快，国际金融危机是最主要的影响因素。

二、改革开放以来我国的通货膨胀周期

从历史数据看，改革开放以来我国的通货膨胀也明显地表现为三个周期。1982—1990年为第一轮周期：1982年通货膨胀率处于周期的波谷，谷值为2.0%；1988年通货膨胀率处于周期的波峰，峰值为18.8%；1990年通货膨胀率回落到周期的波谷，谷值为3.1%。1990—1999年为第二轮周期：这轮周期从1990年通货膨胀率处于波谷开始，1994年达到周期的波峰，峰值为24.1%，是改革开放以来通货膨胀率的最大值；1999年通货膨胀率回落到周期的波谷，谷值为1.4%，是改革开放以来通货膨胀率的最小值。1999年开始进入第三轮周期，这轮周期从1999年通货膨胀率处于波谷开始，根据目前的变动趋势，2008年已经达到周期的波峰，峰值为5.9%，2009年进入回落期，到目前为止，这轮周期还没有结束。

第一轮周期通货膨胀率从波谷到波峰用了6年时间，从波峰回落到波谷用了2年时间，通货膨胀率呈现出在波动中上升，快速回落的特点；第二轮周期从波谷到波峰用了4年时间，从波峰回落到波谷用了5年时间，通货膨胀率呈现出从波谷缓慢上升然后加速上升，从峰值快速下降然后缓慢下降的特点；第三轮周期从波谷到波峰用了9年时间，通货膨胀率呈现出在波动中小幅上升的特点。三个周期中，第二轮周期通货膨胀的波动性最大，最大值与最小值之间相差25.5个百分点；第一轮周期次之，最大值与最小值之间相差16.8个百分点；到目前为止，第三轮周期通货膨胀的稳定性最好，最大值与最小值之间只相差7.3个百分点。本轮周期通货膨胀率从峰值回落也是多重因素共同作用的结果,其中既包括国际金融危机因素导致世界经济增速减缓,从而导致需求下降,进而导致我国进出口产品价格下跌,也包括我国经济增长率周期性回落因素导致国内需求下降,从而导致国内产品价格下降。其中,国际金融危机是主要影响因素。

三、经济增长周期与通货膨胀周期之间的关系

通过对通货膨胀周期与经济增长周期进行比较可以看出以下特点:

1. 通货膨胀峰值滞后于经济增长峰值

在第一轮周期,经济增长率在1984年达到周期峰值,通货膨胀率在1988年达到周期峰值,后者比前者滞后四年;在第二轮周期,经济增长率在1992年达到周期峰值,通货膨胀率在1994年达到周期峰值,后者比前者滞后两年;在第三轮周期,经济增长率在2007年达到周期峰值,根据目前CPI上涨率的变动趋势,通货膨胀率在2008年已经达到周期的峰值,后者比前者滞后一年。可见,在三个周期中,通货膨胀峰值都滞后于经济增长峰值。

2. 通货膨胀与经济增长同时回落到周期的谷底

第一轮周期经济增长在1990年回落到谷底,通货膨胀也在1990年下降到谷底;第二轮周期经济增长在1999年回落到谷底,通货膨胀也在1999年下降到谷底。到目前为止,第三轮周期,通货膨胀与经济增长都已进入回落期,很有可能两者在同一年到达谷底。上述特点表明:经济增长率上升时,往往带动通货膨胀率上升;经济增长率回落时,往往带动通货膨胀率回落。但是,经济增长率上升到达峰值时,通货膨胀率往往滞后一定时期到达峰值;经济增长率回落到谷底时,通货膨胀率往往同时回落到谷底。这说明,经济增长率回落时对通货膨胀率的影响力度大于经济增长率上升时对通货膨胀率的影响力度。上述特点揭示了通货膨胀与经济增长之间的内在联系。

在第一轮周期,年均经济增长率为9.3%,经济增长率最大值与最小值之间的差额为11.4个百分点,年均通货膨胀率为7.6%,通货膨胀率最大值与最小值之间的差额为16.8个百分点。在第二轮周期,年均经济增长率为10.0%,经济增长率最大值与最小值之间的差额为10.4个百分点,年均通货膨胀率为7.5%,通货膨胀率最大值与最小值之间的差额为25.5个百分点。在第三轮周期,到目前为止,年均经济增长率为9.8%,经济增长率最大值与最小值之间的差额为5.4个百分点,年均通货膨胀率为1.8%,通货膨胀率最大值与最小值之间的差额为7.3个百分点。可见,三轮周期具有共同特点:年均经济增长率大于年均通货膨胀率,经济增长率的波动幅度小于通货膨胀率的波动幅度。在三个周期中,第一轮周期年均经济增长率最低,年均通货膨胀率最高,且经济增长率的波动性最大,通货膨胀率的波动性也较大;第二轮周期年均经济增长率最高,年均通货膨胀率较高,经济增长率的波动性较大,通货膨胀率的波动性最大;第三轮周期年均经济增长较高(仅比第二轮周期低0.2个百分点),年均通货膨胀率最低(比第二轮周期低5.7个百分点),经济增长率和通货膨胀率波动幅度都最小。因此,就经济增长与通货膨胀之间的关系来讲,第三轮周期表现得最好。这是一个十分难得的高增长、低通胀、经济运行平

稳的时期。如果不是国际金融危机的冲击,这轮周期我国经济运行的会更加平稳。

资料选编:许宪春:《改革开放以来我国经济增长与通货膨胀周期的简要分析》,载《宏观经济研究》,2009 年第 4 期。

深度链接 12 -2:中印通货膨胀治理手段及效果比较

从通胀历史来看,印度与中国的确有许多相似之处。比如,两个国家在上世纪 90 年代初期都经历了两位数的通胀。2007 年 7 月至 2008 年 2 月,印度通胀率仅在 4.7% 基础上浮动了不到 0.5 个百分点。然而,自 2008 年 2 月突破印度央行设定的 5% 的警戒线后,通胀率在不到半年的时间里便一路攀升至 14 年来的历史高位,这与全球粮价的变动趋势几乎完全一致。2008 年 6 月初,印度将国内成品油价格提高 10%,通胀率一周之内就从 8.75% 上升到 11.05%。可以说,印度面临的是非常典型的输入型通货膨胀。2008 年 5 月,中、印打了一个照面,通胀率差不多都是 7.7% 至 8% 左右,只不过,中国此时正进入通货膨胀下行区间,而印度则刚刚踏入通货膨胀上行区间。

需要提出的是,与中国不同,印度是以批发价格指数(WPI)作为衡量通胀水平的基本指针,其中,食品所占权重仅为 15.402%,燃料、动力、照明与润滑油的权重达到 14.226%,而制成品权重为 63.749%。如果换算成 CPI,食品所占权重将高达 47% 至 57%,这与其较低的经济发展水平和消费结构有关。从 2007 年至 2008 年的数据来看,印度的产业工人 CPI 和农业工人 CPI 都显著高于 WPI。此外,印度货币当局将 WPI 基期设定为 1993 年至 1994 年高通胀时期,也部分地缩小了其真实数据。由此看来,印度居民实际所承受的通胀压力,要远远大于中国居民。

从通胀的治理来看,中国经历了一个由传统货币政策工具向直接信贷管制回归的过程。事实证明,在人民币严格盯住美元格局未发生根本性改变的情况下,利率、准备金率等传统货币政策工具,一是操作空间有限,二是政策传导效果不明显,因而在 2007 年年底之前,中国通胀率呈现的快速上升趋势超出了人们的估计。而从今年开始,直接信贷管制登场后,很快就将通胀率重新拉回 8% 以下。此外,尽管中国央行并未直接承认试图将人民币加速升值作为抑制通胀的手段——如果有,那显然是针对输入型通货膨胀的政策手段。但在理论上讲,上半年人民币对美元计价的商品购买力增加了 8%,对于国际原油及其他大宗商品价格的飙涨无疑起到了一定的对冲作用。

反观印度,新德里的通胀治理仍以传统的货币政策工具为主。2008 年印度央行采取了连续加息措施,7 月 29 日,印度央行两个月内第三次加息,将基准回购利率从 8.5% 上调至 9%,存款准备金率从 8.75% 提高至 9%。然而,9% 的利率在 12% 的通胀率面前依然苍白无力,受负利率的激励,印度通胀完全有愈演愈烈的可能。

从治理效果来看,一方面,无论是印度运用传统的货币政策工具,还是中国借助强化信贷管理的手段,对于经济的消极影响都不可避免。2008 年上半年,中印两国都有大量中小企业倒闭,预计中国全年的经济增长为此将降低 1 至 2 个百分点,印度预计要降低 2 至 3 个百分点。可见,从紧的货币政策在治理通胀的同时,对经济增长的抑制作用同样明显。但另一方面,中国已暂时成功地扭转了通胀上升的势头,这在整个亚洲乃至全球都是少见的,而印度则有进一步滑向滞胀之虞。如果想从两面受困的处境中解脱,印度只有两条路可走:或者再大幅收紧货币,而这将对印度国营经济和出口形成致命打击;或者像美欧一样,保持利率不变,坐等全球油价和粮价自动回落。

作为一个金融体系发育相对完备的市场经济国家,印度在通胀面前招架无力,确实令人深思。对于中国和印度这类新兴经济体而言,在制定宏观经济政策时,必须充分考虑实际面临的经济约束。例如,由于两国银行业的融资对象都以国有企业为主,利率变动难以真正发挥作用。对于转轨过程中的中国而言,笔者并不认为信贷管制就是一种好的货币政策工具,但在特定情况下,它对于市场化程度尚不高的中国经济无疑是有效的。

在2008年下半年全球通胀前景尚不确定的情况下,是否有必要这么快就将重心迅速转移到经济增长上来。印度市场经济和金融体系的成熟度令人怀疑,而过分追求经济高速增长、与中国较量的暗藏动机,更妨碍了印度货币当局在经济增长和物价稳定之间及早做出理智决断。

资料来源:刘涛:《上海证券报》http://www.chinareviewnews.com。

深度链接12-3:防止通货紧缩 确保经济增长

一、国内的物价变动趋势

国家统计局最新公布的数据显示,2009年2月份PPI(工业品价格指数)同比下降4.5%,CPI(消费价格指数)同比下降1.6%,这是2002年12月以来CPI首度出现负增长。在过去的一年中,中国的CPI从2008年2月份的8.7%,骤降至2009年2月份的负1.6%,CPI同比、环比都在回落。工业生产在GDP中占有举足轻重的地位,2008年下半年以来,我国工业生产增长持续放慢,预示着经济增长下滑的风险在加剧。2008年12月份,全国工业增加值同比增长5.7%,增速比上年同期(17.4%)大幅度降低11.7个百分点,基本上是2001年11月以来我国月度工业生产增速的较低水平,是1998年以来为数不多的工业增长低于9%的月份。商务部发布的最新监测也显示,我国农产品价格已处于连续下降状态。农业生产有年度周期性,如果农产品价格回落幅度过大,农业生产入不敷出,农民的减产行为将影响下一年度的农产品供给。

2008年的上半年,我们还在为控制通货膨胀而努力,但现在,通货紧缩可能将成为影响我国经济发展的主要因素。

二、在这一轮的物价下跌中,国外市场的物价波动是主要原因

2008年下半年以来,国际原材料价格,特别是原油价格大幅度下降,国际油价在2008年7月初创下每桶近150美元的历史最高位后出现急速下降走势,一度跌破每桶40美元大关,创最近4年新低。不仅价格水平在走低,受次贷金融危机影响,美国、欧盟和日本经济都已经进入了衰退状态。而且,新兴经济体也难以独善其身。石油价格作为本轮价格变动趋势的风向标,已经带动其他国际大宗商品价格不同程度地下降,全球性的

通货紧缩已露端倪。

国外的经济数据也证明了这个趋势。2008 年 10 月份，美国 CPI 环比下降 1%，为 1947 年 2 月以来的最大单月降幅，PPI 下滑 2.8%，创 60 年来最大单月跌幅。10 月份英国的 CPI 也创下了 16 年来单月最大跌幅。

需求下降导致价格下降，一般来说，通货紧缩是经济衰退的后果。国际货币基金组织（IMF）预计，2009 年发达国家的经济增长将不乐观，其中英国经济增速将下降 2.5 个百分点，欧元区经济增速将下降 2 个百分点。国际货币基金组织《亚太经济展望》报告认为，在 2009 年年末之前，由于全球经济放缓影响了出口，亚洲的经济增长将大幅度减速，并且预计亚洲地区的增长将主要由内需带动。然而，在出口增长急剧下降和金融形势更加严峻的形势下，内需能否成为亚洲经济增长的动力还需拭目以待。

国际市场因素导致的通货紧缩对中国的压力正在显现。中国人民银行的调查问卷显示，反映海外需求的出口订单指数持续回落，已跌至 2005 年 7 月以来的最低值，反映国内需求的国内订单指数也呈现下降态势。

三、提升有效需求，防止通货紧缩

多个国家的通货紧缩形势必将影响我国未来一个时期的经济发展，要保证我国未来几年经济社会的又好又快发展，必须提升经济的有效需求，防止通货紧缩。产生通货紧缩的直接原因是需求下降，拉动需求，要多管齐下，内需、外需全面出击。但是，因为目前国内外情况的复杂性，拉动需求保证经济增长，我们仍面临诸多的困难。

第一，外需方面，我们难以对国际市场寄予太大的期望。过去一个时期，我国经济有很高的对外贸易依赖度，这表明了我国企业的产品需求对国际市场有很大的依赖性。美国、欧洲、日本是中国最主要的出口市场，在这些国家相继陷入经济衰退后，我们必须充分意识到，外需对我国经济的增长的拉动作用在短期内不能寄予太大的期望。由美国次贷危机而引发的全球金融风暴已经影响到美国和全球各国的实体经济。在美国经济中，消费占 70%，而美国的消费支出主要集中在金融和房地产方面，美国股市和房价的下跌，使得美国民众的可支配性资产和收入大幅度下降，消费支出也都大幅减少，而美国消费水平的下降，将影响全球所有对美国出口的国家。欧洲同样是次贷危机的重灾区，欧洲经济的增长或下降一般会滞后美国经济一年，经济学家普遍预期，欧洲经济的衰退不可避免。最新数据表明，日本已经是负经济增长。美国、欧洲、日本经济的衰退必将使中国出口受到影响。需求决定供给，外需，不是我们的主观意愿所能够决定的。所以，短期内扩大需求我们难以对国际市场寄予太大的期望。

尽管如此，我们仍然不能放弃外需对我国经济发展的带动作用，在出口退税、人民币汇率等方面采取有利于出口的经济措施，稳定商品出口、稳定我国商品在国际市场上的份额。

第二，扩大内需，增加政府的基本建设支出和社会保障支出。因为外需增长的不确定性，所以我们确保 GDP 增长应该更多地通过内需增长来推动经济增长，最大限度地降低这次世界性金融危机给我国带来的负面影响。

在货币政策方面,2008 年 11 月 5 日国务院总理温家宝主持召开国务院常务会议,提出“当前要实行积极的财政政策和适度宽松的货币政策,出台更加有力的扩大国内需求措施”。自此金融调控确定了由紧转松的基调,从紧的货币政策转向宽松的货币政策。在货币政策方面,2008 年 9 月份以来,我国央行 4 次降息,3 次下调存款准备金率,并且取消了信贷规模的计划控制。与连续多次加息和上调存款准备金率相比,当前货币政策实施已经呈现方向性的转变,货币政策关注重点已由防止通货膨胀转为防止通货紧缩。宽松的货币政策,要确保金融体系流动性充足,保持货币信贷的合理增长,加大银行信贷对经济增长的支持力度,合理扩大信贷规模。作为刺激经济的重要内容,可以预期中国市场会有充足的货币供应,银行将得到更宽松的流动性,企业也将得到更低成本的货币供给。

宽松的货币政策可以直接带来两个积极效果。一方面,增加货币供应和信贷投放,降低了企业的融资难度和企业的融资成本;另一方面,通过降息和下调存款准备金率等措施,改善了银行流动性不足的局面,引导市场预期,强化市场信心。

在财政政策方面,要扩大内需,遏制住经济下行的压力,在民间投资信心不足的情况下,积极财政政策将能够成为带动投资的火车头。在经历资产价格大幅下降和需求大幅度下降的冲击后,消费的增长态势将出现下滑,商品价格的下降也使得企业的投资意愿降低。在这种经济背景下,积极的财政政策将成为 2009 年我国经济具有决定性作用的拉动因素。基于这个考虑,中国早宣布了一项 4 万亿元人民币的政府投资计划,以拉动内需。基础设施的投资将直接拉动水泥、钢铁、建材等基础工业产品的市场销售。而且,在原材料价格和基础产品价格下降的情况下运用财政政策投资基础设施,也可以大大降低财政投资的成本。

第三,扩大内需,不能忽视民间的消费需求和投资需求。重视中小企业、民营企业目前面临的经营困难和投资困难。经过 30 年的改革开放,民营企业不仅成为我国经济发展的生力军,也是创造就业机会的最主要力量。在经济下滑的过程中,值得担心的不仅仅是房地产、汽车、钢铁等行业增长的放缓,而是这些行业放缓带来的就业水平下降,以及对下游产业就业水平的冲击。国际国内经验证明,中小企业吸纳就业的能力最强,在我国,中小企业吸纳了 75% 的就业,对经济增长的贡献超过 60% 。所以,保增长一定要保就业,而保就业一定要保能够大量吸纳就业的中小企业。在目前的经济形势下,中小企业最大的困难,一个是产品销售不畅,另外一个是资金周转困难。随着货币政策的逐渐宽松,中小企业的资金问题会得到缓解,但中小企业的发展仍然有大量问题需要政府的帮助与支持,如降低企业税收,降低企业成本等等。

投资只是手段,归根到底,保内需增长最终是保国内的一般消费。这里主要涉及两个方面的问题,一个是,大众的收入增加了,大众才有信心增加消费,提高低收入群体的收入是保一般消费增长的关键;另外一个是,过高的储蓄率将影响国内需求,中国的储蓄率是世界上最高的，将近50%，而英国是14%、美国是15%、日本是28%。完善社会保障机制，让过高的储蓄率降到一个恰当的水平，将会带来非常庞大的国内需求。这也是我国未来几十年是否能够继续保持较高经济增长的关键。

资料选编：阮加：《防止通货紧缩确保经济增长》，载《中国国情国力》，2009年第4期。

习　题

1. 解释下列概念：通货膨胀　温和通胀　严重通胀　恶性通胀　需求拉上型通胀　成本推动型通胀　结构型通胀　公开型通胀　隐蔽型通胀　消费者指数　生产者指数　国民生产总值　价格平减指数　通胀的产出效应　通胀的强制储蓄效应　通胀的收入分配效应　通货紧缩　轻度通缩　中度通缩　严重通缩　通缩的财富缩水效应　通缩的财富分配效应　工资管制　利润管制

2. 通货膨胀包括几种类型？

3. 通货膨胀如何度量？

4. 通货膨胀有何效应？

5. 通货膨胀对经济的影响是什么？

6. 通货膨胀如何治理？

7. 什么是通货紧缩？

8. 通货紧缩的成因有哪些？

9. 通货紧缩如何治理？

10. 结合我国实际，深入分析我国通货膨胀成因和治理措施。

第十三章 金融发展、创新和监管

学习目标

本章就是系统地阐述金融发展、创新与监管的关系。本章的主要内容有：金融发展与经济发展的关系；发展中国家的金融抑制与金融深化；金融创新理论；金融风险与金融创新的关系；金融监管的主要理论；美国次贷危机与金融创新和金融监管的关系。本章的学习要求是：了解金融发展与经济发展的相关性，发展中国家的金融抑制与金融深化；掌握金融创新理论，金融监管理论；明确金融发展与金融创新、金融监管的相关性，学会分析美国金融危机所暴露出的突出问题。

第一节 金融与经济发展的一般关系

一、金融发展

雷蒙德·W.戈德史密斯的杰出贡献是奠定了金融发展理论的基础，他在《金融结构与金融发展》一书中指出，金融理论的职责在于找出决定一国金融结构、金融工具存量和金融交易流量的主要经济因素。他创造性地提出金融发展就是金融结构的变化，他采用定性和定量分析相结合以及国际横向比较和历史纵向比较相结合的方法，确立了衡量一国金融结构和金融发展水平的基本指标体系。通过对35个国家近100年的资料研究和统计分析，雷蒙德·W.戈德史密斯得出了金融相关率与经济发展水平正相关的基本结论。

戈德史密斯认为，不同类型的金融工具与金融机构组合，构成不同特征的金融机构。有的社会金融体系中金融工具种类繁多、数量庞大、流动性高；同时，金融机构的规模大、数量多、服务范围广，具有较强的竞争实力。相反，有的社会金融工具种类少、数量不足、流动性差。金融发展程度越高，金融工具和金融机构的数量和种类越多，金融就越有效率。

如何衡量金融发展状况？为此，戈德史密斯提出五个需要考虑的数量指标：第一，金融资产总额与实物资产总额的比；第二，金融资产与负债在金融机构间的分布；第三，金融资产与负债在金融机构与非金融机构之间的分布；第四，各经济部门拥有的金融资产与负债总额；第五，由金融机构发行、持有的金融工具总额。在综合上述指标的基础上，戈德史密斯提出金融相关率作为不同国家之间金融比较的工具,其中,最能反映金融发展状况的指标是金融相关率。

所谓金融相关率是指在一定时期内社会金融活动总量与经济活动总量的比。金融活动总量一般用金融资产总额表示,主要包括非金融部门和金融部门发行的金融工具,前者包括股票、债券和各种信贷凭证;后者包括中央银行、商业银行、清算机构、保险公司、二级金融交易中介和国外部门发行的通货、活期存款、居民储蓄、保险单和外国金融工具。经济活动总量则用国民生产总值表示。戈德史密斯认为,这一指标能够反映出发展中国家走向发达国家的发展道路。在一国的经济发展过程中,金融资产的增长比国民财产的增长更为迅速,因此这一指标有提高的趋势。但这一指标的提高并不是无止境的,一旦金融发展到一定水平,该比率的变动就会趋于稳定。通过不同国家的比较可以看出,发展中国家的金融相关率比欧美国家的要低许多。

影响金融相关率的因素较多,如生产集中程度、财富分配状况、投资动力、储蓄倾向等。这些特征反映在非金融部门发行的债权和股权证券与国民生产总值的比率中。该比例越高,说明储蓄与投资的分离程度越高。随着金融的发展,银行资产占金融机构全部资产的比重趋于下降,非银行金融机构的资产占有比重相应提高。

金融工具的发展和金融机构的发展是构成金融领域所有活动的两个最为主要的部件,各种金融现象的发生和发展无不与金融工具和金融机构联系在一起。而且,金融工具和金融机构的发展水平是容易用数量估测的,用其代表金融发展的水平,不仅从质的方面反映了金融发展的基本内容,而且从量上反映了金融发展的速度和效率。从与经济发展关系的角度看,金融发展促进经济发展,经济发展又反过来推动金融发展,也主要体现在金融工具和金融机构这两个方面。第二次世界大战以后,西方各国经济获得了快速增长,与此同时,各种金融工具和金融机构也得到迅速发展,而广大发展中国家经济增长普遍较慢,与此相伴随的是金融工具和金融机构发展的缓慢。

二、金融发展与经济发展的相互作用

以实际财富增加和经济结构、制度等的改善为主要内容的经济发展,是诸如技术水平、管理水平、生产效率、贸易、金融、政府服务等各种因素共同作用的结果。其中,金融对经济发展的贡献,最主要地体现在它通过促进储蓄向投资的转化,提高了资金积累的效率,推动了经济增长。由于经济增长是经济发展的必要和先决条件,因此,金融在经济发展中的重要性,就首先通过其推动经济增长表现出来。

经济增长的关键在于资本的形成,这就要求要不断地把国民收入的一部分投入社会再生产过程,形成新的生产力。由于在商品货币条件下,积累一般都是通过对货币资金的筹措和运用来完成的,因此,资本积累不是一个由单个经济主体简单决策就能完成的事情,而是要通过各种市场,由多种经济主体、多种经济或非经济的因素共同作用去完成。在这一复杂过程中,无论是一个微观经济主体,还是一个宏观经济主体,其发展资金的积累,至少要包括两个环节:一个是储蓄环节,即经济主体将其收入的一部分不用作现期消费,而形成节约的资金;另一个是投资环节,即把储蓄资金投入到生产过程中。把两个环节连在一起,简单地说,资金积累的实现形式就是把储蓄转化为投资。一个国家经济发展资金的丰歉,要看这个国家原有资金存量的多少,以及一定时期该国总的储蓄水平,但更要看这个国家新的资金量的形成能力和效率,要看一定时期该国总的投资水平。而后者取决于储蓄向投资转化机制的质量和运转水平。

由于对储蓄的理解不同,因此其与投资的关系往往是既同一又分离的。马尔萨斯在其《政治经济学原理》中所提到的储蓄是将收入用于生产,将储蓄与投资混为一谈。每个经济主体要想扩大投资,就必须先进行储蓄;反之,如果他没有投资机会,其储蓄也只能是一种财富的贮藏而已。但是,自从金融产生并发展后,储蓄和投资便发生了飞跃性的变化。凯恩斯曾指出,决定储蓄与投资的动机是迥然不同的。从行为来看,储蓄者与投资者是完全不同的两类人。一般来说,每一个人都有储蓄行为,但并不是每个人都有投资行为。储蓄是为了保存财富价值以便未来享受,当然,若能使储蓄的财富价值升值更好。而投资却完全不同,投资的目的是为了使财产增值。这样,储蓄和投资分离为两个相互独立的职能,一个经济单位的投资所需要的资金可以从金融市场中去获得。戈德史密斯指出:"这时产生了一种特殊的社会分工,这种分工是:某些企业经营才能较低,而又怕承担投资风险,其储蓄资金大于投资资金,另一些相反的单位投资资金大于储蓄资金,然后通过金融工具把前者的剩余储蓄转移至后者,供投资之用。"

金融的发展克服了资金运动中收支不平衡产生的矛盾,那些愿意从事更多的投资活动,而自身储蓄有限的人,可以借助于金融进行超过本期收入的支出,而那些愿意进行更多的储蓄,却又担心机会成本增加的人,可以借助于金融使其新增加的储蓄产生增值。因此,由金融活动产生的社会分工,使储蓄和投资在职能分离的条件下受到巨大刺激,其总水平获得了一个飞跃性的发展。不仅如此,金融活动还为那些没有投资机会的储蓄者创造了新的投资机会,将储蓄在各种投资机会中进行有效分配,提高全社会的投资水平。由此可见,金融的本质就是为储蓄转化为投资提供机会和条件,包括提供机构、提供工具、提供市场和提供服务等,其根本目的在于实现和扩大社会资金的积累。

经济发展同样会带动金融发展。首先,经济发展会促进社会居民收入水平的提高,从而增加了人们对金融机构和金融工具的需求,这种需求加快了金融发展。其次,经济发展的结果会形成越来越多的企业及大企业集团,这些大企业对金融机构提出更高的要求,要求金融机构的融资规模、融资能力进一步提升,这也就促使金融机构不断推陈出新,设计出更多的金融产品,提高金融效率。

当然,并不是任何国家的金融发展都能够与经济发展相适应,有可能出现金融发展的过度与不足。2008 年,由美国次贷危机引发的全球金融危机就表明金融发展不能过度脱离经济发展的合理需要,否则就容易形成泡沫,危害经济的发展。而大多数发展中国家则在很大程度上存在金融发展的不足,抑制经济的健康发展。这两种情况都应引起我们的重视。

第二节　发展中国家的金融抑制

一、金融抑制理论

美国经济学家 E. S. 肖和 R. I. 麦金农在 1973 年出版的《经济发展中的金融深化》和《经济发展中的货币与资本》两本著作中，对发展中国家的金融抑制问题作了开拓性的研究，随后其他一些学者又对其进行了补充，形成了金融理论中著名的“金融抑制论”。

麦金农和肖认为，健全的金融制度能有效地动员储蓄和引导生产投资，促进经济的发展；经济发展又通过国民收入的提高和对金融服务需求的增长而刺激金融业的扩展，形成金融制度与经济发展互相刺激和互相影响的良性循环。但是，在许多发展中国家却恰恰相反，金融制度与经济发展呈恶性循环的状态，其根本原因是这些国家普遍存在着“金融压制”，使金融发展和经济发展均出现停滞现象，因此，摆脱困境的出路在于消除“金融压制”。

美国经济学家格利和爱德华·肖指出，经济的发展是金融发展的前提和基础，而金融的发展是经济发展的动力和手段。罗纳德·I. 麦金农和肖在批判传统货币理论和凯恩斯主义的基础上，论证了金融发展与经济发展相互制约、相互促进的辩证关系，认为实际货币余额的增加将导致投资和总产出的增加，低的或负的实际存贷款利率使实际货币余额很低，为了使政策对货币体系的实际规模有实质性的影响，私人部门对实际存贷款利率的反应必须是敏感的。所谓金融抑制就是政府通过对金融活动和金融体系的过多干预抑制了金融体系的发展。而金融体系的发展滞后又阻碍了经济的发展，从而造成了金融抑制和经济落后的恶性循环。

二、金融抑制的形式

麦金农等认为，发展中国家普遍存在着金融抑制现象。在市场机制不能发挥主要作用的情况下，为了使稀缺的资金资源更多地由国家集中配置，政府实行严格的金融管制、利率限制、信贷配额等一系列做法。金融当局硬性规定利率水平，并对外汇市场进行管制，使利率和汇率水平不能正确反映资金和外汇的余匮情况。在金融抑制下，因为存款的实际收益很低，所以储蓄很低，由于银行不能根据风险程度决定利率，低的实际贷款利率吸引那些低收益和低风险项目，对生产性项目或高风险项目来说，要么得不到贷款，要么借助于信贷配给，而银行只能选择安全项目，从而使风险降低。而对于生产企业来说，很难得到银行信贷，只好求助于非正式或场外市场，这样非正式的信贷市场就会产生。因此造成金融当局不能有效控制通货膨胀，导致产业政策产生偏差。

发展中国家金融抑制的形式主要表现为以下几点：

1. 限制名义利率

发展中国家一般都对贷款和存款的名义利率进行控制,时而采取规定上限的形式,时而又采用规定某一百分比的形式。这种低的或负的或不确定的实际存款利率,压制了社会对金融中介机构实际债权存量的需求。同时,这些措施使间接融资表层化,限制了这一金融过程提供用于投资的储蓄的能力。存在贷款低利率甚至负利率时,只能依靠信贷配额来消除对中介机构贷款的过高要求。中介机构的贷款利率水平往往偏低,某些利率还为特殊类别的借款人带来净补贴收益。

对存贷款利率实行高限,通常低于市场平均利率。由于存在通货膨胀,许多国家的实际利率都出现负值。其结果是,由于存款利率过低,减少了存款人的收益,抑制了储蓄。而贷款利率过低则导致银行长期供不应求,只能由贷款机构集中分配给大企业和政府扶植的企业,形成信贷的垄断和大企业的垄断,社会普遍存在对货币资金的强烈需求。这种强烈需求会误导货币当局将大量货币资金投向效益低下的项目和进行重复建设,进一步加剧了通货膨胀。

2. 高准备金要求

在一些发展中国家,商业银行将存款的很大一部分作为不生息的准备金放在中央银行,贷款组合中另有很大一部分由中央当局直接指定。同样,储蓄银行将存款的一部分作为不生息的准备金,还有一部分投放于低收益的住房债券。政府对金融机构的设立以及经营活动严加管制,各种金融业务必须由规定的机构在批准的业务范围内进行,结果使整个金融业效率低下。

3. 外汇汇率高估

发展中国家为了保持本币的稳定,往往将本币价值盯住一种坚挺的硬通货,并对国际资本流动实行严格管制,限制本国居民购买外国金融资产,实行外汇管制。然而,发展中国家的经济情况却无法同拥有硬通货的发达国家相比,在实际执行过程中,出现了本币价值的高估。由于这种高估,汇率无法真实反映本币价值,国内商品的出口受到很大限制。于是,政府便采取出口补贴等措施,鼓励国内企业扩大出口,而且这种出口往往也只是限定在政府规定的具有出口权的企业之中,更多的没有出口自主权的企业则得不到这种补贴,只能将出口商品交给有出口自主权的企业,企业无法在同一水平上竞争。

4. 政府通过干预限制外源融资

对贷款额及贷款增长率进行限制。由政府对于外源融资进行控制,由政府来决定外源融资的对象的结果是众多企业的长期资金得不到满足,在无法得到国家信贷分配的情况下,许多企业尤其是中小企业只好求助于私人钱庄或高利贷者,实际上承受着高利率的风险。麦金农指出,银行信贷仍然是某些飞地的一个金融附属物,甚至政府往来账户上的普通赤字,也常常预先占用存款银行的有限放款资源。而经济中其他部门的融资,则必须由放款人、当铺老板和合作社的不足资金来满足。因此,发展中国家的融资方式更多表现为内源融资。

5. 特别的信贷机构

发展中国家还通过一些特别的信贷机构进行金融抑制。中央银行掌握了这一非常重要的资源，将廉价的信贷资源导引至不同的特别银行机构，这些银行机构依次以非均衡的低利率将资金用于促进出口、对小农户的信贷和政府想补贴的工业项目，如此等等。于是，这些银行机构就承担了部分政府的功能，中央银行的信贷也可以直接流向财政部，以弥补政府的预算赤字。

三、金融抑制的危害

1. 金融市场效率降低

任何加剧“金融抑制”的措施，都会降低已被限制的由银行导向的资本市场效率。因为如果减少总需求而产生了商品和劳务的总供给瓶颈，这种需求下降就是自我打击的。如果相对于总供给的商品和劳务总需求被减少，价格水平只会下降（或停止上升）。价格不能真实反映供给与需求之间的关系，价格也不能起到刺激供给、限制需求的作用。过低甚至为负的实际利率降低了人们储蓄的积极性，减少了企业对金融市场资金的供给的希望。而贷款配给并不能将资源配置到最需要的部门。金融抑制论认为，发展中国家在加速工业化的目标下，企图人为以低成本来利用国内和国外金融资源，从而人为压低存贷款利率和高估本币汇率，由此造成金融市场调节资金供给和需求的能力丧失。低利率一方面限制了金融体系动员国内储蓄的能力，造成资金供给不足；另一方面刺激了资金的过度需求。于是金融市场供求失衡，这又迫使政府进一步加强干预，即通过信贷配给，抑制过度的资金需求，强制实现资金供求平衡，从而使有限的资金大多低效率地使用。在其他条件不变的情况下，低效率地使用资金，束缚了发展中国家的实际经济增长和国民收入的增加，这又反过来降低了发展中国家的国内储蓄。从汇率角度分析，发展中国家对本币汇率的高估目的在于：刺激进口和抑制出口。一方面减少了外汇供给；另一方面造成外汇的过度需求，并使金融市场丧失了对外汇供求的调节能力。在这种情况下，政府被迫实行严格的外汇管制和外汇配给，其结果又导致外汇资源的低效率分配和使用。

2. 经济增长达不到最佳水平

麦金农强调，不管怎样，金融抑制看来极其可能阻碍最初的经济增长。因为通过提高储蓄倾向和资本形成的质量，货币改革能够刺激实际产量增长。反过来，一个增长经济中的高增长率对储蓄倾向和获得货币资产的倾向的积极影响也是需要肯定的。但在发展中国家，由于出现了金融抑制，使储蓄很难达到最佳水平，金融动员起来的储蓄也不能有效地转化为投资，导致了投资得不到满足的结局，最后经济也就达不到合意的增长水平，金融抑制影响了经济增长。

3. 限制了银行体系适应经济增长的需要

抑制论者主张，银行体系应该扩大，其边界是直到持有货币的实际收益加上提供银行服务的边际成本等于新投资的边际收益时为止,并认为这一点也就是最优货币化点。一个有效的银行体系,可以将私人储蓄引向高收益的投资。然而,在金融抑制下,银行体系的扩展受到了限制,根本达不到理论上的边界,货币实际收益与服务的边际成本往往大于新投资的边际收益,银行业本身出现了缺陷,更无法引导私人储蓄向高收益的领域进行投资。

4. 加剧了经济上的分化

发展中国家的另一个重要金融现象是汇率抑制,即高估本币价值。其结果是本国商品出口缺乏国际竞争力,限制了本国商品的出口。由于当局是通过金融抑制手段来支持出口贸易,低价从农民手中收购农副产品,但在出口时又给出口商以补贴,或者从有利于制造业产品这个角度来改变商品贸易条件,榨取其他地方——特别是农村地区的强制性储蓄,且无须做出补偿。另一方面,正如前面所讲,内源融资使收入分配有利于城市中已拥有许多财富的富人。这样,使贫困的那部分受剥夺而更加贫困,使富裕的人在分配中受益而更加富裕,市场经济的公平原则在这里得不到体现。

5. 融资形式受到限制

一个企业或个人的内部积累毕竟有限,于是,外源融资就成了一种被大家趋之若鹜的权力,争取到外源融资的权力,就相当于拥有了一种稀有的金融资源,就相当于争取到了发展权。但是,金融抑制下对外源融资,尤其是对中小企业的外源融资是采取限制措施的,只有一些政府认为极为重要的大企业才有外源融资的权力。限制外源融资的后果是,阻止了大批企业进行获得最佳生产技术的连续投资。

第三节 金融深化理论与发展中国家的金融改革

一、金融深化理论

针对发展中国家普遍存在的金融抑制及其种种危害,麦金农和肖在70年代首先提出金融深化或金融自由化的理论和政策主张。其含义主要包括:放弃政府对金融市场和金融体系的过分干预,使利率和汇率能充分反映资金和外汇的供求情况,并通过有效地抑制通货膨胀,使金融体系,特别是银行体系,能以适当的利率来吸引大量储蓄,同时也能在适当的贷款利率水平上满足经济各部门的资金需求。为此,必须进行彻底的金融改革,使行政的、计划的金融变为市场金融。他们坚决反对利率控制 ,认为低利率误导投资,扭曲了利率对经济的作用,低利率鼓励人们提前消费,从而减少储蓄,低利率还鼓励低收益项目的投资等等,因而提出了包括提高利率、取消信贷管制等一系列金融深化的措施。

金融深化理论主要的政策主张包括:放弃存款利率高限,使利率由负实际利率向正实际利率转变;放松对金融机构设立和业务活动范围的限制,取消信贷管制,降低存款准备率,使金融机构能自由进入金融市场,自由从事商业化金融活动,增强竞争性和提高效率;放开汇率和外汇管制,鼓励贸易自由化,鼓励资本的国际流动;鼓励发展资本市场,丰富金融工具和融资方式,改善货币资金供给,解决经济体系的货币资金长期短缺问题,等等。

1. 麦金农的货币需求函数

麦金农从发展中国家货币与资本间的关系入手,提出了如下货币需求函数:

$$(M/P)^d = L(Y, I/Y, d - P')$$

其中,$(M/P)^d$ 为实际货币需求;Y 代表收入,I 指投资;I/Y 为投资占收入的比;d 为各类存款利率的加权平均数;P′为预期的未来通货膨胀率;d－P′为货币的实际收益率。麦金农的理论有两大特点:

(1)强调 I/Y 变量,并认为它与实际货币需求是正相关关系。麦金农认为,在经济相对落后的发展中国家,大都是"分割"经济,即企业、政府机构和居民户等经济单位相互隔绝。在这种情况下,土地、劳动力和资本品等方面,不存在统一的共同价格,各部门也难以获得同等水平的生产技术。由于资本市场极为落后,间接金融的机能也比较软弱。因此,众多的小企业要进行投资和技术改革,只有通过内源融资,即依靠自身积累货币的办法来解决。在投资不可细分的情况下,投资者在投资前必须积累很大一部分货币。计划投资规模越大,所需积累的实际货币余额就越多。因此,I/Y 对货币需求不仅影响很大,而且是正相关关系。

(2)强调变量 d－P′是正相关关系。麦金农认为,以货币存款形态保存收入的实际收益与对货币的需求自然是正相关关系。如果 d－p′正相关,就会引致实际现金积累不断增长,企业自源融资条件下的资本形成也会增多,这是一种良性循环。但是,假如货币的实质收益率超过某一限度,许多人就会以现金的形式保有货币,而不愿将其转化为投资或实际资本,这样投资率反而会下降。

因此,货币需求函数的结论是:实际货币余额 M/P 大量地、迅速地增长,会有助于投资和总产出的迅速增长。但是在发展中国家,由于金融压制使 M/P 的增长相当有限,解决的途径则是金融的自由化。其具体内容是:政府放弃对金融市场和金融体系的过度干预,放松对利率和汇率的严格管制,使利率和汇率成为反映资金供求和外汇供求对比变化的信号,从而有利于增加储蓄和投资,促进经济增长。

Mckinnon 认为,经济发展的优先策略是直接放松国内金融和对外贸易,即推行金融自由化和贸易自由化,而不是依赖外资来消除长期的"瓶颈"。他还强调,生产要素市场的扭曲,削弱了发展中国家国内企业的增长,这又使其过度使用外国金融资源。为了促进本国经济的均衡发展,发展中国家自身应该减少对 FDI(包括资金、现代技术和技能流入)的依赖。

2. 肖对金融深化的分析

肖(E. Shaw,1977)认为,金融深化能获得收入效应、储蓄效应、投资效应、就业效应和分配效应,而这些效应有助于一个国家摆脱贫困。

(1)提高储蓄水平的储蓄效应。包括:提高国内私人储蓄占收入的比率;增加外国储蓄。金融自由化使得进入一国资本市场比较容易,这将扭转资本外逃。金融深化纠正了扭曲了金融价格,使储蓄者对收入发生变化,从而会鼓励其减少当前消费,增加储蓄,最终提高一国私人储蓄对收入的比率,使金融机构有能力给投资者提供更多借款机会,即增加一国利用外源储蓄的机会。

(2)投资效应。金融自由化开辟了优化储蓄分配的道路,一国边际投入—产出比例将上升。金融深化使有限的资金能够在竞争中进行最有效的分配,真正起到奖优罚劣的作用,从而取得较好的投资效益。

(3)就业效应。利率的上升将使投资者的资金成本上升。在劳动力同资本发生替代或同资本发生替代之时,资本价格的上升,诱使投资者增加劳动密集型的投资,从而会扩大就业水平。金融深化有利于信贷分配和稳定通货,有利于为经济发展创造良好的经济环境,也有利于劳动密集型产业的发展。

(4)收入分配效应。金融深化将导致整个国民产业水平的稳定增长。从分配方面看,金融深化还使少数大企业、大公司的信贷资金特权分配受限制,阻止腐败的发展,有利于促进收入的公平分配和政治稳定。

肖强调,金融抑制的特征是国家干预主义,而金融深化的特征则是用市场去代替官僚机构。当然并不是只有金融自由化才重要;相反,金融自由化应与金融部门以外的其他补充手段有机地联系在一起。为了消除金融抑制,必须推行金融自由化政策,充分发挥金融市场在动员和分配国内储蓄和国外储蓄方面的功能。金融自由化的核心是放开金融资产价格,尤其是利率与汇率,使金融资产价格真实地反映供求关系,从而恢复金融市场调节资金供求的能力。

二、金融深化理论的贡献

1973 年,以爱德华·肖和罗纳德·麦金农出版的《经济发展中的金融深化》和《经济发展中的货币与资本》两本著作为标志,“金融深化”理论得以建立。他们从发展中国家经济的欠发达的实际出发,向凯恩斯主义提出了挑战,使发展中国家走上了金融自由化的道路。到了 20 世纪 90 年代,以麦金农和弗莱为代表的一些经济学家在总结发展中国家金融改革实践的基础上,进一步提出了金融自由化次序理论。他们认为,发展中国家的金融深化是具有先后顺序的,如果金融自由化能够按照一定的次序进行,就能够保证发展中国家经济发展的稳健性,从而为发展中国家所面临的财政赤字、国内的金融自由化和金融的国际化的顺序问题提供理论依据。

几十年来,经过学者们的不断补充和发展,金融深化理论日趋完善,其贡献主要体现在以下几方面:

第一,它强调了金融体制和政策在经济发展中的核心地位,在经济和金融理论中把两者紧密结合起来，克服了传统经济理论对金融部门的忽视。指出，金融部门和经济发展息息相关，有利于被压抑的经济摆脱徘徊不前的局面，从而加速经济增长；相反，如果金融被抑制或扭曲，就会阻碍一国的经济发展。

第二，在货币和金融理论方面，该理论批判了传统的经济理论，指出新古典学派和凯恩斯学派关于货币和实物资本是相互竞争的替代品的假设并不适合于落后经济。他们认为，由于落后经济中盛行"内源融资"，所以只有进行大量的货币积累才是有效增加投资和扩大生产的前提。以此来看，落后经济中的货币和资本在很大程度上是互补品。他们还批判了落后经济中盛行结构性通货膨胀的观点，认为在经济发展和结构演变过程中，通货膨胀是可以避免的，金融体系和实际经济完全可以在物价稳定的环境中同步发展。在政策主张上，主张通过金融自由化，提高利率，在增加货币需求的同时扩大投资规模，优化投资分配，减少人为干预，充分发挥市场的调节作用。这些观点对于发展中国家的经济改革具有很高的参考价值。

第三，该理论剖析了依赖外资和外援的危害。他们指出，过多的外资和外援反而会削弱本国的经济基础，加剧对本国金融的抑制和扭曲，带来周期性的市场波动。因此主张发展中国家走自主发展的道路，认为只要经过金融改革，充分发挥金融机构的作用，发展中国家就完全可以在本国市场上筹集到所需的资金。

三、金融深化理论对发展中国家的影响

在金融深化理论的推动下，许多发展中国家纷纷走上了金融改革与发展的道路。拉美国家在传统上受新自由主义影响较深，尤其是美国和国际货币基金组织在拉美国家改革中发挥着重要的影响，拉美多年以来一直是美国推行新自由主义的试验场。拉美国家在新自由主义思想指导下，在经济的各个领域进行了大刀阔斧的改革，因此拉美国家的金融自由化改革具有典型的激进特征。

拉美国家的金融自由化首先是在智利、阿根廷和乌拉圭等南锥体国家进行的。1973年，智利采取了大刀阔斧的一步到位的改革方式。皮诺切特将军政府上台，对居高不下的高通货膨胀采取了分两个阶段降低的方法，规定政府对信贷的选择性分配大大减少，金融机构可以自行决定信贷投向。对金融机构的各种业务活动管理减少，让它们有充分的自由度进行资产负债管理。为了消除国际收支差额，政府取消了对外国银行进入的限制，并降低了外国银行的准备金，允许他们发行以美元为面值的贷款，同时也取消了资本流动的限制，20世纪70年代末取消了对金融机构的限制。阿根廷和乌拉圭也采取了与智利基本相同的做法，提高了利率并最后取消了利率上限，取消了对信贷分配和资本自由流动的限制，降低了银行的准备金率，使银行拥有充分经营自主权。70年代早期和中期，阿根廷、智利和乌拉圭等国均采取了对经常账户和资本账户的限制。然而，改革的步伐和顺序在这三国却很不相同。阿根廷和乌拉圭在改革的早期就取消了资本账户的大部分限制，而智利采取的是在广泛进行的贸易自由化中逐渐取消了资本账户管制，但对

短期资本的限制则一直维持到1982年。这三个国家快速开放了国内金融市场,其中乌拉圭于1974年,阿根廷和智利于1976年分别取消了利率上限。

亚洲各国和地区进行的金融自由化实践的背景和南锥体国家20世纪80年代初相似,即经济中存在严重的金融抑制。在20世纪50年代和60年代,虽然有少量国家试图进行金融改革,但从整体来看,仍处于较严重的金融管制之下。当时的经济情况是,经济基础脆弱,抗风险能力低,市场机制不健全,法律法规和制度环境不完善,经济主体的自律意识差。这些特征必然要求政府出面对经济和金融进行管制。以韩国为例,韩国的金融自由化进程始于20世纪80年代初期,在金泳三政府之前,并没有采取比较连续的政策和手段。1981年初,韩国政府颁布了十年金融改革计划,随后又出台了许多金融自由化的措施,并逐步放松金融管制。金融改革的主要内容包括:(1)逐步实现国有商业银行私有化;(2)减少对银行经营的干预,给予银行更大的自主权;(3)降低市场准入限制,并促进金融服务多样化;(4)放松对绝大多数银行和金融机构的利率限制。韩国的金融自由化进程在金泳三时期加速推进,为了进一步推动金融自由化,韩国政府在1993年推出了在五年内实施一系列内容庞大、范围广泛的金融改革计划,主要包括如下方面:(1)取消利率管制,实现商业存贷款、短期公司债券、政府债券、银行定息债券利率自由化;(2)改革政策性融资制度;(3)逐步完善货币工具的使用;(4)开放资本账户。1994年10月,开始实行一系列旨在促进韩国金融机构自由竞争的金融改革措施,加速了韩国金融市场的自由化进程。1995年上半年,金融管制以惊人的速度放松,放松管制的详细措施一出台,引起金融机构尤其是商业银行的震荡。金融危机以后,韩国为了获得援助,接受了国际货币基金组织的许多条件,金融自由化进程大大加快。在国内金融市场和利率完全自由化后,开放证券投资,发展外汇市场,逐步实现韩元汇率市场化,至1997年实现韩元自由兑换。

在发展中国家金融自由化实践中,尽管南锥体国家与亚洲国家和地区采取的方式不同,具体实施带来的结果也有很大差异,但金融自由化实践确实给发展中国家的金融业带来了很多变化:一方面,利率自由化有利于发展中国家的出口增长,因为利率的上升必然带来汇率上升,而汇率水平的上升必然使出口商换回的收入增多,从而带动其出口的积极性;更有利于吸引国外资金,当面临国际投机攻击时,高利率客观上使得投机攻击的机会成本加大,不敢轻易进入,从而可以用于保护本国货币;外资金融机构进出自由后,由于竞争加剧,既有利于本国银行从国外银行学习先进的管理经验,又有利于提高金融机构之间的竞争,从而提高国内金融机构的效率;初步形成的现代金融机构体系增强了金融市场的竞争性,提高了发展中国家在国际金融市场中的地位与作用等。但另一方面,金融深化的结果也往往会给这些国家带来许多风险。开始于70年代中期的"南锥体国家"金融自由化改革,这三个国家在很短的时间内迅速取消了利率上限和信贷控制,对商业银行实行私有化。改革初期取得了一定的成效,但由于在金融自由化和扩大公开的或隐性的存款保险的同时,未能加强对银行的审慎监管,改革陷入了严重的困境,最终随着1982年拉美国家债务危机的爆发而以失败告终。马来西亚、斯里兰卡和韩国等从70年代末80年代初开始的金融自由化改革显得较为成功,没有出现实际利率的急剧上升和大规模的银行倒闭。但宏观经济状况也像南锥体国家一样不能令人满意。在1997年,马来西亚和韩国也都陷入了严重的金融危机。发展中国家的金融自由化过程中蕴涵着巨大的风险,金融自由化在有些国家取得了成功,有些则失败了;有些国家当时看起来很成功,现在则显得不那么成功;一些发展中国家出现的金融危机和经济危机也给金融自由化政策蒙上了阴影。80年代以来,短短十几年间,发展中国家爆发了三次比较大的金融危机。三次危机有着惊人的相似之处:危机爆发之前,这些国家都因厉行改革而成为投资者心目中的经济发展希望之星,吸引了大量外资;危机发生过程中,这些国家的政府一直是其经济活动的关键参与者;金融危机使这些国家蒙受了巨大的损失,迫使这些国家对他们的经济做出痛苦的调整。金融危机波及的国家,影响社会的深度、广度、力度不断加强,尤其是1997年的亚洲金融危机,长期以来东南亚经济一直在一片喝彩声中蒸蒸日上,经济在增长迅速,出口扩张强劲,储蓄率和投资率显著增加。相对于拉美国家全面快速的金融自由化,东南亚诸国的金融自由化进程缓慢、保守。很多国家的利率长期以来一直低于市场均衡水平,并且存在着各种形式的信贷指导,招致了金融自由化政策倡导者的许多批评。

世界银行在总结各国金融自由化改革的经验和教训时指出,金融自由化改革必须要有稳定的宏观经济背景,特别是要有通货稳定的环境,否则将会引起利率和汇率的剧烈波动以及资本的不正常运动,甚至会引发银行和企业的倒闭;金融自由化并不是放任自流,必须要有政府对金融机构和金融市场的管理和监督,必须建立起符合本国国情的谨慎管理制度;金融自由化还会触动各种利益集团的利害关系,政府应有相应的协调政策,以消除可能引发的社会动荡。

四、中国的金融改革

我国金融自由化的过程,也就是我国金融体制不断改革与深化的过程。我国的金融改革已走过整整30年历程。1978年之前,金融部门只是政府的“出纳员”和“保管箱”,并没有多少独立行动的空间。1978年以后,金融部门动员储蓄的功能得到淋漓尽致的发挥,但却只是为适应筹资需要而发展。1979年2月23日,国务院发出《关于恢复中国农业银行的通知》,确定中国农业银行直属国务院,由中国人民银行代管。它标志着中国金融体制改革开始起步。1979年3月,国务院批准中国银行从中国人民银行分离,成为国家专营外汇和外贸的专业银行,同时成立国家外汇管理局,直属国务院。1982年8月国家外汇管理局并入中国人民银行,中国银行负责外汇经营而不再负责外汇管理。1983年4月20日,国务院决定将建设银行改造成为独立经营、独立核算,以基本建设贷款和固定资产投资贷款业务为主的专业银行。1983年9月17日,国务院做出《关于中国人民银行专门行使中央银行职能的决定》。这标志着中央银行体制的建立,结束了长达30年的计划经济的大一统银行体制,为中国金融改革的深化奠定了基础。1984 年 1 月 1 日,中国工商银行正式成立,成为一家主要经营工商信贷业务的专业银行。至此,中国金融体制初步形成了以中国人民银行为核心,以四大专业银行为主体的二级银行体系,将竞争机制初步列入金融领域。中国人民银行专司中国的中央银行职能,三大货币政策工具逐步取代了传统的信贷计划和现金管理的金融调控手段。中国人民银行的体制也随着中国金融改革开放的需要而不断调整,如 1998 年中国人民银行打破行政区域设置,在全国范围内成立了九家跨省市一级行政区域的分行(营业管理部)。根据中央"分业经营、分业监督"的原则,1998 年,中国人民银行将证券机构的监督职能转交给中国证监会,进一步加强、规范对中国证券市场的监管;同年 11 月 18 日,中国保险监督管理委员会成立,统一了中国保险市场的监督和管理。2003 年,按照党的十六届二中全会审议通过的《关于深化行政管理体制和机构改革的意见》和十届人大一次会议批准的国务院机构改革方案,将中国人民银行对银行、金融资产管理公司、信托投资公司及其他存款类金融机构的监管职能分离出来,并和中央金融工委的相关职能进行整合,成立中国银行业监督管理委员会。至此,中国的金融分业经营和分业监管的体系正式形成。

中国人民银行行使央行职能以后,随着中国工商银行的成立,中国农业银行和中国建设银行先后独立出来,工、农、中、建由传统的专业银行转变为国有独资商业银行。1985 年,中国金融体制改革迈入实质性阶段。其主要内容是强化中央银行的调控职能,建立和发展多种金融机构,运用多种渠道融资,专业银行实行企业化经营,允许业务交叉。一批新型的商业银行随之应运而生。1987 年,中信实业银行成立。1987 年 4 月 1 日重新组建后的交通银行在上海正式营业。至 1988 年,先后成立的还有招商银行(1987 年)、深圳发展银行(1987 年)、广东发展银行(1988 年)、福建兴业银行(1988 年)等。在此期间,作为集体性质的金融合作组织城市信用社在一些城市先后建立。后来,1994 年先后成立了国家开发银行、中国农业发展银行、中国进出口银行三家政策性银行,实现政策性金融业务与商业性金融业的分离。至此,中国形成以中国人民银行为中心,政策性银行为辅助,其他商业银行为主体的中国金融体系。

我国金融市场从 20 世纪 80 年代起步,经过 20 多年的发展,形成了一个初具规模、层次清晰、分工明确的金融市场体系。从市场类别看,由同业拆借市场、回购市场和票据市场等组成的货币市场,由债券市场和股票市场等组成的资本市场,以及外汇市场、黄金市场、期货市场、保险市场等均已经建立并形成一定规模。从市场层次看,以银行间市场为主体的场外市场与以交易所市场为主体的场内市场相互补充,共同发展。我国金融市场的发展是从 1984 年同业拆借市场开始的。1996 年 1 月,全国统一的同业拆借市场形成。1997 年 6 月,依托同业拆借市场的债券回购业务获准开展,它们与票据市场一起构成我国的货币市场,成为金融机构管理流动性的主要场所和中央银行公开市场操作的重要平台。1990 年 12 月和 1991 年 7 月,上海证券交易所和深圳证券交易所先后成立,标志着我国股票市场正式形成。1997 年 6 月,银行间债券市场成立,并与交易所债券市场共同构成了我国的债券市场。目前,我国已经初步形成了以债券和股票等证券产品为主体、场外市场与交易所市场并存的资本市场。

中国金融最初的改革是从扩大银行聚集和分配资金的范围开始的,将银行贷款扩大到固定资产领域,是金融改革的最早举措,其意义在于提高了银行在国民经济中的地位,增强了金融对经济的渗透力。随后的改革迅速由局部推进到整体。在刚刚制定第七个五年计划的时候,我国的金融改革就已经明确提出将建立以间接手段为主的金融调控体系,建立以银行信用为主,多渠道、多形式、多种金融工具聚集和融通资金的信用体系,建立以中央银行为中心,多种金融机构并存的金融体系,建立以现代科学技术为基础的现代化金融管理体系作为改革的总体目标(当时称为建立“四个体系”),并提出了可以付诸实践的具体步骤和方法。在这一总体设计的统揽下,整个80年代的金融改革,在中央银行制度的建立、信贷资金管理体制的不断调整、利率体制的改革、金融市场的培育和发展、多种金融机构发展等多个方面、多个层面取得实质性进展。但由于种种原因,改革在20世纪80年代末90年代初陷入困境。

邓小平南方谈话重新扭转改革局面后,金融改革在冲破姓“资”姓“社”问题困扰的理论环境下再次迈开大步。1993年12月,国务院发布《关于金融体制改革的决定》,全面布置新一轮金融改革的整体方案。这一方案概括为:“三个体系,两个真正”,即建立能独立执行货币政策的中央银行宏观调控体系;建立政策性金融与商业性金融分离,以国有商业银行为主体、多种金融机构并存的金融组织体系;建立一个统一开放、有序竞争、严格管理的金融市场体系。把人民银行办成真正的中央银行,把专业银行变成真正的商业银行。根据这个方案,当时的改革已经在组建政策性银行、发展城市商业银行、放开同业拆借市场利率、建立跨省区的中央银行分支机构、外汇体制改革、取消贷款额度控制、实行商业银行资产负债管理、改革存款准备金制度、启动中央银行公开市场操作、放开外币存贷款利率等诸多方面采取了实际步骤。金融市场逐渐发展完善起来。与此同时,人民银行的功能也开始发生变化,除了货币政策,监管的功能也被分离出来,形成了证监会、保监会和银监会三个重要的金融监管部门,“一行三会”的监管体系得以建立。

经过30多年的金融体制改革,尽管我国金融改革取得了一些成功,我国在金融自由化、市场化方面取得了举世瞩目的成就。但是,也应看到我国的金融自由化还刚刚起步,许多重要的市场化措施还在实践中逐步推进,如利率的自由化、资本项目的开放,我国金融部门的市场化仍严重滞后,中央银行的宏观调控基本上还是沿用计划体制下的一些手段,与整个经济、金融体系规模相比,金融市场的规模实在太小,对金融市场化运营的作用非常有限,而金融体系中的利率市场化步伐更慢,真正属于市场化的利率也只有同业拆借市场利率,偶尔为之的国债招标发行利率以及二级市场的债券交易利率,其他各种利率均受政府管制。可以说,金融部门的市场化慢于国民经济其他部门的市场化,而在金融部门中,利率市场化及资本账户的开放又慢于金融体系其他方面的市场化。同时,对外资金融机构的市场准入还有许多管制,而对国际间资本自由流动的管制尤为严格。

尽管如此,我们应该看到,中国的金融改革还是积累了许多宝贵的经验。其立足本土,借鉴国际经验,促进对外开放;防范金融风险,加强金融监管;市场调控与政府主导相形并进;巩固金融法制建设等,都是我国在这一轮金融改革过程中沉淀下来的有益经验。不过,归根结底,还在于采取了合理的改革规则和策略,它明确了改革的思想和路径。计划金融旧制度的打破与市场金融新制度的相衔接,一边拆房一边建房,而不是不顾一切地"推倒重来",这种"摸着石头过河"的改革思路是在我国金融发展不足、改革经验短缺背景下的最优选择,而当前金融改革的成功现实验证了其正确性。事实证明,金融改革不能过多搞太超前的理想设计,采取"休克疗法"或将付出更高代价,留下更多后遗症。充分依靠广大民众,不断总结经验,不断解决前进中的问题稳步向前推进,才是改革正道。

第四节 金融创新与金融风险

一、金融创新概述

金融深化或金融自由化,为发展中国家带来的杰出成果是金融的改革与发展,许多国家因此使计划金融体制改变为市场金融体制,金融工具、金融机构获得了迅猛发展,金融市场体系也随之逐步建立和完善。如果单从西方发达国家来考察金融自由化的成果,最为突出的当属金融创新。是金融自由化为金融创新营造了良好环境,金融创新又反过来猛烈地推动着金融的自由化。

所谓金融创新,是指西方发达国家自20世纪七八十年代开始至今,金融业不断超越传统的经营方式和管理模式,在金融工具、金融机构、金融方式、金融服务技术、金融市场组织等各个方面所进行的大量革新与创造活动。这种创新浪潮的兴起,主要有如下几方面原因:(1)金融业竞争加剧。金融业的迅速发展和市场边界的不断扩大,使进入竞争性市场的经营主体迅猛增加。竞争个体的数目扩大,竞争必然加剧,其结果是金融机构的成本增加,收益普遍下降。在这种竞争局面下,金融机构只维持传统的经营和服务项目已经不能保证正常的发展,甚至还会殃及到生存,于是,开发业务新品种,开辟新领域,成为金融机构首选的谋生之道。(2)通货膨胀和利率波动。从20世纪60年代,通货膨胀便开始蔓延,并在70年代中期演变为"滞胀"。针对这种情况,各国纷纷将货币政策中介指标由利率转为货币供应量,加强了对货币供给的控制。货币收紧,再加上放松了对利率的管制,导致利率上升。与高通货膨胀率和高利率相伴随的是物价水平和市场利率的频繁波动。在这种情况下,金融机构一方面要防止物价变动给其造成的实际利率的损失,另一方面还要防止市场利率变动给其造成的收入和赢利的损失。由此引发了金融机构积极创造旨在应付价格和利率波动,规避市场风险的金融工具的活动热情。(3)科学技术的迅猛发展。70年代以后,以计算机技术为核心的信息通讯技术在金融业得到广泛应用,它为金融创新提供了强大的技术支持,如利用电子通讯技术的辐射功能和电脑的自动化信息处理功能，银行业务实现了跨越时空的延伸，一家银行可以同时处理与远在另一半球的分支机构或客户之间的业务，ATM机（自动提款机）、POS机（销售终端机）、电话银行、自助银行、网络银行等可以连续24小时准确及时地为所有通过电讯联系的机构和客户服务，银行业务的创新随着金融市场全球化、一体化的进程而不断向纵深发展，新工具的设计、定价、运行和管理等，统统都在最先进的电子信息技术支持下进行，创新更具有紧迫性和挑战性。(4)金融管制。二战后西方国家为维持金融稳定而对金融业实行长时间的严格管制，使金融机构的业务范围、利率、信贷规模、分支机构的设立等诸多方面受到限制，这些限制实际上构成了对金融机构的成本追加或隐含税收，因而成为诱发旨在逃避管制、摆脱不利于利润最大化的约束条件的金融创新活动的重要因素。如在美国，商业银行通过开设可转让支付命令账户（NOW）和自动转账服务账户（ATS）等来规避金融当局的利率管制；通过设立控股公司来规避金融当局对商业银行不准跨州设立分支机构的限制等等。

金融创新的方式主要有两种，一种是业务创新，它是全部创新活动的基础，由此引发了金融机构职能和市场组织等一系列的创新活动。另一种是制度创新，是指为了保证金融机构和整个金融体系的安全、稳定所进行的一系列在管理制度和管理活动上的调整和改善。制度创新一般来说是紧随业务创新活动的，为了防止和消除业务创新活动引发的各种金融风险，就会有相应的金融管理制度的调整。但是，制度创新又往往会反过来成为业务创新的原因，许多业务创新的品种和内容，实际上是在设法逃避现行制度管制的动机和过程中出现的，如前面提到的可转让支付命令账户，就是为逃避活期存款账户不得支付利息和储蓄存款账户不能使用支票的限制而设计出来的，它名为储蓄账户，可以支付利息，但同时又能使用不是支票而又能发挥支票作用的“可转让支付命令书”，以达到为客户办理转账结算的目的。而另一种账户——自动转账服务账户，则是专门为逃避活期存款账户不得支付利息的限制而设计的，客户可同时在银行开立两个账户：一是储蓄账户；二是活期存款账户。前一个账户为获取利息，后一个账户为清算的方便，每当活期存款账户收到款项时，银行自动将其转入储蓄账户，活期存款账户只保留1美元余额，而每当活期存款账户需要向外支付时，银行又自动将储蓄账户中的资金转入。这样，银行就在不违犯当局规定的情况下，达到了支票账户支付利息的目的，从而吸引到更多的客户。由此可见，金融创新实际上是在业务创新和制度创新的相互推动下不断进行的。

金融创新的内容十分广泛，总的来说主要有如下几个方面：(1)金融产品、工具的创新。其中包括满足客户对收益、流动性和规避风险要求的各种创新，如浮动利率存款、浮动利率贷款、大额可转让存单、回购协议、可转让支付命令账户、自动转账服务账户、利率互换、远期利率协议等等。还包括提高支付系统效率的创新，各种电子卡的设计和运用均属于这类创新。还有信用票据化、资产证券化等旨在拓宽融资渠道、改善融资方式的创新等等。(2)金融服务的创新。电脑在金融领域的广泛普及和运用，使金融服务水平空前提高。电脑开始充当业务经理的角色，自动完成有关业务处理的全部流程；电脑更新了业务合法性的检验手段,能够对客户的印鉴、密押、资金转账授权、业务操作权限等各项内容进行审核;电脑将传统的柜台业务通过自动取款机、自动银行、网络银行等延伸到每一个方便的角落,甚至到每个客户的家里。所有这些,都体现了现代金融服务已经进入了电子化、自动化时代。有了电子化、自动化的金融服务,客户可享受到全方位的金融服务,也可以随时获得各种市场信息,随时查询有关账目,随时办理存款、贷款、转账、证券买卖等各项业务,甚至还可以享受到由金融部门提供的支付电话费、水电费、税款、领取工资、购物等超级服务。这说明,当代金融业正在向第三产业的深度和广度发展。(3)金融机构功能和金融市场组织体系的创新。这主要体现在放松金融管制后,金融机构的功能由传统的单一型向多功能型转变,商业银行业务与投资银行业务,银行业与证券业、保险业,银行机构与非银行金融机构的传统界限不断被打破,与此同时,金融市场组织体系也由分割型转向统一型,各种金融机构和市场交易主体进入市场的条件在创新的不断冲撞下,在自由化的进程中渐渐被放松,全社会统一的大市场已经形成。而且,随着信息通讯技术的飞速发展,金融市场体系明显地朝着全球一体化的方向发展。

二、金融创新的理论解释

1. 技术推进理论

技术推进理论的代表人物是经济学家韩农和麦道威(J. H. Hannon and J. M. McDowell)。他们通过实证研究发现20世纪70年代美国银行业新技术的采用和扩散与市场结构的变化密切相关,从而认为新技术的采用是导致金融创新的主要因素。

这种理论认为,新技术革命的兴起特别是电子通信技术和设备在金融业的广泛应用是促成金融创新的主要原因。高科技在金融业的广泛应用出现了金融业务的电子计算机化和通讯设备现代化,这就为金融创新提供了物质和技术上的保证。例如信息处理和通讯技术的新成果应用于金融业后大大缩短了时间和空间的距离,加快了资金调拨的速度,降低了资金调拨的成本,使全球金融市场一体化24小时的全球性金融交易成为现实。又如自动提款机和终端机极大地方便了客户,拓展了金融服务的时间和空间。

2. 货币促成理论

货币促成理论的代表人物是货币学派经济学家米尔顿·弗里德曼(Milton Friedman)。弗里德曼认为20世纪60年代美国通货膨胀的加剧导致了1971年布雷顿森林体系的崩溃,割断了美元与黄金的联系,使世界上所有货币都直接或间接地建立在不兑换纸币的基础上,拆除了政府实施通货膨胀的障碍,反过来又加剧了70年代的通货膨胀及其在世界各地的传播和频繁的利率变化,引起经济不稳定,促使人们进行金融创新。

这种理论认为,20世纪70年代的通货膨胀和汇率利率反复无常的波动是金融创新的重要成因。金融创新是作为抵御通货膨胀和利率波动的产物而出现的,因此金融创新主要是由于货币方面因素的变化促成的。例如70年代出现的可转让支付命令账户(NOW账户1970年)、浮动利息票据(1974年)、浮动利息债券(1974年)、与物价指数挂钩的公债(70年代中期)、外汇期货(1972年)等对通货膨胀率、利率和汇率具有高度敏感性的金融创新工具的产生,便是为了抵御通货膨胀利率和汇率波动造成的冲击,使人们在不安定因素干扰的环境下获得相对稳定收益的金融创新的产物。

3. 财富增长理论

财富增长理论的代表人物是格林包姆和海沃德(S. I. Greenbum and C. F. Haywood)。这两位经济学家在研究美国金融业的发展历史时得出结论:财富的增长是决定金融资产和金融创新需求的主要因素。这种理论认为,经济的高速发展所带来的财富的迅速增长是金融创新的主要原因,由于财富的增长加大了人们对金融资产和金融交易的需求促发了金融创新,以满足日益增长的金融需求。

4. 约束诱导理论

约束诱导理论的代表人物是西尔柏(W. L. Silber)。他从金融机构的金融业务和工具创新中来分析金融创新的成因,特别是着眼于供给方面并从微观金融企业的角度探讨金融创新。

这种理论认为金融机构之所以发明种种新的金融工具,交易方式、服务种类和管理方法,其目的在于摆脱或规避其面临的种种内部和外部制约。所谓内部制约,指的是金融机构内部传统的增长率、流动资产比率、资本率等管理指标。所谓外部制约指的是政府和金融管理当局的种种管制和约束,以及金融市场上的一些法律法规约束。当经济形势的变化使这些内外制约严重阻碍了金融机构实现其利润最大化的终极目标时,势必迫使他们探索新的金融工具、服务品种和管理方法,以寻求最大程度的利润空间。

5. 制度改革理论

制度改革理论的主要代表人物是制度学派的诺斯(D. North)、戴维斯(L. E. Davies)、塞拉(R. Scylla)和韦思特(R. C. West)等。他们认为全方位的金融创新活动只能在受管制的市场经济中出现。当政府的干预和管理阻碍了金融活动时,市场上就会出现各种相应的回避或摆脱管制的金融创新。当这些金融创新对货币政策目标构成威胁时,政府又会采取新的管制和干预措施(制度创新),于是又引发出一些有针对性的金融创新。这种自由市场势力和官方干预势力的较量和对抗,形成管制—创新—再管制—再创新的螺旋式发展过程。

这种理论认为,金融创新是一种与社会经济制度紧密相关、相互影响、互为因果的制度改革,金融体系的任何因制度改革而引起的变动都可以视为金融创新,政府为稳定金融体制和防止收入不均而采取的一些措施,如存款保险制度也是金融创新。该理论认为金融创新的成因是降低成本以增加收入或稳定金融体系,以防止收入不均的恶化。

6. 规避管制理论

规避管制理论的代表人物是凯恩斯。该理论在某种程度上是西尔柏约束诱导理论和制度改革理论的折中。该理论一方面同意西尔柏的观点,即强加于金融企业的种种限制和管制实际上等于隐含的税收,因而金融企业进行金融产品服务和管理方面的创新,以此来规避外来制约。另一方面,该理论也赞同制度改革理论的说法,认为政府当局在金融创新足以阻碍货币政策或危害金融稳定时也会作出反应,即加强金融管制。这种市场力量和政治势力的对抗,构成金融创新的辨证过程。

这种理论认为金融创新主要是由于金融机构为了获取利润而回避政府的管制所引起的,该理论认为许多形式的政府管制与控制性质上等于隐含的税收,阻碍了金融机构从事已有的营利性活动和获取利润的机会,因此金融机构会通过创新来逃避政府的管制,而当金融创新可能危及金融稳定与货币政策时,金融当局又会加强管制,新管制又会导致新的创新,两者不断交替形成一个相互推动的过程。

7. 交易成本理论

这种理论认为金融创新的支配因素是降低交易成本,即交易成本的变化是金融创新的主要动因。其理由是交易成本是作用于货币需求的重要因素,降低交易成本是金融创新的首要动机,交易成本的高低决定了金融业务和金融工具的创新是否具有实际价值,金融创新实质上是对科技进步导致交易成本降低的反应。因此,不断地降低交易成本就会刺激金融创新,改善金融服务。

三、金融风险

金融自由化和金融创新活动给金融领域乃至整个经济体系和整个社会带来的最严重的问题,就是金融风险的生长和蔓延。金融业在庆幸自由化和创新为其带来的巨大发展成果时,也为日益增长的金融风险和业已爆发的金融危机痛心和担忧。防范和化解金融风险,已经成为当代各国政府高度重视的头号经济问题。

金融风险,是指在金融活动中,由于各种随机因素的存在,使金融机构、投资者等参加金融活动的各个经济主体的实际收益与预期收益发生背离的不确定性或资产遭受损失的可能性。由于金融活动的核心领域是商业银行和金融市场,所有的金融活动几乎都是围绕着商业银行的业务经营和金融市场的交易活动来展开的,所以,通常说的金融风险实际上主要指的是银行业的风险和金融市场的风险。从银行经营者和金融市场参与者的角度看,金融风险主要有如下几种:

1. 信用风险

又称违约风险,是指在信用活动中,由于一方在合同期满后不能及时或根本无法履行合同而给另一方造成损失的可能性。通常主要指债务人不能履约而使债权人的本金和利息遭受损失的可能性,特殊情况下,也包括债务人提前还款而给债权人带来再投资的风险。就通常情况而言,信用风险可由债务人的意愿和能力两大因素所致。由意愿所致的信用风险是指债务人在财务状况正常和具备还款能力的情况下,缺乏履约诚意和应有的商业道德,有意隐瞒真实资信状况,以骗取债权人授信,使其蒙受损失;由能力所致的信用风险,则是指债务人由于不可抗拒的财务状况恶化,如经营失败或市场环境剧变而导致的现金流收入阻断,无力偿还到期债务而给债权人造成损失。

2. 流动性风险

流动性风险，是指金融机构由于资金头寸安排不当，无力满足债权人提存和清算支付的要求，使金融机构信誉下降甚至发生挤兑危机的可能性。存款性金融机构的经营是建立在高负债基础上的，其经营的安全性主要取决于存款人对其的信任。一旦出现不利于金融机构的信息或环境，使存款人的预期心理普遍发生波动，就可能形成金融机构的流动性危机。金融机构在预防流动性风险时，通常是处在矛盾之中的。因为流动性压力的减轻，需要更多地安排无收益的现金资产或低收益的短期流动性资产，这与金融机构追求利润最大化的目标是相冲突的。

3. 利率风险

又称市场风险，是指在市场利率变化的情况下，由于金融机构的资产项目和负债项目利率没有随市场利率变化而调整或调整不当，而使其净利息收入减少或利息支出扩大而形成损失的可能性。在市场利率经常波动的情况下，金融机构只有准确掌握市场信息、科学判断市场利率变动的趋势和规律，正确安排利率敏感性资产和利率敏感性负债的结构，才能够有效防范利率风险。

4. 汇率风险

汇率风险是指因外汇市场汇率波动而给外汇投资者带来潜在损失或使其外汇投资的预期收益率下降的可能性。在汇率经常波动的情况下，在不同时点上买进或卖出特定的外币资产，就要承担汇率风险，其风险的大小取决于汇率波动幅度和外币投资者持有的将承受汇率风险的外币资产差额部分（又称为汇率风险敞口）。汇率风险还表现在，由于汇率波动，而使经营外汇的金融机构由外币表现的资产、负债和权益在折算成本国货币表示时发生改变，从而使经营绩效出现恶化的可能性。

5. 购买力风险

又称通货膨胀风险，是指金融活动中的收入和本金因通货膨胀的存在而出现实际购买力相对于名义货币数量而下降的可能性。当实际的通货膨胀率高于贷款人预期的通货膨胀率时，最终收回的货款本金和利息的购买力就将低于贷款人贷出资金时所预期的购买力，这便是由通货膨胀的不确定性所导致的贷款人的损失。

6. 经营风险

经营风险是指金融机构在经营活动中，由于决策失误、资产负债结构比例安排失当、过度使用金融衍生工具、内部管理失控等各种原因导致损失的可能性。

7. 政策性风险和国家风险

前者是指由于国家宏观经济政策不合时宜或政府部门对金融机构的不适当干预，而造成金融业经营发展的政策环境恶化、收益下降或发生损失的可能性；后者是指拥有国外债权的金融机构，由于债务方所在国的政治、经济、社会环境等发生变化而导致债务人不能按合同偿还债务本息的可能性。

在现代经济中，任何经济活动都会存在这样那样的风险，正常的生产经营活动都需要进行风险分析和风险防范。但是,金融风险的防范与化解比较起任何经济活动风险都具有更重要的意义。因为金融风险与一般的经济活动风险相比,有几个明显的不同之处:一是扩张性强。银行和金融市场出现风险,酿成危机,不仅很快波及到整个金融体系,而且由于银行和金融市场组织连接着无数企业、家庭和个人,他们的投资、收益和风险与银行和金融市场业务活动息息相关,因此,风险和危机就会很快波及到整个社会。二是破坏性大。金融风险一旦发生,不仅金融机构会蒙受经济损失,甚至破产倒闭,而且还会使客户和股东受到损失。由于金融机构与社会再生产过程是紧密联系在一起的,因此,金融风险的破坏性不仅仅表现在其给参加金融活动的主体所带来的经济损失,更重要的是它破坏了业已形成的经济活动中的信用关系和资金配置秩序,当社会再生产各方面赖以正常运行的资金供给渠道受到破坏时,再生产活动就受到了重创。三是突发性强。所有的风险都具有突发性,但是,金融风险的突发性尤为明显。这是由于金融活动涉及面广,影响其活动的因素多而复杂,人们无法知道什么样一种因素会在什么时候以怎样的形式危及到金融体系。还由于金融业的活动主要建立在信用基础上,通常一家商业银行的自有资本还不到其全部资金来源的10%,银行的贷款和投资基本上靠的是客户对其的信任,一旦有任何影响这种信任的事情发生,就会立刻引起客户的挤兑,酿成危机的后果。

进入20世纪90年代以来,金融风险问题成为世界各国普遍关注的热门话题,世界各处相继爆发金融危机。1994年12月20日,墨西哥政府在外国投资者普遍信心动摇、撤走资本的压力下,被迫宣布新比索对美元贬值15.3%,这一措施立刻在外国投资者中引起恐慌,资本外流势头更猛,墨西哥政府在两天之内就失掉了40亿~50亿美元的外汇储备。1994年12月22日,墨西哥外汇储备几近枯竭,政府又被迫宣布新比索自由浮动,几天之内新比索下跌了40%。

距墨西哥金融危机相隔两年多时间,1997年7月2日,泰国中央银行宣布泰铢实行浮动汇率制,以取代泰铢对一揽子货币的固定汇率制,当天泰铢下跌20%。泰铢大幅贬值立刻引起金融恐慌,掀起了一股挤提银行存款、抢购黄金的风潮,由此点燃了金融危机的导火索,危机迅速向菲律宾、印度尼西亚、缅甸、马来西亚等国蔓延,很快演变为东南亚金融危机,后来又进一步波及到韩国、日本和中国的台湾、香港等国家和地区,危机的性质也逐渐开始由外汇市场货币危机演变为股票市场、期货市场、房地产市场等同受冲击的亚洲金融风暴。这场风暴不仅使亚洲各国经济遭受空前打击,也给世界各国经济带来不同程度的影响。实际上,在亚洲金融风暴肆虐之际,金融危机也在拉美各国拉响警报,危机已呈全球化蔓延趋势。

亚洲金融危机引起了世界各国和国际金融机构的高度重视。1998年9月22日,由西方主要工业国家中央银行组成的巴塞尔银行监控委员会发表三个重要文件,建议银行改进监控机制和加强内部风险管理,以防范金融风险和确保银行体系的安全。这三个文件分别是《关于操作风险管理的报告》、《银行组织内部监控体系框架》和《关于银行透明度的建议》。其中,《关于操作风险管理的报告》指出,在现代资本市场中,操作风险管理的地位变得越来越重要,仍处于制订监控操作风险措施的初期阶段。1998 年 10 月 30 日,西方七国集团在伦敦宣布了西方七国将对现行全球金融体制进行改革的一系列计划和措施,目的在于进一步巩固全球金融体制和防止发生新的国际金融危机。行动计划的主要内容包括:国际货币基金组织将建立一项价值 900 亿美元的新基金,向遭受金融危机影响严重的国家提供紧急救助资金;进一步强化对全球资本市场的监督和管理,防止国际金融形势再次出现动荡;建立一套对私营银行和企业进行有效管理的行为规范;制定一系列更加透明的规则和标准,从而使金融交易以及对金融市场有可能造成的危险更容易被人们发现和识别;西方七国将尽快建立一项对货币和金融政策进行协调的国际性行为规范以及制定出对国际资本流动的新规则。

四、金融创新过度与美国金融危机

金融衍生产品是把“双刃剑”,它能控制风险,也能放大风险。在 2008 年全面爆发的次贷危机中,世界上最大的私人股权基金凯雷集团下属公司凯雷资本因为过度放大了杠杆(32 倍),导致投资次级债出现了 166 亿美元的违约债券,最终被迫清盘。美国的次级住房抵押风险也正式通过金融衍生产品,把风险转移给了全世界,结果造成目前全世界为美国次贷危机买单的局面。

半个世纪前,银行业似乎是一个相对简单的行业。商业银行发放贷款时,通常会将贷款保留在自己的账面上,并使用初步计算来决定是否放贷。然而,20 世纪 70 年代以来发生了两场革命:银行开始在日益繁荣的资本市场将自己的信用风险转售给第三方投资者;采用基于电脑的复杂系统来衡量信用风险。美国的大批放贷机构却在中介机构的协助下,把数量众多的次级住房贷款转换成证券在市场上发售,吸引各类投资机构购买,而投资机构则利用“精湛”的金融工程技术,再将其打包、分割、组合,变身成新的金融产品,出售给对冲基金、保险公司等。这样一来,提供次贷的银行变魔术般地销掉了账上的抵押贷款这类资产。表面上看,这是皆大欢喜的“金融炼金术”:购房者能以极低的首付款甚至零首付获得房产;提供抵押贷款的金融机构不必坐等贷款到期,通过打包出售债权方式便提前回笼了资金;提供资产证券化服务的金融中介可以在不承担风险的情况下赚取服务费;由抵押贷款演变成的各种新型金融产品,又满足了市场上众多投资者的投资牟利需求……据美国经济分析局的调查,美国次贷总额为 1.5 万亿美元,但在其基础上发行了近 2 万亿美元的住房抵押贷款支持债券(MBS),进而衍生出超万亿美元的担保债务凭证(CDO)和数十万亿美元的信贷违约掉期(CDS)。

直到 2007 年夏,多数投资者、银行家和政策制定者还认为,这些革命是真正的“进步”,对整个经济都有利。监管者很高兴看到银行剥离信用风险敞口。国际货币基金组织(IMF)2006 年 4 月指出:分散信用风险有助于增强银行业和整个金融体系的弹性,这表达了西方的普遍信念。银行家更是兴奋,因为当他们将贷款重新打包,出售给外部投资者时,他们在每一个环节几乎都能赚取费用。此外,银行剥离信用风险时,监管者允许它们发放更多贷款,使更多信用能够注入经济之中,从而创造出更多银行费用。

的确,资产证券化所创造的金融衍生产品本来可以起到分散风险、提高银行等金融机构效率的作用,但是,资产证券化一旦过度,就加长了金融交易的链条,使美国金融衍生品越变越复杂,金融市场也就变得越来越缺乏透明度,以至于最后没有人关心这些金融产品真正的基础是什么,也不知道其中蕴涵的巨大风险。在创新的旗号下,投机行为一波一波地被推向高峰,金融日益与实体经济相脱节,虚拟经济的泡沫被"金融创新"越吹越大,似乎只要倒腾倒腾那些五花八门的证券,财源就可滚滚而来。通常,虚拟经济的健康发展可以促进实体经济的发展,但是,一旦虚拟经济严重脱离实体经济的支撑,就会逐渐演变成投机经济。起初1元钱的贷款可以被逐级放大为几元、十几元甚至几十元的金融衍生品,金融风险也随之被急剧放大。当这些创新产品的本源——次级住房信贷资产出现问题时,建立在这个基础之上的金融衍生工具市场就犹如空中楼阁,轰然坍塌下来。

事实上,许多新产品过于专业,根本从未在"自由"市场中进行过交易。一种被称为"资产支持证券中的债务抵押债券"(CDO of ABS)的工具就是一个例证。这项小发明出现在2005年前后,当时,银行家创造出一大堆经常与其他信用衍生品混在一起的抵押贷款关联债券。2006年至2007年初,价值不低于4500亿美元的"CDO of ABS"被创造出来。但其中大部分并没有拿出来进行交易,而是出售给了"结构性投资工具"(SIV)等银行表外实体,或者干脆就放在账面上。多数银行没有为这些CDO(或其他许多产品)制定市场价,它们通常用模型的理论计算来估价。结果,一系列本应创建出更自由市场的创新,实际上却造成了一个不透明的世界——风险被集中起来。评级机构标准普尔的高管承认,在2006年,电脑要花很长时间才能完成评估复杂CDO的风险所需的计算。多数投资者曾很乐于购买CDO等产品,因为他们信任信用评级的价值。

2007年7月,这种盲目的信任开始瓦解。美国次级抵押贷款违约现象开始增加。标普等机构下调了抵押贷款相关产品的评级,承认他们的模型出现故障。这造成了巨大的市场冲击,货币市场基金等投资者开始停止购买SIV等模糊实体发行的票据。恐慌的坏疽开始感染"实体"银行,投资者意识到,实体银行以出乎意料的方式受到SIV的牵连。从2005年开始,美林、花旗集团和瑞银等银行一直在大量积存CDO等金融工具。但当次贷违约行为增加时,会计师们要求银行对这些工具重新估值。到2008年春,花旗、美林和瑞银的减记总额达到530亿美元。令人震惊的是,其中2/3是由所谓的"AAA"级CDO造成的。银行试图填上这个窟窿,为此筹集了逾2000亿美元的新资金。但窟窿越来越大。结果,对监管机构监控银行能力的信任开始坍塌。对银行的信任也随之崩溃。随着金融模型失去可信性,投资者开始规避一切复杂的金融工具。2008年9月,信念的最后一根支柱终于倒下。多数投资者一直以为美国政府不会坐视一家大型金融机构破产。但当雷曼兄弟宣告破产时,不信任感和迷失感如螺旋般急剧攀升。融资市场大多陷入停滞,价格陷入疯狂。银行和资产管理公司发现,它们的交易和对冲模型全部失灵。

资产证券化和金融衍生产品等金融创新活动是社会金融活动发展到一定阶段后的必然产物。追根溯源的话，美国的次贷危机源于本世纪初，当时美国经济在2000年左右进入了新一轮的繁荣周期，当时美国联邦基金的利率从2000年的6.5%下降到2004年的1%，有25次降息，降息非常频繁，正是这样刺激了美国经济的高速发展。在这个高速发展过程当中一个代表性的现象就是房地产市场的繁荣，这时候对于美国普通的购房者来说，买房是非常有利的。因为一方面他可以以较低的利率贷款，另外一个方面房价是不断上涨的。而在房地产抵押贷款不断上涨过程中就出现了次级贷款。

由于美国的按揭贷款主要分三个方面：一个是信誉好的，然后是信誉差和信誉比较差的购房人，那么信誉比较差的这种人就是没有工作，或者是以前信誉比较差，这种情况是很难得到贷款的。但是在美国当时特定的经济环境下，很多金融机构对信用比较差的人进行了贷款，所以就构成了次级贷款。2006年以后美联储先后17次加息，从1%加到了5.5%，加息以后申请住房抵押贷款的人，利息的支出成本是上升的。在不断上升的过程当中，以前一些信用比较差的人已没有能力继续担负负债。进一步说，由于不断的加息导致了美国房地产泡沫开始崩溃，从而进一步导致原先以投资为主的人群同样难以承受房地产抵押贷款的利息支出。最终导致房地产的泡沫加上次级抵押贷款难以继续持续下去。这个过程当中首先受损的是发放次级贷款的金融机构。

当然没有更多的金融创新的话，风险就到此为止了，但是，由于金融创新的过度，风险进入到第二个阶段，就是放大的过程。发放次级贷款的金融机构把这些产品重新打包，设计成各种新的债券类的产品，面对全球金融市场不同的投资者，这就是次级债。次级债的投资者主要包括投资银行、商业银行、保险基金还有其他各种类型的机构。当前一个链条断裂以后，发放次级贷款的机构是没有能力向次级债支付利息的，那么购买次级债的机构手里拿的次级债的产品贬值，因此就遇到了资产贬值的问题，如此美国次贷危机的传导链条开始扩展。这个过程当中，证券化和金融创新是非常重要的一步。

第五节　金融监管

从宏观上控制金融风险的最有效办法就是以政府名义，在金融当局主持下建立起全面广泛的金融监督管理制度。因为，金融风险对其直接承担者（金融机构或金融市场参与者）来讲，一些因素如流动性安排、内部管理等是可以通过自身经营管理的改善而消除的，而更多的一些因素如利率、汇率、通货膨胀、宏观经济政策、信用违约等，则来自外部，是风险承担者自身所不能或不能全部清除的，由这些因素引致的风险为系统性风险或整体性风险，它必须由宏观的力量进行控制。而且，通常情况下，个别金融机构的风险都不是孤立发生和存在的，风险的相互传递最终会使局部风险演变为系统性风险，甚至酿成严重的金融危机。因此，无论哪种类型的金融风险，都会产生宏观控制和管理的要求。由一个国家（或地区）的中央银行或其他金融当局依据国家法律的授权对金融业实施监督和管理,被简称为金融监管,它开始于20世纪30年代后的经济和金融大危机之后,其核心目的在于保护公众利益,保证金融业的安全、稳定和效率。

一、金融监管的主要理论

1. 外部性理论

制度经济学认为,市场失灵的一个重要原因就是外部经济效应的存在。所谓外部效应,是指由于自然的或制度上的原因,在提供产品和劳务时,私人费用(或所得)和社会费用(或利益)之间存在偏差,某个独立个体的生产和消费行为对其他的行为主体产生附带的成本或效益,而造成利益上的损失或增利的行为。当社会利益大于私人所得时,即为正外部性。相反,则为负外部性。

金融机构的经营具有很强的外部效应。如果金融业较发达,运行稳健,单个金融机构的生存空间也就扩大了,可受惠于市场深度加大和金融同业合作的双重好处,这是金融机构经营的正外部效应。然而应引起关注的是,金融机构的经营存在着相比较其他行业而言更强的负外部效应。由于金融机构有广泛的债权债务关系,包括金融同业之间和对社会公众的债权债务关系,一家金融机构即使经营正常,也会因与之有着较强的债权债务关系的金融机构的倒闭而蒙受损失,损失严重时也可能步倒闭之列,尤其是如有金融机构(如银行)经营不善、出现流动性风险,致使公众失去信心而发生挤兑时。特别对银行业而言,由于银行保持部分储备,严重依赖外部资金来源,从事短借长贷的期限转换,具有很高的负债比率,因而银行业具有内在的不稳定性。任何对存款者信任产生不利影响的事件都可能导致银行挤兑。一家银行挤兑不仅会对公众心理预期产生强烈震撼,而且可能中断社会债权债务的支付链,产生"多米诺骨牌效应",引起金融恐慌,威胁整个银行体系的安全,严重的甚至酿成国际金融危机,破坏社会经济发展。尽管一些企业的倒闭或破产也会带来失业等社会问题,具有外部性,但实在无法同银行倒闭或破产相提并论。银行体系不仅承载着广泛的债权债务,更承载着全社会的信用,银行业的破产将会导致整个社会的信用崩溃。

金融领域内存在比其他经济领域更为严重的负外部效应这一事实,为政府介入、实行必要的金融监管提供了重要的理论支持。金融机构经营中的负外部效应的存在,客观上要求政府监管当局对每一家金融机构实施有效的日常监管,以矫正外部效应或最大限度地减轻负外部性的影响。为防范金融风险和金融危机的国际间传递,还须加强国际金融监管合作,采取统一协调行动,防止负外部效应在国际间的传染和扩散。

2. 信息不对称

在不确定性研究基础上发展起来的信息经济学表明,信息不对称是市场经济不能像古典和新古典经济学所描述的那样完美运转的重要原因之一。金融体系中更加突出的信息不对称现象,导致即使主观上愿意稳健经营的金融机构也有可能随时因信息问题而陷入困境。然而,搜集和处理信息的高昂成本金融机构又往往难以承受,因此,政府及金融监管当局就有责任采取必要的措施减少金融体系中的信息不完备和信息不对称。

信息不对称对金融机构而言是双重存在的:一方面,金融机构无法精确判断借款人违约概率的高低,容易形成信用风险,从而危及银行自身的安全,并最终有可能影响存款人的利益;另一方面,金融机构的存款人等客户也无法知道金融机构的真实经营情况、风险状态,所以客户在选择之前就不可能准确了解金融机构的经营现状、财务状况,他们至多是以金融机构以往的经营状况作为该机构现在和未来经营状况的判断标准。

存款人对金融机构财务状况的缺乏了解会造成两方面后果:一方面,存款人利益有可能受损。由于存款人不了解金融机构的财务状况,一旦金融机构破产倒闭,会给千百万的普通居民带来很大损失,因为在现代社会中,存款人的多数财产都是以存款或其他金融债券形式存在的;另一方面,由于信息不对称,存款人不可能把好银行和坏银行区别开来。假如一个银行被察觉陷入支付困境,大部分存款人就会人人自危,由此形成的银行挤兑就会蔓延到有清偿能力的银行,使银行挤兑变成金融恐慌,威胁整个银行体系的安全,甚至影响整个经济的安全稳定。例如在1929—1933年经济大危机中,美国1929—1933年期间有5000多家银行倒闭。事实上,在所倒闭银行中,至少有一半是我们所认为的那种好的、有最终支付能力的银行。

3. 金融脆弱性理论

金融脆弱性理论认为由于资产和负债的流动性难以匹配、信息不对称的存在、个体理性和集体理性的冲突,银行业具有内在的不稳定性。而银行在金融体系中的核心地位决定了整个金融系统的脆弱性。

Minsky于1982年首次提出“金融不稳定假说”后,金融脆弱性问题引起了广泛关注和争论。Minsky及其追随者认为,银行的利润最大化目标促使它们在系统内增加风险性业务和活动,导致系统的内在不稳定性,因而需要对银行的经营行为进行监管。银行及其他金融机构由于三方面的原因而存在较大的脆弱性:(1)短借长贷和部分准备金制度导致了金融机构内在的非流动性;(2)在资产负债表中,主要是金融资产而不是实物资产、主要是金融负债而不是资产净值,这在金融机构之间存在着相互依赖的网络;(3)存款合同的等值和流动性形成了在萧条时期提取存款的激励。Kaufman(1996年)从银行体系的传染性和系统风险的角度分析认为,个别银行比其他企业更容易受到外界影响而失败;银行业也比其他产业更加脆弱、更容易被传染。其主要原因有三个:第一,比较低的资本与资产比率或比较高的杠杆率,能够为损失提供补偿的空间很小;第二,比较低的现金资产比率,通常要变卖能获得利润的资产来弥补存款债务;第三,较高的债务需求和较高的短期债务在总债务中所占的比重。研究表明,正是由于信息不对称的存在使存款者不可能区分高流动性和低流动性银行、经营状况良好和陷入经营困难的银行,存款者的最优选择是提走存款,因为这样的代价是最小的。由此形成的挤兑可能蔓延到有清偿能力的银行,甚至导致整个银行体系的崩溃。

4. 公共利益说

公共利益说认为金融市场像其他市场一样，存在着市场失灵，金融市场失灵表现为自然垄断、外部效应和信息不对称等。首先，由于金融业务存在规模禁忌，规模愈大，成本越低，收益越高，这意味着它具有一定的自然垄断倾向。在金融行业内给予特定的金融机构一定的垄断权限具有政策上的合理性，但如果同时赋予价格决定权，就可能造成价格歧视、寻租等有损于资源配置效率和消费者利益的现象。因此有必要对金融机构实行价格管制，使其价格维持在平均成本的水平上。其次，金融企业的外部性体现在风险与收益的外部性、监督和选择信贷的外部性以及金融混乱的外部性上，金融领域的外部效应有可能自我放大，受损的公众利益将超过金融企业所有者和经理的私人利益，甚至破坏市场。另外，金融市场参与者的不完全信息即存款人与银行、银行与贷款人之间的信息不对称，由此产生了 Akerlof 的“柠檬问题”，即金融市场中的逆向选择与道德风险问题，进而造成金融市场失灵将导致金融交易的风险，从而可能引发金融危机，及金融体系的不稳定性。因而，作为纠正金融市场失灵手段的金融监管是公共产品，必须由政府来提供。

5. 监管俘获说

监管俘获说认为监管与公共利益无关，监管机构不过是被监管者俘获的猎物或俘虏而已。这种理论的主要观点是：由于大企业或者大资本家控制了资本主义制度，而监管是资本主义制度的一部分，所以大企业或大资本家控制着监管。监管措施在实施之初，一般还是有效的，但随着时间的推移，当被监管的行业变得对立法和行政程序极其熟悉时，情况就发生了变化：监管机构会逐渐被它所监管的行业所控制和主导；而被监管对象则利用它来给自己带来更高的收益。因此，一般说来，管制机构的生命循环开始于有力地保护消费者，而终止于僵化地保护生产者。

6. 寻租理论

广义的寻租活动，是指人类社会中非生产性的追求经济利益活动。或者说，是指那种维护既得利益或者对既得利益进行再分配的非生产性活动。狭义的寻租活动，是指利用行政法律的手段来阻碍生产要素在不同产业间的自由流动、自由竞争，以维护或攫取既得利益的行为。麦克切斯尼(1978 年)还提出了政治创租(Political Rent Creation)和抽租(Rent Extraction)的概念。前者是指政府政客利用行政干预的办法来增加私人企业的利润，人为创造租金，诱使私人企业向他们进贡，以作为得到这种租金的条件；后者是指政府官员故意提出某项会使私人企业受损的政策威胁，迫使私人企业割舍一部分既得利益与政府官员分享。由于政治创租和抽租的存在，更增添了寻租活动的普遍性和经常性。寻租活动造成了经济资源配置的扭曲，阻止了更有效的生产方式的实施；它本身不会创造任何社会财富，只会消耗社会资源，造成社会福利的损失；此外，它还会导致其他层次的寻租活动或避租活动。因为寻租的存在，市场竞争的公平性被破坏了，使人们对市场机制的合理性和效率发生了根本置疑。金融监管是政府监管的重要组成部分，因此金融监管中同样存在寻租现象,影响金融监管的公平与效率。

7. 监管成本说

监管成本说并没有简单地肯定或否定金融监管,而是认为金融监管像经济生活中的所有活动一样,都有成本和收益。当贯彻实施监管条例过程中所耗费掉的资源成本有可能大于实现监管目标后的收益,或者运用机会成本的概念来判断监管过程中所耗费的资源原本可以有更好的、更合算的用途,以及能够带来更大的收益时,实施监管是不合算的。

监管成本说把监管成本分为直接资源成本和间接效率损失两大类。直接资源成本又包括行政成本和守法成本。其中,行政成本是指监管机构执行监管过程中所耗费的资源;守法成本是指被监管者遵守条例而耗费的资源。监管的间接效率损失,是指因被监管者改变了原来的行为方式而造成的福利损失;这种成本不表现在政府预算支出的增加上,也不表现为个人直接负担的成本加大,但整个社会的福利水平却因此而降低。金融监管导致的第一种间接效率损失来自于道德风险。首先,存款人会因此而不假思索地选择存款机构,使不良的金融机构很容易得到存款,这违背了监管的初衷;其次,银行会因此而增加资产中的高收益高风险成分,提高了贷款资产的风险度。此外,道德风险还可能在其他各方面改变私人部门的行为,可能产生外部的经济规模效应。金融监管导致的第二种间接效率损失来自于监管有可能削弱竞争,导致静态低效率;第三种效率损失是有可能妨碍金融中介的创新,导致动态的低效率;第四种效率损失来自于过于严厉的监管,有可能促使金融机构重新考虑其从事业务的地址,从而使自身的守法成本最小化,进而造成本地区或本国利益的损失。

二、金融监管的主要内容

1. 市场准入和退出管理

市场准入管理包括两方面内容,一是对新设金融机构从业资格的规定和审批,如最低注册资本要求、金融服务基础设施、管理者的任职资格等;二是对申请者进入市场程度的规定和审批,即规定业务范围。市场退出管理是通过制定破产标准,让经营失败的金融机构依法得到清理,退出市场竞争,以保证金融业的正常市场秩序和效率。

2. 价格限制

为了防止金融机构之间出现恶性的价格竞争,许多国家都曾规定过最高存款利率、最低贷款利率和最低手续费率。

3. 资产流动性管理

为防止金融机构资金周转失灵而出现支付危机,各国金融当局都对金融机构的流动性资产占总资产的比例或流动性资产与流动性负债的匹配比例作出规定。

4. 资本充足度管理

自有资本是金融机构信誉的基础,是抵御经营中潜在风险的重要保障,因此,金融当局要求金融机构必须保持充足的资本比率。为了统一各国商业银行资本充足度的衡量要求,国际清算银行于1988年7月在瑞士巴塞尔召开由美、英、法等12国中央银行行长参加的会议,通过了《关于统一国际银行的资本计算和资本标准的协议》,即《巴塞尔协议》。《巴塞尔协议》要求签约国银行的资本对经过加权计算的风险资产的比率不小于8%。

5. 行为方式管理

为约束金融机构在追求利润最大化过程中的信用过度扩张行为,许多国家的金融当局对金融机构的业务活动作出限制性规定,如规定银行对某一行业或单一客户的贷款规模,限制银行向关联企业、银行董事、经理和职员等各种"内部贷款",要求银行对有问题贷款提取准备金,对银行涉足证券投资、外汇交易的种类和数额作出限制性规定等。

6. 保护性管理

金融监管除了对监管对象的市场准入、业务范围、行为方式等作出种种限制,以预防金融风险的发生以外,还包括在监管对象即将或已经发生风险的情况下,采取保护性管理措施。保护性管理主要包括中央银行最后贷款人制度和存款保险制度。前者是指在商业银行面对存款人和其他债权人集中的支付要求,而其自身的短期筹资能力有限,清偿力发生较大困难时,中央银行负责向商业银行提供紧急资金援助,帮助其度过危机。后者是指建立存款保险公司或存款保险基金,凡参加存款保险体系的投保商业银行,在资金周转出现严重困难时可得到保险基金的资金援助,在银行发生倒闭时,可由保险公司安排或直接接管,以保证存款人的利益受到最大限度的保护。由于存款保险制度关系到大中小银行的利益关系调整,各国在实行这一制度时常常都具有各自的特点,有些国家实行局部的强制性存款保险制度,有些国家和地区则始终没有法定的存款保险制度,而由银行业自发组织存款保险基金。

三、金融监管与美国金融危机

在对美国金融危机原因的各种解释中,金融监管的漏洞成为众矢之的。2001—2005年,美国房市在长达5年的时间里保持繁荣。另外,由于资产证券化技术的发展,住房按揭贷款的"发放—销售"模式使风险得以轻易转移,这些因素均刺激了抵押贷款机构超常规发展的欲望。特别是2005年下半年开始,美国众多贷款机构纷纷降低住房按揭贷款的准入标准,放松了资信审查,向大量收入较低、信用记录较差的人发放了次级按揭贷款,甚至接受了缺乏充分资信证明文件或具有高债务—收入比的借款申请。值得注意的是,这些放贷标准的降低基本上都发生在联邦银行监管规定的范围之外。此外,信息披露的不充分,使房贷机构得以在脱离消费者监督的条件下大量发放高价贷款。尽管相关监管部门一再要求改善次贷的信息披露,但收效甚微。

还有一点需要指出的是,发放房屋按揭贷款的不仅仅是商业银行,还包括许多独立的住房贷款公司或经纪商。根据2007年的统计数据,美国市场全部房贷中约60%和高价房贷中约45%经住房贷款经纪商发放,这些经纪商根本不在联邦银行监管机构的监管范围内。在金融机构出于竞争压力及利益驱动,放松资信审查、降低贷款标准的情况下,监管当局应及时对有可能危及金融系统的上述行为进行规范和引导,才能防患于未然。而在次贷危机爆发之前,无论是美联储还是美国财政部,都没有对这一高风险的贷款发出任何警示,这表明美国金融监管部门对次贷监管的确存在疏忽。

在独立运行模式下,美国证监会是投行的唯一监管机构,其对投行的监管也只限于与证券交易相关的活动,相关的审慎性监管和投资风险监管一直存有漏洞,因此一度成就了次贷危机之前美国投资银行高杠杆、高赢利、自由扩张的发展模式。

美国曾在1929年大危机后一度加强了投资银行监管。为了防止危机的再度爆发,美国相继出台了多项重要法律,其中对投资银行业务影响最大的是1933年美国颁布的《格拉斯-斯蒂格尔法案》(Glass Steagall Act of 1933)。这一法律规定商业银行(从事吸取和贷款业务)和投资银行(承销和发行证券)实行严格的分业经营,使真正意义上的投资银行出现了。但投资银行与商业银行的分业与混业一直是美国政策与立法中争论的主要问题之一。20世纪80年代以来,随着世界一体化的发展,分业型的金融体制无法适应国际市场竞争的需要,投资银行和商业银行分业管理限制了美国投资银行的发展。因此,要求混业经营的呼声越来越高。从20世纪80年代以来,美国逐渐放宽了投资银行的业务限制,并于1999年11月通过了《金融服务现代化法案》,限制投机和分业经营的禁令全部被解除。从上世纪90年代后期开始,由于投资银行不受传统银行资本充足率等方面的约束,它们开始通过金融创新广泛使用高杠杆,投资行为越来越短期化,甚至为赚取高额利润不惜违背职业操守。而上述高杠杆化且具有短期行为特点的业务扩张几乎是游离于联邦政府的监管之外的。

美国奥巴马政府新一代的财经领导人物在对于金融监管与市场自我调节的关系认识上,在原则导向监管和规则导向监管的关系上明显不同于他们的前任。美国货币监理署(OCC)新任署长约翰·杜根先生在2007年10月第二届中美监管磋商期间表示,“金融市场目前还处在波动之中,因此不宜对监管效果妄下评论,目前的情况并不意味着美国的监管方式是失败的,但确实需要引起监管者的反思,也许应更早地采取一些措施。”美国财长保尔森于2007年1月在乔治·华盛顿大学演讲中提出,“我们也应该研究在美国采用更多原则导向监管的现实可能性和好处的问题”。美联储主席本·伯南克于2007年5月发表演讲指出:“监管最好的选择就是用持续的原则导向和风险为本的监管方法来应对金融创新。”他特别强调,“无论何时,只要可能,市场纪律的培育是防御的第一战线;为确保投资者和管理人员对其金融决策负责,监管者所采取的任何措施都是对于市场纪律的加强;依靠市场纪律不应该同自由放任政策相混淆,市场纪律通常需要政府监督的支持。”这些表述确实与极端的自由市场经济观点有着本质的不同,对于政府监管和市场纪律的发挥有了更加客观和平衡的态度,这对于美国未来监管体制的改革将会起到非常重要的指导作用。

金融监管是与金融风险同生共长的。20 世纪 80 年代以后迅速加快的金融创新、金融自由化、金融全球化、金融现代化,使各国的金融业进入了一个空前发展、繁荣和变革的时期,与此相伴随的则是金融风险的不断积累和金融危机的频频爆发,“金融脆弱”已不再是一个理论上争论的命题,而是一个被大量事实充分证明了的结论,并因此成为各国金融当局强化金融监管,提高监管水平的政策依据。美国次贷危机为世界各国的金融监管敲响了警钟:

一是根据金融创新的发展不断调整金融监管和完善市场规则。在金融市场的激烈竞争环境中,市场参与者为了提升赢利的能力,在拓展新的业务领域、推动产生创新的同时,必然会不断挖掘现有市场规则和监管体系中存在的种种问题和缺陷,这就要求监管者不断地对规则进行修改和补充,从而推动金融市场制度和金融监管体系的不断优化。

二是加强创新产品的市场监测与预警。针对金融创新的固有缺陷,需要加强对市场上金融创新产品、表外资产的监测预警。现代金融体系的监管应该更多地强化功能监管和事前监管。监管者要能够审慎地评估金融产品,洞悉其对整个金融体系的风险。针对这些变化,监管体系有必要从过去强调针对机构进行监管的模式向功能监管模式过渡,即对各类金融机构的同类型的业务进行统一监管和统一标准的监管,以减少监管的盲区,提高监管的效率。

三是适当提高金融创新产品的资本金要求。次贷危机的重要原因在于资产证券化等创新产品转移风险的特性导致了市场上次债规模的失控,因此,需要加强对创新产品的监管,提高结构信贷和证券化产品的资本充足率,以有效控制创新产品规模的非理性扩张,减弱银行和金融机构利用监管漏洞获利的刺激,促进金融市场的稳定。

四是要进一步加强监管的协调。次贷危机充分表明,在金融市场日益全球化、金融创新日益活跃、金融产品日益复杂的今天,传统金融子市场之间的界限已经淡化,跨市场金融产品日益普遍,跨部门的监管协调和监管合作显得日趋重要。

正如中国证监会主席尚福林 2008 年 5 月 9 日在上海举行的“2008 首届陆家嘴论坛”上所指出的,一些发达国家金融市场发展的历程正是一个规则被不断突破甚至破坏,又不断得到修补和完善的过程。此次信贷危机引发了全球金融市场剧烈的动荡,但也会在一定程度上推动全球金融监管机构开始重新思考和审视资产证券化产品、衍生品市场监管和协同监管等一系列问题。

习 题

1. 简述经济学家雷蒙德·W. 戈德史密斯的金融发展理论的内容及其与经济发展的关系。

2. 什么是金融抑制? 金融抑制的表现形式有哪些? 金融抑制有何危害?

3. 简述金融深化理论的代表人物和其观点,并说明其对金融发展的贡献。

4. 什么是金融创新？金融创新理论有哪些？金融创新与金融风险的关系如何？

5. 美国次贷危机的根源在哪里？应该汲取哪些教训？

参考文献

[1]黄达:《货币银行学》,中国人民大学出版社2000年版。
[2]凯恩斯:《就业、利息和货币通论(中文版)》,商务印书馆1963年版。
[3]厉以宁,陈岱孙:《国际金融学说史》,中国金融出版社1991年版。
[4]李扬:《中国金融改革研究》,江苏人民出版社1999年版。
[5]马克思:《资本论》,人民出版社1976年版。
[6]米什金:《货币金融学》,中国人民大学出版社2001年版。
[7]吴敬琏:《当代中国经济改革》,上海远东出版社2004年版。
[8]易纲,吴有昌:《货币银行学》,上海人民出版社1999年版。
[9]胡庆康:《现代货币银行学教程(第三版)》,复旦大学出版社2006年版。
[10]戴国强:《货币银行学》,高等教育出版社2000年版。
[11]成立为:《货币银行学》,科学出版社2003年版。
[12]艾洪德,范立夫:《货币银行学》,东北财经出版社2005年版。
[13]钱水土:《货币银行学》,机械工业出版社2007年版。
[14]易纲,海闻:《货币银行学》,上海人民出版社2004年版。
[15]易纲,海闻:《商业银行管理学》,上海人民出版社2004年版。
[16]张尚学:《货币银行学》,南开大学出版社2004年版。
[17]大卫·H.弗里德曼:《货币与银行》,中国计划出版社2002年版。
[18]西美尔:《货币哲学》,华夏出版社2002年版。
[19]郭红玉:《货币银行学》,中国对外经济贸易出版社2002年版。
[20]胡维雄:《利率理论与货币政策》,上海财经大学出版社2001年版。
[21]谢平,刘锡良:《从通货膨胀到通货紧缩》,西南财经大学出版社2001年版。
[22]吴军:《紧缩与扩张:中国宏观经济调控模式选择》,清华大学出版社2001年版。
[23]吕景胜:《经济法实务》,中国人民大学出版社2001年版。
[24]韩良:《银行法——前沿问题案例研究》,中国经济出版社2001年版。
[25]吕来明:《票据法——前沿问题案例研究》,中国经济出版社2001年版。
[26]刘锡良,戴根有:《宏观经济与货币政策》,中国金融出版社2001年版。
[27]袁远福,缪明杨:《中国金融简史》,中国金融出版社2001年版。
[28]武康平:《货币银行学教程》,清华大学出版社2000年版。

[29]陈雨露:《现代金融理论》,中国金融出版社 2000 年版。
[30]周大中:《现代金融学》,北京大学出版社 1996 年版。
[31]欧阳明:《简明宏观经济学》,上海人民出版社 1993 年版。
[32]王松奇,李扬,王国刚:《金融学》,中国金融出版社 1997 年版。
[33]饶余庆:《现代货币银行学》,中国社会科学出版社 1988 年版。
[34]刘洁敖:《国外货币金融学说》,中国展望出版社 1983 年版。
[35]张尚学:《货币银行学》,科学出版社 2005 年版。
[36]张强,乔海曙:《货币金融学》,中国金融出版社 2007 年版。
[37]郑道平,龙玮娟:《货币银行学原理》,中国金融出版社 2005 年版。
[38]汪祖杰:《现代货币金融学》,中国金融出版社 2003 年版。
[39]曹龙骐:《金融学》,高等教育出版社 2003 年版。
[40]安烨:《货币银行学》,上海财经大学出版社 2006 年版。
[41]卞志村,毛泽盛:《货币银行学》,人民出版社 2008 年版。
[42]刘建国,钱丽霞:《货币银行学》,华东理工大学出版社 2009 年版。
[43]张华,刘恩猛:《货币金融学》,厦门大学出版社 2008 年版。
[44]高彩霞:《货币金融学概论》,上海财经大学出版社 2008 年版。
[45]张亦春,郑振龙:《金融市场学(第二版)》,高等教育出版社 2007 年版。
[46]霍雯雯:《金融市场学教程》,复旦大学出版社 2005 年版。
[47]赵智文,马晓军:《投资银行学》,科学出版社 2008 年版。
[48]何小锋,黄嵩:《投资银行学》,中国发展出版社 2008 年版。